LÉONARD DE VINCI

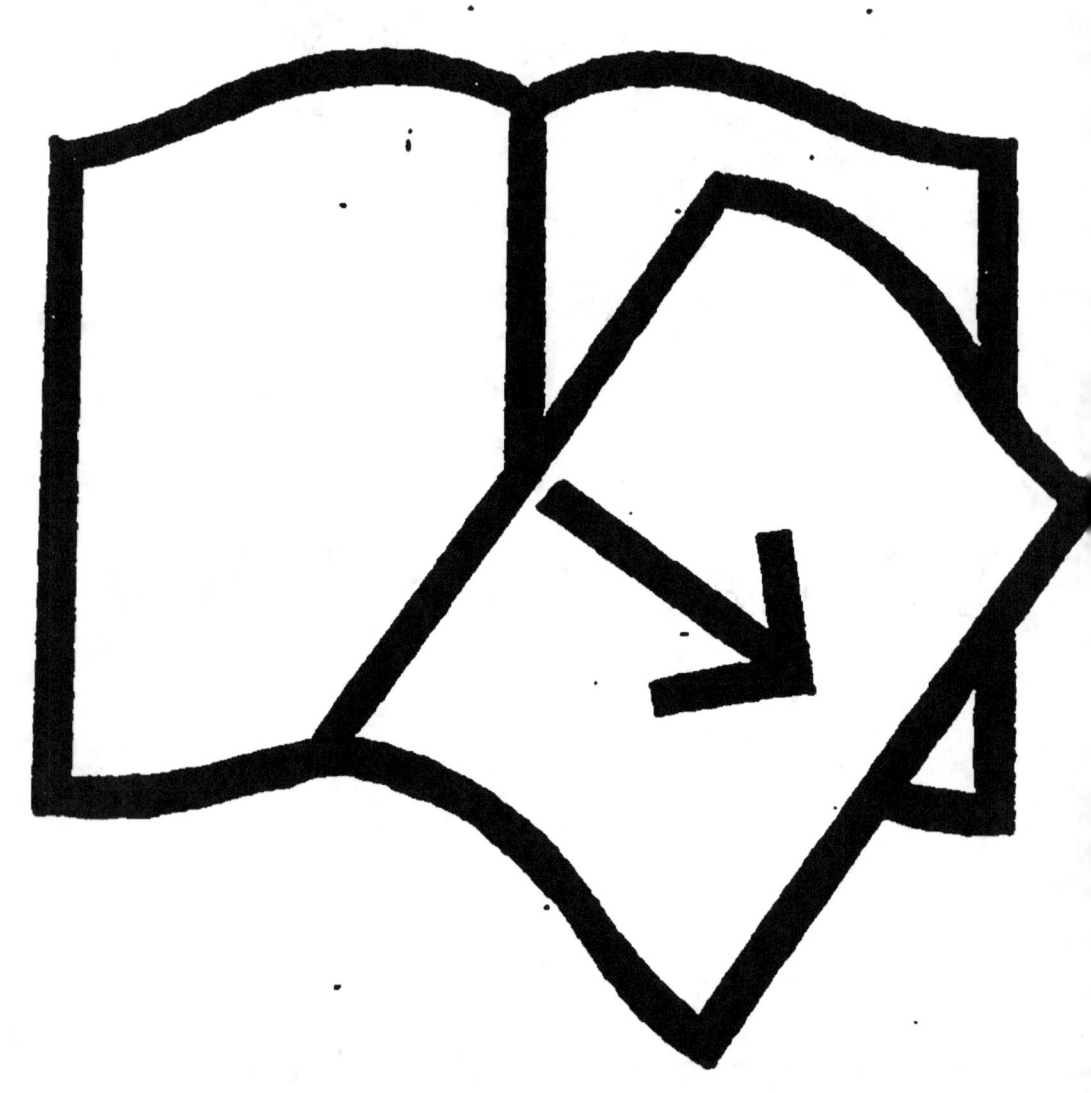

Couvertures supérieure et inférieure
manquantes

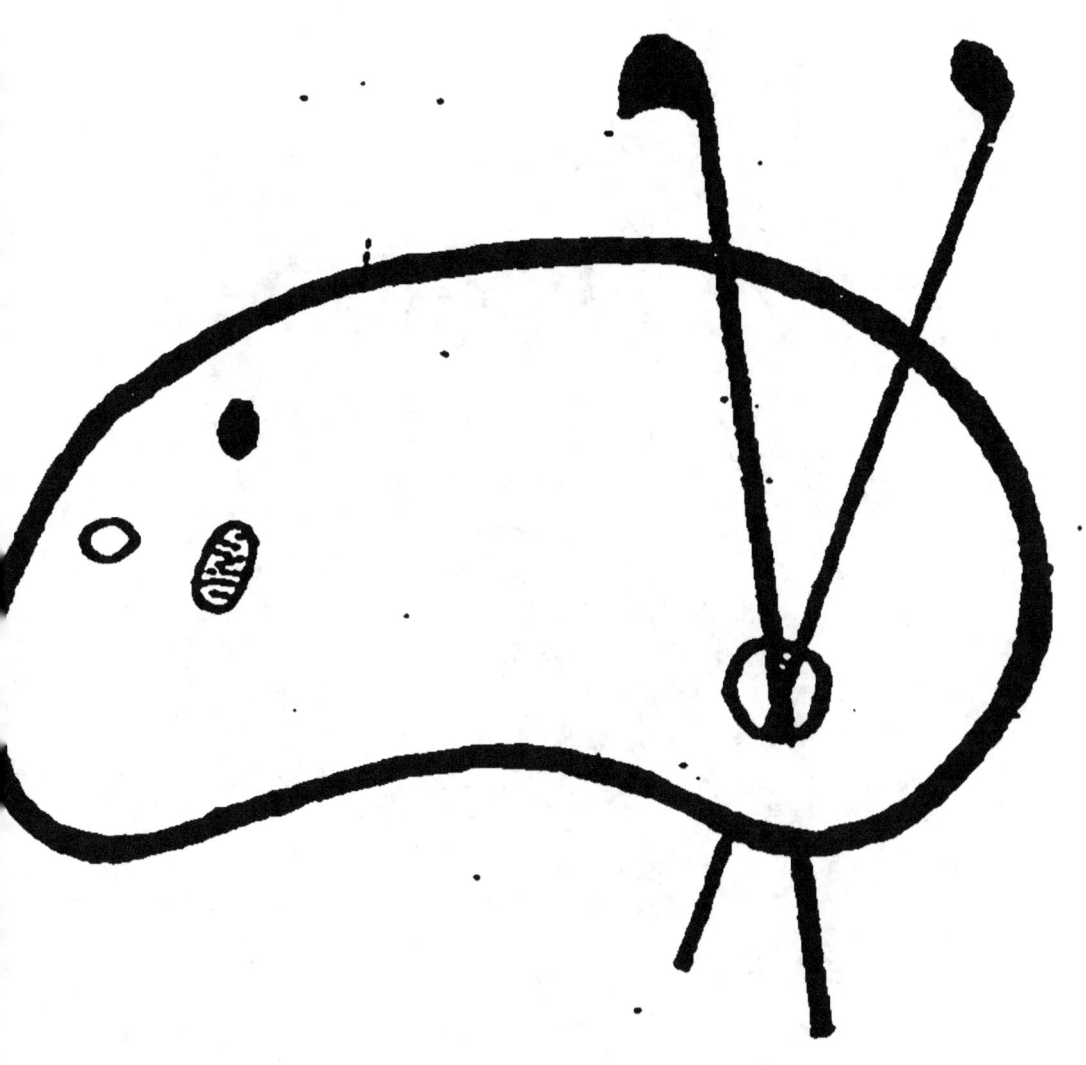

ORIGINAL EN COULEUR

NF Z 43-120-8

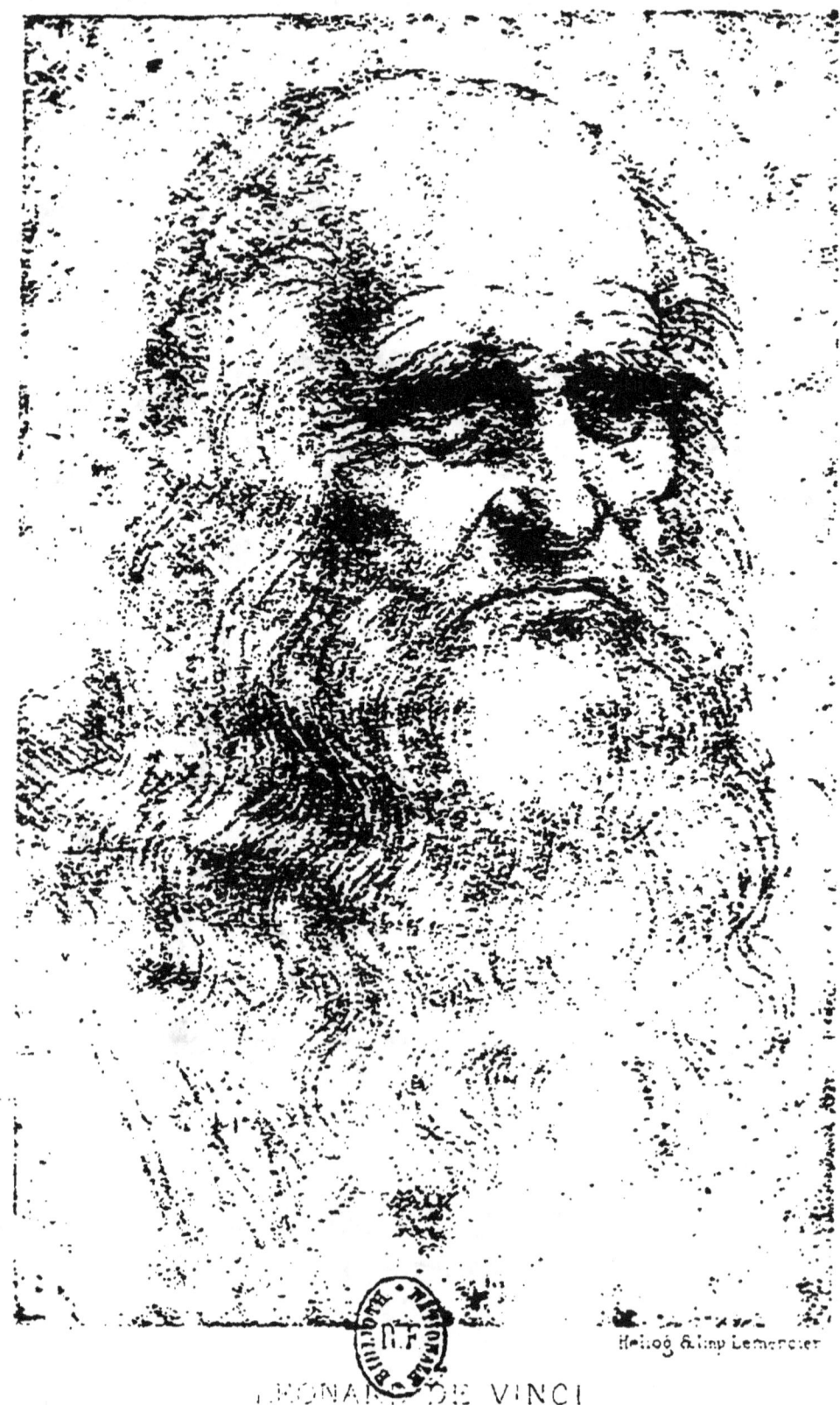

LEONARD DE VINCI
par lui-même
d'après l'original conservé à la Bibliothèque royale de Turin

1452-1519

LÉONARD DE VINCI

L'ARTISTE & LE SAVANT

ESSAI DE BIOGRAPHIE PSYCHOLOGIQUE

PAR

GABRIEL SÉAILLES

Maître de Conférences
A la Faculté des Lettres de Paris

PARIS

LIBRAIRIE ACADÉMIQUE DIDIER

PERRIN ET Cie, LIBRAIRES-ÉDITEURS

35, QUAI DES GRANDS-AUGUSTINS, 35

1892

PRÉFACE

Depuis quelques années on s'est beaucoup occupé de Léonard de Vinci. On savait vaguement
que ce grand artiste, avide de toute science,
avait laissé de nombreux manuscrits, dont l'é-
criture renversée (de droite à gauche) semblait
faite pour dérouter les curieux. On sait aujour-
d'hui que le savant est l'égal de l'artiste. En
1797, Venturi avait lu, à la première classe de
l'Institut National des sciences et des arts,
quelques fragments qu'il avait déchiffrés et
traduits. Près d'un siècle devait s'écouler avant
que cet exemple fût suivi. En 1883, M. Jean-
Paul Richter donna deux gros volumes d'extraits choisis dans tous les manuscrits d'An-

gleterre, de France et d'Italie. Déjà M. Charles Ravaisson avait commencé la publication
intégrale des 12 manuscrits de la Bibliothèque
de l'Institut qu'il achève après dix ans de travail (août 1891). Le premier fascicule du *Codex
Atlanticus* vient de paraître (juin 1891). Enfin
M. Uzielli a recueilli patiemment dans les Archives les documents qui se rapportent à la
famille et à la vie du maître.

Pour marquer à Léonard de Vinci sa vraie
place dans l'histoire des sciences, plus d'une
étude de détail reste encore possible et nécessaire. C'est aux savants qui la cultivent de définir en toute précision ce qu'il a fait pour chaque
science spéciale. Mais toutes ces recherches,
toutes ces vérités ont été les pensées et les actions d'un homme. Laisser échapper l'homme,
ce serait perdre le plus précieux de ce que
nous offre le Vinci : l'unité et la beauté de sa
vie intérieure. Les matériaux n'ont tout leur
prix que par l'œuvre qu'ils permettent. L'occasion m'a paru propice de chercher dans les découvertes du savant et dans les œuvres de l'artiste l'unité d'un même génie, de dresser ainsi

de toute sa hauteur cette grande figure humaine.

A dire vrai, je n'ai pas choisi ce livre, il s'est imposé à moi. M. Charles Ravaisson me demanda d'annoncer, dans un article de Revue, le troisième tome de sa belle publication, comme j'avais fait le premier. (*Revue polit. et litt.*, 14 mai 1881.) Peu à peu, par un développement naturel, ce volume est sorti de l'article qui ne fut pas fait, comme du plaisir que j'éprouvais à m'y attarder. Dans un *Essai sur le génie dans l'art*, j'avais essayé de le rattacher aux lois générales de la vie et de la pensée; je voyais en un même individu le génie varier ses applications en tout sens, servir à la découverte de la vérité, à l'invention des machines, à la création de la plus rare beauté. Les œuvres du savant me reportaient à celles de l'artiste. Je vivais cette belle vie. N'est-elle pas cette union de la science et de l'art, de la réflexion et de la spontanéité, de la clairvoyance et de la sympathie qui, ne sacrifiant rien de l'humanité, marque sa vraie destinée?

Par la diversité de ses dons et de ses travaux,

Léonard appartient à tous; il ne peut être revendiqué par personne. Les savants trouveront dans ses manuscrits un chapitre inédit de l'histoire des sciences. Non seulement les règles de la vraie méthode scientifique y sont exposées avec une admirable clarté, mais ils sont remplis d'observations, d'expériences, de vérités qui déjà en attestent la fécondité. Il faut renoncer au préjugé qui fait tout commencer à Bacon ou à Descartes. La science moderne est née en Italie, cent ans avant Galilée. Ses origines doivent être reculées jusqu'au xve siècle. Elle n'est pas née de rien, elle se rattache par Archimède à la tradition de l'antiquité, voilà la vérité historique qu'imposent la lecture et l'étude des manuscrits.

Mais dans ces découvertes et dans ces œuvres ce qui surtout nous intéresse et nous passionne, c'est l'âme même du Vinci. Quelle bonne fortune pour le psychologue que la rencontre de cet homme en qui conspirent sans s'affaiblir toutes les facultés humaines ! Il ne faut pas se détourner de parti pris des formes les plus hautes de la vie spirituelle. L'étude des dégénérés, des idiots et des fous est devenue l'un des moyens d'information les plus chers à la psychologie contemporaine. Je ne m'en plains pas. En décomposant l'esprit, la maladie l'analyse. Un trouble pathologique n'est que l'exagération d'un phénomène normal. La maladie fait ainsi l'office d'un instrument qui tout à la fois isole et grossit l'élément observé. Mais peut-être ne serait-il pas sans danger de n'étudier de l'homme que ses déchéances? de le chercher seulement dans le sauvage où il n'est pas encore, dans le dégénéré où il n'est plus? Savoir n'est pas seulement détruire et décomposer, à propos de chaque chose et de chaque être retourner au néant. Que serait une science qui nous ferait perdre tout sentiment de la réalité et de la vie? Savoir, c'est comprendre. On ne sait qu'à la condition de garder l'intelligence des harmonies réalisées. Le génie d'un Michel-Ange, d'un Newton, d'un Gœthe est un fait ; est-il négligeable? Savoir jusqu'où la nature peut descendre en l'homme est excellent, à la condition qu'on apprenne en même temps jusqu'où elle peut s'élever par lui. Léonard de

Vinci est un homme achevé : il ne dépasse la
mesure de l'humanité que parce qu'il la remplit. Il est beau, élégant et fort. Il est un grand
savant et un incomparable artiste. L'art et
la science semblent en lui les deux moments
d'une même activité qui ne décompose l'œuvre
de la nature que pour en pénétrer le secret et
la poursuivre en tous sens. C'est un curieux
problème que celui de cette âme complexe.
En quelle mesure l'artiste collabore-t-il à
l'œuvre du savant, le savant à celle de l'artiste ?
La découverte scientifique n'est-elle pas, par
l'hypothèse, une invention véritable ? L'art ne
repose-t-il pas sur une étude approfondie de
la nature ?

Le spectacle d'une belle vie nous apprend à
vivre. Par un privilège de son temps, et plus
encore de son génie, Léonard de Vinci ne sacrifie rien en lui de l'humanité. Si parfois il
semble exagérer le pouvoir de la science, sa
vie corrige les excès de son enthousiasme.
Notre division du travail morcelle l'esprit.
L'individu n'est plus qu'une petite machine
arrogante qui ne sait qu'elle-même et ses roua-

ges. Un organe s'exagère, les autres s'atrophient ; de cette collection de monstres se compose le colosse de nos sociétés modernes. Chacun de ces êtres déformés volontiers se croit le type unique. Il proclame que tout va disparaître, excepté lui-même. Il affirme qu'il est au vrai point, qu'il voit ce qui est, que rien n'est que ce qu'il voit. A regarder un homme véritable, nous prendrons une idée plus juste de l'homme que nous devons aimer et vouloir.

Léonard trouve la vérité morale sans la chercher, dans l'équilibre heureux de ses facultés. Sa grâce franchit, sans les voir, les mauvais pas où notre pédantisme s'empêtre. Peintre, il étudie en savant toutes les sciences qui peuvent le rendre maître des procédés de son art; mais c'est pour conquérir la liberté de l'invention et pour donner aux créations les plus audacieuses de sa fantaisie l'apparence de la réalité même. Son réalisme n'est que la puissance technique de donner la forme et la vie à l'idéal qu'il rêve.

Jamais il ne sépare la science de l'action, ni

l'action de l'idéal. Nos dilettantes nous offrent les joies de la stérilité. Le grand effort universel est fait pour fournir des spectacles variés à leur curiosité. Ils se vantent de tout comprendre, de tout aimer, et de ne rien faire. Leur sympathie n'est qu'un égoïsme raffiné : ce sont des indigents qui s'imaginent naïvement qu'ils donnent aux autres le peu qu'ils en reçoivent. Le génie est dans l'esprit la fécondité de la nature. Il s'unit à tout, il est riche pour tous. Il ne cherche pas l'originalité dans la grimace. Il est « différent », sans effort, en restant humain. Sa libéralité fait la preuve de sa richesse. Léonard passe sa vie à des œuvres impersonnelles qui font sa personnalité inoubliable.

Dégoûtés de l'égoïsme félin et doux de nos dilettantes et de la platitude utilitaire de nos demi-savants, quelques-uns se laissent tenter par l'ivresse du sacrifice. Résoudre le problème de la vie par la douceur, ne plus discuter, ne plus lutter, trouver en soi-même dans une mort anticipée la joie de vivre par la conscience d'être dès ici-bas dans l'éternel, n'est-ce pas l'apaisement, ce bonheur que les hommes cherchent vainement dans l'agitation et le tumulte de leurs désirs anarchiques ! Une réaction n'est jamais qu'un excès en sens contraire de celui qui la provoque. Je me défie de la morale du sacrifice à outrance, morale d'iconoclastes qui s'acharnent sur la nature, voudraient en abolir les formes. Le sacrifice n'est pas bon par ce qu'il détruit, mais par ce qu'il permet. La science n'a pas été un vain effort. Une morale qui ne tient compte ni de son existence, ni de ses progrès n'est plus une morale humaine. Ne laissons pas obscurcir le rayon du soleil de la Grèce qui se mêle aux clartés de l'esprit français.

Léonard de Vinci ne dédaigne pas la science, il la fonde. Il ne se jette pas hors du réel, il s'en empare. Il accepte toute la vie, mais il la veut vraiment humaine. Sa morale n'est ni la morale de l'inertie orgueilleuse et contemplative, ni la morale du sacrifice, elle est la morale de l'effort. Mettre l'idéal hors de la réalité c'est, qu'on le veuille ou non, le réduire à n'être qu'une abstraction vaine. Il faut lui don-

ner pour assises les lois fondamentales de l'être
et de la vie. Léonard ne détruit pas la nature, il
s'unit à elle intimement. Il veut savoir ce qu'elle
fait et comment elle le fait, non pour la répéter, mais pour la dépasser. Il nous apprend la
valeur de la science et son rôle. Par la connaissance des causes, la science nous permet de
poser les effets, d'en imaginer même des combinaisons nouvelles. Mais elle nous donne des
moyens, elle ne nous instruit pas sur notre fin.
Elle décompose ce qui est, elle n'invente pas ce
qui doit être. Elle crée des organes d'une singulière puissance, elle n'éclaire ni ne fortifie la volonté. Elle ne montre la route qu'à celui qui sait
où il veut aller. Elle n'a tout son prix qu'unie à
l'art et à la morale : par elle seule il est possible
de relier l'idéal au réel. Arrivée à l'esprit, la
nature ne s'arrête pas, elle ne suspend pas le
mouvement et la vie ; présente à l'esprit, elle
poursuit par lui son ascension vers des formes
plus hautes. La science n'est que la conscience
qu'elle prend des procédés qu'elle a suivis dans
ses créations antérieures pour en trouver des
applications nouvelles. La tâche de l'homme

n'est pas de se défaire lui-même et tout ce qui est , mais de créer l'idéal par la pensée et de le faire entrer, par la science du réel, dans la trame des faits.

Barbizon, août 1891.

PREMIÈRE PARTIE

LÉONARD DE VINCI. — SA VIE ET SES ŒUVRES

LÉONARD DE VINCI

CHAPITRE PREMIER

LA VIE DE LÉONARD DE VINCI JUSQU'A SON DÉPART POUR MILAN (1452-1483)

I. — Naissance de Léonard de Vinci. — Le notaire Ser Piero da Vinci et ses mariages successifs. — Éducation de Léonard. — Son entrée chez Verocchio. — Sa jeunesse. — L'ange du *Baptême du Christ*. — Accusation anonyme.

II. — Premières œuvres. — Carton du *Paradis perdu*. — Anecdote de la *Rondache*. — Caractère du réalisme de Léonard. — Les *Annonciations* du Louvre et du Musée des Offices. — Recherche de l'expressif. — *La Vierge à l'Œillet* (Münich-Louvre)

III. — La légende de la Vierge : les madones du Vinci. — La *Madone Litta* du musée de l'Ermitage (Saint-Pétersbourg). — *La Vierge aux Rochers* (Louvre National Galery). — Influence sur Raphaël. — *L'Adoration des mages* : les études et l'esquisse définitive. — Le génie pittoresque de Léonard. — Le sculpteur : le bas-relief de *la Discorde* (South Kensington Museum).

Vasari commence la biographie de Léonard de Vinci avec une sorte de solennité. Au moment d'entrer dans cette vie, il y sent la présence du divin ; une émotion religieuse l'arrête au seuil. « On voit les plus grands dons pleuvoir par influences célestes dans les corps humains, le plus souvent de façon naturelle et quelquefois de façon surnaturelle ; on voit se ramasser sans mesure en un seul corps la beauté, la grâce et le talent, et cela à tel point que, de quelque côté que se tourne cet homme, chacune de ses actions est si divine que, laissant en arrière tous les autres hommes, il fait connaître à l'évidence qu'il agit par un don de Dieu et non par un effort de l'art humain. C'est là ce que virent les hommes en Léonard de Vinci. Sans parler de la beauté de son corps qui ne saurait être assez louée, il apportait en chacun de ses actes une grâce plus qu'infinie ; il acquit un tel talent que, vers quelque difficulté qu'il lui plût de se tourner, il la résolvait sans peine. Sa force était très grande et jointe à l'adresse ; son esprit et son courage eurent toujours un caractère royal et magnanime, et la renommée de son nom s'étendit à ce point que non seulement il fut célèbre en son vivant, mais que depuis sa mort sa gloire a grandi. Vraiment admirable et céleste fut Léonard, fils de Ser Piero da Vinci. » Ce qui rend précieuse l'œuvre de Vasari, c'est qu'elle nous donne l'image que les artistes avaient laissée d'eux-mêmes dans l'esprit de leurs contemporains et de leurs élèves L'homme se révèle par sa légende plus encore peut-être que par son histoire. Le mot *divin* revient de lui-même sous la plume de Vasari, que son culte pour Michel-Ange, son maître, ne prédisposait pas à la bienveillance.

Léonard est né à Vinci en 1452, entre Florence et Pise, sur la rive droite de l'Arno. Vinci est une bourgade perdue dans les plis et replis que forment les monts Albano. Le paysage est d'un aspect sévère, avec un horizon de grandes lignes qui ondulent sur le ciel. Le père de Léonard était ser Piero, alors âgé de vingt-deux ou vingt-trois ans ; sa mère, une jeune paysanne du nom de Catarina. Ici se place un petit drame de famille, dont chacun est libre d'imaginer les incidents à sa fantaisie et dont nous ne savons que le dénouement. La naissance de Léonard donne brusquement à l'idylle une fin toute prosaïque. Sans doute sur les instances de son père, ser Piero rompit avec Catarina, prit son fils et la même année se maria avec Albiera di Giovanni Amadori. Catarina de son côté épousa sagement un certain Accatabriga di Piero del Vacca, quelque paysan qui n'y regarda pas de trop près. Fils naturel, recueilli par son père, Léonard se passa de cette influence maternelle que doit subir tout grand homme qui se respecte.

Il n'a pas plus souci de confirmer la loi d'hérédité. L'hérédité est à la mode, le génie semble plus facile à faire rentrer dans la continuité des phénomènes, si la nature y monte degré à degré par une échelle de médiocrités. Le père de Beethoven était ivrogne, mais musicien. La loi d'hérédité n'est pas si absolue que la nature ne puisse s'y soustraire et produire, sans remords ni retouches, le génie d'un Vinci. Par cet homme extraordinaire, elle a montré quelle hauteur elle peut atteindre d'un élan, en prolongeant la vie par l'esprit qui en est la suprême exaltation. Consultez l'arbre généalogique de la famille de Léonard, retrouvée et publiée par M. Uzielli [1]. Vous y trouverez, non pas ce que vous seriez tentés d'y chercher, mais ce qu'à coup sûr vous n'attendiez pas, toute une suite de notaires. Quatre ascendants du grand peintre avaient rempli les fonctions de tabellion. Un acte daté de 1339 est le plus ancien document qui se rapporte à la famille. Pour atténuer le paradoxe, on cite des notaires italiens qui diffèrent de notre idéal du parfait notaire, entre tous Brunetto Latini, le maître de Dante. Mais n'imaginez pas le père de Léonard comme un notaire honteux. Il rédige ses actes sans distraction. Son succès fait la preuve de son habileté. Quand on compulse les contrats du temps, son nom est celui qui revient le plus souvent. Ce tabellion de village devient un personnage, le notaire des

---

1. Gustavo Uzielli, *Ricerche intorno a Lionardo da Vinci.* Firenze, 1872; Roma 1884.

grands couvents, des grandes familles, des Médicis mêmes. On suit sur le cadastre l'accroissement progressif de sa fortune.

Ses mariages successifs ne sont pas sans jeter quelque jour sur son caractère. Après l'abandon de Catarina, il s'était marié. De sa première femme il n'eut pas d'enfants. Quand elle mourut, il avait trente-cinq ou trente-six ans, il épousa une jeune fille de quinze ans ; elle mourut encore sans lui avoir donné d'enfants. Il ne se découragea pas, à quarante-six ans il épousa Margharita, avec une dot de trois cent soixante-cinq florins, et il eut quatre fils et une fille. Après quoi elle mourut. Il semble qu'il ait hésité quelque temps à recommencer une vie nouvelle. Enfin, à soixante ans, il se décida et il épousa Lucrezia di Cortegiani, dont il eut six enfants. Ce notaire Barbe-Bleue qui, à soixante ans, après avoir eu la douleur de perdre trois femmes, a le courage d'en prendre une quatrième et justifie son audace, n'est pas un homme ordinaire. Cet optimisme impudent témoigne d'une étrange vitalité. Léonard n'est pas né d'un peintre médiocre, il est né de la jeunesse et de l'amour. Si le désir n'est qu'un piège de la nature, de quel élan n'a-t-elle pas dû jeter l'un à l'autre ces deux enfants dont elle avait besoin pour une telle création. J'éprouve quelque joie à penser que le plus exquis des peintres est né d'un notaire robuste et d'une montagnarde. La vie donnée dans l'enthousiasme est devenue le génie de Léonard. La race était si vigoureuse que les siècles ne l'ont pas épuisée et vous trouveriez encore aujourd'hui parmi les paysans des monts Albano un Vinci dont le fils aîné porte le nom de Léonard.

Léonard de Vinci fut élevé chez son père. C'est un souvenir, sans doute, de ses premières années qui lui fait écrire contre les peintres qui ornent leurs modèles sans goût : « N'as-tu pas vu les montagnardes enveloppées de leurs pauvres haillons, sans parure, l'emporter en beauté sur celles qui sont ornées. » (*Tr. d. P.*, § 404.) Il est vraisemblable qu'il n'eut pas à souffrir de sa naissance irrégulière. Par un hasard heureux, toute sa jeunesse s'écoula sans que la naissance d'un enfant légitime éveillât contre lui les défiances d'une belle-mère. Il était admirablement beau, avec cette grâce déjà qui attirait à lui les cœurs, et de bonne heure il montra les dons les plus rares. Nous savons peu de chose de ses premières études. Dès le début, nous le voyons épris de toute science. Sans son humeur mobile et capricieuse, il eût fait les plus grands progrès dans les belles-lettres, dit Vasari. « Il commençait beaucoup de choses, puis les abandonnait. » Il montra le plus grand goût pour les mathématiques ; par ses doutes, par les difficultés qu'il soulevait, il confondait son maître. Il étudia la musique, aussitôt il y excella. Esprit plein d'élan et de grâce (*spirito elevatissimo e pieno di leggadria*), il chantait divinement en s'accompagnant de la lyre, improvisait tout à la fois les vers et la musique. Mais dès lors, bien que sollicité en tous sens par la diversité même de ses dons, il ne cessa jamais de dessiner et de modeler, choses qui plus que toute autre allaient à sa fantaisie (*cose che gli andavano a fantasia piu d'alcun altra*). » En parlant de cette mobilité précoce, Vasari sans doute a conclu de l'homme à l'enfant. Mais cette prétendue mobilité n'est-elle pas, à dire vrai, la libre allure d'un génie qui ne sacrifie rien de lui-même.

Son père habitait souvent Florence, sur la place de San Firenze, à l'endroit même où s'élève aujourd'hui le palais Gondi, construit à la fin du xvᵉ siècle. Il montra les dessins de son fils à Verocchio, dont il était l'ami. *Stupui Andrea nel veder il grandissimo principio di Lionardo.* C'est l'impression que semble avoir produite sur tous les contemporains le prodige de ce génie, dont ils pouvaient à peine soupçonner l'étendue. Le Vinci entra chez Verocchio en 1470 au plus tard; dès 1472, il est inscrit sur le livre des peintres, comme membre indépendant de la corporation. Il eut comme camarades d'atelier Pérugin et Lorenzo di Credi.

Lorenzo, de sept ans plus jeune que lui, fut, à dire vrai, son élève. Il lui prit le souci de l'expression, la difficulté de se satisfaire soi-même, une peinture où rien ne semble laissé au hasard, caressée parfois jusqu'à la recherche. Comparé aux premières œuvres de Verocchio, le groupe de Jésus et de saint Thomas (1483), qui orne la façade de l'église Or San Michele à Florence, semble prouver que le maître lui-même a subi l'influence de son élève. (E. Müntz.) Il y a dans cette œuvre le charme d'un esprit nouveau. Le mouvement n'est que le sentiment visible dans son expression. Au doute de saint Thomas se mêle l'élan d'une jeunesse crédule ; à la gravité de Jésus, la douceur indulgente de l'homme qui sait la fragilité des âmes. Toute sa vie, Léonard gardera cette séduction, cet art d'évoquer dans les autres par une sympathie féconde une âme à l'image de la sienne.

A cette heure, il a la grâce divine de la jeunesse, l'infini de l'espérance. Le monde s'ouvre devant lui. Sa destinée est écrite dans sa nature : comprendre pour créer. Son génie justifie toutes les audaces. A cet âge, où les plus humbles trouvent dans la joie de vivre, avec un besoin d'héroïsme et de conquêtes, le pressentiment des grandes choses qu'ils ne feront pas, l'illusion des autres, pour lui, est la vérité. Quand Hippolyte est ramené gémissant auprès de son père, un bien-être soudain l'avertit de la présence de Diane qui apporte au mourant la consolation de sa forme divine ; Léonard partage ce privilège des dieux et le rayonnement de sa beauté dissipe les nuages qui assombrissent le front des hommes (*con lo splendor dell'aria sua, che bellissima era, rasserenava ogni animo mesto*. Vasari). Il est le plus fort, comme il est le plus beau. La puissance de son esprit n'est pas faite de la faiblesse de son corps. Il arrête un cheval furieux; de la main droite, il tord le battant d'une de ces cloches qu'on suspend aux murailles, il plie le fer d'un cheval, comme s'il était de plomb (Vasari), et cette même main court agile et légère sur les cordes de la lyre.

Artiste, dès sa première œuvre il attire tous les regards, éveille l'attente de ses rivaux et, s'il faut en croire la légende, décourage son maître. Verocchio avait reçu des moines de Vallombrosa la commande d'un *Baptême du Christ*. Léonard peignit dans ce tableau un ange agenouillé. La figure devait se perdre dans l'œuvre collective, elle s'en détacha, on ne vit qu'elle. Vasari raconte que, « dépité de voir un enfant faire mieux que lui, Verocchio de ce jour prit la résolution de ne plus toucher un pinceau [1] ». Durant ce premier séjour à Florence, Léonard dut mener une exis-

---

1. Le tableau du *Baptême du Christ* est aujourd'hui à l'Académie des beaux-arts de Florence.

tence brillante, un peu dissipée sans doute. Plus d'une fois sa verve comique s'exerça aux dépens des bourgeois de Florence. Ses camarades Atalante Miglioretti, l'excentrique Zoroastre de Piretola furent avec lui les acteurs de plus d'une scène de folie joyeuse. (M^t C 19 v°.) Le plaisir ne pouvait le retenir, sans doute il le traversa. Jeune, il est le prince des jeunes artistes florentins; il rêve de grandes choses, les prépare sans hâte et traite la vie avec l'indifférence de ceux qui la croient voir s'étendre à l'infini devant eux.

Des anecdotes plus ou moins authentiques, de temps en temps la sèche précision d'un document officiel, une lettre d'un contemporain, voilà tous nos éléments pour la biographie de Léonard. Il y avait en dehors du *Palazzo Vecchio* une boîte que sa forme avait fait appeler le tambour (*il tamburo*). Dans cette boîte, le premier venu pouvait déposer une accusation qu'il n'était tenu ni de signer, ni de justifier. Les Médicis avaient ainsi une police anonyme et gratuite. Les dénonciations étaient relevées et examinées, selon la nature du délit, par les magistrats compétents. Un jour, dans le tambour du *Palazzo Vecchio*, on trouva une lettre qui accusait Léonard de mœurs infâmes; Verocchio était donné comme son complice. Il avait à cette date vingt-quatre ans, Verocchio quarante et un. Dans le livre *degli Uffiziali di Notte et de' Monasteri*, nous trouvons que l'affaire fut appelée le 9 avril 1476. Les deux accusés furent absous, mais sous condition de se présenter de nouveau devant le tribunal (*absoluti cum conditione ut retamburentur*). L'affaire revint deux mois après, et cette fois eut une issue définitive : le maître et l'élève furent renvoyés de la plainte. L'accusation est anonyme, cela suffirait à en faire justice. Sans parler du jugement rendu, j'ose dire que toute la vie de Léonard, que plus encore la justesse de son esprit, toute sa philosophie, toute sa manière de penser, répugne au monstrueux [1]. Il aime la grâce et la beauté ; ses yeux et son esprit ont besoin de cet aliment : ses disciples sont des jeunes gens très beaux comme Salaï ; des gentilshommes, comme Melzi, Beltraffio, Rustici ; il va d'un mouvement naturel vers ce qui est élégant, distingué, exquis, comme il l'attire par une sympathie réciproque.

II

Les premières œuvres de Léonard presque

---

1. M. Uzielli, à qui j'emprunte ces détails, remarque que Léonard a publié une planche d'anatomie sous ce titre : *Venerem obversam solam hominibus convenire.* Il y voit la preuve de son respect pour les lois naturelles.

toutes sont perdues. Nous ne les connaissons
guère que par les descriptions de Vasari. Mais ces
descriptions suffisent à nous montrer que dès ses
débuts il fut lui-même. Déjà le savant apparaît
dans l'artiste, déjà se révèle la merveilleuse harmonie des facultés contraires qu'il concilie. Un
instinct très sûr précède en lui la réflexion. C'est
assez qu'il obéisse à sa nature, pour que se manifeste un génie fait d'observation précise et d'ambitieuse audace.

Vasari et le Biographe anonyme nous parlent
d'un carton, d'après lequel on devait exécuter en
Flandre une tapisserie pour le roi de Portugal.
La tapisserie ne fut pas exécutée, le carton est
aujourd'hui perdu. Il représentait la *Chute* de
l'homme, Adam et Eve dans le paradis terrestre.
« Léonard, dit Vasari, dessina en grisaille et à la
brosse une infinité d'herbes avec des animaux
dans une prairie émaillée de fleurs, qu'il rendit
avec une précision et une vérité inouïes. Les
feuilles et les branches d'un figuier sont exécutées
avec une telle patience et un tel amour qu'on ne
peut vraiment comprendre la constance de ce talent.
On voit aussi un palmier auquel il a su donner
un si grand ressort par la disposition et la parfaite
entente de la courbure de ses palmes, qu'en vérité
on peut dire qu'il n'est divin génie au monde qui,
en exactitude et en naturel, le puisse faire aussi

semblable. Le carton aujourd'hui est dans la maison fortunée du magnifique Octavien de Médicis. »
L'effet n'est pas obtenu en abrégeant la forme, en la résumant : l'arbre a été regardé par un savant en même temps que senti par un artiste. La complexité des œuvres de la nature n'effraie pas Léonard. Il veut dire autant qu'elle, parler son langage avec une précision qui en reproduise tous les éléments. Mais cette exactitude n'est qu'un moyen. S'il parle le langage de la nature, c'est pour exprimer sa propre pensée. Par l'étude de sa structure faire plus sensibles la souplesse et la grâce du palmier, voilà ce qu'il veut. Son attention se multiplie sans se disperser, il concentre sans appauvrir. Il est à cette heure ce qu'il sera, le réaliste incomparable qui fixe sur les choses l'œil le plus clairvoyant et rencontre l'idéal sans effort, sans se guinder, en continuant le réel, en reliant ses créations à celles de la nature.

Instructive comme une légende, l'anecdote banale, rebattue, de la rondache, que Vasari a recueillie dans les ateliers de Florence, achève de nous montrer l'idée que, dès le début, il se fit de l'art, de son rôle et de sa puissance. Elle marque le lien subtil qui unit en lui l'imitation scrupuleuse de la nature à l'invention hardie des formes nouvelles.

Un paysan avait taillé dans un figuier une façon

de bouclier; il le porta au père de Léonard en le priant d'y faire peindre quelques emblèmes à la ville. Ser Piero le confia à son fils. Celui-ci, « qui aimait l'achevé, » donna le bois à un tourneur pour l'égaliser et le polir; puis, par une fantaisie de jeune homme, dont la puérilité est une singulière audace, il résolut d'y peindre une figure qui, répondant à la fin du bouclier, inspirât la terreur et produisît l'effet que la fable prête à la tête de Méduse. « Dans une chambre, où il entrait seul, il réunit des lézards, des grillons, des serpents, des papillons, des sauterelles, des chauves-souris, et autres espèces étranges d'animaux semblables; de leur diversité savamment combinée il composa un animal (*molto orribile e spaventoso*) vraiment horrible et effrayant, qui soufflait le poison et la flamme et qu'enveloppait une atmosphère de feu. » A quelque temps de là son père vient le voir. Il le fait attendre, met le bouclier en lumière, ouvre soudain et, comme son père recule avec effroi : « Prenez-le, c'est bien l'effet que j'ai voulu. » Ser Piero s'empressa d'acheter une rondache grossièrement décorée pour le paysan dont il eut la reconnaissance, et il vendit l'œuvre de Léonard pour 300 ducats au duc de Milan.

Voilà le réalisme de Léonard. Pour créer un monstre, il ne se fie pas à sa fantaisie : il n'en

sortirait qu'un être superficiel et décoratif. Il
veut que son monstre soit réel, si j'ose dire, pour
cela, qu'il soit possible, vraisemblable, construit,
comme un vivant, de parties solidaires qui s'impliquent. Pour créer un vivant, il s'adresse à la
nature qui s'y connaît. Il observe les sauterelles,
les lézards, les chauves-souris, les serpents, les
bêtes étranges qui nous inspirent un effroi ins-
tinctif. Dans cette invention d'une forme qui n'est
pas, il imite encore la nature. D'éléments empruntés, selon les lois mêmes de la vie, il compose le
monstre, dont l'émotion à produire, la terreur, est
comme l'âme. Réalisme d'un grand artiste en qui
l'esprit continue la nature par le génie ! De cette
fantaisie de jeune homme, c'est bien l'idée maîtresse de Léonard qui se dégage : étudier la nature pour faire comme elle, pour l'achever par un
monde humain, par la machine qui répond aux
besoins, par l'œuvre d'art qui enrichit l'âme des
émotions qu'elle y éveille.

La célèbre tête de *Méduse*, que Vasari vit dans
le palais de Cosme de Médicis (et qui n'est pas au
Musée des Offices), trahit la même volonté d'agir
sur l'âme des hommes, cette même curiosité de
l'expression qui se retrouvera dans ses caricatures
comme dans ses œuvres les plus exquises. De
bonne heure, la forme et les mouvements du cheval l'intéressèrent. Un dessin, qu'il fit pour An-

2

tonio Segni, représentait Neptune « dans un char
traîné par des chevaux marins ». (Vasari.) Le dessin est perdu, mais une esquisse rapide au crayon
noir (collection de Windsor) nous montre sous
l'effort, du Dieu qui les contient les chevaux furieux et bondissants.

Le peintre est un évocateur d'émotions et d'i-
mages; comme il peut effrayer, il peut charmer et
attendrir. Son art le fait disciple et rival de la
nature; sachant ce qu'il veut dire, il peut le dire
avec plus de force et de clarté. Comme il est le
peintre de *la Méduse*, le Vinci est le peintre des
madones inoubliables. L'objet change, c'est le
même art de concentrer les traits expressifs, de
faire sortir du réel même, à force de le comprendre, l'idéal qui, à dire vrai, ne s'en distingue pas
puisqu'il en est une forme supérieure, puisqu'il
est fait des mêmes éléments combinés selon les
mêmes lois par un esprit qui est la nature encore.

Le Louvre possède un petit tableau de Léonard,
une œuvre de jeunesse, *l'Annonciation*. On a reculé la date de cette composition jusqu'en 1470[1];
l'artiste n'aurait eu que dix-huit ans : l'hypothèse
est hasardeuse. L'œuvre est charmante. Déjà Léonard cherche à rapprocher la légende de la vie

---

1. Leonardo da Vinci, Lebens-skizze und Forschungen über
sein Verhältniss zur florentiner Kunst und zu Raphaël, von
Dr Paul Müller Walde. L'authenticité de ce tableau est admise
aujourd'hui par la plupart des critiques.

réelle. La légende sort du cœur de l'humanité ; pour la traduire, le mieux n'est-il pas d'exprimer les sentiments dont elle est née, de les montrer agissant dans des êtres qui en soient tout pénétrés. Sauf les ailes de l'ange, vous ne trouverez dans *l'Annonciation* aucun symbole religieux, pas de père éternel apparaissant dans les nuages, pas de colombe, pas de rayons allant frapper le sein de la Vierge, rien qui rappelle les banderolles des primitifs ; le sentiment religieux nous vient de l'âme même des personnages représentés. Tout intime, la scène ne s'encadre pas dans une architecture d'église. La Vierge est sortie devant la porte de sa maison qui ouvre sur une large terrasse, d'où l'on aperçoit la campagne, des arbres, la fuite d'un fleuve, l'ondulation des collines, l'ouverture du ciel à l'horizon, tout un paysage calme, silencieux et doux. L'ange a mis un genou en terre, son regard baissé respecte la Vierge, il lève la main droite et sa parole vient à Marie mêlée au parfum des lis qui fleurissent autour d'elle. Surprise en prière, elle est à genoux, la tête inclinée, les yeux mi-clos, les mains croisées sur la poitrine ; ses cheveux bouclés flottent sur son col. Heure unique et charmante, où cette maternité surnaturelle put lui donner la joie d'un légitime orgueil ! Déjà dans cette œuvre de jeunesse, la forme est créée par le sentiment ; les mains, les cheveux, les draperies, tout prend un sens, tout parle, tout concourt à l'expression : la nature apaisée, la lumière tranquille, le fleuve qui coule dans la vallée, la longue ligne horizontale de la terrasse qui se prolonge avec une sorte de lenteur, les draperies de la Vierge qui l'enveloppent en leurs plis calmes, et plus que tout sa grâce exquise en qui semble prendre conscience d'elle-même toute cette grâce des choses.

Le Musée des Offices possède un dessin, une étude pour la tête de la Vierge : nous y voyons avec quel soin Léonard déjà étudiait les paupières baissées, plus encore son amour des belles chevelures : la tête plus simple, moins compliquée que celles auxquelles il se plaira plus tard, exprime la modestie d'une âme comme volontairement voilée, mais la chevelure royale envahit les joues de ses boucles ondulées et légères, couvre de ses vagues le col et les épaules et s'achève en une sorte de diadème triomphal.

Quelques années plus tard [1], Léonard répétait dans de plus grandes dimensions cette *Annonciation*, en modifiant légèrement le paysage qu'on découvre de la terrasse, et l'attitude de la Vierge, surprise, pendant une lecture pieuse, par

1. M. Paul Müller Walde donne pour la première *Annonciation* (Louvre) la date de 1472 et pour la seconde la date de 1474. M. G. Frizzoni attribue *l'Annonciation* de Florence à Roderigo Ghirlandajo : c'est faire à ce peintre ingénieux beaucoup d'honneur.

l'ange dont les ailes ne sont pas repliées encore. L'œuvre qu'on voit à Florence (Offices), d'un sentiment moins naïf, aussi délicat, est d'une exécution plus libre et plus sûre.

Faut-il reconnaître encore une œuvre de la jeunesse de Léonard dans *la Vierge à l'Œillet* qui, découverte récemment, s'est ajoutée aux splendeurs du Musée de Munich? La Vierge est debout, derrière un mur d'appui. Ce mur porte un coussin brun sur lequel est assis l'enfant Jésus. Dans la surprise de la maternité gardant comme la pudeur rougissante des fiancées, la Vierge n'est que la plus adorable des toutes jeunes mères. Souriante et sérieuse, elle présente un œillet rouge à l'enfant qu'elle enveloppe de son regard. Comme pour saisir la fleur, Jésus se penche en avant, la jambe gauche levée, les bras tendus vers sa mère, d'un mouvement d'enfant qui se porte de tout son corps vers ce qu'il désire ; mais ses yeux se détournent, montent vers le ciel et semblent pris par un spectacle étranger à la terre. La mère ne voit que l'enfant, nous voyons le Dieu : les bras en se levant accompagnent, pour nous, le mouvement des yeux vers le ciel et semblent un geste de prière et d'extase. L'idée religieuse se mêle ainsi, d'une façon un peu étrange, à l'intimité d'une scène toute familière.

L'œuvre est-elle originale? Plusieurs critiques

allemands l'ont cru. M. de Geymuller leur a donné raison. (*Gazette des beaux-arts*, 1ᵉʳ août 1890.) Je ne puis me ranger à leur avis. Il y a dans le tableau de Munich des maladresses, des incorrections, un effort aussi qui semble d'un copiste attentif [1]. J'ajoute que le musée du Louvre possède une répétition de *la Vierge à l'Œillet* [2]. Sauf le paysage, ils sont identiques. Le tableau de Munich est d'une exécution supérieure, mais il s'agit d'une œuvre de jeunesse, et les fonds de la Vierge de Munich rappellent ceux de la sainte Anne, semblent milanais, tandis que le paysage, dans la Vierge du Louvre, plus simple est dans la manière florentine. Je pense que nous sommes en présence de copies d'une œuvre perdue, reproduite par des disciples allemands. Il reste un document précieux dans des images charmantes. C'est Léonard qui a disposé cette chevelure dont la tresse fait au front un diadème et dont les boucles légères ondulent autour du visage, lui qui a observé ces fleurs, dessiné cette main longue et fine, modelé ces paupières bais-

1. Quand je suis arrivé à Munich, la pinacothèque était fermée, les tableaux dans les magasins, j'adresse tous mes remerciments à M. le directeur von Reder qui m'a permis de voir et d'étudier *la Vierge à l'Œillet*, ainsi qu'au professeur Hauser, à qui le musée doit d'avoir fait cette précieuse acquisition.

2. Le tableau est dans le cabinet d'un conservateur; il porte cette mention laconique : École allemande du xvɪᵉ siècle.

sées dont la peau transparente laisse comme fil-
trer le regard. Il n'est pas jusqu'à l'étude minutieuse et l'exécution un peu sèche des draperies
qui ne trahissent, avec l'influence encore de Verocchio peut-être, la curiosité patiente du Vinci.

III

En bas d'un feuillet du Vinci, qui est au Musée
des Offices, on lit : « ... *bre 1478 inchominciai*
le due Virgine Marie. » Quelles sont ces deux
vierges? Ont-elles été achevées? Il est bien difficile
de le dire. Mais si rares que soient les œuvres de
cette première période, nous pouvons établir que
déjà Léonard a dégagé de la légende de la Vierge
ces scènes intimes, familières, où le divin ne se
distingue plus de l'humain, la religion de la délicatesse et de l'élévation des sentiments naturels. Raphaël, dont c'est le privilège de rester
original dans l'imitation, est ici le disciple du
Vinci.

L'âme de l'humanité crée la légende. Elle y
met ses instincts les plus profonds; elle y réalise
ces penchants primitifs que le temps métamorphose sans les détruire. Chaque artiste trouve en

elle un thème qu'il varie selon la nuance de son émotion, selon la manière unique dont il éprouve le sentiment éternel auquel elle répond. Réunir en une femme tout ce qui fait la femme sacrée ; fondre la vierge, la mère et la sainte, en lui donnant le divin pour époux et pour fils, et laisser à cet être surnaturel l'humanité, la souffrance, pour lui faire traverser l'épreuve de toutes les douleurs qui peuvent naître de ces amours confondus en un seul, voilà la légende de la Madone. Avec son goût des images précises, sa préoccupation de l'expression morale et de la vie, Léonard retient surtout de la légende le charme de la maternité, l'intime harmonie de cet être en deux personnes, la mère et l'enfant. Il peint la grâce joueuse de l'enfant, la joie de la mère jeune encore qui s'étonne d'avoir donné la vie et ne se lasse pas de contempler son premier-né, parfois aussi la mélancolie de Marie, livrée aux pressentiments douloureux d'une destinée surnaturelle.

A défaut de tableaux, consultons quelques dessins d'abord, projets d'œuvres dont nous ne savons rien, images du moins un instant caressées par l'imagination de l'artiste. Ici (Windsor-croquis) la Vierge s'appuie du genou gauche à terre, sur son genou droit relevé, l'enfant s'est assis, et des deux mains il saisit le sein de sa mère qu'il presse des lèvres en levant les yeux vers elle ; à droite saint Jean s'avance d'un mouvement plein d'élan, les mains jointes ; là la Vierge s'est agenouillée, elle ouvre les bras et l'enfant couché sur un coussin lui tend les mains (Windsor) ; dans un autre croquis (Offices), debout et souriante, la Vierge regarde l'enfant qu'elle soutient, assis sur une petite table ronde et serrant contre lui un petit chat qui cherche à s'enfuir. Voici une scène plus familière encore : la Vierge est à demi couchée à terre, la jambe droite étendue, la jambe gauche ramenée sous la première ; dans une vague rêverie, elle regarde Jésus qui, étendu sur elle, la tête pressée contre sa poitrine, de ses petites mains caresse le sein maternel ; sur le banc très bas, où du bras gauche elle s'accoude, saint Jean serre de toutes ses forces un petit chat contre lui. *La Sainte-Anne* du Louvre nous montre, dans une œuvre magistrale, le succès de cet effort pour unir la grâce irréfléchie de l'enfant et de l'animal.

La madone Litta (Ermitage de Saint-Pétersbourg) n'est qu'une copie, mais exécutée par un des bons élèves du maître, retouchée peut-être par lui (*l'enfant*). Elle reproduit une œuvre de l'époque florentine[2]. Le tableau n'a pas la har-

---

1. Dans la première idée de l'artiste, la Vierge était seule avec Jésus qu'elle regardait ; il a ajouté la figure du petit saint Jean et tourné vers lui la tête de la Vierge. La première attitude reste visible sous la seconde.

2. M. Paul Müller-Walde, qui sait tout, donne pour date de

diesse des croquis, ce qu'il a d'original, c'est la recherche de l'expression, le rayonnement visible de la vie intérieure. Le profil de Marie se détache sur un pilier qui sépare deux fenêtres cintrées ; la tête penchée, elle regarde l'enfant qui presse le sein maternel de la main et des lèvres, en détournant à demi les yeux. Par les fenêtres on aperçoit là-bas le ciel, les collines, mais de ces images pas une n'arrive jusqu'à ce cœur tout occupé de lui-même. Ce qu'il y a de religieux dans ce recueillement, ce n'est que l'infini du sentiment très calme et très doux qui filtre à travers les paupières mi-closes de la Vierge et semble venir d'une source profonde que rien jamais ne pourra tarir. Le Musée du Louvre (livre de Vallardi) possède un précieux dessin pour la tête de la Vierge : l'attitude est la même, l'expression est différente ; l'œil plus ouvert regarde fixement, le coin de la lèvre est un peu abaissé, et la sérénité du visage s'est voilée d'une ombre de mélancolie.

La Vierge aux Rochers du Louvre est sans doute antérieure au départ pour Milan. L'authenticité du tableau est indiscutable. Il nous vient de la collection de François Ier. On trouve à Turin (tête de l'ange : direction du regard), à Windsor (dessin de la main étendue de l'ange), à Paris

l'exécution de l'œuvre originale 1475-1476, et pour date de la copie le commencement du siècle suivant (vers 1500).

(dessins des têtes de Jésus et de St Jean) des dessins qui achèvent de faire la preuve. Le duplicata, qui est à la Galerie Nationale de Londres, a dû être exécuté plus tard, à Milan, où, déjà du temps de Lomazzo, il se trouvait dans la chapelle de la Conception. C'est une œuvre faite sous les yeux de Léonard et sans doute avec son concours. Le tableau du Louvre a noirci, il a dans son ensemble quelque chose de dur, d'un peu heurté, mais les défauts mêmes qu'on lui reproche ne sont pas des défauts d'élève. Tout y est plus aigu, plus expressif que dans le tableau de Londres, qui fait l'œuvre plus aimable et moins intense[1]. La tête de notre Vierge est exquise. Nul n'a mieux dit de « l'éternel féminin » ce que surtout nous en oublions : c'est visible sur ce visage transparent, où tout est

1. Le Dr Paul Müller-Walde prend le tableau de Londres pour l'original et le rattache à la note du Vinci que j'ai signalée : ...bre 1478, etc... Les arguments par lesquels le critique allemand justifie ses conclusions contre la Vierge aux Rochers, sont stupéfiants. Il ne tient aucun compte de ce fait que le tableau de Londres a été acheté comme une copie, tandis que le nôtre est dans les musées royaux depuis le règne de François Ier. Il semble ignorer que les dessins originaux de Turin (tête de l'ange) et de Windsor (main) témoignent en faveur de l'authenticité du tableau de Paris. Les dessins des têtes d'enfants du Louvre, bien qu'ici les deux tableaux les montrent dans la même attitude, me semblent aussi convaincants. Je crains que M. Müller-Walde n'ait étudié les deux œuvres que sur les photographies de Braun « qui lui paraissent rendre toute discussion superflue ». Le paysage du tableau de Londres manque de finesse; jamais Léonard n'en a peint ni le ciel ni l'eau; certaines parties sont d'une facture sommaire (main gauche de Jésus), qui fait songer à un peintre de fresques.

amour jusqu'à la pensée, le charme d'une âme qui doit infiniment souffrir parce qu'elle peut infiniment aimer, mais qui, dans son amour même, trouvera le courage, la force, le prodige d'une vie inépuisable dans sa fragilité. Avant d'avoir quitté Florence, Léonard avait donc fixé déjà son type de la madone, arrêté dans leurs grandes lignes ces scènes intimes, dont Raphaël se souviendra pour sa gloire (*Vierge au Voile, Belle Jardinière*, etc...) que parfois il imitera directement (*Vierge Esterhazy*). Déjà il avait cet art de composer et cette science du clair osbcur, ce bonheur d'attitudes et cette puissance d'expression qui feront de tous ses contemporains, du Pérugin (*Vierge* du musée de Nancy, *Vierge aux Rochers*) comme de Lorenzo di Credi, de Michel-Ange comme de Raphaël, plus ou moins ses imitateurs.

Qu'avant 1483 il fût en possession de son génie, c'est ce que plus que tout le reste établit un tableau inachevé, *l'Adoration des Mages*, aujourd'hui au Musée des Offices. En mars 1480, les moines de San Donato à Scopeto, près de Florence, le chargèrent de peindre un tableau pour la décoration du maître autel de leur église. D'après le contrat, il devait toucher trois cents florins d'or, mais sous condition d'avoir achevé son œuvre en vingt-quatre mois, trente mois au plus. Il commença le tableau, comme le prouvent les livres du couvent qui portent en compte les couleurs achetées par lui. Mais il lassa par ses lenteurs la patience des moines, qui en furent pour leurs frais : « le temps s'écoula et nous en éprouvâmes du dommage. » Filippino Lippi, substitué à Léonard, peignit pour les moines une *Adoration des Mages* qui est aujourd'hui aux Offices, auprès de l'esquisse du maître.

Un dessin (collection de M. Bonnat) nous donne la première conception de Léonard[1]. Le sujet choisi, l'idée déposée en son esprit, il a pris la plume et évoqué une première image de la scène qu'il avait à peindre. La Vierge est à genoux, dans une attitude d'adoration ; Jésus est étendu à terre devant elle ; un petit saint Jean nu se penche vers lui, comme cherchant un geste recueilli ; de chaque côté de ce groupe central, les mages et les bergers (quatre à gauche, trois à droite). Cette rapide esquisse est comme le premier jet d'images en l'esprit du maître. Rien de traditionnel ni d'emprunté, pas de symbolisme religieux, pas de pose hiératique, pas d'ordonnance conventionnelle et symétrique. Les attitudes sont simples et vraies : l'un

1. Ce dessin a été publié dans *l'Art*, par M. Müntz (1887-1888). — Par une étude comparée des dessins pour *l'Adoration des mages*, M. Müntz a démontré que ce dessin se rattache à cette composition, en admettant, il est vrai, que Léonard avait d'abord songé à une *Nativité*, ce que je ne crois pas. Les raisons qu'il donne pour reculer la date du tableau, pour être ingénieuses, ne me paraissent pas décisives.

se penche au-dessus de l'épaule de son compagnon, qui se tient debout, la tête inclinée, les bras croisés ; l'autre met sa main devant ses yeux pour mieux voir ; un vieillard assis, le menton appuyé sur son bâton de voyage, regarde fixement. Le groupe semble pris sur le vif. Ce qu'éveille d'abord ce sujet religieux dans l'esprit de Léonard, c'est une scène réelle, jouée par des hommes vivants, semblables à ceux qu'il coudoie chaque jour dans les rues de Florence.

Dans un autre dessin (appartenant à M. Galichon), la composition se développe et s'enrichit. La première était trop simple, trop familière. Les personnages étaient vus du dehors, leur vie intime n'était pas assez pénétrée ; les attitudes étaient naturelles, elles ne disaient pas la légende. Bref, la scène n'était pas assez réelle, parce qu'elle l'était trop. Il s'agit de la naissance d'un Dieu ; Léonard veut plus de magnificence, surtout plus de vie, plus de mouvement, une ardeur d'émotion plus sensible. Sans sortir du réel, il l'amplifie ; il l'élève jusqu'à l'idéal en le faisant plus vrai, en lui donnant plus d'accent, en le conformant à l'idée. La curiosité se complique de ferveur, d'amour, d'humilité et d'enthousiasme : les premiers sont à genoux, les autres se penchent ; ceux-ci ont la bouche et les yeux grands ouverts, ceux-là tendent les bras ou les croisent sur la poitrine ; deux vieillards debout, sans la brusque détente du mouvement, regardent attendris et édifiés. Symbole peut-être du monde antique qui va finir, la scène a pour fond un palais en ruines, d'une architecture savante, où l'artiste donne carrière à sa fantaisie et multiplie les épisodes.

Vous saisissez sur le vif l'esprit du Vinci en travail : il va de l'âme au corps, du dedans au dehors ; il imagine des sentiments, puis leur expression par le geste et la physionomie. En insistant sur l'émotion, il en précise, il en varie les nuances, mais, peintre, il ne la sépare pas du mouvement qui la continue, il la voit représentée dans les corps qu'elle agite et dont il suit de sa main impeccable les lignes remuées de ce frémissement de la vie intérieure. Outre ces dessins, nous en possédons quelques autres pour des personnages isolés (Louvre, British Museum) et pour les scènes accessoires que la fantaisie de l'artiste prodigue au fond de son tableau (Musée des Offices : dessin des ruines). Il est à remarquer qu'il n'a pas fait usage de la plupart de ces dessins dans l'œuvre définitive. L'imagination ne manque pas à Léonard, mais ce qui satisfait les autres le laisse inquiet, mécontent, et la perfection qu'il rêve multiplie ses essais et trop souvent le désespère.

Le tableau (Offices) a été seulement préparé en brun. Je n'en sais pas qui m'ait produit une plus forte impression de réalité, de vie, je dirais presque d'achevé. Dans cette variété de gestes, d'attitudes, de physionomies, la précision du dessin est extraordinaire. Il semble que ce grand esprit n'ait pas eu une hésitation ni un remords, que l'œuvre si lentement, si savamment préparée, ait jailli d'un jet. Assise sur un tertre ombragé, dans une attitude charmante qui fait onduler son corps, la Vierge souriante regarde l'enfant-Dieu que ses longues mains fines soutiennent en l'embrassant. Porté sur le genou replié de sa mère, Jésus, en même temps qu'il lève la main droite pour bénir, abaisse la gauche vers le vase précieux que lui présente le roi mage prosterné devant lui. Autour du tertre se presse un cercle d'hommes, tous sous le coup d'une même émotion dont chacun varie l'expression, selon son âge, son caractère et son tempérament. C'est plus que des individus, c'est la foule à laquelle un sentiment contagieux fait une même âme. A droite, s'étend un vaste paysage que ferment des montagnes; à gauche, se dressent les ruines grandioses d'un portique brisé. Tout ce fond est animé d'épisodes : des cavaliers combattent en heurtant leurs chevaux cabrés, des hommes sont tombés, des chiens aboient; sur les marches des deux escaliers qui montent au faîte du portique, des hommes assis, debout, s'interpellent, sous la voûte ruinée des

groupés encore, des cavaliers, des chevaux libres
et hennissants. Parmi ces débris d'une architecture puissante, ce qui apparaît en ces images,
c'est, cédant à des pensers nouveaux, comme
reculée déjà dans les lointains du passé, la vie
antique, l'âge de la force et de la beauté. Devant
ce Dieu qui naît, Léonard donne un souvenir aux
dieux qui s'en vont et au monde qu'ils ont créé.

Ce qui d'abord me frappe dans *l'Adoration des
Mages* c'est ce que j'appellerai le réalisme psychologique du Vinci, l'effort pour créer des vivants,
des hommes possibles, qui ne soient pas seulement
les figurants d'une machine décorative, mais des
êtres riches de vie intérieure, des êtres dont chacun
ait une âme qui se trahisse dans l'acte particulier
qu'il accomplit. J'ajoute qu'instructive entre toutes est cette œuvre, où la jeunesse et la maturité
de l'artiste se touchent : la scène de l'adoration
nous montre la puissance de l'observation, l'a-
mour de la vérité, du détail juste, expressif, et les
fonds la fantaisie d'un poète qui crée pour créer,
pour répandre les images qui s'agitent en lui. Si
le savant, en Vinci, n'a pas tué l'artiste, c'est que,
par-dessus tout, il aimait l'invention, c'est qu'il
n'a jamais demandé à la science que la puissance
qu'elle donne pour agir et pour créer.

Que *l'Adoration des Mages* ne soit pas posté-
rieure au départ de Milan, ce caractère de jeunesse

que j'y relève, déjà tendrait à le prouver. Mais de plus Vasari place à cette date une adoration des mages inachevée. Enfin les documents du couvent de San Donato nous apprennent que Filippino Lippi, substitué à Léonard, peignit une adoration des mages pour les moines qui sans doute avaient choisi ce sujet pour l'ornement de leur maître autel.

Déjà, dans cette première période de sa vie, Léonard est, en même temps qu'un peintre, un sculpteur, un architecte, un ingénieur et un savant, d'un mot, un homme vraiment homme, dont l'activité s'exerce en tous sens. Vasari nous dit que, dans sa jeunesse, il exécuta de main de maître (*che parevano uscite di mano d'un maestro*) plusieurs têtes de femmes souriantes et d'enfants qui furent ensuite reproduites en plâtre. L'histoire de ses œuvres est lamentable, presque toujours elle se résume en ces deux mots : perdues, ruinées! Il n'est pas une sculpture que nous puissions lui attribuer avec certitude. Nous en sommes réduits aux conjectures. M. Courajod a voulu lui donner le buste charmant de Béatrix enfant (Musée du Louvre) : on sait maintenant que l'honneur en revient à Christophoro Romano. Sans autre preuve à apporter que la morbidesse et la grâce exquise de l'œuvre, faut-il voir en lui l'auteur de la *Tête de cire* du musée de Lille? Ne semble-t-il pas qu'elle n'ait pu être modelée que par sa main sur l'image d'un de ses rêves[1] ? J'incline à le croire, je n'oserais l'affirmer. M. Müller Walde lui attribue un petit bas-relief en stuc qui est au *South Kensington Museum* de Londres, *la Discorde*. Quand on l'a vue il est difficile de mettre en doute l'authenticité de cette œuvre. C'est une esquisse admirable de mouvement et de vie. Un croquis (représentation allégorique) qui est à Windsor nous montre, sous la main du Vinci, quelques attitudes semblables. Mais surtout ce qui fait la preuve de l'authenticité, c'est l'analogie de ce bas-relief avec ses croquis. C'est la même manière d'aller droit à l'émotion, de la rendre d'abord dans toute son énergie, de ne voir qu'elle dans la forme qui lui est subordonnée et qui l'exprime. Vous saisissez sur le vif, appliqué par le maître lui-même, le précepte qu'il donne au peintre : se livrer d'abord tout entier au sentiment ; ne vouloir, ne chercher que lui ; le traduire en toute liberté sur l'image qu'il évoque en la fantaisie. La scène où se passe *la Discorde* est une place, d'où l'on découvre toute une suite de palais et de portiques d'un style grandiose, qui

---

1. M. Arsène Houssaye a proposé cette attribution. En comparant la *Tête de cire* aux dessins de Léonard, on est plus d'une fois tenté de trancher la question par l'affirmative ; mais les yeux si curieux, si individuels n'ont rien qui leur réponde dans les têtes de femme dessinées par le maître : lui seul, il est vrai, est allé aussi loin dans l'expression morale.

fait songer aux monuments de la Rome antique.
Rapproché des ruines de *l'Adoration des Mages*,
ce bas-relief nous montre en Léonard un architecte
audacieux et savant qui, dans la richesse décorative de cette ville de rêve, garde le goût des constructions fortement assises, de l'arc dont la portée
calculée ne laisse rien au hasard.

Ingénieur, il est le même homme qui réfléchit
et qui ose. Il combine prudemment, sagement
des entreprises grandioses. Il offre de soulever
l'église Saint-Jean de Florence (le Baptistère), pour
y ajouter un soubassement avec des marches.
« Il appuyait ses assertions, dit Vasari, d'arguments si persuasifs que, tant qu'il parlait, l'entreprise semblait facile, bien que chacun de ses auditeurs, après l'avoir quitté, aperçût de lui-même
l'impossibilité d'une si vaste entreprise. » Déjà
préoccupé de ses travaux de canalisation, il étudie
le régime des eaux de Florence à Pise et propose
de relier ces deux villes par un canal. Peintre,
sculpteur, architecte, ingénieur, quoi qu'il fasse,
il est désormais lui-même. Au service de l'imagination la plus hardie il met l'intelligence la plus
calme, il unit à la réalité son rêve qui la continue,
il l'en fait sortir en en dégageant le possible, qui
seul marque la limite à son ambition hautaine.

CHAPITRE II

LÉONARD DE VINCI A MILAN (1483-1499)

I. — Départ de Léonard pour Milan. — Les tyrannies italiennes.
— La famille Sforza. — Ludovic le More, son caractère.

II. — Lettre du Vinci à Ludovic pour lui offrir ses services. —
La cour de Milan. — Savants et artistes. — Les fêtes. —
Mariages de Jean Galéas avec Isabelle d'Aragon, de Ludovic
avec Béatrix d'Este, de l'empereur Maximilien avec Maria
Bianca Sforza. — Charles VIII à Pavie. — Léonard organi-
sateur de fêtes et de spectacles.

III. — Tableau de *la Nativité du Christ.* — *La Cène.* — Cènes de
Giotto, d'Andrea del Castagno, de Ghirlandajo. — Originalité
de l'œuvre de Léonard.— Réalisme psychologique.— Judas et
Jésus. — Sa conception du Christ. — Histoire déplorable de
ce chef-d'œuvre.

IV. — Léonard sculpteur. — *La statue équestre de François
Sforza.* — Le cheval galopait-il ? — Etude des dessins et
projets. — Léonard a fait deux modèles. — Le piédestal. —
La statue a-t-elle été détruite par les soldats de Louis XII? —
Portraits de Béatrix, de Cecilia Gallerani, de Lucrezia Crivelli.

V. — Léonard architecte. — Projets pour le dôme de la cathédrale de Milan. — Ecrits théoriques. — Etudes sur le dôme :
plans et dessins. — Rapports avec Bramante. — Saint-Pierre
de Rome. — Projets divers. — Caractère de son architecture.
— Léonard ingénieur des eaux : canaux du Milanais. — Léonard
savant : *Academia Leonardi Vincii.*

VI. — Dangers de la politique de Ludovic le More. — Epreuves
de Léonard, lettres de plaintes. — Ludovic lui fait don d'une

vigne. — Invasion du Milanais par les troupes de Louis XII. — Chute de Ludovic.

I

A trente ans, Léonard de Vinci est en possession de lui-même ; il n'est plus l'enfant sublime du *Baptême du Christ ;* il sait ce qu'il veut et ce qu'il peut. Il a une méthode et du génie. Cent ans avant Bacon, il a découvert, dans l'observation des phénomènes et dans la découverte de leurs rapports, le principe d'une science qui doit donner à l'homme une puissance indéfinie. Le savant est, en lui, le serviteur de l'artiste qui combine dans ses fictions les images, dans ses machines les forces qu'il emprunte à la nature. Ses premiers succès lui permettent les plus hautes espérances. Que lui manque-t-il ? Un libre champ d'action, la puissance matérielle, l'argent, tout ce qui lui permettrait de faire le réel du possible qu'il rêve. On lui a reproché d'avoir quitté Florence pour Milan, un Laurent de Médicis pour un Ludovic Sforza. Il a été chercher à Milan ce qu'il cherchera durant toute sa vie, un prince confiant

en son génie qui lui donnât des moyens d'action.
En échange, il se donnait lui-même, ses œuvres
d'art, ses machines, les trésors de ses rêves
grandioses. Il ne se réservait rien. Sa récompense
était l'action même, la conscience de son pouvoir,
la joie de la fécondité.

« Laurent de Médicis, dit le Biographe anonyme, adopta le jeune peintre, lui donnant un salaire et lui faisant des commandes, avec le jardin
des Médicis, près la place Saint-Marc, pour atelier. » Ce jardin contenait en effet des ateliers
d'artistes, des marbres et une petite collection
d'antiques. Michel-Ange y travailla quelques années plus tard. Mais Léonard avait besoin d'autre
chose. Florence était une ville sceptique et spirituelle, féconde en grands hommes, riche d'œuvres
d'art, agitée de passions politiques qui laissaient
indifférent cet homme tout à sa vie spirituelle. Il
ne pouvait trouver là qu'une existence ordinaire
d'artiste. Il voulait plus. Il voulait une ville jeune
où il y eût beaucoup à faire, surtout un prince
qui eût besoin d'entourer sa cour d'un vif éclat,
et qui fût disposé aux sacrifices d'argent qu'imposent les grandes œuvres.

« Léonard avait trente ans, dit le Biographe
anonyme, quand il fut envoyé par Laurent le
Magnifique avec Atalante Miglioretti, pour porter
un luth au duc de Milan. » Le récit de Vasari est

un peu différent. Léonard va à Milan de son propre mouvement. Il n'y va ni comme peintre, ni comme sculpteur, ni comme ingénieur, il y va comme musicien, « avec un luth qu'il avait construit lui-même, presque entièrement d'argent, en forme de tête de cheval. Cette forme nouvelle et bizarre était calculée pour donner plus de force et de douceur au son. En jouant sur cet instrument, il surpassa tous les musiciens qui s'étaient réunis pour se faire entendre par le duc. Il était d'ailleurs un des meilleurs improvisateurs en vers de son temps, et le duc fut aussitôt charmé par l'admirable conversation du jeune artiste florentin ».

J'ai peine à croire que le hasard d'une mission ait amené Léonard à Milan. Ludovic Sforza était bien l'homme dont il avait besoin. Il y a peu de phénomènes historiques plus curieux que la formation des maisons princières en Italie au xv° siècle. Dans le reste de l'Europe, le pouvoir souverain se transmet par l'hérédité dans une même famille, dont les destinées se confondent avec celles de la nation. En Italie, rien de semblable. Livrées à l'anarchie, les cités sont dans une sorte d'équilibre instable qui permet les combinaisons imprévues. Le pouvoir n'est considéré comme légitime ni par celui qui le subit ni par celui qui l'exerce. On en reste toujours aux violences des dynasties qui se fondent. Le prince ne doit jamais laisser oublier qu'il est le plus habile et le plus fort. Le plus souvent, il a été *condottiere*, chef de bandes au service de la ville dont il est devenu le maître. Tenu en suspicion par ceux pour qui il combat, menacé d'assassinat après chaque victoire, le condottiere est fatalement poussé à s'emparer du pouvoir par le meurtre et la trahison. Sa vertu (*virtu*) est un heureux mélange de talent et de scélératesse. Il se fait aimer des soldats ; il sait que la canaille courra d'elle même à la queue de son cheval, comme elle irait le voir pendre. Il tue ou proscrit ceux qui le gênent, le voilà le maître. Grisés par la lecture de Plutarque, les émules des Brutus et des Catilina, désespérant de l'atteindre dans son palais, au milieu de ses gardes, iront l'attendre aux portes des églises pour l'assassiner. A sa mort, les membres de sa famille, fils légitimes, bâtards, frères et cousins, se disputeront le pouvoir qui restera au plus digne que désigneront l'audace dans le crime et le succès.

La famille des Sforza est un bel exemplaire de la tyrannie italienne. Le premier qui arrive à la célébrité, Jacques Sforza (1369-1424), naît dans la petite ville de Cotignola, près de Faenza. Il grandit au milieu des menaces et des dangers d'une de ces éternelles vendettas romagnoles qui font de la

vie une suite de surprises, d'assauts et de combats.
A treize ans, il va rejoindre le fameux condottière pontifical Boldrino. Il a vingt frères ou
sœurs, il les associe à sa fortune; par des mariages habilement contractés se prépare des alliances
utiles. Il protège les paysans. Il sait même tenir
sa parole : les maisons solides s'élèvent lentement. Quand son fils entre dans le monde, il lui
résume son expérience d'homme et de soldat en
ces trois maximes : ne touche jamais à la femme
d'autrui, — ne frappe jamais aucun de tes gens
ou, si cela t'arrive, envoie-le bien loin, — ne
monte jamais un cheval ayant la bouche dure ou
sujet à perdre ses fers [1].

Jacques est un soldat, une sorte de paysan
robuste sérieux et tenace; François, son fils (1401-
1466), le grand homme de la famille, le fondateur
de la dynastie, réunit tous les dons qui pouvaient
séduire l'Italie du xve siècle. Il est beau, fort, intelligent, hardi; il a l'éclat dans le commandement, il est adoré de ses soldats. Il passe pour le
favori de la fortune, il est devancé par sa réputation d'homme heureux. A ces qualités brillantes
il joint la finesse, la ruse, une mauvaise foi que
n'arrête aucun scrupule. A la mort du duc de

---

1. J. Burckhardt, *la Civilisation en Italie au temps de la Renaissance*, 2 vol. Ce bel ouvrage, traduit par M. Schmidt, a paru chez Plon, Nourrit et Cⁱᵉ en 1885, t. Iᵉʳ, ch. IV et V.

Milan, Philippe-Marie Visconti, son beau-père, il s'empara du pouvoir par trahison. Quand il fit son entrée dans sa bonne ville de Milan, on lui offrit un char de triomphateur ; il refusa de se prêter à cette comédie, et il entra sur les épaules de la canaille qui le porta à cheval jusque dans la cathédrale.

Le fils aîné de François, Marie-Galéas (1466-1476), vaniteux et cruel, bel homme et beau parleur, a les fantaisies et les accès de cruauté d'un tyran qui se sent menacé et n'a d'autre loi que sa volonté. Il fit peindre en une nuit toute une salle à fresque. Il égorgea ceux de ses parents qu'il tenait pour suspects. Quelques exaltés l'assassinèrent, à l'église, selon l'usage. Sans s'inquiéter des droits de son neveu, Ludovic le More chercha à s'emparer du pouvoir. La duchesse, Bonne de Savoie, l'exila à Pise. De loin il ne cessa d'intriguer et fit tout le mal possible pour déconsidérer la régente et apparaître comme l'homme nécessaire. En 1479, ses partisans l'emportaient et il rentrait comme gouverneur du duché de Milan. C'est ici qu'apparaît bien son caractère : il dépossède son neveu, il ne le supprime pas. Il trouve plus habile, plus élégant aussi, d'en faire un instrument dans ses mains. Il le marie selon les exigences de sa politique. C'est un dilettante de la ruse : il admire naïvement ses subtilités dans la perfidie. « Homme

très sage, dit Commines, mais fort craintif et bien
souple quand il avait peur (j'en parle comme de
celui que j'ai connu, et beaucoup de choses traité
avec lui), et homme sans foi, s'il voyait son profit
pour la rompre [1]. » Il se flatte de tromper tout le
monde : Alexandre VI est son chapelain, Maximilien son condottière, le roi de France son cour-
rier. D'ailleurs il a son idéal du prince : il est
actif, intelligent, il cherche le bien de ses sujets ;
il aime la gloire, il a le goût des grandes choses.
Latiniste excellent, il s'entoure d'humanistes, de
savants, d'ingénieurs et d'artistes ; il s'efforce de
faire de l'Université de Pavie l'un des principaux
centres de la science italienne ; il veut autour de
lui un éclat, un rayonnement qui ne laisse pas
douter de sa majesté. C'est encore une habileté,
c'est aussi l'amour sincère des choses de l'esprit.
Léonard venait chercher à Milan l'occasion d'agir,
d'exercer son universel génie. Il ne pouvait trouver mieux que ce prince, avide de gloire, curieux

---

1. Le septième livre des Mémoires de Commines, où il raconte
l'expédition d'Italie, contient des détails intéressants sur Ludovic
le More, sur sa politique tortueuse aux voies détournées.
Pendant plusieurs années il laissa dans le château de Milan, où
logeait son neveu, un capitaine qui ne reconnaissait pas son autorité et jamais ne dépassait le pont-levis. Il finit par l'enlever
par ruse. Il profita des faiblesses de Bonne de Savoie pour la
déconsidérer. « A cet Antoine Thésin (Tassino) lui laissaient
donner ce qu'elle voulait : et le logaient près de sa chambre :
et la portait à cheval derrière lui, par la ville, et étaient toutes
fêtes et dances léans : mais il ne dura guères. »

de toutes sciences, préoccupé de justifier son usurpation, en faisant de Milan la première ville de l'Italie, la rivale de Florence, que ce prince, auquel Bellincione, le poète de cour, dédiait un sonnet avec cette épigraphe : *sonetto in laude del Signor Lodovico il quale vuole che Milano in scientia sia una nuova Athene.* »

II

Le brouillon de la fameuse lettre, par laquelle Léonard offrait ses services à Ludovic le More et qui se trouve dans le *Codex Atlanticus*, n'est pas de sa main, M. Ch. Ravaisson l'a démontré. Que cette lettre ait été écrite sous sa dictée, rien ne me paraît plus vraisemblable. Elle ne contient pas une ligne qui ne réponde à ses études et ne soit commentée par quelque passage des manuscrits. Elle nous montre bien ce qu'il venait offrir à Ludovic et ce qu'il attendait de lui. Pour faire ses expériences, pour construire ses machines, pour se déployer à l'aise, il n'a pas trop d'une puissance royale. Il donne son génie pour le dépenser.

« Ayant, très illustre Seigneur, vu et considéré les expériences de tous ceux qui se donnent pour maîtres dans l'art d'inventer des instruments de guerre et ayant trouvé que leurs instruments ne diffèrent aucunement de ceux qui sont en commun usage, je m'efforcerai, sans vouloir faire injure à personne, de faire connaître à Votre Excellence certains secrets qui me sont propres, brièvement énumérés ici :

« 1. — J'ai un procédé pour construire des ponts très légers, très faciles à transporter, grâce auxquels l'ennemi peut être poursuivi et mis en fuite; d'autres encore plus solides, qui résistent au feu et à l'assaut, et sont aisés à poser et à enlever. Je connais des moyens aussi de brûler et de détruire ceux de l'ennemi.

« 2. — Dans le cas de l'investissement d'une place je sais comment chasser l'eau des fossés et faire diverses échelles d'escalade et autres tels instruments.

« 3. — *Item;* si, par suite de la hauteur ou de la force d'une position, la place ne peut être bombardée, j'ai un moyen de miner toute forteresse dont les fondations ne sont pas en pierres.

« 4. — Je puis aussi faire une sorte de canon facile à transporter, qui lance des matières inflammables, causant grand dommage à l'ennemi, et aussi une grande terreur par la fumée.

« 5. — *Item;* au moyen de passages souterrains étroits et tortueux, faits sans bruit, je puis faire une route pour passer sous les fossés ou sous un fleuve.

« 6. — *Item* ; je puis construire des voitures couvertes, sûres et indestructibles, portant de l'artillerie qui, entrant dans les rangs ennemis, brisera les troupes les plus solides et que l'infanterie peut suivre sans obstacles.

« 7. — Je puis construire des canons, mortiers, engins à feu, de forme utile et belle, et différents de ceux qui sont en usage.

« 8. — Où l'usage du canon est impraticable, je puis le remplacer par des catapultes et engins pour lancer des traits d'admirable efficacité et jusqu'ici inconnus ; bref, quel que soit le cas, je puis imaginer des moyens infinis d'attaque.

« 9. — Et, si le combat doit être livré sur mer, j'ai de nombreux engins de la plus grande puissance à la fois pour l'attaque et la défense ; vaisseaux qui résistent au feu le plus rude, poudres ou vapeurs.

« 10. — En temps de paix, je crois que je puis égaler n'importe qui en architecture, et en construisant des monuments privés ou publics, et en conduisant de l'eau d'un endroit à un autre.

« Je puis exécuter de la sculpture en marbre, bronze, terre cuite ; en peinture, je puis faire ce que fait un autre quel qu'il puisse être. En outre je m'engagerais à exécuter le cheval de bronze en la mémoire éternelle de votre père et de la très illustre maison de Sforza, et si quelqu'une des choses ci-dessus mentionnées vous paraissait impossible ou impraticable, je vous offre d'en faire l'essai dans votre parc ou en toute autre place qui plaira à Votre Excellence, à laquelle je me recommande en toute humilité. »

Dans cette lettre, Léonard ne se vante de rien qu'il ne soit capable de faire, de rien qu'il n'ait fait ou commencé. (*Codex Atlanticus*; mt B de l'Institut.) Son insistance sur ses talents d'ingénieur militaire n'est qu'un moyen de faire agréer plus sûrement ses services. J'imagine la séduction qu'il dut exercer, quand il apparut pour la première fois à la cour de Milan. Il est éminemment l'Italien de la Renaissance ; il réalise sans effort le type de l'individu accompli, qui est l'idéal à la mode. Dans l'équilibre de toutes les facultés humaines, il garde l'originalité d'une nature puissante et personnelle. Il ne subit l'esclavage d'aucune fonction spéciale. Il rapproche l'homme du héros et du dieu par l'harmonie singulière de tous les dons qu'il concilie. Il excelle aux exercices du corps ; avec moins de génie et l'âme moins haute, cinquante ans plus tôt, il eût pu fonder une dynastie princière, comme un autre. Il arrive de Florence, la ville des arts et des révolutions. Il est célèbre comme peintre et sculpteur, il se présente avec un luth d'argent et il l'emporte dans le concours des musiciens qui se disputent les suffrages de Ludovic. Il a fait un art de la causerie : il observe son interlocuteur (m^t G 49 r°), il surprend sur son visage le plaisir ou la lassitude, il le mène où il veut, s'élevant et s'abaissant tour à tour. Il manie avec aisance cette raillerie redoutée qui fera de l'Arétin une puissance. Il a la verve comique, il imagine des apologues, il conte avec esprit. Les allégories sont à la mode, il dessine avec une incroyable subtilité de véritables rébus à rendre jaloux un poète symboliste : l'ingratitude, l'envie, le plaisir et la peine[1]. Cet homme de génie est le plus merveilleux des amuseurs. « Il était, dit Paul Jove, d'un esprit charmant (*comi*), très brillant, tout à fait libéral ; son visage était le plus beau du monde. Comme il était un merveilleux inventeur et arbitre de toute élégance, et surtout des divertissements du théâtre (*deliciarum theatralium*), comme il chantait admirablement, en s'accompagnant de la lyre, durant toute sa vie il plut étrangement à tous les princes. » Sa bonté et je ne sais quel charme le faisaient aimer de tous. « il ne possédait presque rien, il travaillait peu, toujours il eut des serviteurs ». (Vasari.) Pour éveiller l'imagination des grandes dames milanaises,

1. J.-P. Richter, t. Ier, §§ 671 et sq.

à toutes ces séductions il ajoute celle d'une sorte
de mystère. Il semble qu'en se prodiguant il se
garde tout entier. Au-dessous de ce brillant cavalier, il n'y a pas seulement le premier peintre
de l'Italie, il y a quelqu'un qu'on soupçonne sans
le bien voir, un savant, un penseur, tourné vers
un monde nouveau. Comme nul n'aperçoit les
limites de cet esprit, il donne la sensation de l'infini : c'est « Hermès et Prométhée » (Lomazzo.)

La cour de Ludovic le More était, à cette date,
la cour la plus brillante de l'Europe. Ludovic
avait besoin d'éblouir; il aimait aussi à sentir sa
propre grandeur et il jouissait en délicat des plaisirs des sens et de l'esprit. « Plus qu'homme du
monde, dit le chroniqueur Bernardino Arluno, il
était avide de louange et de gloire. Il attirait par
sa bienveillance et ses dons (*viatico*) les mathématiciens, les sophistes (*sophistas ?*), les philosophes, les médecins remarquables, dont un grand
nombre fut pensionné par lui. » Les Grecs Cons-
tantin Lascaris et Démétrius Chalcondylas repré-
sentaient l'humanisme. Le mathématicien Fra
Luca Pacioli écrivait son traité *de Divina proportione*, dont il demandait les figures à Léonard de
Vinci. Le poète florentin Bellincione célébrait en
vers plats le faste et les bienfaits du maître :
« Ici, comme va l'abeille au miel, vient tout savant ; il a sa cour remplie de virtuoses... ; de Flo-

rence un Apelle a été amené ; vraiment voici revenir l'âge d'or. » Pendant vingt-cinq ans, jusqu'à la chute du More, l'illustre Bramante habita Milan et travailla à l'embellir, construisant la sacristie de San Satiro, le cloître de San Ambrogio, le chœur de Sainte-Marie-des-Grâces. Les architectes Giuliano da San Gallo, Francesco di Giorgio, Martini étaient appelés pour donner leur avis sur les cathédrales de Côme, de Pavie, sur le couronnement de celle de Milan.

Ludovic n'était pas moins avide de plaisirs que de gloire. « Il attira, continue le chroniqueur, toute sorte d'artistes, joueurs de lyre et de flûte, chanteurs, danseurs, mimes, habiles organisateurs de fêtes (*ludicrorumque doctores eximios*). Il aimait les pompes nuptiales et funéraires, les repas splendides, les représentations d'antiques atellanes, les spectacles, les chœurs et les ballets. » Les grandes familles rivalisaient avec le maître. Cette vie de dissipations abaissait les âmes. La corruption des mœurs était profonde : « le père livrait sa fille, dit Corio, le mari sa femme, le frère sa sœur. » Les intrigues politiques se mêlaient aux intrigues d'amour ; en 1484, des assassins soudoyés par la duchesse Bonne, attendaient Ludovic à l'église San Ambrogio ; il dut son salut au hasard, qui le fit entrer par une autre porte que celle où il était attendu.

Léonard devint l'homme nécessaire. Il organi-
sait les fêtes du régent, du duc, des grands seigneurs. Les spectacles à la mode, processions et
triomphes, pantomimes mythologiques (Persée et
Andromède, Orphée charmant les bêtes sauvages,
etc.), allégories savamment machinées dont les
personnages symboliques semblaient planer dans
les airs, toutes ces fêtes, par le déploiement des
belles formes et des belles couleurs, par une harmonie savante de sensations raffinées, confon-
daient l'art et la vie. Il dessinait les costumes, or-
donnait les groupes, accordait la décoration aux
personnages, inventait des trucs ingénieux.

En 1489, Ludovic le More marie son neveu Jean
Galéas avec Isabelle d'Aragon, fille du roi de Naples : un bel exemple de sa politique à deux tran-
chants, dont l'un toujours le menace ! Ce fut l'occasion de grandes réjouissances. On donna en
l'honneur de la duchesse Isabelle, qui venait par-
tiger la destinée singulière de ce prince annulé,
un spectacle intitulé : *Paradis.* « Le paradis, dit
l'éditeur des poésies de Bellincione (1495), avait
été machiné par le grand art et génie de Léonard. »
(*Amoretti*, p. 35.) Il avait mêlé, conformément à
son esprit, la fantaisie et la science. C'était, sous
forme d'une sphère colossale, une réduction du
ciel. Représentée par le Dieu dont elle porte le
nom, chaque planète décrivait sa révolution et en

arrivant en face de la jeune fiancée chantait des vers composés par le poète de cour Bellincione. Relevant les méfaits commis par un jeune coquin entré à son service, le Vinci écrit (m^t C 15 v°) : « Le 26 janvier 1491, j'étais chez messire Galéas de Sanseverino à ordonner la fête de sa joute. Quelques écuyers se déshabillaient pour essayer des vêtements d'hommes sauvages devant figurer dans cette fête. Jacques s'approcha de l'escarcelle de l'un d'eux qui était sur le lit avec d'autres effets et prit l'argent qu'il y trouva. » Ailleurs (B 28 v), nous trouvons une note sur la manière d'orner les édifices de feuillage.

En cette même année 1491, Ludovic le More épousait Béatrix d'Este. Elle avait seize ans; à vingt-deux ans elle était morte. Le buste du Louvre nous la montre enfant sans aucun trait qui marque ni la timidité, ni la tendresse. J'ai contemplé longtemps la statue de marbre que Christoforo Solari a couchée sur le tombeau de la Chartreuse de Pavie. Jusqu'au dernier jour elle a gardé de l'enfance les joues pleines et rondes, le nez petit, un menton charmant, mais sur ce visage qui semble attendre encore les précisions de l'âge, la bouche impérieuse est d'un dessin net jusqu'à la dureté [1]. Ambitieuse, résolue, jalouse

1. Mme James Darmesteter a regardé ce visage avec des yeux de poète. Elle a animé cette statue d'un peu de son âme char-

d'Isabelle d'Aragon, elle mit dans son désir de la couronne ducale l'entêtement d'un enfant volontaire. Avec autant d'astuce que Ludovic, elle avait plus de hardiesse. Un crime n'était point pour l'arrêter. La réalité du pouvoir ne lui suffisait pas, elle en voulait toutes les apparences. Des subtilités et des audaces d'une politique tortueuse, elle se précipitait au plaisir avec une ardeur d'enfant; non, pour s'étourdir, c'est une héroïne de Shakespeare qui vit toute sa vie à la fois et, franchissant les idées morales sans les voir, sous l'impulsion du désir, va droit à l'action. Elle mourut, comme il convenait, rapidement, en quelques heures, d'une fausse couche, pour avoir trop dansé. « Le jour même, elle s'en était allée par la ville de Milan, en carrosse moult gaiement et avait fait danser au château jusqu'à deux heures après midi. » Quatre heures après avoir poussé son premier cri de douleur, elle était morte. Son goût du plaisir et son ambition avaient ajouté un éclat nouveau aux fêtes de la cour de Milan. Elle eut plus d'une fois recours au talent de Léonard, qu'elle chargea de construire pour elle des bains de marbre dans le parc du château.

En 1493, la politique de Ludovic amenait, avec

mante. J'ai vainement cherché, pour moi, « une candeur d'enfant..., un air touchant et admirablement naïf, » surtout « cette bouche, si fraîche encore, bouche d'enfant espiègle qui feint le sommeil ». (*Revue politique et littéraire.*)

un nouvau mariage, de nouvelles fêtes nuptiales. Veuf depuis plus dix ans de Marie de Bourgogne, l'empereur Maximilien, toujours à court d'argent, épousait Maria Bianca Sforza, la nièce du More, la sœur de Jean Galéas. Il recevait une dot de 400.000 florins ; à ce prix, «ce don Quichotte sans naïveté » (Michelet), dépouillait le frère de sa femme, au profit, il est vrai, de son oncle. Ludovic avait trouvé une subtilité qui dut lui paraître bien plaisante. Après des années d'une régence usurpée, il avait découvert qu'il était le seul duc légitime : Marie Galéas, son frère aîné, était né quand leur père, François Sforza, était encore de condition privée, *ergo*... Convaincu par la dot, l'empereur trouva le raisonnement concluant et lui donna l'investiture du duché. Cette singulière politique n'allait pas sans réjouissances, bals, festins, allégories, triomphes, fêtes dans les rues, fêtes au château. Les poètes en célèbrent la magnificence, Baldassare Taccone en italien, Pietro Lazzarone en latin, et tous deux, parmi les merveilles qu'ils énumèrent, citent la statue colossale de François Sforza, le modèle du Vinci, exposée sous un arc de triomphe, sur la piazza del Castello.

L'année suivante, en 1494, c'est un nouveau prince étranger, Charles VIII, que la politique néfaste de Ludovic amène en Italie. Isabelle d'Aragon écrivait à son père des lettres éloquentes

et désolées. Elle était « jeune, belle et fort coura-
geuse, et eût volontiers donné crédit à son
mari si elle eût pu ». (Commines.) Mais elle était
trahie par celui même qu'elle voulait sauver : effroi
ou imbécillité, «il n'était pas guère sage et révélait
ce qu'elle lui disait ». (Commines.) Le roi Ferdinand
somma Ludovic de rendre le pouvoir à son neveu.
En même temps, Florence, qui couvrait Milan,
se rapprocha de Naples. Devant cette double menace, Ludovic, à l'instigation de Béatrix, suscite
à Ferdinand un compétiteur, le roi de France, et
appelle les étrangers en Italie. Politique de
courte vue, dont il devait être la première
victime. Sur la fin de l'automne de 1494, Ludovic
le More et Charles VIII se rencontrèrent à Pavie.
Le chroniqueur français du *Vergier d'honneur*,
dans des vers très plats et peu galants, célèbre le
luxe de Béatrix :

> De fin drap d'or en tout ou en partie
> De jour en jour voulentiers se vêtait :
> Chaînes, colliers, affiquets, pierrerie,
> Ainsi qu'on dit en ung commun proverbe,
> Tant en avait que c'était deablerie.
> Brief mieulx valait le lyen que le girbe [1].

Charles voulut voir son cousin Jean Galéas.
Lecteur des romans de chevalerie, le roi avait là

1. Cité par E. Müntz, *la Renaissance en Italie et en France à
l'époque de Charles VIII*, p. 224.

une belle cause à défendre contre son allié. Béatrix craignit-elle qu'il ne cédât à la tentation ? Jean Galéas mourut.

C'est dans ce milieu que vivait Léonard. Cette politique d'intrigues et d'assassinats n'était pas pour le surprendre : c'était la politique italienne. En 1478, il était à Florence, lors de la conspiration des Pazzi. Au moment de l'élévation, Julien de Médicis tombait, dans Santa Maria del Fiore, le cœur percé d'un coup de poignard. Laurent blessé, poursuivi, n'échappait qu'en se réfugiant dans la sacristie. Quatre cents condamnations capitales furent prononcées. Les conjurés furent torturés et pendus. L'un des plus hardis, Bernardo Bandini, qui avait porté le premier coup, s'était réfugié à Constantinople. Il fut livré par le Sultan et pendu le 29 décembre 1479. Léonard assistait au supplice : il consigna ce souvenir en un dessin qu'il accompagne de notes sur le costume de l'assassin de Julien. Peut-être, comme Sandro Botticelli, avait-il reçu commission de peindre sur les murs du Bargello l'effigie de quelques-uns des principaux conjurés. Les grandes époques de l'art ne sont pas les moins troublées de l'histoire.

Les princes se perdaient dans le dédale de leur politique brouillonne, le Vinci travaillait à faire leurs plaisirs plus nobles. Il mettait dans leurs fêtes la noblesse des lignes, l'harmonie des couleurs, ce je ne sais quoi qui, allant à l'âme, mêle une pensée à la splendeur des choses. Mais ce métier de machiniste et de décorateur n'est que le jeu superficiel de son génie. S'il s'amuse à l'invention des spectacles éphémères qui se reflètent un instant dans l'imagination mobile des grandes dames de Milan, il travaille aux œuvres durables qui sans cesse renaîtront et se rajeuniront dans l'esprit des hommes.

III

Protecteur d'Hans Burgkmair et d'Albert Dürer, Maximilien aimait les arts. Pour achever de gagner ses bonnes grâces, Ludovic chargea le Vinci de peindre pour l'empereur un tableau d'autel représentant la nativité du Christ. « Cette peinture, dit le Biographe anonyme, passe auprès des connaisseurs pour un chef-d'œuvre de l'art unique et merveilleux. » Nous ne savons rien des destinées de ce tableau perdu pour nous.

La grande œuvre pittoresque de Léonard à Milan, c'est *la Cène*, qu'il peignit dans le réfectoire du couvent de Sainte-Marie-des-Grâces. La peinture n'a pas d'œuvre qui soit plus célèbre et moins réellement connue. On a écrit sur elle des commentaires qui ont trouvé des commentateurs [1]. A peine achevée par le maître, elle était reproduite par ses disciples. Les anciennes copies que l'on voit à Milan, au Louvre, à la Royale Académie, sont attribuées à tort ou à raison à Marco d'Oggione [2]. Au commencement du siècle, J. Bossi, dans son livre sur le *Cenacolo*, cataloguait une cinquantaine de copies. On en fait chaque année de nouvelles, et M. Richter (*Leonardo*. London, 1884) dit en avoir trouvé une dans un couvent du mont Athos, en Macédoine.

L'œuvre plus encore a été répandue par la gravure. Les planches les plus anciennes sont du style florentin et padouan ; la plus célèbre est celle que Raphaël Morghen exécuta en 1800 pour le grand-duc de Toscane. Elle passe pour la fidèle image de l'original. La vérité est que Raphaël Morghen n'a pas quitté Florence pendant les trois années que dura son travail. Il s'est borné à reproduire un dessin du peintre Théodore Matteini

1. Je citerai seulement l'ouvrage de J. Bossi, *Il Cenacolo* (Milan, 1804).

2. La copie de Londres, de plus grandes dimensions que celle de Paris, est d'une belle exécution. Le groupe des apôtres à la droite du Christ surtout est remarquable. La copie du Louvre, fine mais un peu sèche, me paraît pouvoir être difficilement attribuée au même auteur. Je rapprocherais plutôt de la première la réduction de *la Cène* que l'on voit dans la sacristie de Saint-Germain l'Auxerrois si on pouvait parler avec plus de sûreté d'une œuvre à ce point couverte par les retouches.

que, sur sa demande, le grand-duc avait envoyé à
Milan. Sil faut en croire Amoretti, Matteini, devant l'état déplorable de la peinture originale, dut
recourir à la copie de Castellozo, attribuée à Marco
d'Oggione.

Il est difficile de fixer avec précision la date à laquelle Léonard acheva *la Cène*. Il y travailla pendant
plusieurs années, dix ans peut-être. Un mémoire
de l'architecte du couvent, daté de 1497, porte :
« pour travaux dans le réfectoire, où Léonard a
peint les apôtres et pour une fenêtre, 36 livres 16
sous. » On en a conclu que *la Cène* était achevée à
cette date. Mais une lettre de Ludovic le More à
son secrétaire Marchesino Stange prouve qu'en
1497 Léonard n'avait pas rempli ses engagements.
« Nous vous avons chargé, dit le duc, de veiller
aux affaires mentionnées sur la liste ci-jointe ;
bien que nos ordres vous aient été donnés déjà
verbalement, pour plus de sûreté nous les résu-
mons dans ces quelques lignes, afin de vous marquer l'extrême importance que nous attachons à
leur prompte exécution. » Cette liste est curieuse ;
elle prouve que Ludovic le More prenait un intérêt personnel aux choses de l'art et que *la Cène*
avait été commencée sur son ordre. Des treize
titres qu'elle comprend presque tous se rapportent
à des œuvres d'art; l'un deux porte : « Demander
à Léonard qu'il achève son œuvre dans le réfec-

toire de Sainte-Marie-des-Grâces. » Fra Luca Pacioli, l'ami de Léonard, qui dessina pour lui les figures du *de Divinâ proportione*, nous apprend que *la Cène* était achevée en 1498. Dans la lettre à Ludovic Sforza, qui sert de préface à ce traité même, il dit, faisant allusion à un fait qui s'est passé le 9 février 1499 : « Déjà Léonard de sa main sublime avait exprimé le superbe simulacre de l'ardent désir de notre salut dans le digne et respectable lieu de la spirituelle et corporelle réfection du saint temple des Grâces, auquel désormais doivent céder tous ceux d'Apelles, de Myron et de Polyclète. » C'est là l'étrange langage que parle ce savant moine.

Plusieurs peintres avaient, avant le Vinci, représenté le dernier repas du Christ avec ses disciples. A Padoue, dans la chapelle de la Madonna dell' Arena, construite sur l'emplacement d'un amphithéâtre romain, Giotto reste dans la tradition du moyen âge. Il cercle de nimbes énormes la tête des apôtres dont quelques-uns qui tournent le dos aux spectateurs sont d'un effet comique. Andrea del Castagno, le premier, dans sa fresque du couvent Santa Apollonia, à Florence, traite le sujet dans l'esprit de la Renaissance. Il débarrasse les apôtres de leurs nimbes encombrants, il les dispose côte à côte sur une longue table qui occupe toute la longueur de la muraille; seul Judas, selon la tradition, est assis, à l'écart de ses compagnons; de l'autre côté de la table, S. Jean dort, la tête sur ses bras. En 1480, avant que Léonard quittât Florence, Ghirlandajo avait achevé sa *Cène* dans le réfectoire du couvent Ognisanti. L'œuvre de Ghirlandajo fait saisir par un frappant contraste ce qu'il y a d'original dans celle du Vinci. Elle est d'un bel effet décoratif, avec quelque chose de grave et de recueilli. La table s'encadre dans une longue stalle de bois, qui rappelle le chœur de l'église, comme au-dessus les deux voûtes ouvertes, à travers lesquelles apparaît le ciel, des feuillages, des oiseaux font songer aux cloîtres des chartreuses solitaires. Judas, selon la tradition, est isolé de ceux qu'il trahit et S. Jean repose sa tête sur la poitrine du Christ, qui vient de prononcer la parole émouvante [1]. Le peintre a fait effort pour varier les gestes et les physionomies. Il a réuni de nobles vieillards, des hommes mûrs, des jeunes gens. Mais tous gardent la même mesure dans l'expression de leurs émotions. Les âges, les tempéraments et les caractères ne sont pas surpris dans leur franchise involontaire. Ce ne sont plus tout à fait des hommes, ce sont des saints, des personnages apparus dans le lointain d'une légende qui les fait sacrés.

1. Le groupement des apôtres manque de variété, d'imprévu; on peut le ramener à ce schème : 2, 2, 1, Jésus-Christ et saint Jean, 1, 2, 2.

Tout autre est l'œuvre du Vinci. Elle a souffert toutes les injures ; elle est aujourd'hui presque effacée. Quand on la regarde, on est pris d'abord de découragement, mais qui s'attarde devant elle peu à peu la voit se ranimer sous ses yeux et comme ressusciter en son esprit. Ce mur vivant et mutilé, malgré tout, garde encore le secret du génie qui lui fut confié. Conteurs intarissables et charmants, les primitifs couvrent des murailles entières du récit naïf des légendes chrétiennes ; les maîtres florentins aiment les groupes harmonieux dont les lignes se développent avec grandeur et clarté, pour la joie des yeux et de l'esprit ; Léonard a des ambitions nouvelles. Rival de la nature, il veut faire des vivants. Pour représenter la Cène, il l'imagine en historien et en psychologue, autant qu'en poète.

Dequoi s'agit-il, en somme ? Des gens du peuple, d'esprit simple, de nature énergique, ont subi l'empire d'une grande âme. Ils ont tout quitté pour suivre Jésus, mais un coquin s'est glissé parmi eux qui trahira le maître, et le livrera au bourreau. Quelle sera leur attitude, quand l'homme qu'ils aiment prononcera la parole redoutable : « En vérité, je vous le dis, l'un de vous me trahira. » Voilà le problème. Pour le résoudre, Léonard ne se met pas en prières, comme le frère Angélique ; il court les places et les marchés de Florence. La Cène,

pour lui, c'est treize hommes vivants à créer ;
treize corps, combinant la chair, le sang et les
nerfs, selon des proportions originales, à saisir
dans la différence de leur structure et de leur réaction. Selon sa théorie, la machine corporelle,
dont il sait l'infinie complexité, est l'œuvre de l'âme.
La forme n'est que l'esprit visible : c'est le sentiment qu'elle doit exprimer qui l'évoque. Mais
ces individus ne doivent pas rester isolés ; acteurs
d'une même scène, il faut qu'ils y conspirent. Les
divers personnages du tableau ne sont que les
nuances d'une même émotion que varie le tempérament de ceux qui l'éprouvent. Faire œuvre
vive, donner à chaque apôtre le corps de son âme
et l'âme de son corps ; à force de réflexion, pénétrer
les secrètes correspondances qui dans l'homme
vont à l'infini ; de cette analyse par la synthèse
du génie faire sortir la vie dans sa richesse individuelle et au choc du même sentiment qui les frappe
à la fois fondre ces individus multiples, éléments
vivants, dans l'unité vivante d'une œuvre harmonieuse, voilà ce que rêve Léonard.

Il procède ici comme la nature même qui, chaque jour, dans la rue, au cabaret, de quelques
hommes animés d'une même passion fait cet être
singulier, à la sensibilité mobile et contagieuse,
la foule. Pour peindre la Cène, il en précise la
vision, il y assiste. « L'un qui buvait a laissé son

verre dans la même position et tourné la tête vers celui qui a parlé *(il proponitore)*; — un autre étend les doigts de ses deux mains et se tourne avec un front sévère du côté de son compagnon ;— un autre, avec ses mains ouvertes dont il montre les paumes, élève ses épaules vers ses oreilles et fait une bouche stupéfaite *(fa la bocca della maraviglia)* ; —celui-ci parle à l'oreille de son voisin qui l'écoutant se tourne vers lui et lui prête l'oreille, tandis que d'une main il tient un couteau et de l'autre le pain à demi coupé ; — celui-là, qui se retourne avec un couteau dans la main, remet un verre sur la table ; — l'autre, les mains sur la table, regarde ; — l'autre souffle sur sa nourriture ; — l'autre se penche pour voir celui qui a parlé et ombrage ses yeux de ses mains ; — l'autre se recule derrière celui qui se penche et voit celui qui a parlé entre le mur et celui qui est penché. » (South Kensington Mus., II² 2 r°)[1]. Dans l'œuvre définitive Léonard négligera plus d'une de ces images familières, mais le fait qu'il les a notées trahit son souci de la vérité concrète, du détail exact, de tout ce qui peut rapprocher la légende de la vie.

Dispersion des personnages et monotonie, voilà les deux dangers du sujet de *la Cène*. Il ne suffit pas, pour faire un tableau, de juxtaposer des

---

1. Jean-Paul Richter, t. Iᵉʳ, § 665.

personnages : il faut que chacun ait sa vie propre et participe de la vie commune. Le traité de la Peinture revient sans cesse sur la nécessité de « la variété dans les histoires ». *La Cène* nous montre le précepte appliqué. Chaque apôtre est un être individuel qui met son âme dans sa manière de sentir. Cœur tendre dans un corps délicat, saint Jean est comme paralysé par la douleur, sa tête penche, ses yeux se voilent, ses bras retombent ; saint Jacques, un petit homme bilieux, se jette en arrière, les bras ouverts, avec un mouvement d'horreur, les yeux fixés sur quelque image qu'il est seul à voir ; Philippe se lève, avance la tête et montre sa poitrine, dans une attitude dont la noblesse fait le caractère ; les vieillards plus lents, avec des gestes plus calmes, se révèlent par le sentiment qui d'abord les domine, l'incrédulité, l'effroi, le dégoût. Gœthe insiste sur l'art avec lequel le tableau est composé. De chaque côté du Christ les apôtres sont groupés trois à trois et forment ainsi des unités qui se correspondent ; mais ces groupes ne sont pas isolés et le geste de Jacques relie les deux groupes qui sont à la droite du Seigneur, comme le mouvement de Mathieu les deux groupes qui sont à sa gauche. Plus encore que cette symétrie, j'admire l'effort pour la dissimuler, pour la rendre vraisemblable, naturelle, en la faisant sortir de l'action même.

Ce qu'avant tout je relèverais dans *la Cène*, c'est le réalisme. Léonard ne dédaigne pas, dans la peinture, le trompe-l'œil. Il veut que son œuvre égale la nature et prenne l'esprit d'abord par l'illusion des yeux. En entrant vous croiriez voir, au fond de la longue salle, cette table avec ces hommes assis devant elle. Le tableau prolonge le réfectoire, semble le continuer. Le maître met sa science profonde de la perspective à la recherche de cet effet. Les poutres du plafond et les lignes de la salle s'enfonçant dans la muraille la reculent jusqu'aux fenêtres qui semblent répandre leur lumière sur le tableau. Le Vinci n'est-il pas le peintre idéaliste par excellence, le peintre des âmes? La contradiction n'existe que pour ceux qui se font du réalisme la singulière idée que vous savez: réalisme, idéalisme, ce sont là mots d'école et de guerre qui ne marquent que la partialité des incomplets. La vérité matérielle n'est, pour le Vinci, qu'un moyen de donner plus de relief à la vérité morale. Il apporte dans la peinture le souci du grand poète dramatique qui fait agir des vivants et n'agite pas de vains fantômes. La pensée est la grande réalité humaine. Dans la nature, selon lui, l'âme crée le corps qui la manifeste ; ainsi, dans l'art, la forme ne doit être que l'image de l'esprit. C'est cet effort pour rendre la vie intérieure dans sa richesse et sa diversité, pour saisir les subtiles correspondances qui montrent l'âme présente au corps, c'est ce réalisme psychologique qui tient Léonard si longtemps attaché à la même œuvre. À la lettre, il s'agit pour lui de création : l'infini de la vie le tente, ne pouvant donner l'existence, il fait des hommes vrais, possibles, auxquels, selon le mot de fra Pacioli, « ne manque qu'*il fiato* ». Les vieux peintres isolent Judas, le rejettent de l'autre côté de la table, pour éviter les confusions regrettables ; il l'assied au milieu de ses compagnons ; il veut qu'il se trahisse par son attitude et par son visage. A la parole du Christ, tandis que les autres se portent en avant, offrent leur poitrine, il se recule, se ramasse sur lui-même, avec un air de bête inquiète et résolue, sur la défensive. Je regrette le signalement inutile de la bourse qu'il serre dans sa main droite.

Deux figures surtout, Judas et Jésus, les deux extrêmes de l'humanité, retinrent le peintre. J.-B. Giraldi conte qu'impatienté de ses lenteurs le prieur du couvent se plaignit au duc. « Seigneur, lui dit l'abbé, il ne reste plus à faire qu'une seule tête, celle de Judas, mais il y a plus d'un an que non seulement il n'a touché au tableau, mais qu'il n'est venu le voir une seule fois. » — Le duc irrité fait venir Léonard. — « Est-ce que les pères savent peindre, répond celui-ci. Ils ont raison, il y a longtemps que je n'ai mis les pieds dans leur couvent ; mais ils ont tort quand ils disent que je n'emploie pas tous les jours au moins deux heures à cet ouvrage. — Comment cela, si tu n'y vas pas ? — Votre Excellence saura qu'il ne me reste plus à faire que la tête de Judas, lequel a été cet insigne coquin que tout le monde sait. Il convient donc de lui donner une physionomie qui réponde à tant de scélératesse : pour cela, il y a un an et peut-être plus, que tous les jours, soir et matin, je vais au Borghetto, où Votre Excellence sait bien qu'habite toute la canaille de sa capitale ; mais je n'ai pu trouver un visage de scélérat qui satisfasse à ce que j'ai dans l'idée. Une fois ce visage trouvé, en un jour je finis le tableau. Si cependant mes recherches sont vaines, je prendrai les traits de ce père prieur qui vient se plaindre de moi à Votre Excellence, et qui d'ailleurs remplit parfaitement mon objet. Mais j'hésitais depuis longtemps à le tourner en ridicule dans son propre couvent. » Il y a à Windsor un dessin au crayon rouge, malheureusement retouché, qui représente la tête de Judas sans barbe. Comme le plus souvent, dans ses esquisses, Léonard dessinait ses personnages nus pour donner au mouvement toute sa justesse, il dessinait les visages sans barbe pour en préciser l'expression.

Ses dessins nous révèlent ses hésitations sur la tête du Christ. Bien qu'effacée, repeinte, avec une bouche un peu molle, la tête du Musée Bréra nous garde la première pensée du maître. C'est le visage d'une âme vierge et charmante, qui, devant la méchanceté humaine, se trouve désarmée, sans force, prise d'un découragement immense.

Ce Christ, à la tête qui se penche, aux yeux voilés, est de la famille de ces Vierges du Vinci, dont la sensibilité exquise donnerait à la joie même l'acuité de la douleur : sans plaintes, sans haine, résigné pour lui-même, mais incapable de comprendre le mal, inconsolable de ne pouvoir le chasser du monde et de l'esprit des hommes, bien las de la terre aussi, avec la vision lointaine de la patrie céleste. Voici maintenant un dessin au crayon rouge, qui est à l'Académie de Venise, esquisse rapide qui porte le nom de chaque apôtre écrit à rebours de la main du Vinci. Dans ce croquis, Judas est encore séparé de ses compagnons. Saint Jean accablé a laissé tomber sa tête entre ses bras pour ne plus rien voir. Le Christ, jeune, baisse les yeux, comme pour ne pas effleurer du regard celui qu'il accuse; son geste a quelque chose de plaintif; c'est le Christ douloureux, le dieu d'amour et d'innocence, que la méchanceté trouve surpris, incrédule, et qui, ayant voulu souffrir en homme divinise malgré tout la douleur en la portant à l'infini.

Le Christ du réfectoire de Sainte-Marie-des-Grâces est moins jeune, plus viril. Dans la tempête qu'il vient de soulever, il reste calme : la

vague furieuse vient mourir à ses pieds sans
même les mouiller de son écume. Tous s'agitent,
frémissent ; leur âme se trahit sans qu'ils le veuil-
lent, infuse au corps qu'elle anime et qui suffit à
l'exprimer. La supériorité du Dieu éclate par le
contraste du silence, par le mystère d'une âme
trop profonde pour que ses mouvements intérieurs
montent jusqu'à la surface. Seul, il n'est point
troublé ; ce que les autres éprouvent, il le comprend. La tête de saint Jean ne pourrait reposer
sur sa poitrine. Au milieu de ces hommes simples
il est seul ; il regarde en dedans le monde de sa
pensée qui leur est fermé. Non qu'il se plaise à
lui-même, qu'il s'enferme dans son petit moi,
avec l'orgueil du sot qui ne croit qu'à lui-même.
Pour garder l'illusion de l'individualité fermée,
dans l'universelle communion qui, par la vie
comme par la pensée, par l'idée comme par le
sentiment, par la haine comme par l'amour, nous
relie à tout ce qui est, il faut l'étroit cerveau
d'un macaque ou le vicieux égoïsme de Narcisse
laissant couler sa vie au cours de l'onde en laquelle il se mire. Mais il n'est pas le Christ des
humbles, le Christ de Gethsémani, dont la prière
montait dans la nuit, sous les oliviers : « Mon
Dieu ! s'il est possible, faites que ce calice s'é-
loigne de moi, » comme un chant très doux dont
l'écho porté à l'infini d'âme en âme berce encore

et charme la douleur humaine. Il est le Verbe, le Logos ; il voit les choses sous la forme de l'Éternel, *sub specie Æterni*. S'il semble seul, c'est qu'il s'unit à tout, c'est que ce fait particulier, la trahison de Judas, lui arrive de loin, diminué, perdu dans la conscience de l'universel. Il a la sérénité du sage qui, sachant les effets et les causes, voit le mal même dans la nécessité qui le relie à l'ordre universel. Il veut avec Dieu.

Certes, Léonard sait ce qu'est aimer, nul n'a su, comme lui, construire ces corps délicats et transparents où l'âme semble affleurer de toutes parts. Mais il lui déplaît de diviniser le sentiment. De ces braves gens un peu rudes, il a distingué entre tous celui qui a la grâce d'être le plus aimé, parce qu'il est le plus aimant, et il lui a donné, avec les longs cheveux bouclés qu'il préfère, la beauté d'un ange. Mais en dehors de cet amour de femme, qui se nourrit d'émotions indéfinies, il y a l'amour réfléchi, viril qui sait ce qu'il aime et veut l'aimer. Il faut pouvoir ce qu'on aime. Le Vinci est le grand rêveur qui veut la réalité de ses rêves. Seule, l'intelligence unit l'homme à la nature par la science, l'idéal au réel par la conscience du possible. L'amour élève au divin, mais le divin même est l'union de l'intelligence et de l'amour qui de l'idéal fait la forme de notre activité. Le Christ de Léonard n'est pas le Christ des sté-

riles, le Dieu des dilettantes, il est le Dieu du
grand homme qui a écrit ces fortes paroles, où
s'exprime l'intime équilibre en lui du savant et de
l'artiste: « Plus on connaît, plus on aime. »

La Cène n'était pas achevée depuis plus de
deux ans, quand les Français, de nouveau, des-
cendirent en Italie, où Ludovic, le premier, les
avait appelés. Ils venaient cette fois le chasser
de son duché. Louis XII fut accueilli comme un
libérateur. La foule se porta au-devant de lui,
hors des portes de Milan. Le chef-d'œuvre de
Léonard était une des curiosités de la ville qu'il
venait de conquérir. Le roi de France se rendit au
couvent de Sainte-Marie-des-Grâces, entouré de
princes et de condottières, les ducs de Ferrare et
de Mantoue, les princes de Montferrat et de Savoie, César Borgia et les ambassadeurs de Gênes
et de Venise. Le roi fut tellement frappé par ce
tableau qu'après l'avoir longuement contemplé
il se tourna vers ceux qui l'entouraient et leur
demanda s'il ne serait pas possible, en coupant
la muraille (*circumcisa pariete*), de le transporter en France (Paul Jove). Louis XII crut voir la
nature même ; il eut cette illusion qui, devant le
trompe-l'œil, amuse et charme les esprits simples.
Il fut pris par la vérité de l'imitation, par ce
réalisme tout extérieur encore qui n'était que
la moindre recherche du maître, mais qu'il

avait poussé aussi loin que l'art le permettait.

On sait les malheurs de ce tableau, qui révéla toutes les ressources de la peinture et marqua ses limites. Stendhal les a contés. La fresque, qui ne permet ni les hésitations, ni les repentirs, n'allait pas au génie de Léonard. Il peignit *la Cène* à l'huile, par là même elle était condamnée. La fresque de Donato Montorfano, une *Crucifixion* sèche et anguleuse, qui fait face à *la Cène*, fut peinte en 1495. Elle est bien conservée. Déjà Lomazzo (*Traité de la peinture*, 1560) dit de la peinture du Vinci « quelle est toute ruinée (*e rovinata tutta*) ». Ce n'était pas assez du temps, les hommes travaillèrent à la détruire. On croirait un acharnement de la destinée, d'autres diraient de la bêtise humaine. En 1652, les moines coupent les jambes du sauveur et des apôtres voisins pour agrandir la porte de leur réfectoire. En haut, ils font clouer l'écusson de l'empereur qui descendait presque jusqu'à la tête de Jésus. Après les moines, les peintres : en 1726, un charlatan, « qui prétendait avoir un secret pour raviver les couleurs, » un nommé Bellotti, repeint le tableau ; en 1770, un certain Mazza pousse l'impudence jusqu'à racler ce qui le gêne « avec un fer à cheminée » (Stendhal.) En 1796, c'est le tour des dragons de la République. En dépit d'un ordre de Bonaparte, un général fit du réfectoire

une écurie. Les soldats prirent grand plaisir à
lancer des morceaux de brique à la tête des
apôtres.

IV

Dans la lettre qu'il écrivit à Ludovic pour lui
offrir ses services, Léonard disait : « En outre,
je m'engagerais à exécuter le cheval de bronze
en la mémoire éternelle de votre père et de la très
illustre maison de Sforza. » Il est probable qu'il
se mit presque aussitôt à l'œuvre. Le nouvelliste
Bandello nous dit qu'il travaillait à la statue en
même temps qu'à *la Cène*. Son atelier de sculpteur
était au château même. En 1443, Donatello avait
achevé à Padoue la statue équestre de Gattamelata commandant des forces de Venise ; en 1495
Verocchio travaillait à Venise même à la statue
de Colleone (mort en 1475), condottière au service
de la République. Mais Ludovic voulait pour son
père François une œuvre colossale qui mît hors
de pair le fondateur de la dynastie des Sforza.
Nous en sommes réduits aux conjectures sur ce
monument qui a occupé seize ans le Vinci et dont
nous savons seulement qu'il parut aux contemporains digne de son génie.

Les dessins du palais de Windsor sont les seuls documents qui nous restent. Ils montrent les recherches du maître, ils ne permettent pas de décider ce que fut son œuvre définitive. Dans le doute, on ne s'est pas abstenu; chacun a imaginé ce qu'elle dut être selon les préférences de son goût et les exigences de son esthétique. Et d'abord quelle était l'allure du cheval ? Sur ce point, des discussions passionnées s'engagent. Il est d'honnêtes gens qui servent l'art, comme on sert la messe, et qui craignent les audaces imprévues du génie comme des sacrilèges. Il paraît que, pour eux, le cheval ne devait pas galoper. M. Courajod n'a pas été fâché peut-être d'inquiéter ces dévots : pour lui, le cheval galopait.

Voici ses preuves. Il a découvert dans le vestibule du Musée de Munich un ancien dessin qui représente le duc François sur un cheval au galop qui foule un soldat renversé. Ce dessin se détache en clair sur un fond noir, pour donner l'impression d'un modèle de plâtre. Concluez que ce dessin a été fait d'après la statue de Léonard dont le cheval galopait. Ajoutez à cet argument ce texte de Paul Jove dans sa courte biographie : « Il modela aussi pour Ludovic Sforza un cheval colossal qui devait être coulé en bronze, portant le fameux général François, son père; dans l'attitude du cheval violemment excité et frémissant apparaît une science souveraine et de la sculpture et de la nature des choses (*in cujus vehementer incitati ac anhelantis habitu*). » Ce texte de Paul Jove ne prouve rien, objectent les adversaires de M. Courajod, car c'est précisément dans les mêmes termes que Vasari parle des célèbres statues de Gattamelata et de Colleone, dont les chevaux marchent au pas. Quant au dessin, son existence n'est pas plus probante. A le considérer en lui-même, il m'est impossible d'admettre qu'il reproduise l'œuvre du Vinci. Seize années de cette vie précieuse pour renverser ce lourdaud cuirassé sous ce cheval roide qui ne sait pas son métier de cheval au galop ! Vraiment était-ce la peine d'être l'un des meilleurs cavaliers de l'Italie et d'avoir écrit une anatomie du cheval, avec le grand souci des articulations qui mettent dans les mouvements la souplesse de la vie ? J'ajoute que nous sommes autorisés à voir dans ce dessin l'œuvre originale d'Antonio Pollajuolo. Après la mort de cet artiste (1498), dit Vasari, « on trouva le dessin et le modèle qu'il avait faits, à la demande de Ludovic Sforza, pour la statue équestre de François Sforza, duc de Milan. Ce dessin est dans notre collection (*libro*), il comprend deux projets (*in due modi*) : dans l'un, le duc a sous lui Vérone ; dans l'autre, il est tout armé, sur un socle plein de batailles, et fait sauter son cheval au-dessus d'un soldat; pour-

quoi ces dessins ne furent pas mis en œuvre, c'est
ce que je n'ai pu savoir ». Comme quelques dessins de Léonard nous montrent un projet semblable,
il est possible que la statue ait été mise au concours, sous la condition de représenter le duc sur
un cheval au galop, foulant un ennemi renversé.

Mais Léonard s'en est-il tenu aux termes du
concours ?

Reportons-nous à ses dessins. Ils ne font que
prolonger notre embarras. Il en est qui représentent le cheval au galop dans l'ardeur d'une action violente ; ici, il porte sur un ennemi renversé, là sur un tronc brisé ; ici le cavalier tend
le bras droit en arrière, comme pour entraîner
ceux qui le suivent ; là il l'avance au-dessus de la
tête de son cheval : une esquisse nous montre les
deux mouvements essayés sur un même croquis ;
ailleurs encore, il lève le bras pour frapper l'ennemi qu'il foule. Voici maintenant un nombre
égal de chevaux au pas : l'un frémissant sous la
main du cavalier qui le contient et le ramasse ;
les autres, plus calmes, mais mettant dans l'allure
tranquille par le relevé du pas un irrésistible
élan.

Le problème est-il donc insoluble ? Peut-être.
L'idée de lancer au galop ce cheval colossal, n'en
déplaise aux gens de goût, dut flatter le génie
hardi de Léonard : c'était l'occasion de lutter avec

la nature, de donner, à force de science, de précision dans l'audace, à la sculpture même cette intensité de vie qui fait sortir l'idéal de l'intelligence du réel. Il se mit à l'œuvre, le modèle du cheval au galop dut être exécuté. Mais quelles difficultés inattendues se présentèrent ? La statue était colossale, elle avait douze brasses, près de huit mètres, la fonte devait demander cent mille livres de bronze. Quoi qu'il en soit, il écrit : « Le 23 avril 1490, je commençai ce livre et recommençai le cheval. » (M'C, p. 15.) S'il renonça à son projet primitif, il reconnut sans doute qu'il s'était trompé : « *Le figure di rilievo*, dit-il, *che paiono in moto, posandole in pie, per ragione deon cadere inanzi;* les œuvres de sculpture, qui paraissent en mouvement, quand on les place, doivent tomber en avant. » Dans les manuscrits, tous les dessins (sauf un) qui se rapportent à la fonte du cheval, dessins accompagnés de notes et de commentaires, le représentent au pas, ce qui semble un argument décisif. Concluons avec toutes les réserves qui conviennent ici: Léonard a fait deux modèles; dans le premier, le cheval, selon toute probabilité, était lancé au galop; dans le second, il marchait au pas.

La statue équestre devait être portée sur un piédestal qui en eût fait le plus beau monument de l'Italie. Michel-Ange aura aussi sa chimère, le

tombeau de Jules II. Les dessins nous montrent
plusieurs projets, tous conçus dans le même esprit de grandeur et de magnificence. Ici la statue
colossale est posée sur une sorte de châsse, qui
contient un sarcophage dans un encadrement de
colonnes ; des captifs enchaînés sont assis sur
l'entablement ; là, elle domine un temple circulaire, ailleurs un arc de triomphe. En achevant ce
grand ouvrage, Léonard eût assez fait pour sa
gloire de sculpteur ; mais s'il n'était point au-dessus de son génie, il dépassait les ressources de
Ludovic. « A Milan, dit le Biographe anonyme, il
érigea un cheval colossal avec le duc François
Sforza comme cavalier ; en vérité une œuvre
splendide. La statue devait être coulée en bronze,
ce qu'on jugeait communément impossible, Léonard ayant l'intention de fondre la statue d'une
pièce. L'œuvre resta inachevée. »

En 1493, à l'occasion du mariage de Maria Bianca
Sforza avec l'empereur Maximilien, la statue fut
exposée sur la piazza del Castello, sous un arc de
triomphe improvisé. Les poètes de cour qui ont
décrit les fêtes signalent le fait. Pietro Lazzaroni
(*de Nuptiis imperatoriæ majestatis*. Mediolani,
1493) dit en latin :

Fronte stabat prima, quem totus noverat orbis,
Sfortia Franciscus, Ligurum dominator et alte
Insubriæ portatus equo...

Un autre, Lamìnio, s'écrie emphatiquement :

Exspectant animi, molemque futuram
Suspiciant; fluat æs ; vox erit : ecce deus.

Ce Dieu, sans doute, est Léonard. Enfin, Baldassare Taccone dit avec platitude :

Vedi che in corte fa far di metallo
Per memoria del padre un gran colosso.

De *la Cène* il nous reste au moins une confuse image, la statue est à jamais perdue pour nous. Vasari accuse les Français de sa destruction : « Ce modèle resta comme il l'avait laissé, jusqu'à ce que les Français, avec leur roi Louis, vinrent à Milan et le détruisirent entièrement. » Sabba da Castiglione (*Ricordi overo Ammæstramenti.* Venise, 1555) confirme le récit de Vasari : « Il travailla aussi à la statue équestre qui lui prit seize années continues, et certes telle était la beauté de l'œuvre qu'on ne peut dire qu'il eût perdu son temps : mais l'ignorance et la négligence de quelques-uns qui, comme ils ne connaissent pas le talent (*la virtu*) ainsi n'en font aucun cas, la laissèrent honteusement ruiner, et je m'en souviens, et non sans douleur et déplaisir, je le dis, cette œuvre du plus noble génie fut prise comme cible par des arbalétriers gascons. » Est-il vrai que nous devions porter la responsabilité de ce nouvel at-

6

tentat contre le génie du Vinci ? Les briques des
dragons de la République n'ont guère écaillé que
les retouches des peintres ; quant aux arbalétriers
gascons, ils sont bien capables d'avoir envoyé
quelques flèches à l'image de Sforza. Mais la
preuve qu'ils n'ont pas détruit la statue, c'est que
le 19 septembre 1501 Hercule d'Este, duc de Ferrare, écrivait à son agent à Milan pour solliciter
du roi de France la cession du modèle qui existait
encore [1]. La réponse de Giovanni Volla est du
24 septembre : « Pour ce qui est du modèle du cheval
érigé par le duc Ludovic, en ce qui la concerne, Sa
Révérende Seigneurie (le cardinal de Rouen) con-
sent volontiers à son transport, mais comme Sa
Majesté a vu elle-même la statue, Sa Seigneurie
n'ose agréer la requête du duc sans en informer
d'abord le roi. » Ce sont les dernières nouvelles
de la statue qu'on laissa sans doute tomber en
ruines.

En même temps que Léonard exécutait à Milan
ces grands travaux avec cette patience, cette len-

---

1. « Sachant qu'il existe à Milan le modèle d'un cheval exécuté par un certain Messer Léonard, maître très habile en telles
matières, modèle que le duc Ludovic avait toujours eu l'intention de faire fondre, nous pensons que si l'on nous accordait la
jouissance de ce modèle, ce serait chose bonne et désirable de
la faire couler en bronze... Nous prendrions volontiers les frais
du transport, sachant que ledit modèle à Milan, comme vous
nous l'avez dit, tombe chaque jour en ruines, personne n'en
prenant soin. » Le cheval portait-il encore son cavalier? La
lettre du duc de Ferrare ne tranche pas la question.

teur réfléchie, peintre de cour, il était sollicité à des œuvres plus légères. Les grandes dames étaient jalouses d'avoir leur portrait de sa main. Vasari nous dit que sur le mur du réfectoire qui fait face à *la Cène*, il peignit les portraits de Ludovic avec son fils aîné Maximilien, et de la duchesse Béatrix avec François, leur second fils. Une allusion que fait le duc à ces portraits, dans la note à son secrétaire que nous avons signalée, prouve qu'ils furent peints entre les années 1497 et 1499. Exécutés à l'huile, ils ont aujourd'hui disparu.

L'amour de Ludovic pour Béatrix semble n'avoir rien eu d'exclusif. Quand il l'épousa, il avait pour maîtresse, depuis plus de dix ans, l'une des femmes les plus distinguées de l'Italie, Cécilia Gallerani, dont Léonard fit le portrait. Au moment du mariage, Cécilia était grosse et quelques mois après elle lui donnait un fils, Cesare. C'était un lien de plus à briser. L'ambassadeur du duc d'Este sollicitait une rupture. Béatrix était jalouse sans amour. Ludovic se plaignait de sa froideur. Pour avoir la paix, il promit de ne plus revoir Cécilia à laquelle il fit don d'un magnifique palais. Mais la promesse ne fut pas tenue d'abord strictement sans retours ni regrets. Un an après le mariage, la marquise de Montferrat écrivait à son envoyé à la cour de Mantoue: « Ici il n'y a rien de nouveau qui vaille d'être écrit, si ce n'est que le duc de

Milan a battu sa femme. » Peu à peu l'intérêt les rapprocha. Pusillanime, Ludovic aima dans Béatrix le courage. Quand il la perdit, il sentit qu'il était diminué. Sa douleur fut sincère. Peu importe que, l'année même où elle mourut, il combla de faveurs Lucrezia Crivelli. La duchesse de Milan était bien morte, et c'était la duchesse autant et plus que la femme qu'il pleurait.

Cécilia Gallerani était très savante et très belle. L'admiration des contemporains la place auprès d'Isabelle de Gonzague et de Vittoria Colonna, que Michel-Ange aima. Elle est « la Sapho moderne » (Bandello); elle excelle dans la langue latine, elle compose en italien des poésies charmantes. Son palais est une véritable cour où se donne rendez-vous tout ce qu'il y a d'hommes distingués à Milan ». « Là les soldats parlent de l'art de la guerre, les musiciens chantent; les architectes et les peintres dessinent; les philosophes traitent des choses naturelles, et les poètes récitent leurs œuvres et celles d'autrui; quiconque aime les choses de l'esprit trouve aliment à sa faim, car en présence de cette héroïne (*heroina*) toujours on cause de choses plaisantes, élevées ou gracieuses. » Par cette ardeur de la vie de l'esprit, par cette passion de toute science et de tout art, elle est bien une héroïne de la Renaissance. Dans la villa de San Giovanni in Croce les gentilshommes, les artistes

les savants et les poètes la visitaient: Dans la lenteur des longs jours qui s'apaisent, on contait des
nouvelles, dont plus d'une a été recueillie par
Bandello, l'un des familiers de la maison [1]. Le
Vinci put se plaire au commerce de cette femme
qui lui avait servi un jour de modèle. Elle était
très jeune (*giovanetta*), quand il fit son portrait,
probablement peu après son arrivée à Milan. Elle
écrit à Isabelle d'Este (26 avril 1498) que « non
par la faute du maître, qui n'a pas son égal, mais
pour avoir été fait dans un âge si imparfait, ce
portrait ne paraît plus être le sien ». Dans son
fameux sonnet sur cet ouvrage, Bellincione
mêle l'éloge de Cécilia, « dont les beaux yeux font
du soleil une ombre obscure, » de Ludovic, de la
m ain et du génie de Léonard [2].

Après Cécilia, après Béatrix, Léonard peignit
Lucrezia Crivelli ; nous sommes tenté de regretter que le duc n'ait pas par ses fantaisies multiplié les œuvres du maître. Dans le *Codex Atlanticus* on lit trois épigrammes, sans doute copiées

1. J'emprunte ces détails à l'intéressant opuscule de M. Uzielli
qui a tout fait pour donner plus de précision à la biographie de
Léonard : *L. D. V. e tre gentildonne milanesi del secolo* xv.

2. Dans les *Memorie Storice*, Amoretti dit qu'il a vu au siècle
dernier une peinture de Léonard, où Cécilia était représentée en
madone, entourant d'une main l'enfant Jésus, élevant l'autre
dans un geste de bénédiction. Le tableau portait ces deux vers
nsolents :

> Per Cecilia qual te orna (qui te prête sa beauté), lauda e adora,
> El tao unico figliolo, o Beata Virgine, exora.

Je doute qu'il faille se fier à cette affirmation d'Amoretti.

par Léonard, sur le portrait de Lucrezia Crivelli,
en voici une qui ne laisse pas d'être assez curieuse.

> Hujus quam cernis nomen Lucretia, divi
> Omnia cui largâ contribuere manu.
> Rara huic forma data est : pinxit Leonardus, amavit
> Maurus, pictorum primus hic, ille ducum.

De l'époque milanaise, Lomazzo, dans son
Traité de la peinture, signale deux œuvres de
sculpture ; l'une, en sa possession, est une petite
tête en terre cuite de Jésus enfant, « où la grâce
de l'enfance se mêle à la sagesse et à la dignité du
Dieu » ; l'autre, entre les mains d'un sculpteur
d'Arezzo, est un cheval en bas-relief.

V

Nous n'avons pas épuisé l'activité de Léonard.
C'est de lui qu'il est juste de dire, au sens le plus
élevé de ce mot, que rien de ce qui est humain
ne lui est étranger. A Milan, il n'est pas seulement l'organisateur des fêtes de la cour, le plus
grand peintre, le premier sculpteur ; dans un document officiel, nous voyons qu'il porte avec Bramante le titre d' « *ingeniarius ducalis* ». Le mot
« *ingeniarius* » a le double sens d'ingénieur et
d'architecte. Nous ne connaissons aucun édifice
qui ait été construit sous sa direction et sur ses

plans. Nous trouvons du moins dans ses manuscrits la trace des travaux qu'il exécuta et de
ceux qu'il conçut. Le manuscrit B (fol. 12 v°) nous
montre la section d'un pavillon circulaire, à côté
le plan et ce court commentaire : « Le pavillon
des jardins de la duchesse de Milan. Plan du pavillon qui est au milieu du labyrinthe du duc de
Milan. » Si l'on tient compte de ce fait que Ludovic ne prit le titre de duc qu'en 1494, il est
vraisemblable que c'est pour le neveu du More,
Jean Galéas, et pour sa femme Isabelle d'Aragon
que Léonard fit le plan de ce pavillon et peut-être
l'exécuta. Un autre texte prouve qu'il eut à s'oc-
cuper des bains de la duchesse Béatrix.

Il était membre actif et influent de la commission des monuments publics. Il collabora sans
aucun doute, ainsi que Bramante, à quelques-uns
des édifices qui furent élevés en si grand nombre
dans le Milanais, sous l'administration de Ludovic le More. On lui attribue, sans preuves suffi-
santes, Santa Maria delle Grazie, la belle église
qui touche au couvent où il peignit *la Cène*. A
coup sûr, il ne resta pas étranger à la cathédrale
de Pavie : le 21 juin 1490, il accompagnait
Francesco di Giorgio, consulté sur les travaux
(commencés depuis 1488), et nous trouvons dans
les manuscrits (B 52) un plan très voisin de celui
sur lequel fut construit l'édifice définitif.

A la fin du XV° siècle, la fabrique de la cathé-

drale (*la fabricieria del duomo*) de Milan eut à
décider le choix d'une coupole qui couronnât di-
gnement l'immense édifice. Un concours fut sans
doute ouvert. Un document nous apprend que
parmi les artistes qui, en 1488, proposèrent des
modèles, figuraient Bramante, Pietro da Gorgon-
zola, Luca Paperio et Léonard de Vinci qui, dans
l'espace de six mois, reçut à cette occasion un
salaire de 93 lires et 14 soldi. Trois ans après,
il réclamait son modèle dont il n'avait pas été fait
usage. En 1510, nous le retrouvons membre de
la commission chargée de veiller à l'achèvement
de la cathédrale. Plusieurs esquisses des manuscrits se rapportent à ce projet qu'il menait de front
avec *la Cène* et la statue de Sforza. Il n'aimait
pas le style gothique. Les cathédrales fragiles du
Nord donnent au sentiment sur la raison une pré-
pondérance qui choquait son esprit fait de leur
harmonieux équilibre. Il tenait pour l'architecture
rationnelle qui calcule ses audaces et mesure son
élan à la résistance de ses points d'appui. Mais
avec une remarquable souplesse il combine dans
ces projets le dôme et la fantaisie gothique, il
l'allège, il en complique la forme, il le ceint d'ornements qui l'accordent avec le monument qu'il
doit couronner [1].

Léonard n'est pas seulement un architecte, il

---

1. Tr. 15 ; J.-P. R., t. II, planche xcix, n° 1. — C. A. 26.
r°, 799 r°; J.-P. R., t. II, planche xcix, n° 3.

est un théoricien de l'architecture. Selon la loi constante de son esprit, il va d'un art à la science qu'il implique. La réflexion ne l'éloigne pas de l'action, parce qu'il la dirige vers les moyens d'agir. La curiosité du savant n'est en lui que l'ambition de l'homme qui étudie les lois de la nature pour la dépasser en l'imitant. Il étudie les fissures des murailles, leurs causes, leurs remèdes : « Fais d'abord le traité des causes qui amènent la rupture des murs et ensuite à part le traité des remèdes à y apporter [1]. » Il étudie la nature de l'arc « qui n'est autre chose qu'une force causée par deux faiblesses » (una fortezza causata da due debolezze), les lois qu'il faut observer dans la répartition des charges qu'il supporte, les rapports des fondations à l'édifice qu'elles doivent soutenir, la résistance des poutres.

Mêlé à la construction de grands édifices religieux tels que les cathédrales de Pavie et de Côme, la coupole de la cathédrale de Milan, peut-être Santa Maria delle Grazie, il fut amené à réfléchir sur l'architecture religieuse. Il est vraisemblable, comme le conjecture M. de Geymüller, qu'il médita un traité des coupoles (trattato delle cupole). Ce traité n'a pas été écrit; nous en avons du moins les illustrations. Le manuscrit B, dont

---

1. Br. Mus., 157 r°; J.-P. R., II, § 770.

les notes ont été prises de 1488 à 1492, contient un grand nombre de dessins et de plans d'églises. « Si l'on considère, dit M. de Geymüller, le rapport évident qu'il y a entre un grand nombre de ces esquisses, d'autre part l'impossibilité d'y voir des dessins pour un monument projeté, on est conduit à cette conclusion qu'ils répondent à des recherches théoriques, faites en vue d'arriver à la claire intelligence des lois qui doivent présider à la construction d'un grand dôme central, autour duquel se groupent des dômes plus petits.» Dans ces dessins, Léonard semble vouloir épuiser les combinaisons possibles et, partant de principes divers, en déduire les conséquences. M. de Geymüller a pu classer ces dessins en groupes (dômes s'élevant d'une base circulaire,— d'une base carrée, — d'une base carrée et portée par quatre piliers, — d'une base octogone, etc.) qui se divisent eux-mêmes en classes dont chacune comprend plusieurs types. La préférence de Léonard pour la croix grecque montre qu'il arrive à la même conclusion que Bramante dans le plan primitif de Saint-Pierre de Rome : pour produire tout son effet, le dôme doit s'élever du centre d'un monument dont le plan peut être enfermé dans un cercle.

Pouvons-nous, d'après ces études, nous faire une idée de l'originalité de Léonard comme architecte. Le problème est délicat. Il avait passé les premières années de sa vie à Florence, le dôme fameux de Santa Maria del Fiore avait fait sur lui une impression ineffaçable. On relève dans ses manuscrits le plan de l'église San Spirito, une vue latérale de San Lorenzo, un plan presque identique à celui de la chapelle degli Angeli : ces dessins, d'après les œuvres d'un autre, chez un homme aussi jaloux d'originalité, suffisent à prouver l'influence qu'exerça sur lui Brunelleschi, le grand maître florentin. Il était fait pour comprendre cette architecture puissante et rationnelle qui tire ses effets de l'intelligence même des lois de la pesanteur et de leur application simple, inattendue. A Milan, il rencontra Bramante qui y vivait depuis plusieurs années. Ils furent mêlés aux mêmes discussions, aux mêmes travaux, et il est difficile de contester qu'il subit son influence. Mais d'autre part, parmi les plans du manuscrit B, il en est qui rappellent non plus le style lombard, mais le style classique de Bramante. Or, ce style apparaît pour la première fois dans le petit temple de San Pietro in Montorio, le premier édifice qu'il éleva à Rome. « Si nous n'étions certains, dit M. de Geymüller à propos d'un dessin du manuscrit B (18 v°), que cette esquisse est de Léonard, nous serions tentés d'y voir une étude de Bramante pour Saint-Pierre de

Rome. » Dès lors, une question nouvelle se pose :
Léonard n'a-t-il pas à son tour agi sur Bramante?
Ne l'a-t-il pas amené à simplifier son style, en le
rapprochant de l'art antique? L'étude des plans
du manuscrit B nous incline à l'affirmative. Ce
qui caractérise ces plans, c'est l'audace raisonnée,
la grâce de la force tranquille. Les membres de
l'édifice sont solidaires, un même principe les
ordonne, c'est de la logique vivante, la beauté
n'y semble que la fleur de la raison. Par cette
influence sur Bramante, par ces plans qui en
donnent comme l'image anticipée, le nom du
Vinci est lié indirectement à la construction de
Saint-Pierre de Rome, qui évoque aussitôt les
noms de Michel-Ange et de Raphaël.

Quelles qu'aient été les influences subies ou
exercées, Léonard, architecte, reste lui-même. Il
garde le goût de la vérité, ce dédain de toute
chimère, cette haute raison qui d'abord accepte le
nécessaire. Mais la science dirige son ambition
sans l'amoindrir. L'esprit du savant est au service
de la fantaisie de l'artiste, la loi qui limite le rêve
permet de le réaliser. Le plan grandiose du mausolée, que nous voyons dans le livre de Vallardi
(Louvre, n° d'ordre 2386), atteste ses audaces.
Au milieu d'un paysage de collines se dresse une
montagne artificielle, sorte de cône gigantesque.
Aux deux tiers de la hauteur court une terrasse,

sur laquelle ouvrent six portes donnant accès a des galeries dont chacune conduit à trois salles où sont disposées les urnes funéraires. La montagne se prolonge en s'amincissant pour se couronner à son sommet d'un temple circulaire, entouré d'une colonnade, surmonté par un dôme conique, dont le centre, comme celui du Panthéon (Rome), s'ouvre et laisse tomber la lumière du ciel[1]. « Le projet du mausolée, dit M. de Geymüller, suffirait à lui donner rang parmi les plus grands architectes qui aient jamais vécu. » L'accord du paysage et du piédestal gigantesque, sur lequel pose le monument, la simplicité des lignes lentes qui attardent le regard, je ne sais quoi de la force de la nature dans une œuvre de l'art fait sentir plus vivement, avec la fragilité de l'ouvrier, la poésie de la mort, ce sommeil sans fin qui use les plus durs lits de pierre.

Dans ses études (m^t B 52-55) pour une église destinée spécialement à la prédication, Léonard aborde les difficiles problèmes de l'acoustique. Architecte militaire, il dispose ingénieusement des tours et des bastions, pour rendre plus facile la surveillance des démarches de l'agresseur, contraint de rester à découvert. Il rêve des villes élevées non au hasard, mais sur un plan rationnel, avec le souci tout moderne des lois de l'hygiène :

1. J..P. R., t. II, p. 58, pl. xcviii.

dans l'une, un système ingénieux de canaux (B
36 v° 37 r°), dont une grande écluse maintient le
niveau, permet d'aborder aux caves en bateau ;
l'autre offre un double système de routes (B 15 v°,
16 v°); les premières, répondant, au rez-de-chaus-
sée, servent à l'approvisionnement, aux voitures,
aux bêtes de somme et aux gens du commun ; les
secondes répondent au premier étage et sont
réservées aux gens de condition supérieure. Sur
le palier des escaliers qui descendent d'une route
à l'autre sont ménagées des latrines publiques, et
la ville est construite auprès de la mer ou d'un
grand fleuve, « afin que les immondices, chassées
par l'eau, soient emportées au loin ». C'est le
système du tout à l'égout. N'est-ce pas à ce rêve
d'une ville moderne, descendue des hauteurs où
le moyen âge perchait les ruelles étroites et
sales de ses cités sans eau, assise au bord d'un
grand fleuve qui de toutes parts pénètre en elle
pour la purifier, que se rapportent ces lignes obscures, projet d'une lettre adressée peut-être à Ludovic le More : «... Dix villes, cinq mille maisons
avec trente mille habitants, et vous disperserez
cette multitude de gens qui, à la ressemblance
des chèvres, sont sur le dos les uns des autres,
emplissant tout de puanteur et répandant des se-
mences de peste et de mort. » (C. A. 64 v°, 197 v°;
J.-P. R., § 1203.)

Ce n'étaient point là les seuls travaux de cet homme infatigable. Ingénieur, il entreprenait tout un système de canaux destinés à régulariser le cours des fleuves qui traversent la Lombardie. Il ouvrait au commerce des voies nouvelles, il assainissait le pays, il portait de toutes parts avec l'eau la fécondité. Quand nous traversons les riches plaines lombardes, sillonnées par les ruisseaux qui les abreuvent, et prolongeant leur verdure sous la lumière dorée jusqu'aux Alpes, dont les masses bleues aux sommets argentés se dessinent sur le ciel, c'est à lui que va notre reconnaissance. Il connaît l'eau, il sait le bien et le mal qu'elle peut faire, il l'étudie dans sa nature, dans ses courants, dans les lois de son mouvement, pour lui imposer l'obéissance et la soumettre à son caprice intelligent. Il la donne, il la reprend ; il la suit, quand elle se perd, pour en faire profiter encore les hommes. « Par le canal de la Martesana l'eau de l'Adda est grandement diminuée, étant distribuée en maints pays pour l'irrigation des champs. Voici un remède : c'est de faire beaucoup de fontaines, qui recueillent l'eau qui est bue par la terre et n'étant plus utile à personne n'est enlevée à personne, et, grâce à ces réservoirs, l'eau qui était perdue entre de nouveau au service des hommes. » Le génie est bienfaisant sans effort, sa libéralité n'est que la manière dont il jouit de sa richesse qu'il ne sent qu'à la condition de la répandre.

Les grands travaux que nous venons d'énumérer et qui sont à dire vrai les événements de cette vie aux aspects multiples, frappaient tous les yeux. Mais plus surprenante encore peut-être est l'activité intérieure, l'effort invisible et constant de cette âme éprise tout à la fois de vérité et de beauté. Son attention est perpétuellement en éveil, tout lui est occasion de recherches et de découvertes. Les contemporains qui le voyaient passer dans les fêtes, se mêler avec l'aisance d'un gentilhomme à la vie brillante des princes, pouvaient à peine soupçonner l'activité incessante à laquelle nous initie la lecture de ses manuscrits. La pratique le conduit à la théorie, l'action à la science, et les petits carnets qu'il porte toujours avec lui se remplissent des idées ingénieuses et profondes qui naissent spontanément en son esprit. L'histoire de sa vie doit s'achever par l'histoire de sa pensée. Dans la lettre à Ludovic le More, qui sert d'introduction au *de Divinâ proportione*, fra Luca Pacioli, après avoir parlé de *la Cène* et de la statue équestre, ajoute : « Ces travaux ne l'épuisent pas, ayant déjà achevé en toute diligence (*con tutta diligentia*) le beau livre de la peinture et des mouvements humains, il en a entrepris un autre inestimable, sur la percussion, la pesanteur et les forces où poids accidentels. » Il ne faudrait pas prendre ces affirmations trop à la lettre : Léonard a réuni les matériaux d'une encyclopédie qu'il n'a jamais faite.

Ludovic le More avait le goût de toutes les choses de l'esprit. Bernardino Arluno nous dit qu'outre les artistes il avait appelé à Milan et qu'il pensionnait « des mathématiciens, des sophistes (?), des philosophes, des médecins remarquables ». Dans son épître dédicatoire, au style amphigourique, fra Luca Pacioli nous apprend que le duc réunissait « en un duel louable et scientifique (*in lo laudabile e scientifico duello*) » prédicateurs, juristes, théologiens, architectes et ingénieurs, tous les savants illustres en tout genre, dont sa cour magnifique abondait. Il cite entre tous Léonard de Vinci. Disons à l'honneur de Ludovic que, d'après ce texte, à la veille de sa chute, au milieu des difficultés politiques de tout genre, le 9 février 1499, il réunissait encore au château les savants de sa cour et assistait à leurs travaux. Au British Museum, on voit une gravure d'une exécution à la fois ferme et inexpérimentée, qu'on attribue à Léonard, et qu'entoure cette inscription : ACHA : LE : VI :, abréviation pour *Achademia Leonardi Vincii*. Nous retrouvons cette mention curieuse sur des cartels qui représentent une arabesque de lignes compliquées où s'encadrent ces mots : *Aca-*

demia Leonardi Vincii. On a supposé que ces cartels pouvaient se rapporter aux réunions de savants dont Ludovic eût été le président honoraire
et Léonard le président effectif. Cette hypothèse
me paraît douteuse. Comme plus tard Raphaël,
Léonard avait quelques disciples attachés à sa
personne qui logeaient sous le même toit que lui.
Je serais tenté de croire que cette Académie comprenait, outre ses disciples, tous ceux que son génie et sa bonté, la variété de ses connaissances et
le charme de sa personne groupaient autour de
lui. Il est difficile de dire ce que fut l'enseignement
d'un tel maître. Quelle qu'en ait été la liberté,
étant donné son goût de l'exactitude, il ne put
rester vague et général. Il est à remarquer que
dans ses manuscrits il s'adresse souvent, pour
indiquer une expérience, un plan d'observations,
à un interlocuteur supposé. Ainsi « ce grand inventeur de choses nouvelles » fit mieux que des choses, il fit des personnes, des esprits qu'il anima de
sa propre vie.

VI

Les seize années que Léonard passa à la cour
de Ludovic sont les plus belles et les plus fécondes de sa vie. Florence l'avait vu livré à toutes
les ardeurs de la jeunesse, brillant, admiré déjà,
inquiet encore. Il était arrivé à Milan, à trente
ans, homme fait, sûr de son génie, avide de science
et d'action. Il avait improvisé en s'accompagnant
sur une lyre d'argent : sa grâce d'abord lui avait
conquis les esprits. Les audaces de son génie universel avaient tenté la curiosité et les ambitions
de Ludovic le More. Il avait été partout accueilli.
Les fêtes les plus belles étaient celles qu'il orga-
nisait. Les maîtresses du prince voulaient leur
portrait de sa main. Il avait plus que la gloire, ce
succès direct, immédiat, que l'homme ne doit pas
à l'artiste. Le faveur du prince était surtout pour
lui l'occasion de faire de grandes choses. Dans les
préparatifs d'une fête au château, il songeait à *la
Cène*, à la statue équestre, à la cathédrale de Pavie ;
il méditait sur le cours de l'Adda ; entre deux ordres, il notait sur son carnet l'idée que venait de

lui suggérer une observation qu'il avait été seul à faire.

Toujours il aima Milan, toujours il y revint volontiers ; ce n'est pas dire qu'il n'y ait point souffert. Il n'eut pas la joie de voir couler en bronze la statue à laquelle il avait si longtemps travaillé. Au début ses appointements furent assez régulièrement payés. Mais les difficultés augmentèrent pour Ludovic avec les années ; sa politique compliquée, faite d'habileté et d'incertitude, était ruineuse. En ne se donnant à personne, il croyait tenir tout le monde. Il avait payé Charles VIII, il payait l'empereur Maximilien, ce don Quichotte besogneux ; ses dépenses dépassaient ses revenus ; ses soldats mercenaires étaient commandés par des traîtres. En janvier 1497, Béatrix mourait : ce fut une grande douleur. Il perdait sa compagne et sa complice ; il restait seul à porter le poids du crime et à attendre le châtiment que tout annonçait. « Le duc Ludovic, écrit le diplomate Marino Sanuto, ne cuida pas tolérer icelle mort par le grand amour qu'il avait de sa femme ; car moult chièrement l'aimait, et disait que ne lui challait plus d'enfants, ni d'État ni d'aucune chose ici-bas. Et à peu que cœur et vie ne lui partait. Et se tenait pour greigneur tristesse dans une chambre tendue toute en draps noirs, et ainsi se tint pour l'espace de quinze jours. Et dans cette nuit de la mort de la duchesse, les murs du jardin s'abattirent tout en ruines et en avait qui en prédisaient grand malheur [1]. »

Messer Gualtieri, le trésorier, oubliait volontiers les artistes pour faire face à d'autres dépenses; Léonard est réduit à se plaindre. Il est dans le besoin, forcé de gagner sa vie, « il a dû interrompre l'œuvre que lui a confiée Sa Seigneurie, pour se livrer à des travaux de moindre importance ; mais il espère avoir gagné bientôt assez d'argent pour pouvoir satisfaire à tête reposée (*ad animo reposito*) Son Excellence, à laquelle il se recommande. Il a nourri six hommes pendant cinquante-six mois et il a reçu cinquante ducats ». (C.A. 308 v°, 939 r°.) Cette lettre resta-t-elle sans réponse ? Sur un papier déchiré, qui ne laisse lire que la moitié de chaque ligne, un brouillon de lettre, dont il est facile de compléter le sens, nous montre le grand artiste humilié, découragé, réduit à solliciter ce qui lui est dû, d'un ton de prière, sous lequel on sent l'impatience et comme une sourde colère : « Mon art, je veux le changer... me soit donné quelque vêtement, une somme d'argent, si j'ose... Seigneur, sachant l'esprit de Votre Excellence occupé... à rappeler à V. Seigneurie mes petites affaires et les arts mis en oubli (*l'arti messe in silen*

1. J'emprunte à M⁽ᵉ⁾ Mary Darmesteter cette traduction en vieux français du passage de Marino Sanuto.

tio)...ma vie à votre service... du cheval, je ne dirai rien, car je connais les temps... il me reste à recevoir le salaire de deux années... avec deux maîtres qui sans cesse furent occupés à mes frais... les œuvres glorieuses par lesquelles je pourrais montrer à ceux qui viendront après nous ce que j'ai été... » En cette circonstance encore, Ludovic prouva qu'il n'avait pas l'âme simple d'un traître de mélodrame. Le 26 avril 1499, au moment même où ses adversaires le livraient à Louis XII, il fit don à Léonard d'une vigne de seize perches. Les considérants qui précèdent l'acte de donation honorent le prince qui les a dictés : « Nous, duc de Milan, etc ..., les présentes attestant le génie (*virtutem*) de Léonard de Vinci, Florentin, peintre très célèbre, ne le cédant, tant à notre jugement qu'à celui des plus habiles hommes, à aucun des peintres du passé, qui par notre ordre a entrepris en tout genre des œuvres faites pour attester avec beaucoup plus d'éclat encore l'incomparable génie de l'artiste s'il les achevait, reconnaissons lui avoir tant d'obligation que, si nous ne lui faisions quelque présent, nous penserions nous manquer à nous-même. »

Il était temps. Pendant l'été de 1499, les Français, conduits par Trivulzio, ennemi personnel de Ludovic, envahissaient le Milanais. Toutes les villes capitulèrent. Le 2 septembre, après une der-

nière visite au tombeau de Béatrix, le duc s'en-
fuyait dans le Tyrol, auprès de l'empereur Maximilien. Le 28, les Français entraient dans Milan,
dont le château avec toutes ses richesses était
livré par celui qui avait charge de le défendre.
Trivulzio gouverna en exilé qui a des rancunes à
satisfaire. Ludovic avait ramassé une petite armée
d'aventuriers Suisses et Allemands ; le 5 février
1500, il surprenait Milan et rentrait dans sa capitale. Mais au mois d'avril, une nouvelle armée
française descendait les Alpes. Livré par les Suisses, il fut conduit en France et enfermé dans un
cachot du château de Loches, d'où il ne sortit
après dix ans que pour mourir : « homme d'une
singulière sagesse, dit Paul Jove, mais d'une
ambition sans bornes, né pour la ruine de l'Italie. »

Sur la couverture du manuscrit L, Léonard de
Vinci fait une obscure allusion à ces événements :
«... Édifices de Bramante. Visconti traîné en prison
et son fils mort. Gian della Rosa dépouillé de son
argent ; Borgonzo commença, ne voulut pas, et
pourtant sa fortune s'enfuit ; le duc a perdu l'État,
ses biens, la liberté, et rien de ce qu'il a entrepris
ne s'est achevé par lui. » Telle est la courte oraison funèbre qu'il consacre à son protecteur. Dans
cette phrase sèche, on sent le regret des grands
travaux suspendus, le souvenir de l'argent gas-
pillé aux intrigues, avarement mesuré aux œuvres

-durables, la pensée amère de la statue, dont le plâtre s'écailla sur la place du château, et le dédain aussi de cette politique byzantine, dont toutes les subtilités viennent finir à cette conclusion déplorable.

CHAPITRE III

LA DERNIÈRE PÉRIODE DE LA VIE DE LÉONARD (1500-1519)

I. — Léonard à Mantoue, à Venise — En 1501, il est de retour à Florence. — Isabelle de Gonzague. — Ses relations avec Léonard. — *La Sainte-Anne du Louvre* et la *Sainte-Anne de Londres.* — *La Madone au Fuseau.*

II. — Léonard ingénieur militaire de César Borgia. — Voyages dans l'Italie centrale. — Assiégé dans Imola ? — Cartes de l'Italie. — Chute de César.

III. — Retour à Florence. — Inimitié de Michel-Ange contre le Vinci. — Léonard chargé de décorer, avec Michel-Ange, la salle du Conseil du palais de la Seigneurie. — *La Bataille d'Anghiari.* — L'épisode de l'étendard. — Le carton ne comprenait-il que cet épisode ? — Comment on doit représenter une bataille d'après le traité de la peinture. — Réalisme de Léonard ; il fonde la peinture moderne des batailles.

IV. — *Portrait de Ginevra Benci.* — *Portrait de Mona Lisa*, femme de Zanobi del Giocondo. — Le Vinci et *la Joconde.* — Le groupe de bronze de Francesco Rustici. — Canalisation de l'Arno.

V. — Léonard au service de Louis XII. — Difficultés avec la Seigneurie de Florence. — Mort de Ser Piero da Vinci. — Procès de Léonard avec ses frères. — Fréquents séjours à Florence. — Retour à Milan avec *deux madones*, destinées au roi de France. — Les Français chassés de l'Italie.

VI. — Avènement de Léon X. — Léonard va à Rome avec le frère du pape, Julien de Médicis. — Epreuves et ennuis. — Deux tableaux *(Madone avec l'enfant ; Enfant)* pour le dataire du pape (Vasari). — La *fresque de San Onofrio.*

VII. — François Ier en Italie. — Léonard le rejoint à Pavie. —
Son séjour à l'hôtel du Cloux près d'Amboise. — Dernières
fêtes. — Travaux de canalisation. — Peintures : *Léda* et
Pomone (Lomazzo). — Visite du cardinal d'Aragon. — Paralysie de la main droite. — Testament et mort de Léonard.

C'est un dur métier que celui d'homme de génie. Les plus belles années de Léonard sont écou-
lées. Il a près de cinquante ans. Sa joie serait d'a-
chever les œuvres commencées, la statue, les canaux du Milanais, et la vaste encyclopédie dont il
accumulera jusqu'à son dernier jour les éléments.
Sa destinée désormais est de ne pouvoir se fixer
nulle part. Il n'est pas un faiseur de tableaux,
prêt à toute besogne. Il a besoin d'un protecteur
puissant qui, respectant son indépendance, s'associe à ses hautes ambitions. Les incertitudes de
la politique italienne lui font une vie décousue.
Quand il s'appuie sur un prince, la fortune le brise.
Marignan lui donne enfin François Ier et la terre
de France pour y mourir dans la tristesse et la
paix.

I

Livrée aux gens de guerre et gouvernée par Trivulzio, Milan n'était plus un séjour possible pour le
Vinci. Au mois de mars de l'année 1500, pendant
le court interrègne de Ludovic le More, nous le
trouvons à Venise. En passant à Mantoue, il
avait fait au charbon un portrait de la duchesse
Isabelle d'Este, la sœur de Béatrix. Lorenzo da
Pavia écrit à la duchesse le 13 mars 1500 : « Léonard de Vinci, qui est à Venise, m'a montré un
portrait de Votre Altesse qui est d'une ressemblance tout à fait frappante. Vraiment il est
aussi bien exécuté qu'il est possible [1]. » Salaï
accompagnait son maître dans ce voyage : « Mémoire : en ce jour (8 avril 1503), j'ai donné trois
ducats d'or à Salaï, qui m'a dit qu'il en avait besoin

1. Léonard avait promis à la duchesse de peindre son portrait
en se servant de cette esquisse ; il se mit au travail et fit, d'après
le fusain, un dessin à la sanguine qui est au Musée des Offices.
Il y indiquait avec soin les modelés et préparait la peinture par
l'étude des lumières et des ombres. Le rapprochement du profil
au fusain qui est au Louvre avec le dessin à la sanguine des
Offices m'avait amené à conjecturer que ces deux dessins se
rapportaient au portrait de la duchesse de Mantoue. La chose est
aujourd'hui démontrée : l'honneur de cette petite découverte
revient à M. Ch. Yriarte.

pour faire faire des chausses de couleur rose avec
leur garniture; neuf ducats lui restent dus, mais
lui-même m'en doit vingt, dix-sept que je lui prêtai
à Milan et trois à Venise. » Dans les manuscrits
de Windsor, deux esquisses reproduisent la statue
de Colleone dessinée de souvenir.

Le séjour à Venise dut être court. En 1501,
Léonard est à Florence. C'était sa patrie, il n'y
était point un étranger. Durant les seize années
qu'il avait passées à Milan, il y était plus d'une
fois revenu. Jamais cependant il ne se plaira dans
cette cité démocratique, agitée, divisée en partis violents dont les petites haines le laissaient
indifférent. Au moment de son retour, Florence
était à peine remise des secousses qui l'avaient
ébranlée. Savonarole avait expié ses rêves de ré-
forme politique et religieuse sur un bûcher (1498).
Sa mort avait contristé bien des cœurs : fra Bartolommeo s'était fait moine au couvent de Saint-
Marc; Lorenzo di Credi, désespéré par la mort
du prophète, renonçait à la peinture; Sandro Bo-
ticelli, l'artiste mélancolique et charmant, le seul
dont Léonard prononce le nom dans le *Traité de
la peinture*, en l'appelant notre ami, ne pouvait
se réveiller du rêve passionnant qu'avait évoqué
en lui l'éloquence ardente du martyr et s'enfon-
çait dans le commentaire et l'illustration du Dante.
Plus tard, Michel-Ange, sous les voûtes de la

Sixtine, durant les longues heures de travail solitaire, relira les sermons de Savonarole. Léonard
avait autre chose en tête que les homélies d'un
moine. Son intelligence lucide répugnait à ces
rêves creux : il savait qu'on n'emporte pas l'idéal
d'assaut, en se détachant des choses de la terre,
qu'on le conquiert jour par jour, qu'on y monte
d'un lent effort, en s'appuyant de toutes les forces
de l'intelligence sur les réalités d'ici-bas.

C'est à cette date qu'Isabelle de Gonzague
chercha à l'attacher à son service. La sœur de
Béatrix est une des femmes les plus distinguées
de la Renaissance ; son nom est mêlé à l'histoire
de tous les hommes célèbres de son temps. Elle
a pour les artistes la reconnaissance des plaisirs
qu'elle leur doit. Sa flatterie délicate est dans
l'accent dont elle leur parle. La conscience même
d'avoir sa place dans la société que forment, sans
s'entendre, les nobles esprits de tous les temps,
lui donne une modestie charmante. Elle rêve
d'élever une statue à Virgile dans Mantoue, et
elle en demande le projet à Mantegna. Le Corrège
et le Titien travailleront pour elle. Bembo, Bandello, l'Arioste, le Tasse lui adressent leurs
ouvrages. Elle aura, du moins, de Léonard de
bonnes paroles et des promesses.

Le 26 avril 1498, elle écrivait à Cécilia Gallerani : « Ayant eu l'occasion de voir quelques

beaux portraits de J. Bellin, j'ai songé aux œuvres
de Léonard, avec le désir de les comparer, et
sachant qu'il vous a peinte au naturel, je vous
prie de m'envoyer votre portrait par le présent
messager. » Au mois de mars 1501, elle écrit au
frère Petrus de Nuvolaria, vice-général de l'ordre
des Carmélites : « Si Léonard, le peintre florentin, se trouve de nouveau à Florence, nous vous
prions de vous informer quelle est sa vie, s'il a
commencé quelque ouvrage, comme on rapporte
qu'il l'a fait, et quelle est cette œuvre, et s'il doit
rester là quelque temps. Que Votre Révérence
sache comment il accepterait l'offre de faire un
tableau pour notre *studio*; s'il acceptait, nous
nous en remettrions à sa guise de l'invention et
du temps. Si vous le trouviez peu disposé, obtenez
de lui du moins qu'il fasse un petit tableau de la
madone (*devoto e dolce*) avec le charme et la douceur qui ne sont qu'à lui. » Petrus de Nuvolaria,
le 3 avril 1501, répond à la duchesse[1] : « Je ferai
ce que Votre Altesse me demande. Quant à la vie
de Léonard, elle est variée et capricieuse (*é
varia e indeterminata forte*), si bien qu'il paraît
vivre au jour le jour (*a giornata*). Il a fait seulement, depuis qu'il est à Florence, une esquisse
en un carton (*uno schizo in uno cartone*). Ce

1. Alessandro Luzio, *I precettori d'Isabella d'Este* (Ancona,
Morelli, 1887.)

carton représente un Christ enfant d'environ un an qui, s'élançant des bras de sa mère, se penche vers un agneau et semble l'embrasser. Se levant des genoux de sainte Anne, la mère retient l'enfant pour le détourner de l'agneau qui signifie la passion. Sainte Anne se soulevant un peu semble vouloir arrêter sa fille : ce qui peut-être figure l'Église qui ne voudrait pas que la passion du Christ fût empêchée. Cette esquisse n'est pas encore finie. Il n'a rien fait d'autre, sinon que deux de ses élèves font des portraits et que de temps en temps il y met la main : *da opra forte a la geometria, impacientissimo al pennello;* il s'adonne fort à la géométrie, tout impatient du pinceau. »

Il n'y a que la foi qui sauve. Dans cette composition d'une familiarité audacieuse et charmante, le bon moine déchiffre un rébus théologique. Sa grâce est pour nous plus humaine. Dans un doux paysage, où jouent les bleus du ciel, des eaux courantes et des cimes lointaines, sainte Anne s'est assise sur un tertre, au bord d'une source. Marie, par une habitude d'enfant confiante, a repris sa place ancienne sur les genoux de sa mère; elle se penche inquiète et souriante vers l'enfant joueur qui, saisissant les oreilles de l'agneau, fait le geste de grimper sur la bête qui résiste. C'est cette double maternité, ce courant de tendresse qui se transmet, se propage, comme la vie elle-même, de sainte Anne à la Vierge, de la Vierge à Jésus ; c'est en Marie cette attitude d'enfant et ce geste de mère, c'est la grâce exquise qui élève cette scène familière jusqu'à la légende, et lui donne je ne sais quoi de sacré, le caractère religieux des instincts profonds qui relient la joie au sacrifice. La lettre du bon moine n'en est pas moins précieuse : elle nous apprend que *la Sainte-Anne* du Louvre n'a pas été exécutée en France, comme quelques-uns l'ont cru [1]. Des copies en furent faites en Italie par les disciples du maître. Girolamo Casio di Médicis a fait un sonnet avec cette épigraphe : « sur la sainte Anne qu'a peinte Léonard de Vinci ; elle tient Marie qui empêche son fils de monter sur un agneau. » Enfin, c'est la seule peinture que Paul Jove, dans sa courte biographie, signale avec *la Cène* et *la Bataille d'Anghiari* : « Il existe aussi une peinture (*in tabulâ*), qui représente le Christ enfant jouant avec la Vierge sa mère et sainte Anne son aïeule ; François Ier, roi de France, l'acheta et la plaça dans une église (*in sacrario*). » Nous ignorons comment le tableau sortit de France ;

---

1. Sans doute le frère de Nuvolaria ne parle que d'un carton et Vasari dit « que le roi de France exprima le désir de voir mettre en couleur le carton de *la Sainte-Anne* ». Mais il reste que la composition est de 1501 ; les copies des disciples du maître et le texte de Paul Jove montrent que le tableau lui-même a été exécuté en Italie, Léonard ayant pu d'ailleurs y travailler jusque dans les dernières années de sa vie.

ce qui est certain, c'est qu'il fut acheté par Richelieu, lorsqu'au mois de novembre 1629 il commanda en personne le siège de Casal, sur les confins du Milanais.

Vasari nous apprend à quelle occasion le carton de *la Sainte-Anne* fut composé. « Les moines Servites avaient demandé à Filippino Lippi de peindre le tableau d'autel de la chapelle principale de leur église, Santa Maria dell' Annunziata. Léonard dit qu'il s'en chargerait volontiers. Le propos fut rapporté à Filippino Lippi qui, en galant homme qu'il était, se retira. » On savait qu'il ne fallait compter qu'à demi sur les promesses de Léonard. « Pour qu'il avançât son travail, les moines, dit Vasari, le logèrent dans le couvent avec sa suite, fournissant à la dépense. Ils attendirent assez longtemps, mais il ne commença rien. Enfin il fit un carton avec la Madone, sainte Anne et l'enfant Jésus : ce carton, non seulement excita l'admiration de tous les artistes qui le virent, mais, quand il fut achevé, la salle où il était exposé fut envahie pendant deux jours par une foule, hommes et femmes, jeunes et vieux, comme on n'en voit qu'aux jours de grande fête, tous se pressant pour voir cette merveille de la main de Léonard, qui frappa tout le monde d'étonnement. »

On a identifié le plus souvent ce carton avec celui que l'on voit à la Royale Académie de Londres.

Mais le carton de Londres ne répond ni à la
description de Vasari, ni, ce qui surtout importe,
à celle du frère Nuvolaria ; il est inachevé et
certainement antérieur à la composition de 1501,
dont il est la première idée [1]. Léonard l'avait sans
doute fait à Milan et repris en le modifiant dans
son œuvre nouvelle : l'attitude de la sainte Anne,
l'arrangement du groupe, tout est plus clair, plus
libre dans le tableau du Louvre qui reproduit le
carton perdu. Moins parfaite, *la Sainte-Anne* de
Londres est une œuvre exquise que semble
traverser la joie d'une imagination plus jeune.
On en jouit sans inquiétude. La Vierge est la femme
la plus enfant, la plus fraîche, la moins compliquée
que Léonard ait conçue : elle sourit à la vie sans
arrière-pensée, elle a le rayonnement divin de la
beauté dans le bonheur. Avec une intelligence
plus éveillée, une vie intérieure plus profonde,
une âme autrement riche, c'est le charme de
Raphaël. Harmonieuse, la nature ne trouble point
l'esprit, elle s'y réfléchit en amour, comme elle
s'exprime dans les corps par la beauté des lignes

1. Dans un article, qui est un modèle de critique (*Chronique
des arts*, déc. 1891), M. E. Müntz a démontré l'identité du carton
d'avril 1501 et de la composition du tableau du Louvre. Vasari
dit : « Le carton fut plus tard emporté en France. » Lomazzo dit
aussi qu'il passa en France, mais il ajoute que de son temps
(1584) il était entre les mains d'Aurelio Luini, fils de Bernardino
Luini. M. E. Müntz a retrouvé le pied gauche de la sainte Anne
et le pied droit de la Vierge, derniers débris du carton découpé
et dispersé, dans les dessins de Windsor.

et la grâce des mouvements. — Léonard cependant
ne fit pas le tableau des moines; en 1503, ils
signèrent un nouveau contrat avec Filippino Lippi,
qui commença une descente de croix. Sa mort,
survenue en 1504, interrompit son œuvre que le
Pérugin acheva et qu'on voit aujourd'hui à l'Académie des Beaux-Arts de Florence.

Le 4 avril 1501, le lendemain du jour où il
écrivait la lettre citée plus haut, le frère Petrus de
Nuvolaria écrivait à la duchesse, après une visite
à Léonard : « J'ai appris cette semaine par son
élève Salaï et d'autres de ses amis la résolution
de Léonard ; ce qui m'a décidé à lui faire visite,
le vendredi de la semaine de la Passion, afin de
m'assurer moi-même de ce qu'il en était. En
somme, ses études mathématiques l'ont dégoûté
de la peinture à ce point qu'il supporte à peine de
prendre une brosse. Cependant j'ai fait ce que j'ai
pu, usant de tout mon art pour l'amener à accéder
aux désirs de Votre Altesse, et, quand je l'ai cru
bien disposé à entrer au service de Votre Excellence, je lui ai dit franchement les choses et nous
sommes convenus de ce qui suit : s'il peut se re-
lever de ses engagements avec le roi de France,
sans trahir la bienveillance de ce monarque (ce
qu'il espérait pouvoir arranger au plus en un mois)
il servirait Votre Altesse de préférence à tout autre. En tout cas, il peindra le portrait et le fera

parvenir à Votre Éminence, car la petite peinture qu'il a à exécuter pour un certain Robertet, favori du roi de France, est maintenant achevée... La petite peinture représente une Madone assise, travaillant au fuseau, tandis que le Christ enfant, un pied sur la corbeille de laine, la tient par la poignée, et regarde surpris quatre rayons qui tombent en forme de croix, comme aspirant vers eux. Souriant, il saisit le fuseau qu'il cherche à enlever à sa mère. Voilà ce dont j'ai pu convenir avec lui. Hier je prêchai mon sermon, Dieu veuille qu'il porte ses fruits, car les auditeurs étaient nombreux[1]. »

Cette lettre nous montre que Léonard déjà, à cette date, avait pris des engagements envers le roi de France. S'il songea un instant à accepter les propositions d'Isabelle, sur son aimable insistance, il ne s'arrêta point à ce projet. La puissance du duc de Mantoue ne répondait pas à ses ambitions. L'indépendance était, pour lui, la liberté d'exercer à la fois et à son heure toutes ses facultés : il lui fallait un protecteur dont les besoins fussent aussi variés que ses aptitudes.

Isabelle ne se tint pas pour battue. En 1502, elle charge son agent à Florence de consulter sur des vases qu'elle veut acheter des hommes compétents « comme le peintre Léonard qui est notre

---

1. Robertet est le tout-puissant secrétaire d'État de Louis XII. La peinture dont il est ici question est perdue.

ami ». Le 24 mai 1504, elle lui écrit de sa propre main : « En apprenant que vous séjournez à Florence, nous avons espéré obtenir ce que nous avons tant désiré, quelque chose de votre main. Quand vous étiez ici et que vous avez fait mon portrait au charbon, vous m'en avez promis une épreuve peinte. Mais puisque ce serait presque impossible, n'ayant pas commodité de vous transporter ici, nous vous prions pour satisfaire à l'engagement pris (*l'obbligo della fede*), de changer le portrait en une autre figure qui nous serait plus agréable encore, celle d'un Christ enfant, d'une douzaine d'années, de l'âge qu'il avait quand il discutait avec les docteurs, exécuté avec cette douceur et cette suavité transparente (*suavita de aiere*), dont, par un art unique, vous avez le secret. Si vous satisfaites à ce grand désir, sachez qu'outre le paiement que vous fixerez vous-même, nous vous resterons tellement obligée que nous ne songerons plus qu'à faire chose qui vous soit agréable. » Quelques jours après, le chargé d'affaires d'Isabelle lui écrit qu'il a vu Léonard, qu'il uisistera encore auprès de lui et du Pérugin : « L'un et l'autre m'ont bien promis et paraissent a voir grand désir d'être agréables à Votre Seigneurie, mais je crains qu'ils ne disputent de lenteur ; je ne sais en cela qui l'emportera sur l'autre ; je tiens pour certain que Léonard sera le vainqueur; de mon côté, auprès des deux, je ferai extrême diligence. » Léonard commença-t-il quelque esquisse de *Jésus parmi les docteurs?* Est-il ainsi pour quelque chose dans le tableau qui récemment encore lui était attribué à la National Galery et dans la fresque de Luini à Saronno ? Nous l'ignorons. Mais l'aimable femme n'eut jamais l'œuvre qu'elle sollicita avec tant de délicatesse et de bonne grâce.

II

Quand Louis XII entra triomphalement à Milan, en 1499, César Borgia de France était à cheval à ses côtés. C'est alors sans doute qu'il connut Léonard, fut frappé de son génie et songea à l'attacher un jour à son service. En faveur de son allié, Louis XII dut résilier les engagements pris envers lui. César était, à cette date, le plus puissant prince de l'Italie. Il lui restait à organiser ce qu'il avait conquis à justifier ses succès et à excuser ses crimes. Léonard était l'homme des princes qui avaient de grandes choses à faire. En 1502, César signait à Pavie le décret suivant : « A tous ceux de nos lieutenants, gouverneurs de châteaux, capitaines, condottières, officiers et sujets que cela concerne, nous ordonnons que partout et en toute place ils donnent libre entrée à notre hautement estimé ingénieur Léonard de Vinci, porteur des présentes, par lesquelles nous l'avons commissionné pour inspecter les citadelles et lieux forts de nos États, et pour y faire tels changements et accroissements qu'il jugera nécessaires. Lui et sa suite doivent être bien accueillis, et toute facilité lui doit être donnée pour son inspection, ses mesures, ses relevés, selon ses désirs. »

Jusque-là tout avait réussi à César[1]. Débarrassé de son frère aîné don Juan de Gandie, dont le corps percé de coups de poignard fut repêché dans le Tibre, il avait obtenu de Louis XII, auquel on livrait Milan, le duché de Valentinois, la main de Charlotte d'Albret, sœur du roi de Navarre, avec le droit de s'appeler César Borgia de France, et trois cents lances françaises pour l'aider dans la conquête des Romagnes. Tuant les maris de Lucrèce, les favoris du pape, empoisonnant les cardinaux, apportant dans la perfidie une suite et un imprévu qui déconcertaient ses amis et ses adver-

1. Sur les Borgia, voyez (*Revue des Deux-Mondes*) les beaux articles de M. Emile Gebhart qui n'a pas renoncé, je l'espère, à son projet d'une histoire générale de cette Renaissance italienne qu'il connaît, comme on connaît seulement ce qu'on aime.

saires, précédé par la terreur qu'il inspirait, il avait été droit devant lui. En 1500, le duché des Romagnes était constitué. Jamais l'Italie n'avait admiré un aussi parfait scélérat que ce beau jeune homme impassible.

Nous suivons par les notes de Léonard l'itinéraire du voyage qu'il fit dans l'Italie centrale, comme ingénieur de ce singulier maître. Le 30 juillet, il est à Urbin, où il dessine un pigeonnier : quarante jours auparavant, César s'était emparé de cette ville par la plus infâme des trahisons. Il avait emprunté au duc d'Urbin, dont il était l'allié, son artillerie et ses troupes, pour tenir garnison dans les Romagnes : après quoi il avait emporté la ville sans défense, massacré les habitants, pillé le château et les richesses artistiques que le duc y avait accumulées. Le 1ᵉʳ août, Léonard est sur les rives de l'Adriatique, à Pesaro, dont il visite la bibliothèque et où il dessine quelques machines. De Pesaro, il remonte la côte au Nord jusqu'à Rimini, qu'il atteint le 8 août : il étudie les fontaines et le système de distribution des eaux. Le 11, il est à Césène, où il demeure jusqu'au 15 : il esquisse une maison crénelée, percée d'embrasures, une vraie forteresse; il décrit une voiture, note un procédé de culture pour la vigne, en usage dans le pays. Le 6 septembre nous le trouvons près de Ravenne, à Cesenatico : il dessine le port et note la meilleure manière de disposer les bastions pour assurer la défense des côtes.

Parmi les dessins de Windsor est un plan d'Imola qui comprend la ville et ses défenses[1]. Le plan est enfermé dans un cercle tracé du milieu de la ville comme centre, et dont les rayons donnent l'orientation. Une note jointe au plan indique les différentes places vers lesquelles regarde Imola (Bologne, Castel san Piero, Faenza, Forli, etc.), avec les distances qui l'en séparent. Or, nous savons qu'au commencement d'octobre 1502 une révolte soudaine de ses condottières contraignit César de s'enfermer dans Imola, où il fut assiégé durant quelques semaines. A cette date, sans doute, Léonard l'avait rejoint, et le plan d'Imola fut dessiné pour servir à la défense de la place ou combiner les moyens d'en sortir. N'est-ce pas à l'occasion de quelque panique qu'il écrivit (L 90 vo) cette courte sentence sur le carnet qu'il portait alors avec lui : « La peur naît plus vite que toute autre chose. » Louis XII intervint, négocia une réconciliation entre le duc et les rebelles. Mais César n'oubliait rien. Au mois de décembre, les condottières l'invitèrent à entrer dans Sinigaglia, qu'ils venaient de prendre pour

1. J.-P. Richter en a donné le fac-simile dans le t. II de son ouvrage, pl. cxi.

lui. Il les récompensa en les faisant tous égorger dans un festin.

Cependant Léonard continuait sa route vers le Nord : il va par Buonconvento à Casanova, de là à Chiusi, Pérouse, Foligno. A Piombino, en face de l'île d'Elbe, il étudie le mouvement des vagues et cherche à déterminer selon quelles lois elles se brisent sur le rivage. A Sienne, il prend le dessin d'une cloche curieuse. Orvieto est, au Sud, le point extrême que signalent ses notes. Pendant ce voyage, à son habitude, il se donna à tout ce qui sollicitait sa curiosité. Mais les cartes de diverses régions de l'Italie centrale, qui sont aujourd'hui à Windsor, attestent le travail patient et continu auquel il se livrait en même temps. Ces cartes sont admirables: la science et l'art s'y confondent. On y retrouve ce génie à qui la réflexion n'enlève rien de sa grâce native, ce privilège de saisir tous les détails sans que l'œil dispersé cesse d'en percevoir les rapports et l'unité. Les ramifications des cours d'eau, la direction que leur impose la structure du sol, les chaînes d'obstacles que forment les montagnes, les issues qu'ouvrent les vallées, tous ces accidents apparents sont compris dans ce qu'ils ont de nécessaire par le savant qui voit les causes, et rendus par l'artiste avec une justesse et une liberté qui donnent à ces cartes quelque chose de la beauté d'un vaste paysage embrassé d'un seul regard. La plus remarquable est celle que limite au Nord le val d'Ema, près Florence, au Sud le lac de Bolsena, à l'Est Pérouse et Cortone, à l'Ouest Sienne et les contrées voisines de la mer [1]. Elles avaient sans doute été demandées à Léonard par César Borgia, quelques-unes, comme celle de la région entre Lucques et Volterre, pour servir à ses plans stratégiques.

En 1503, César est à Rome. Tous les cardinaux riches meurent tour à tour, et la caisse du pape se remplit. Mais le 18 août, pris peut-être à leur propre piège, Alexandre VI mourait et César était à toute extrémité : il avait tout prévu, excepté cette circonstance qui perdit tout. Il s'en alla mourir en Espagne d'une mort d'aventurier. Beaucoup de crimes pour rien, voilà le résumé de cette politique de scélérat qui a séduit Machiavel et fait pâmer les romantiques. La perfidie ne doit pas aller jusqu'à tuer la confiance humaine. Les grands politiques disent le plus souvent la vérité pour pouvoir mentir quelquefois. Léonard put à cette occasion composer quelqu'une de ses fables, où il se plaît à montrer le trompeur trompé, et la ruse, par une circonstance imprévue, perdant celui qui l'a ourdie trop subtilement.

1. Voyez les reproductions données par J.-P. Richter, t. II, pl. cxii, cxiii, cxiv.

III

Son engagement avec César était-il d'une durée indéfinie? Fut-il interrompu brusquement par la chute des Borgias? Ce qui est certain, c'est qu'en 1503 il est de retour à Florence. Cette année et les suivantes, son nom figure sur le livre de comptes de la corporation des peintres.

Michel-Ange allait avoir trente ans. Il était déjà célèbre. A la fin de cette année 1503, il avait achevé son David, « *David le géant,* » taillé dans un bloc de marbre, autrefois gâté par un sculpteur ignorant. Le 20 septembre 1504, une assemblée d'artistes et de notables fut convoquée pour discuter l'emplacement où serait érigée la statue. Léonard prit la parole le onzième et se rangea à l'avis de Juliano da San Gallo, qui proposait de la placer sous la Loggia dei Lancei. Michel-Ange détestait son grand rival. Il haïssait en lui ce qu'il ne pouvait ni comprendre, ni aimer. Impatiente du réel, son âme de platonicien farouche, mal à l'aise dans nos corps chétifs, se réalise en des formes grandioses qui, créées de sa passion, en ont le frémissement et la puissance. Il a la tendresse héroïque des forts ; il veut imposer son rêve au monde. Léonard se plaît aux métamorphoses qui mêlent à sa vie la vie des choses : son cœur mobile suit son esprit curieux et trouve mille occasions d'aimer. L'idéal n'est pas pour lui l'illusion ; il n'attend rien de la colère, il prend le monde par la patience et la douceur ; il se donne à lui pour le conquérir. Michel-Ange ne peut souffrir cette âme impénétrable et charmante : sa sérénité lui semble égoïsme, son réalisme exquis un abaissement de l'art. Comme Dante, il est patriote avec passion : jamais il ne cessera de voir l'image de Savonarole, son ami, livré aux flammes du bûcher pour avoir voulu le bien des hommes ; l'indifférence de Léonard pour ces iniquités, son abstention volontaire l'indignent.

« Un jour, raconte le Biographe anonyme, que Léonard, accompagné de G. de Gavina, passait auprès du banc des Spini, à côté de l'église Santa Trinita, quelques notables y étaient réunis et discutaient sur un passage du Dante. Apercevant Léonard, ils le prièrent d'approcher et de leur en donner l'explication. Au même moment, Michel-Ange vint à passer ; on l'appela et Léonard dit : « Michel-Ange va vous l'expliquer. » Michel-Ange crut qu'il voulait se moquer de lui et répondit : « Explique-le toi-même, toi qui as fait le modèle d'un cheval et, incapable de le fondre, as laissé

là honteusement ton ouvrage. » Cela dit, il tourna
le dos et s'éloigna en ajoutant pour l'offenser:
« Et qui t'était confié par ces capons de Milanais ! »
— C'est peut-être le soir de ce jour que le Vinci
écrivait : « La patience fait contre les injures ce
que font les vêtements contre le froid ; si tu mul-
tiplies les vêtements selon la croissance du froid,
ce froid ne pourra te nuire ; de même aux grandes
injures accrois la patience, et ces injures ne pourront atteindre ton âme (*offendere la tua mente*). »
(C. A. 115 v°, 357 v°.; J.-P. R., II, § 1195.)

Léonard était le peintre le plus célèbre de l'Italie
et il n'avait encore à Florence aucune œuvre
qui honorât sa patrie. Il fut chargé, avec Michel-
Ange, de décorer la salle du Conseil dans le palais
de la Seigneurie. Cette rivalité qui, excitant l'attente générale, opposait et passionnait les amis
des deux artistes, n'était pas faite pour adoucir
leurs rapports. Michel-Ange choisit une scène de
la guerre contre Pise : des soldats au bain surpris
par l'ennemi. Léonard, si longtemps l'hôte de
Milan, eut à traiter la bataille d'Anghiari, gagnée
par les Florentins sur les Milanais, le 29 juin
1440. Ce sujet lui fut-il imposé par le gonfalonier
Pier Soderini, grand ami de Michel-Ange ? Quoi
qu'il en soit, il se mit au travail avec ardeur.
On lui donna pour atelier la salle du pape à Santa
Maria Novella. Il travailla au carton d'octobre

1503 à février 1504. Le carton achevé, il commença dans la salle du Conseil la peinture murale : au mois de mai 1506, il l'abandonnait. Seul, l'épisode de l'étendard que décrit Vasari et qui occupait au premier plan le centre de la composition, était achevé.

« Selon certaines indications qu'il trouva dans Pline, dit le Biographe anonyme, il prépara une sorte de mastic pour y étendre ses couleurs, mais il échoua. La première expérience qu'il en fit fut à l'occasion de sa peinture dans la salle du Conseil. Après avoir peint sur le mur, il alluma un grand feu, pour que la chaleur permît aux couleurs d'être absorbées et de sécher. Mais il ne réussit que pour la partie inférieure ; il ne put échauffer assez la partie supérieure, qui était trop éloignée du feu. » Paul Jove dit plus brièvement : « On voit aussi dans la salle du Conseil de la Seigneurie de Florence une bataille, une victoire remportée sur les Pisans (?), œuvre admirablement commencée, dont le malheur vint d'un enduit qui rejeta par une singulière révolte les couleurs broyées dans l'huile qui les liait (*vitio tectorii colores juglandino oleo intritos singulari contumacia respuentis*) ; le bien juste regret de cette injure inattendue semble ajouter une grâce nouvelle à l'œuvre interrompue. » Le récit de Vasari confirme ces informations. Le défaut du procédé apparut de plus en plus. En 1510, le mémorial d'Albertini signale encore, entre autres choses à voir dans la salle du Conseil, les cavaliers de Léonard de Vinci et les dessins de Michel-Ange. Dans un compte de charpentier de l'année 1513 nous trouvons : « 8 lires 12 s. pour placer une poutre de 43 coudées de large au-dessus des figures peintes par Léonard pour empêcher leur ruine. » Ce sont les dernières nouvelles que nous ayons de la peinture. En 1559, Benvenuto Cellini écrivait dans ses Mémoires : « Le carton de Michel-Ange fut placé dans le palais des Médicis, celui de Léonard dans la salle du pape ; aussi longtemps qu'ils y restèrent exposés, ils furent l'école du monde. » Aujourd'hui, toute trace en est perdue.

Nous n'avons de reproduction que de l'épisode de l'étendard. La plus ancienne gravure, celle de Lorenzo Zacchia, de Lucques, date de 1558 : *Opus sumptum ex tabella Leonardi Vincii propria manu picta a Laurentio Zacchia Lucensi, ab eodem nunc excussum.* Il ne faudrait pas se fier à cette épigraphe. En 1558, la peinture de Léonard n'existait plus. La gravure a été faite d'après un tableau conservé au dépôt du Musée des Offices, non terminé et donné dès 1635 comme un ouvrage du Vinci, quoiqu'il ne soit pas de sa main. (Milanesi, cf. E. Müntz, *l'Art*, 1889.) La gravure la plus connue, celle d'Édelinck, fut faite soit d'après le célèbre dessin de Rubens qui est au Louvre, soit d'après un dessin flamand plus ancien (de la 2e moitié du xvie siècle. J.-P. R., t. Ier, p. 336), qui est aux Offices et qui peut-être servit de modèle aux deux artistes. La copie la plus ancienne est le petit tableau sur panneau qu'Haussoullier a gravé comme une œuvre du Vinci. Quelque peintre florentin inconnu l'exécuta dans les premières années du xvie siècle d'après la peinture de la salle du Conseil.

La description de Vasari ne répond pas exactement au dessin de Rubens. Le groupe des cavaliers qui se disputent l'étendard comprend, d'après lui, six combattants et non quatre. « Il est impossible de dire, ajoute-t-il, quelle habileté Léonard déploya dans cet ouvrage, de rendre justice à la beauté de son dessin dans les costumes des soldats, avec leurs casques, leurs cimiers et tous les ornements qu'il varia à l'infini. Il fit preuve dans les formes et les mouvements des chevaux d'une maîtrise admirable ; en vérité, ces animaux ont été traités par Léonard mieux que par aucun autre maître. »

De la description de Vasari on a conclu que le carton lui-même ne comprenait que l'épisode de l'étendard[1]. Mais le Biographe anonyme nous dit

1. Le texte de Vasari me paraît justifier plutôt la conclusion contraire : Leonardo comincio un cartone..., dentrovi la storia

« qu'après la mort du maître on voyait encore à l'hôpital de Santa Maria Novella la plus grande partie du carton, auquel appartient aussi le dessin du groupe de cavaliers qui fut achevé et resta dans le palais ». Un hasard heureux nous permet de confirmer le témoignage du Biographe anonyme et de nous faire une idée de l'œuvre dans son ensemble.

D'octobre 1504 à juillet 1505, Raphaël demeura à Florence. Pendant ce séjour, selon Vasari. il copia certaines œuvres de Léonard. Or l'université d'Oxford possède un croquis rapide qui, en quelques traits, indique l'épisode de l'étendard. A droite du groupe, en haut, à un plan un peu plus éloigné, on distingue un cheval isolé, vu de croupe, qui s'éloigne, la queue flottante, d'une allure tranquille. A Windsor, dans un dessin au crayon noir, qui est attribué à Léonard, mais est l'œuvre d'un de ses élèves, nous retrouvons le cheval du croquis de Raphaël, dans la même attitude, avec le même mouvement. Mais dans le dessin de Windsor il est au premier plan, et, un peu en arrière, à sa droite, une troupe de cavaliers gardant encore ses rangs se précipite au galop. Les bannières flottent, les trompettes sonnent, les

di Niccolo Piccinino capitano del duca Filippo di Milano, *nel quale disegno* un groppo di cavalli che combattevano una bandiera... » *Nel quale disegno* ne semble-t-il pas désigner une partie seulement du carton ?

chevaux bondissent à la suite d'un cavalier dont le cheval se cabre. La conclusion est claire : copiés l'un et l'autre sur le carton original, le croquis de Raphaël et le dessin de Windsor contiennent le cheval qui permet de les relier l'un à l'autre. Mais ce cheval, qui ne tient pas à l'épisode de l'étendard, qui est à un autre plan, n'aurait pu être copié par Raphaël, si le carton n'avait compris aussi le fragment que reproduit le dessin de Windsor. Autour de l'épisode central qui occupait le premier plan, à droite et à gauche, la mêlée furieuse se développait, confondant les cavaliers et les fantassins. Quelques dessins (British Museum, Académie de Venise) nous aident à imaginer les groupes, leur agencement, et l'ardeur dont le peintre avait animé les héros de cette lutte acharnée.

Dans les manuscrits (C. A. 73 rº, 214 rº), un texte qui n'est pas de la main de Léonard nous donne le récit de la bataille d'Anghiari. Est-ce un programme fourni au peintre par la Seigneurie ? l'extrait d'une chronique ? le témoignage d'un survivant ? Les noms des chefs, les corps de troupes successivement engagés, tous les détails sont relevés avec une précision historique. Commencée au point du jour, la lutte ne finit qu'au coucher du soleil ; le pont défendu par les Florentins trois fois fut emporté par l'ennemi,

trois fois fut reconquis, jusqu'à ce qu'une batterie
heureusement placée décidât de l'issue de la
journée. Le texte parle d'un grand carnage. En
fait, cette sanglante bataille, d'après Machiavel,
fut une façon de tournois qui coûta la vie à un
cavalier foulé par les chevaux.

Nous ne voyons pas que Léonard ait tenu le
moindre compte de ce récit qui mêle si curieusement la précision des détails à la fantaisie. Il n'a
pas choisi un épisode particulier de la bataille
d'Anghiari : ce n'est pas dire qu'il se soit contenté
d'une vision générale et vague. Il n'a pas voulu
un décor, une bataille d'opéra ; il a peint la vraie
guerre, « la mauvaise guerre, » comme disaient
les Italiens, pour la distinguer des parades des
condottières. Ici, comme toujours, ce qui caractérise son œuvre, c'est le goût passionné de la
vérité.

Artiste ou savant, il fait appel d'abord à l'expérience, il se remplit les yeux et l'esprit d'images
nettes. Sans doute, il avait vu quelque combat de
cavalerie dans le nord de l'Italie ; il était à Milan
quand les Français y entrèrent, à Imola peut-être
avec César assiégé. Il avait assisté à des manœu-
vres, à des mouvements de troupes, et il lui suffisait d'insister sur ces images, de les modifier, de les
amplifier, pour voir la mêlée dans sa brutalité.
L'idéal n'est plus ainsi que le réel multiplié dans

son intensité par l'action spontanée de l'esprit qui néglige l'inutile et concentre l'expressif.

Un fragment du *Traité de la peinture* qui a pour titre : « Comment se doit représenter une bataille, » peut servir de commentaire aux trop rares dessins qui nous restent. Ce n'est pas le détail du carton, c'est l'esprit de l'œuvre, les effets qu'il y chercha. Ce qu'il dit ici au peintre, il se l'est dit à lui-même. Les images dont il compose sa description sont celles qu'il évoqua, et plus d'une se retrouve dans ses croquis. Ces pages, quoi qu'on en ait dit, ont le prix d'une confidence : les dessins nous surprennent par leur verve et leur liberté, elles nous montrent l'étude attentive qui les prépare, la subtilité d'une observation qui, suivant le réel dans sa complexité, permet d'en reproduire les nuances. Voici d'abord le milieu où se passe l'action, l'atmosphère dans laquelle elle s'enveloppe. « Tu feras la fumée de l'artillerie mêlée dans l'air avec la poussière que soulève le mouvement des chevaux des combattants. Bien que par sa légèreté elle s'élève facilement et se mêle à l'air, la poussière terrestre et pesante tend à retomber ; au plus haut les éléments les plus subtils à peine aperçus, semblent de la couleur de l'air. Quand la fumée mêlée à l'air chargé de poussière s'élève en nuage sombre, on voit plus distinctement au sommet la fumée que la poussière : la fumée prend un ton bleuâtre, la poussière garde sa couleur propre. Du côté dont vient la lumière, ce mélange d'air, de poussière et de fumée paraît beaucoup plus clair que du côté opposé. Plus les combattants sont enveloppés dans ce tourbillon, moins ils sont aperçus et moins est grand le contraste de leurs parties dans la lumière et dans l'ombre... Si tu fais quelque cheval s'échappant de la mêlée, fais de petits nuages de poussière ayant entre eux une distance qui répond au bond du cheval. Le petit nuage le plus éloigné est moins distinct, haut, dispersé et rare, et le plus près est plus visible, moindre et plus dense... Que les figures du premier plan laissent voir la poussière dans leurs cheveux, leurs sourcils et toute partie du corps qui la peut retenir. » La peinture de la salle du Conseil, sans doute, offrait ce mélange d'air, de poussière et de fumée qui mêle le trouble des choses à la tempête des âmes et donne à la bataille l'horreur d'un cataclysme de la nature.

Même souci de la vérité dans les épisodes. « Si tu fais un homme tombé, laisse voir la trace de sa glissade sur la poussière qui forme une boue sanglante; où le sol est moins trempé de sang, que soient imprimés les pas des hommes et des chevaux qui ont passé là... Celui-ci, tombé sur le sol, d'une main s'appuie à la terre pour soulever son corps, et de l'autre, la paume tournée vers l'ennemi, cache ses yeux épouvantés... Que les mourants grincent les dents, renversent leurs yeux, pressent de leurs poings leur poitrine et tordent leurs jambes. On pourrait voir un soldat désarmé, renversé, se retourner contre un adversaire, et avec ses dents et ses ongles chercher une cruelle vengeance... Un blessé, à terre, se couvre de son bouclier, et l'ennemi courbé s'efforce de l'achever ; beaucoup d'hommes sont tombés en un groupe sur un cheval mort. » En étudiant les croquis de Léonard, on retrouve quelques-uns des épisodes qu'il indique ici. Quelques dessins trop rares, études de têtes séparées, nous montrent son effort pour donner aux physionomies les expressions variées qui répondent aux sentiments des vainqueurs et des vaincus, du blessé, du mourant, de celui qui frappe et de celui qui attend le coup. « Que les vainqueurs s'avancent, les cheveux et autre chose légère flottant au vent, les sourcils froncés, les membres contraires se répondant dans leurs mouvements cadencés... Les vaincus sont pâles, leurs sourcils près du nez s'élèvent, leur front est couvert de plis douloureux. Les ailes du nez sont coupées de rides qui, se recourbant, montent des narines jusqu'à l'œil : c'est l'ouverture et l'élévation des narines qui causent ces rides. Les lèvres courbées en arc laissent voir les dents du haut et les

mâchoires sont grandes ouvertes, comme pour
crier et se lamenter. »

Quoi qu'il fasse, Léonard est novateur, et son
originalité, parce qu'elle est vraie peut-être, a ceci
de précieux qu'elle est féconde. Elle ne met pas
seulement dans le monde quelque chose d'inimi-
table, elle enrichit l'esprit humain de ce qu'elle
a d'universel. Plus de cinquante ans auparavant,
Paolo Uccello avait peint des batailles ; en 1455,
Piero della Francesca avait représenté dans l'é-
glise Saint-François d'Arezzo le choc de la cavalerie de Chosroës contre celle d'Héraclius. Les
batailles de Paolo Uccello, au Musée des Offices, à
la National Gallery, sont très sincères dans leur
naïveté. Mais on y sent l'embarras du vieux peintre qui ignore les ressources de son art. Il ne sait
pas profiter de la diversité des plans pour varier
la composition sans en perdre l'unité. Au centre
deux cavaliers, en armures, se précipitent l'un sur
l'autre ; les soldats, avec leurs longues lances, s'entassent et se pressent dans les coins, des épisodes
sans rapport joués par des personnages minuscules
égaient les fonds. L'œuvre garde quelque chose
de symbolique. En concevant sa bataille d'Anghiari avec un réalisme cruel, le Vinci crée la peinture moderne des batailles. Il ne s'agit plus d'une
image héroïque et vague de bas-relief, d'une confusion d'hommes et de chevaux se choquant au

hasard, moins encore de Mars, de Bellone et des symboles mythologiques, c'est, la mêlée dans sa vérité, dans son horreur ; c'est, piétinant « dans une boue de sang », de vrais hommes livrés à toutes les passions de la bête déchaînée : c'est « la *piazza bestialissima* » qui, « dans les endroit s plats, ne laisse point une empreinte de pas qui n e soit pleine de sang ».

C'est grand dommage que le carton soit détruit. Il excellait à peindre les chevaux, *stupendissim o in far cavalli*, dit Lodovico Dolci. Son anatom ie du cheval, ses modèles multiples pour la statue équestre, son art enfin de cavalier consommé lu i permettaient de garder la vérité de la forme dans la furie des mouvements. Il fait jouer avec la mêm e sûreté la machine humaine ; il sait les rapports nécessaires que l'impétuosité de l'action respecte. Ses croquis sont merveilleux de vie, de sûreté et d'audace. Ce carton perdu, ce n'est pas seulement un chef-d'œuvre de moins, c'est un côté du génie de Léonard resté dans l'ombre. Par ses portraits, par ses madones, nous savons sa profondeur dans la grâce, les raffinements de sa délicatesse, son art de rendre sur un visage les subtilités d'une âme exquise. Mais sa curiosité se prenait à tout l'homme. Il voulait pour la peinture la puissance d'évoquer toutes les émotions. Dans sa jeunesse, il avait peint le dragon de la ronda-

-che, la tête de la Méduse. Il aimait le bizarre, le terrible. Il allait voir pendre les criminels. Se traduisant en un langage de signes expressifs, -comme la tendresse infinie des madones, la colère, la rage, le désespoir, l'ardeur de tuer relèvent de la peinture. La bataille d'Anghiari eût achevé de nous éclairer sur cette psychologie toute pittores-que, sur cet art de fondre le sentiment dans la forme et de faire créer, si j'ose dire, un corps par une âme.

IV

C'est l'ambition du Vinci de rendre tout ce qui, sur un visage et dans un corps, peut apparaître de l'âme humaine, le sourire des nobles dames -de Florence aussi bien que les grimaces des sol-dats furieux. Un portrait de lui était une faveur. Sûres de n'être point trahies, les femmes les plus belles aimaient à lui confier le soin de fixer leur beauté passagère en une image qui la fît immor-telle. Il apportait à ces œuvres sa patience, son inquiétude de la vérité, cette tendresse curieuse qui lui livrait avec l'âme de ses modèles le secret de leur grâce. Pendant la pose, il les voulait souriantes, apaisées. Pour épanouir la fleur de leur beauté, il prodiguait son talent de causeur incomparable, il faisait entendre les meilleurs musiciens de la ville, il animait leur physionomie en charmant leur esprit, il appelait sur leur visage leur âme bercée d'émotions vagues et de pensées légères. Il fit ainsi le portrait de Ginevra Benci, la femme d'Amerigo Benci, dont la tête charmante se retrouve dans une fresque de Ghirladanjo.

En 1501, il avait achevé aussi *la Joconde*. Mona Lisa, fille d'Antonio Maria di Noldo Gherardini, était une Napolitaine, la troisième femme de Zanobi del Giocondo, qui l'avait épousée en 1495. Ce portrait fut aussitôt célèbre. Vasari loue la clarté et la transparence des couleurs, l'exactitude de l'imitation : « Si plaisante est l'expression, ajoute-t-il, si doux le sourire que l'œuvre semble plus divine qu'humaine : la vie n'a pas d'autre apparence. » Il n'est pas un trait, selon lui, qui ne réponde à la nature. Quiconque, dit au contraire Lomazzo, a vu cette peinture doit avouer la supériorité de l'art sur la nature, « l'art ayant une bien plus haute et plus subtile méthode de saisir l'intérêt et l'expressif. » Tous deux ont raison : l'idéal n'est, chez le Vinci, rien de vague ni d'abstrait, il est l'intelligence même du réel qu'il ne grandit qu'à force de le comprendre. S'il écoute avec cette attention profonde le langage de l'apparence, s'il le parle avec cette précision, c'est qu'il l'entend, c'est qu'il trouve dans sa complexité même le secret de la pensée cachée qu'il exprime.

Il travailla quatre ans au portrait de Mona Lisa. Le modèle y mit une singulière patience. Si ce portrait assombri exerce une sorte de fascination, si tant de jeunes hommes ont été s'accouder devant lui, l'interroger obstinément, est-ce donc que cette image d'une femme, vue dans l'âme de son amant, garde le charme troublant du désir qu'elle y faisait naître? Que la beauté de *la Joconde* et la tendresse exquise de Léonard se pénètrent dans cette œuvre, vous n'en doutez point. Faut-il croire au roman ? Je voudrais que la question restât posée dans ces termes vagues, que chacun pût en choisir la solution à son gré. M. Charles Clément, que Léonard déconcerte et qui ne le lui pardonne pas, l'a résolue avec l'âpreté d'un juge d'instruction. Il y avait dans la collection du roi Louis-Philippe un panneau de cèdre sur lequel était peinte une figure médiocre. Après la révolution de 48, la collection du roi fut vendue aux enchères et le panneau acheté par un marchand de tableaux qui avait son idée. Il fit nettoyer le panneau et découvrit ce qu'il n'aurait osé espérer, une œuvre du Vinci, « une femme à demi couchée, presque nue, *évidemment faite d'après nature* ». M. Clément l'a vue : c'est *la Joconde*, ce sont les mêmes traits, le même sourire de la bouche et des yeux, les mêmes mains merveilleuses [1]. » L'authenticité du panneau reste pour moi douteuse. Les élèves s'empressèrent de copier l'œuvre du maître avec plus ou moins de succès. *La Joconde* déshabillée de l'Ermitage, avec ses épaules d'un dessin incertain, prouve que plus d'un tenta de satisfaire la curiosité des badauds. Plus de mystère, plus de rêve, le commentateur a tout simplifié : sa belle fille capricieuse ne nous livre pas le secret de la femme charmante dont elle a pris le sourire en en accentuant les promesses. *La Joconde* n'est plus qu'une Carmen napolitaine.

Laissons donc dans l'indécision qui lui convient cet épisode de la vie de Léonard. N'apportons pas à l'éclaircir la curiosité grossière d'un oisif de petite ville. Pour moi, j'éprouve quelque joie à pen-

---

1. M. Clément continue : « Si on ajoute qu'il existe deux portraits en buste et sans vêtements, l'un qui était dans la galerie Fesch, l'autre qui est encore à l'Ermitage, que Mona Lisa était la troisième femme de Francesco del Giocondo, que ce portrait auquel il travailla ou fit semblant de travailler pendant quatre ans, demeura la propriété du peintre qui le vendit à François Ier 4.000 écus d'or, qu'enfin à partir de cette époque toutes les peintures et tous les dessins de Léonard offrent une ressemblance frappante avec le portrait de Mona Lisa que nous possédons, on se convaincra qu'il pourrait y avoir dans ces rapprochements l'explication d'un fait unique dans l'histoire de l'art : à partir d'une certaine époque Léonard n'a qu'un modèle pour ses têtes de femmes. » (Ch. Clément, *Léonard de Vinci, Michel-Ange et Raphaël*.)

ser qu'avant d'entrer dans les jours sombres le Vinci a rafraîchi son âme à la clarté douce de ce sourire sans pareil. Messer Giocondo eut le souvenir de deux femmes pour se consoler, s'il en eut besoin. Vraiment la troisième n'appartenait-elle pas à celui qui avait si bien attendu, pressenti sa beauté, qu'elle nous semble née de son caprice d'artiste. Quand il la vit, il ne put manquer de la reconnaître. Elle alla vers lui sans hâte, subissant le charme de ce génie auquel elle n'était point étrangère. Il y avait entre eux je ne sais quoi du lien mystérieux qui unit l'objet à la pensée. Leur amour ne fut pas la folie joyeuse du printemps de la vie. Il eut les subtilités, les douceurs, les caresses savantes de l'œuvre qui en est née. Capricieuse, inconnue à elle-même, la femme s'éprit de l'homme dont l'âme complexe lui restait impénétrable et dont l'intelligence lucide déchiffrait les secrets de son inconscience. Nul ne fut moins dupe de son amour que le Vinci ; il aima en elle l'infini de la nature qui s'ignore ; il l'étudia lentement dans sa beauté ; il jouit de son âme et de son corps, et il nous laissa à déchiffrer le mystère dont l'analyse l'avait passionné : « plus on connaît, plus on aime. »

Pas plus à Florence qu'à Milan, la peinture ne le prit tout entier. Parmi ses meilleurs amis était un jeune gentilhomme, Francesco Rustici (1474-

1554) qui, dans ses loisirs, s'adonnait aux beaux arts et surtout se plaisait à peindre les chevaux, dont il était grand amateur. Il fut chargé d'exécuter un groupe qui, coulé en bronze, s'élève aujourd'hui au-dessus de la porte nord du baptistère de Florence : saint Jean-Baptiste, debout, prêche entre deux pharisiens qui l'écoutent. Vasari raconte que, tandis qu'il travaillait au modèle de ce groupe, il ne voulut avoir auprès de lui que Léonard, qui ne le quitta que l'œuvre achevée.

En même temps, Léonard revenait à ses projets de canalisation de l'Arno. A la fin de juillet 1503, il est au camp florentin, sous les murs de Pise, qui, affranchie par les Français, défend toujours sa liberté. Il explique les avantages de son projet devant une commission et met en avant l'intérêt stratégique. (Archives d'État.) Ses manuscrits contiennent les notes qui servirent aux rapports qu'il adresse à la Seigneurie. Il relève la distance des principales villes que traverse le canal, le prix de revient des travaux de terrassement. Le canal n'est pas seulement, pour lui, un chemin qui abrège les distances (W. L. 226 r°), c'est un moyen d'enrichir et de fertiliser le pays, de donner aux moulins la force motrice, de faire circuler l'eau par un système savant d'irrigations à travers les campagnes. « Prato, Pistoie et Pise aussi bien que Florence y gagneront chaque année 200.000 ducats et volontiers donneront leur concours et leur argent pour cette œuvre utile; il en est de même de Lucques, parce que le lac de Sesto deviendra navigable... » (C. A. 45 r°, 140 r°.) Léonard pense pour agir. « Diriger l'Arno dans son fond et à sa surface ; un trésor par acre de terre est à qui le veut. » (C. A. 284 r°, 865 r°.) Léonard ne le veut pas pour lui-même, il tient du moins à le donner aux autres.

Au-dessous de ces travaux, se poursuivait le grand labeur dont les manuscrits sont la confidence. Le causeur séduisant qui se plaisait à amener le sourire sur les lèvres de Mona Lisa pour en suivre la ligne onduleuse avait avec lui-même des entretiens d'une singulière gravité. Le frère Petrus Nuvolaria lui reproche de ne plus aimer que les mathématiques, de tout abandonner pour elles. La vérité est qu'il cultivait toute science avec une curiosité passionnée que son génie lui permettait de satisfaire sans cesse, sans que jamais la nature cessât de la solliciter par quelque nouvel inconnu.

V

Au printemps de 1506, Léonard ne pouvait plus douter que l'enduit dont il avait revêtu la muraille de la salle du Conseil ne dût tôt ou tard couler avec la peinture qu'il portait. L'épisode de l'étendard était achevé, le carton prêt. Découragé, il abondonna son œuvre. Ses ennemis triomphaient. Le séjour de Florence lui devint insupportable. Florence partageait contre lui les préjugés de Michel-Ange. Sa sérénité un peu hautaine semblait indifférence dans cette cité turbulente, toujours agitée de passions qu'il ne partageait pas.

Pendant l'été de 1506, il obtint la permission de se rendre à Milan, où l'appelait le gouverneur français, Charles d'Amboise. Peut-être ne resta-t-il pas étranger au portrait de Charles d'Amboise, que l'on suppose être de la main d'Andrea Solario (Louvre) : nous savons qu'il lui arriva souvent de travailler aux ouvrages de ses élèves. A cette date, un de ses séjours préférés fut cette villa de Vaprio, où l'on montre encore une fresque, la madone avec l'enfant, qu'on lui attribue. Elle était la propriété de la famille de

Francesco Melzi, jeune gentilhomme milanais, qui désormais ne le quittera plus.

Le 18 août, Charles d'Amboise écrit à la Seigneurie : « Nous avons encore besoin de messer Léonard pour achever un travail... Nous vous demandons donc un prolongement du congé accordé audit Léonard, pour qu'il puisse rester un peu plus longtemps à Milan. » Irrité, le gonfalonier, Pier Soderini, écrivit le 8 octobre à Jafredus Kardi, le chargé d'affaires de Florence, qui avait appuyé la demande du gouverneur : « Léonard n'a pas traité la République comme il le devait. Il a reçu une somme d'argent considérable et il n'est qu'au commencement de son grand ouvrage; en vérité, il a agi comme un traître. » Vasari raconte que Léonard s'adressa à ses amis, qui firent la somme nécessaire pour rembourser le Trésor. Soderini eut le bon goût de la refuser.

Le roi de France résolut de l'attacher à son service : ce ne fut pas sans résistance encore de la part de la Seigneurie. Le 22 janvier 1507, Pandolfini, ambassadeur florentin, écrit de Blois : « Me trouvant ce matin en présence du roi très chrétien, Sa Majesté m'appela et me dit : Vos Seigneurs doivent me rendre un service. Écrivez-leur que je désire prendre à mon service leur peintre, maître Léonard, qui est à Milan en ce moment, et que je veux faire travailler pour moi… — Tout cela vint d'une petite peinture de la main de Léonard qui a été récemment apportée ici et qui est jugée une œuvre excellente. Dans le cours de la conversation, je demandai à Sa Majesté quelles œuvres elle désirait de lui, et elle me répondit : certaines petites peintures de Notre-Dame et autres, selon que l'idée m'en viendra ; peut-être aussi lui demanderai-je de peindre mon portrait. » Pandolfini fait sans doute allusion à *la Madone au fuseau*, peinte pour Robertet.

Il fallut céder à la volonté du puissant allié qu'on ménageait. Léonard reçut une pension du roi de France. Nous trouvons dans ses comptes : « mémoire des sommes que j'ai reçues du roi pour une pension de juillet 1508 à avril 1509, d'abord 100 écus, etc… » (C. A. 189 r°, 564 r°.) Il se remit aux travaux de canalisation de l'Adda, poursuivant l'œuvre qu'il avait commencée au service de Ludovic le More. Les princes s'en allaient, l'un chassant l'autre, les canaux restaient, gros troncs, d'où rayonnait à travers les plaines lombardes tout un système de vaisseaux qui portaient en tout sens avec l'eau la fécondité et la vie. Auprès d'un dessin à l'encre nous lisons : « canal de San Cristoforo de Milan, fait le 3 mai 1509 [1]. » Quelques

---

1. Saggio dell'opere, fol. vi. C. A. 387 r°, 1197 r°.

jours plus tard. Louis XII, allié du pape Jules II,
infligeait aux Vénitiens la sanglante défaite d'A-
gnadel. La victoire du roi fut suivie d'une entrée
triomphale dans Milan, qui fut sans doute, pour
Léonard, l'occasion de quelqu'une de ces inventions curieuses par lesquelles il aimait à surprendre les esprits. Pour qu'il ne fût point seul à ne
point profiter de ses travaux, Louis XII lui
accorda la concession de 12 onces d'eau, dont il
devait toucher le revenu.

Déjà il était pris dans ces différends de famille
qui, pendant plusieurs années, mêlèrent les soucis
mesquins à ses hautes pensées, l'obligeant à des
voyages, à des démarches, lui dérobant le temps
précieux qui de plus en plus lui était compté.

« Le 9 juillet 1504, mercredi, à 7 heures, mourut
ser Piero da Vinci, notaire au palais de la Seigneurie, mon père; il était âgé de quatre-vingts
ans; il laisse dix fils et deux filles. » C'est là
toute l'oraison funèbre qu'il consacre au vieux
notaire. Deux ou trois ans plus tard, le frère de
ser Piero, Francesco, mourait. Tous deux sans
doute avaient assuré au grand artiste, par donation, une partie de leurs biens. L'oncle Francesco
d'ailleurs, sans profession, ne devait pas être bien
riche. Se fondant sans doute sur l'illégitimité de sa
naissance, les frères de Léonard, à l'instigation
de l'un d'eux, ser Juliano, contestèrent la validité

des donations. Ce fut l'origine d'un procès inter-
minable. En 1507 il dut aller deux fois à Florence;
nous l'y retrouvons au printemps de 1509, à la
fin de 1510.

Vainement ses puissants protecteurs intervien-
nent. Le 15 août 1507, Charles d'Amboise écrit
à la Seigneurie de Florence : il a donné à regret
un congé à maître Léonard qui s'est engagé à faire
un tableau pour le roi. « Afin qu'il puisse revenir
vite et achever l'entreprise commencée, nous
prions Vos Excellences de l'expédier promptement
et que son procès soit réglé, en lui prêtant toute
aide et juste faveur; et Vos Excellences feront
plaisir à Sa Majesté très chrétienne et à nous-
même. » Le 18 septembre 1507, Léonard écrit au
cardinal Hippolyte d'Este, à Ferrare, pour solliciter son intervention auprès de « ser Raphaello
Hiéronymo, l'un des très illustres membres de
la Seigneurie devant lequel sa cause doit être
appelée »; le gonfalonier la lui a confiée pour
que tout soit achevé à la Toussaint. La justice étant
boîteuse, la lenteur est un de ses attributs.

Louis XII intervient à son tour. « Loys, par la
grâce de Dieu, roi de France, duc de Milan, seigneur de Gênes. Très chiers et grands amis, nous
avons été advertis que notre cher et bien-aimé
Léonard de Vinci, notre peintre et ingénieur ordinaire, a quelque différend et procès pendant à

Fleurance à l'encontre de ses frères, pour raison de quelques héritages ; et pour ce qu'il ne pourrait bonnement vaquer à la poursuite dudit procès pour l'occupation continuelle qu'il a près et alentour de notre personne : aussi que nous désirons singulièrement que fin soit mise audit procès en la meilleure et la plus brève expédition de justice que faire se pourra ; à cette cause vous en avons bien voulu écrire. Et vous prions qu'i celui procès et différend vous veillez faire vider en la meilleure et plus brève expédition de justice que faire se pourra, et vous nous ferez plaisir très agréable en ce faisant [1]. »

Au commencement de 1511, il est encore à Florence, sollicitant un arrêt qui tranche le débat. Enfin le procès touche à sa fin. Il va être affranchi de ces soucis. Il va travailler en plein repos : il a tant à faire encore, et il touche à la vieillesse. Il prépare son retour à Milan. Salaï l'y devance avec trois lettres, l'une pour Charles d'Amboise, l'autre pour le président de l'office régulateur des eaux, la troisième pour Francesco Melzi. Il s'excuse auprès du gouverneur de n'avoir pas assez répondu à ses bienfaits ; il a écrit plusieurs fois, il n'a reçu aucune réponse. Enfin son procès va être terminé ; à Pâques, il sera à Milan ; il revient

1. G. Uzielli, *Ricerche*, etc., t. Ier, pp. 150 et suiv.

avec deux madones de grandeur différente qu'il
a peintes pour le roi très chrétien. Il supplie Sa
Seigneurie de le faire entrer en possession de sa
concession d'eau ; il espère à son arrivée faire
tels instruments et autres choses qui seront de
grand plaisir pour le roi. La lettre au président
des eaux est conçue presque dans les mêmes termes. Que sont devenues les deux madones auxquelles il est fait ici allusion ? Nous l'ignorons. A
Francesco Melzi, il reproche son silence : « Bon-
jour, messer Francesco, comment est-il Dieu possible qu'à tant de lettres que je vous ai écrites
vous n'ayez pas répondu ; attendez que j'arrive,
par Dieu ! je vous ferai tant écrire que vous en
aurez par-dessus la tête ! »

Hélas ! au moment où les affaires de Léonard
s'arrangent, celles du roi de France se gâtent tout
à fait. Sa fortune, liée à celle des princes, en a les
vicissitudes. Si le maréchal de Clermont, Charles
d'Amboise, ne lui a pas répondu, c'est qu'il a de
bien autres soucis. Satisfait d'avoir humilié Venise
par les armes de la France, le pape Jules II, avec
une désinvolture tout italienne, s'est retourné
contre son allié. Par haine d'Alexandre VI, cardinal de la Rovère, il appelait Charles VIII ; son
mot d'ordre est maintenant: hors l'Italie, les Bar-
bares ! Depuis octobre 1510, Charles d'Amboise
est à guerroyer contre ce pape belliqueux sous

les murs de Bologne. En novembre 1511, il mourait devant Correggio. La même année, tous les ennemis de la France, Ferdinand d'Aragon, Henri VIII, l'empereur Maximilien, Venise, les Suisses mêmes formaient la Sainte Ligue. Les victoires de Gaston de Foix rétablirent un instant les affaires de la France, mais le jeune général follement se faisait tuer sous les murs de Ravenne (11 avril 1512). L'Italie était perdue. En décembre 1512, Maximilien Sforza, fils de Ludovic, faisait son entrée dans Milan avec 20.000 Suisses. Les troupes françaises occupaient encore la citadelle.

VI

Théâtre de perpétuels combats, sillonné de bandes étrangères, le duché était livré au désordre. Les artistes n'avaient plus rien à faire à Milan. « Le 24 septembre 1513, écrit Léonard, je partis de Milan pour Rome avec Giovanni, Francesco Melzi, Salaï, Lorenzo et le Fanfoïa. » (E 1 r°.) C'est une véritable émigration. Les élèves suivent le maître. A plus de soixante ans, il fallait se remettre en route, charmer une fois encore la fortune qui n'aime pas les vieillards. C'est un rude labeur que

le perpétuel recommencement de la vie de l'artiste.
L'âge vient, on en sent les atteintes, il faut garder
l'ardeur de la jeunesse ; dans l'appauvrissement
de la vie dont la source tarit, cette fécondité qui
n'en est que la surabondance. Quand on est
Léonard, on ramène les effets à leurs causes, on
se console du mal, en y appliquant son entendement. Hélas ! on ne l'a pas moins éprouvé, on ne
sait pas moins qu'il existe. L'esprit est comme un
grand ciel plein d'étoiles qui d'abord rayonnent
sans qu'on y songe, et dont les lumières une à une
s'éteignent, ne laissant que la sérénité d'une nuit
dont l'azur profond de moins en moins s'éclaire.

Le pape Jules II était mort le 21 février 1513.
Un Florentin, Giovanni Médicis, fils de Laurent
le Magnifique, âgé seulement de trente-sept ans,
avait été élu pape, sous le nom de Léon X. Le plus
jeune frère du nouveau pape, le duc Julien de
Médicis, aimait Léonard. C'est une figure aimable
et charmante que celle de ce jeune prince, sorte
d'Hamlet Italien, mêlant la curiosité du savant à
l'indécision du rêveur, généreux, d'humeur douce,
fuyant le bruit, las de la vie avant d'avoir vécu,
et portant partout dans une vague mélancolie le
pressentiment de sa fin prochaine. Sur la demande
de Julien de Médicis, Léonard l'accompagnait à
Rome. Il devait toucher une pension de 400 ducats (Archives du Vatican. J.-P. R., t. II, p. 407),

être présenté au pape qui sans doute tiendrait à honneur de le fixer à Rome. Le pontificat de Léon X, humaniste, musicien, poète, éveillait toutes les espérances. Le grand artiste ne trouva à Rome que déceptions. Un instant les trois plus fameux maîtres de l'Italie furent réunis dans la Ville éternelle. Raphaël, le favori du pape, avait trente ans, le charme de la jeunesse, un génie aimable et prompt, d'une grâce incomparable ; Michel-Ange en avait quarante, dans la force de l'âge, avec la gloire de la Sixtine achevée ; Léonard était vieux. Chaque artiste avait ses partisans. Bramante avait intrigué contre Michel-Ange sous Jules II; Michel-Ange détestait le Vinci et n'était point homme à l'épargner. Tout le monde s'unit contre le nouveau venu. On exploita contre lui l'amitié du roi de France, l'ennemi du jour.

Curieux d'astrologie et d'alchimie, le pape prit intérêt aux expériences scientifiques de Léonard, plus encore peut-être aux inventions bizarres, jeux de son subtil génie, qui cachaient plus d'une idée féconde. Il avait repris ses travaux sur la machine à voler. Vasari raconte qu'il fabriquait avec de la cire réduite en une mince pellicule des animaux de forme variée qu'il gonflait d'air et qui s'envolaient : c'était l'idée des montgolfières. Il était très occupé aussi de miroirs et d'instruments d'optique. Il gardait le goût des plaisanteries ingénieuses et singulières. Sur un lézard vivant, il avait adapté des ailes creuses faites de l'écaille d'autres lézards, qu'il avait remplies de vif argent. Quand l'animal marchait, les ailes battaient, il lui ajouta des yeux, des cornes, une barbe; bref, il en composa une sorte de monstre qu'on ne pouvait regarder sans terreur. Le pape se décida à lui commander une peinture. Il se mit à distiller des herbes pour en composer un vernis. Un ennemi s'empressa d'aller conter la chose à Léon X, qui s'écria : « Hélas! cet homme, soyez-en assuré, ne fera rien du tout, puisqu'il songe à la fin, avant d'avoir commencé. » Les amis ne manquèrent pas pour rapporter ce propos au peintre. Pour la première fois, il rencontrait le dédain. Le charme qui jusque-là semblait marcher devant lui n'agissait plus. Une nouvelle génération naissait qu'il avait instruite et dont il n'était point. Que de choses cependant il savait que ceux-là ignoreraient toujours! Que de vérités il voyait qui ne devaient jamais se lever pour eux! Plus jeune par là que Michel-Ange et que Raphaël!

Les petits ennuis, qui vont mal aux grands esprits, venaient à lui de toutes parts. Le brouillon d'une lettre qu'il écrit à Julien de Médicis nous en a gardé le souvenir. Nous y voyons qu'il était tombé malade en même temps que son protecteur. « J'ai éprouvé tant de joie, ô mon très illustre Seigneur, du rétablissement désiré de votre santé que mon propre mal s'en est enfui. » (C. A. 243 v°, 729 v°) [1]. Un Allemand, un certain Georges, habile ouvrier sans doute, avait été mis sous ses ordres par Julien de Médicis pour exécuter les instruments et les machines qu'il projetait. A son habitude, il avait cherché à se l'attacher par des bienfaits ; le coquin y répondit par la plus noire ingratitude. Il s'était engagé à ne travailler que pour le duc, il recherchait les commandes étrangères et négligeait son service pour y satisfaire. Il mangeait avec les Suisses de la garde du pape, et s'en allait avec eux dans les ruines chasser au fusil les oiseaux, du dîner jusqu'au soir. Voleur autant que paresseux, il cherchait à dérober à Léonard ses modèles pour les envoyer en Allemagne ; il réclamait 8 ducats par mois, au lieu de 7 qui lui étaient dus. Léonard dut le contraindre à manger avec lui et à travailler sous sa surveillance, mais un beau jour ledit Georges vendit tout et abandonna l'atelier qu'on lui avait assigné.

Il agissait à l'instigation d'un autre Allemand, maître Jean des Miroirs, qui accusait Léonard de l'avoir supplanté dans la faveur de Julien de Médicis. Non content d'arrêter l'exécution des tra-

---

1. Il y a dans le *Codex Atlanticus* trois brouillons peu différents de la même lettre.

vaux commencés, en débauchant son compatriote, maître Jean s'empara de l'atelier abandonné, y installa ses ouvriers et se mit à fabriquer des miroirs. Ce n'était point assez pour satisfaire sa haine entêtée, il allait colportant les plus infâmes calomnies, en essayant les effets sur les amis du maître, sur ses protecteurs. Léonard continuait à Rome ses études d'anatomie ; maître Jean saisit l'occasion de dénoncer le fait au pape, en présentant sous les plus noires couleurs cette curiosité qui ne reculait point devant le sacrilège. Il inquiéta la conscience du directeur de l'hôpital où Léonard avait accès, tant et si bien que celui-ci se vit interdire les dissections et refuser les cadavres.

Vasari signale deux tableaux qu'il exécuta, au milieu de ces travaux et de ces tracas, pour le dataire du pape, messer Baldasare Turini : l'un représentait la madone avec l'enfant, l'autre un enfant « d'une grâce et d'une beauté merveilleuse ». La fresque du couvent de San Onofrio, près le Vatican, une madone avec l'enfant qui bénit un donateur, est très contestée. Peut-être est-elle de Beltraffio, qui l'accompagna à Rome ? Mais il ne faut point oublier qu'avec la grandeur d'âme qui le portait à se donner sans compter, Léonard volontiers mettait la main à l'œuvre de ses disciples et pouvait y laisser le rayonnement de son incomparable esprit.

« Le 9 janvier 1515, Julien de Médicis le Magnifique partit de Rome au point du jour pour aller se marier en Savoie ; et le même jour mourut le roi de France[1]. » Louis XII mort,—c'est un souvenir à son ancien protecteur ; Julien de Médicis parti, — c'est le séjour de Rome plus difficile encore. Que devenir ? Ce fut une fois de plus le hasard de la guerre qui résolut la question.

VII

Appelé en Italie par Venise et Gênes, le jeune roi de France, avec une incroyable audace, franchit les Alpes au col de l'Argentière. Le 15 août, il entre en Italie. A peine informé de l'arrivée des Français, Léonard quitte Rome. Il rejoint François Ier à Pavie. Chargé d'organiser les fêtes qui lui sont données en cette ville, il construit un lion automatique qui, arrivé devant le roi, s'entr'ouvre et couvre ses pieds de fleurs de lys. Le 13 septembre la victoire de Marignan donnait au roi de France le duché de Milan. Léonard accompagna le vainqueur jusqu'à Bologne, où Léon X

1. M[t] G, verso de la couverture.

venait solliciter la paix. L'amitié de François Ier, qui le traitait avec un respect filial et l'appelait « mon père », l'avait mis à la mode. Il goûtait l'ivresse de ce succès français d'autant plus vif que la vanité de ceux qui le font y est intéressé. Il eut à Bologne la revanche des humiliations qu'il avait subies à Rome. Le pape et les cardinaux, venus là en vaincus, assistèrent au triomphe de l'homme qu'ils avaient dédaigné. Il était de toutes les fêtes, mêlé au gentilshommes, les égayant aux dépens de ses ennemis, déployant cette grâce, cet esprit et ces talents dont on n'avait rien su faire à Rome.

En décembre 1515, il revoyait pour la dernière fois Milan sa seconde patrie, la ville qu'il semble avoir préférée, où il laissait le souvenir de ses années les plus fécondes et les plus heureuses. En 1516, il est en France où il a suivi le roi. Il avait pour résidence le château du Cloux et recevait une pension de 700 écus. Francesco Melzi l'accompagnait, ainsi que son serviteur Battista de Villanis.

L'hôtel du Cloux était situé auprès du château royal d'Amboise. Il avait été vendu en 1490 au roi Charles VIII par Pierre Morin, trésorier de France et maire de Tours. Il comprenait plusieurs corps de bâtiments et, « tant en édifices que jardins, vivier, bois, deux arpents et demi de tenue ou environ[1] ». Au printemps de 1517, on célébra au château d'Amboise le baptême du Dauphin, puis le mariage de Lorenzo de Médicis d'Urbino avec la fille du duc de Bourbon. Ce fut l'occasion de fêtes splendides. Le jeune roi, qui ne connaissait encore que le bonheur, voulait que la Cour de France devînt le modèle du bon goût et de l'élégance. Une fois encore, Léonard put exercer, dans l'ordonnance de ces pompes, cet art complexe dont les créations éphémères amusaient sa fantaisie. Peintre, architecte, décorateur, machiniste, ses talents si divers conspiraient, pour le plaisir des princes, en des improvisations de génie. Mais le vieillard jouissait-il encore de cette féerie qu'il évoquait pour les autres? Était-il dupe encore des sensations agréables dont il avait préparé la surprise? S'achevaient-elles, pour lui, dans l'oubli du réel, dans l'illusion d'un monde léger, d'une vie harmonieuse? Béatrice, Isabelle d'Aragon avaient traversé les mêmes décors avec le même sourire.

François Ier avait établi Léonard à l'hôtel du Cloux, pour plusieurs raisons. La Cour venait souvent à Amboise, ce n'était point un exil. De plus il était là comme au centre des travaux qu'il devait entreprendre. C'était d'abord un nouveau

1. J'emprunte ces renseignements aux curieuses recherches de M. Arsène Houssaye.

palais à élever à Amboise. Dans les manuscrits
(C. A. 75 r°, 221 r°) un plan accompagné de notes
se rapporte à ce projet, qui, comme toujours,
nous montre le savant et l'artiste dans l'intimité
de leur collaboration. Le palais donne sur une
vaste cour entourée d'un portique; à droite du
château est indiqué un grand bassin « destiné à
des joutes sur l'eau ». Les salles, où beaucoup de
gens doivent se mouvoir, danser, seront au rez-
de-chaussée; on n'aura pas à craindre les accidents qui trop souvent résultent de leur écroule-
ment. Tout mur si léger qu'il soit reposera sur le
sol ou sur des voûtes d'assises très solides. On
enveloppera les poutres dans les murs pour éviter
l'incendie. Il y aura de nombreux cabinets, avec
portes se fermant par contre-poids, et dans l'épaisseur des murailles des tuyaux portant jusqu'au
toit les odeurs mauvaises.

Amboise touche à la Sologne, à ce pays de
marécage et de fièvre, dont l'assainissement re-
latif date de la seconde moitié de ce siècle. Léonard étudia la contrée, le système des eaux, le régime de la Loire et de ses affluents, et conçut le
projet d'un canal qui tout à la fois devait assainir
et fertiliser un pays triste et pauvre et rapprocher
l'Italie du cœur de la France, « en établissant par
la Saône une communication directe entre la
Touraine et le Lyonnais, le centre habituel des

relations commerciales des deux pays. Des canaux aujourd'hui existants prouvent que c'était là un projet réalisable [1] ». Réalisable, le projet n'était qu'un rêve pour un vieillard dont la vie et le travail avaient usé les forces.

Lomazzo parle de deux peintures exécutées en France, une Léda et une Pomone : « Léda est complètement nue, le cygne repose sur ses genoux et ses yeux baissés témoignent de sa honte. La peinture resta inachevée. » Le British Museum possède un dessin à la plume qui est peut-être une étude pour le tableau perdu. De Pomone nous savons seulement qu'elle était représentée « la face souriante, recouverte d'un triple voile ».

Un secrétaire du cardinal Louis d'Aragon nous a gardé le souvenir d'une visite que son maître fit à Léonard de Vinci en son hôtel du Cloux [2]. « Le 18 octobre 1516, de Tours on alla à Amboise. Dans un des bourgs, nous allâmes avec le Cardi-

1. Charles Ravaisson Mollien, *les Écrits de Léonard de Vinci*, p. 59. « Les tracés de Léonard permettent d'entrevoir que le canal, commençant soit auprès de Tours, soit auprès de Blois, et passant par Romorantin, avec port d'embarquement à Villefranche, devait, au delà de Bourges, traverser l'Allier au-dessous des affluents de la Dore et de la Sioule, aller par Moulins jusqu'à Digoin, enfin, sur l'autre rive de la Loire, dépasser les monts du Charolais et rejoindre la Saône auprès de Mâcon » (*ibidem*).

2. G. Uzielli, *Ricerche*, etc., t. II, p. 459. Ce document est tiré d'un manuscrit inédit de la Bibliothèque Nationale de Naples qui a pour titre : « Itinerario di Monsignor R[mo] et Illmo il cardinal da Aragona mio Signore. Incominciato : dalla citta di Ferrara nell'anno del Salvatore 1515 del mese di maggio e descritto per me Dom. Antonio de Beatis clerico melfictano. »

nal rendre visite à messer Leonardo Vinci, Florentin âgé de plus de 70 ans, le plus excellent peintre
de notre temps. Il montra à Son Excellence trois
tableaux : l'un, fait d'après nature, d'une certaine
dame florentine, à la demande de feu Julien de
Médicis le Magnifique ; l'autre de saint Jean-Baptiste jeune, et le troisième de la madone et du
fils qui se tiennent dans le giron (*in gremio*) de
sainte Anne, tous trois très parfaits, bien que de
lui, pour ce qu'il lui est survenu certaine paralysie de la main droite, ne se puisse attendre chose
bonne. Il a été le bienfaiteur d'un disciple milanais qui travaille très bien [1]. Quoique ledit
messer Leonardo ne puisse plus peindre avec la
suavité (*dolcezza*) qui lui était ordinaire, il peut
encore faire des dessins et enseigner les autres.
Ce gentilhomme a écrit sur l'anatomie dans ses
rapports à la peinture d'une façon admirable,
décrivant les os, membres, muscles, nerfs, veines,
articulations, intestins et tout ce qu'on peut étudier tant du corps de l'homme que du corps de
la femme, comme personne ne l'a fait avant lui.
Nous l'avons vu de nos yeux, et il nous dit qu'il
avait fait l'anatomie de plus de trente corps
d'hommes et de femmes de tout âge. Il aaussi écrit

---

1. Le texte porte : « Ha ben fatto un creato Milanese che lavora
assai bene. » Il s'agit sans doute ici de Melzi, qui lui aussi a pu
montrer quelques œuvres et témoigner de son grand respect
pour le maître.

sur la nature de l'eau. De diverses machines et autres choses il a rempli une infinité de volumes, tous écrits en langue vulgaire et qui publiés seront de la plus grande utilité et du plus grand charme. »

Ce document est curieux à plus d'un titre. Quelle est la dame florentine dont il est ici ques-tion? La belle Ferronnière? Quelque maîtresse de Julien? Dans les deux autres tableaux vous reconnaissez le saint Jean-Baptiste et la sainte Anne du Louvre. Léonard s'était toujours refusé aux étroitesses d'un patriotisme local. En France, dans le murmure confus d'une langue inconnue, sous ce climat nouveau, dans les brouillards qui pâlissaient le soleil, il put découvrir ce qu'est la patrie et que l'Italie était la sienne. Brusquement séparé de sa jeunesse qu'il avait laissée là-bas avec ses souvenirs, il sentait plus rudement qu'il était vieux. J'imagine qu'il éprouva quelque joie à cette visite qui lui rendait l'Italie. Il re-tient le cardinal, il lui montre ses tableaux, il ouvre pour lui ses cartons, ses précieux ma-nuscrits. Il veut garder l'espoir de mettre en ordre ces notes qui font des volumes, de les grou-per en traités qui le justifient de l'accusation d'a-voir mal employé un génie dont il va rendre compte à Dieu.

Mais à peine âgé de soixante-quatre ans, il en paraît plus de soixante dix. Déjà, la paralysie

crispe sa main et lui interdit les œuvres nouvelles.
Il a trop travaillé, trop pensé, trop souffert. Ce
n'est pas impunément qu'on porte en soi, dans
la diversité de ses facultés, plusieurs hommes
qui tous veulent vivre et puisent à la fois à la
même source, au risque de la tarir. Cette grande
œuvre toujours rêvée, toujours différée, il ne l'a-
chèvera pas, il le sait, il le sent. Ses forces le
trahissent. Il lui faudrait une vie encore, plus
qu'une vie, et c'est ce qui devrait le consoler : la
voie qu'il a ouverte se prolonge à l'infini.

Il alla s'affaiblissant de plus en plus. Il resta
plusieurs mois malade. La mort prit lentement
son corps robuste. Enfin, « considérant la certitude de la mort et l'incertitude de l'heure présente, » le 23 avril 1519, il fit mander Me Bou-
reau, notaire du bailliage d'Amboise, pour lui
dicter ses dernières volontés. « D'abord il recommande son âme à N. S. Dieu tout-puissant, à la
glorieuse Vierge Marie, à monseigneur saint Mi-
chel, et à tous les anges bienheureux, saints et
saintes du Paradis. Item le dit testateur veut
être enseveli dans l'église Saint-Florentin d'Amboise et que son corps y soit porté par les cha-
pelains de l'église... Avant que son corps soit
porté dans la dite église, le testateur veut que
soient célébrées dans la dite église de Saint-Florentin trois grandes messes avec diacre et sous-

diacre, et que, le jour où se diront les trois grandes messes, se disent encore trente messes basses à Saint-Grégoire ; item que, dans l'église Saint-Denis, même service que ci-dessus soit célébré ; item dans l'église des frères et religieux mineurs semblable service. » Voilà pour le spirituel. Il donne à Francesco Melzi, gentilhomme de Milan, en récompense de ses bons services passés, tous ses livres, instruments, dessins (*portracti*), relatifs à son art et industrie de peintre ; à Battista de Villanis, son serviteur, la moitié d'un jardin qu'il a hors les murs de Milan, et l'autre moitié dudit jardin à Salaï, qui y a déjà fait élever une maison ; il donne à Mathurine, sa servante, un vêtement de bon drap noir doublé de fourrure, une pièce de drap et deux ducats une fois payés. « Il veut qu'à ses obsèques il y ait soixante torches portées par soixante pauvres, auxquels une distribution d'argent sera faite, à la discrétion dudit Melzi... Item que soit donnée aux pauvres de l'hôtel-Dieu et aux pauvres de Saint-Lazare d'Amboise, et que pour cela soit donnée et payée aux Trésoriers de la confrérie, la somme de soixante-dix sous tournois. Le testateur donne et cède à Francesco Melzi, présent et acceptant, le reste de sa pension et tout ce qui lui sera dû au jour de sa mort par le trésorier général M. Jean Scapin... Il veut que la somme de 400 écus *del sole*, qu'il a en dépôt dans les mains du trésorier de Santa Maria Novella à Florence, soient donnés à ses frères naturels résidant à Florence, avec tous les intérêts qu'ils ont rapportés depuis le jour où il les a placés. » Un codicille donne à Battista de Villanis, présent et acceptant, la concession d'eau que lui avait faite le roi Louis XII, d'heureuse mémoire, ainsi que les meubles meublants de la maison du Cloux. Ce testament est net, digne de son esprit lucide et de son cœur. Il songe aux pauvres ; il a une bonne parole et un souvenir pour ses serviteurs et pour ses amis ; il leur partage tout ce qu'il a ; j'en excepte ce qu'il donne aux frères qui l'on trenié. Il n'a jamais su haïr ; il meurt sans rancune, reconnaissant à ceux qui l'ont aimé, indulgent aux autres.

Le 2 mai 1519, il expirait. Francesco Melzi l'annonce à ses frères dans un lettre touchante, le 2 juin. « Je crois que vous êtes informé de la mort de M. Léonard, votre frère, et pour moi le meilleur des pères. De cette mort il me serait impossible d'exprimer la douleur que j'ai ressentie, et tant que ces membres se soutiendront ensemble je serai dans un perpétuel malheur, et à juste titre... La perte d'un tel homme est pleurée par tous, car il n'est plus au pouvoir de la nature ! Que le Dieu tout-puissant lui donne un éternel repos ! » Pour juger le Vinci, il faut se souvenir qu'il a su inspirer de telles affections. On sait la légende qui fait mourir le grand artiste dans les bras du roi de France. Pour avoir deviné en lui l'un des plus rares esprits qu'ait réussis la nature, pour lui avoir témoigné un respect filial, pour lui avoir donné d'attendre la mort en paix, avec l'illusion de pouvoir être utile encore, François Ier a mérité que cette légende se formât et courût les ateliers de Florence où Vasari la recueillit. La vérité est que, le jour de la mort de Léonard, le roi était à Saint-Germain en Laye avec toute la cour. Dans sa lettre aux frères du Vinci, Melzi ne dit pas un mot de la visite du roi, et Lomazzo écrit dans des vers assez plats : « François, roi de France, pleura beaucoup, quand Melzi lui annonça la mort du Vinci qui, tandis qu'il vivait à Milan, peignit *la Cène*, qui surpasse toute autre œuvre d'art. »

Voilà cette grande vie close, clos pour jamais les yeux de cet homme « qui n'est plus au pouvoir de la nature » ! c'est la loi ; le phénomène de cette pensée n'est plus ! Jour à jour, les plus belles âmes s'éteignent, comme ces couchers de soleil d'automne, chefs-d'œuvre éphémères, nuance à nuance, s'évanouissent dans l'ombre de la nuit. Vasari le représente dans les derniers mois de sa vie reniant sa pensée; à son lit de mort s'accusant lui-même d'avoir mal usé de son génie [1]. Quand le roi entre, il s'assied sur son lit, et tout en parlant de sa maladie, de ses souffrances, « il dit combien il avait offensé Dieu et les hommes dans ce monde, en n'ayant pas travaillé dans l'art, comme il convenait ». Jugement où la niaiserie du dévot s'ajoute à la niaiserie du peintre ! Je ne sais ce qu'il faut penser du retour de Léonard à la religion. Il est possible que ses recommandations à tous les saints ne soient que des formules banales. Trois grandes messes, quatre-vingt-dix-neuf messes basses, tant de prêtres et de moines, ce n'est peut-être surprenant que pour nous. A l'enterrement de sa servante Catarina, il avait voulu quatre prêtres et quatre clercs. Il tint à être enterré dans les formes, décemment, comme il convenait au protégé du roi très chrétien. Aussi bien, ce qui importe d'un homme, c'est sa vie, non sa mort, toutes les fois que celle-ci n'est pas, par le sacrifice volontaire, une œuvre vive encore.

Je ne vois pas qu'il ait brûlé ses manuscrits, écrit une phrase qui ressemblât à un reniement. Qu'un moment il ait jeté un mélancolique regard

---

1. « Finalement devenu vieux, il resta plusieurs mois malade, et se voyant près de la mort, il s'enquit avec soin des choses catholiques, de notre bonne et sainte religion chrétienne ; et s'étant confessé et repenti avec mille regrets, comme il ne pouvait plus se tenir debout, porté dans les bras de ses amis, il voulut recevoir le Saint-Sacrement hors de son lit. »

sur sa vie antérieure, qu'il ait une fois encore confié à Melzi ses grands desseins interrompus, tant de vérités perdues dans des manuscrits indéchiffrables; qu'il ait senti, à l'heure suprême, une douleur de s'en aller inconnu, sans avoir pu prononcer la parole suprême qu'il croyait n'avoir que balbutiée en ses chefs-d'œuvre mêmes, c'est le destin. Le regret du bien qu'il aurait pu faire put obscurcir le souvenir du bien qu'il avait fait. Mais pourquoi le remords? N'avait-il pas dit : « La vie bien employée est assez longue. » Qui plus que lui a travaillé, et quel travail jamais fut plus fécond? Qui peut se vanter de n'avoir dû qu'à lui-même une plus ample moisson de vérités? Si quelque pensée amère se mêla au sentiment d'avoir bien mérité le grand repos de la mort, c'est qu'il ne songea pas à lui-même, c'est qu'il ne pensa qu'aux autres, à la société des esprits, à l'œuvre éternelle qui se construit peu à peu par les hommes, de la vérité qu'ils découvrent, de la beauté qu'ils créent. Était-il coupable de ce génie multiple qui le portait en tout sens? Était-il de son devoir d'y résister? Savant, pourquoi aurait-il sacrifié la science? Penseur, la pensée? Il a bien fait son métier d'homme, il a été par excellence un homme, et il nous a laissé dans l'harmonie de son esprit et de son corps, dans l'équilibre de toutes ses facultés, un exemplaire de l'humanité vers

lequel nous nous tournons encore avec une admiration pieuse.

Et cependant, au terme de cette vie, — et
quelle vie! — pourquoi je ne sais quelle impression de mélancolie? pourquoi pas le sentiment de
l'achevé, d'un temps bien rempli, dont il y aurait
ingratitude à regretter qu'il soit écoulé? Raphaël
meurt dans tout l'éclat de son génie et de sa gloire,
et cette vie tranchée dans sa fleur n'en semble
que plus charmante et plus désirable. Michel-Ange,
toujours irrité, trouve dans cette tempête intérieure je ne sais quel bonheur qui va à son âme
dantesque. Pourquoi la vie du Vinci, comme ses
œuvres exquises, nous laisse-t-elle une vague
inquiétude? Dans *le Mariage de la Vierge*, qu'il
peignit pour l'église de Saronno, Bernardino
Luini voulut que le maître fût présent à cette
œuvre qui n'eût point été sans lui. Dans le fond
il peignit la tête de Léonard avec ses longs cheveux qui mêlent leur blancheur éclatante à celle
de la barbe qui tombe sur la poitrine. Quel grave
visage il apporte à cette fête, comme il y est seul!
C'est là le souvenir que Luini a gardé du maître
vénéré. Plus expressif encore est le dessin de
Turin, où Léonard lui-même nous a laissé sa propre image. Indiqués en quelques coups de crayon
la chevelure et la barbe ondulent, encadrant le
masque inoubliable qui en sort avec une sorte de

violence. Le front dénudé est sillonné de rides ; les sourcils épais couvrent la paupière supérieure; les yeux cernés fixent impérieusement, avec ce plissement du haut du nez qui marque l'attention forte; la lèvre inférieure avance dans un moue dédaigneuse, et les deux coins de l'arc de la bouche s'abaissent en un pli douloureux [1]. C'est la tête d'un vieil aigle habitué aux grands vols et las d'avoir trop souvent contemplé le soleil en face. La mélancolie du Vinci est celle des grandes espérances et des vastes pensées. Michel-Ange et Raphaël sont des hommes de leur temps. Entre leur génie et leur milieu, l'équilibre est parfait. Ils sont salués, acclamés, reconnus. Leur œuvre est limitée, proportionnée à leurs forces; ils ont la joie du bon ouvrier qui voit sa tâche faite. Léonard est le précurseur d'un âge qui n'est point encore. Il rêve de donner à l'homme par la science, mise au service de l'art, l'empire de l'univers. La distance qui le sépare de son rêve, à mesure qu'il avance, recule; nous n'avons pas fini de la franchir encore. Cet homme, qui a tant vécu avec les hommes, ce favori des princes, des grandes dames de Milan et de Florence, ce maître passionnément aimé par ses disciples, a pris la face d'un solitaire.

1. Comme je montrais ce portrait à une femme distinguée, son premier mot fut : « Comme il a l'air bon ! » Cet air de bonté n'est pas ce qui surtout me frappe, mais par là même cette exclamation m'a paru curieuse à noter.

N'est-ce pas qu'il porte en lui la vision d'un monde nouveau, Moïse d'une terre promise qu'il contemple de loin, dans laquelle il n'entrera pas ?

DEUXIÈME PARTIE

LA MÉTHODE ET LES THÉORIES SCIENTIFIQUES
DE LÉONARD DE VINCI
D'APRÈS SES MANUSCRITS

CHAPITRE PREMIER

LÉONARD DE VINCI SAVANT. — SA MÉTHODE ET SA CONCEPTION DE LA SCIENCE

I. — Les manuscrits sont ou des notes ou un premier résumé de ces notes. — Pas de traités suivis, moins encore d'œuvre d'ensemble.

II. — Léonard n'est ni un scolastique ni un humaniste. — Attaques contre l'autorité. — Respect et liberté à l'égard des anciens.

III. — L'expérience, vraie méthode de la science. — Logique inductive.

IV. — La science qui commence par l'induction s'achève par la démonstration mathématique. — Elle est certitude et puissance.

V. — Attaques contre les fausses sciences : scolastique, alchimie, nécromancie.

VI. — Léonard est-il positiviste ? — La science et la métaphysique.

Nous ne connaissons pas aussi bien que nous le souhaiterions la vie de Léonard. Les documents publiés, contrats, comptes de banque, bilan de la fortune de son père, ne nous apprennent pas ce qui surtout nous intéresserait. Nous savons combien il

12

déposa de florins à l'hôpital de Santa Maria Novella, nous aimerions mieux savoir ce qu'il a mis
de lui-même dans les passions auxquelles l'homme
n'échappe guère. L'amour tardif de Michel-Ange
pour Vittoria Colonna lui inspira les plus tou-
chants de ses sonnets ; Léonard ne nous a laissé
d'autre confidence que le portrait de *la Joconde*,
dont le mystère ne sera pas dévoilé. Il y a dans
cette ignorance même quelque chose qui irrite
notre curiosité : l'intérêt du roman banal relève
l'austère histoire d'un grand esprit. Dans ses carnets si nombreux, Léonard constate à plus d'une
reprise les événements qui le concernent, mais
dans une phrase courte, avec une date précise,
sans commentaires, sans rien exprimer des sentiments qu'ils éveillent en lui.

Il y a dans ce silence même un enseignement.
Les grandes passions de Léonard sont impersonnelles, ou plutôt elles vont, en lui-même, à ce
qui le dépasse, à la vérité qu'il cherche, à la
beauté qu'il crée. Consolons-nous : ce que nous
ignorons n'était pas sans doute ce qui surtout valait d'être connu. Les œuvres du peintre, ses dessins, ses croquis ; les manuscrits du savant, ses
notes prises au jour le jour, voilà les vraies con-
fidences de Léonard, celles qui méritent d'être
recueillies. Ses pensées et ses œuvres sont les
actions qui ont fait la trame de sa vie : l'homme

ne reste pas en dehors d'elles, il s'en dégage dans
sa vraie nature, dans le caractère qui a décidé de
cette manière de sentir, de ces passions éprou-
vées ou inspirées par lui, dont nous aimerions à
pénétrer l'inconnu.

I

Quand nous voulons exposer l'œuvre scientifique de Léonard, une première difficulté se présente. Par sa méthode, par ses travaux et par
ses découvertes, il ouvre, un siècle avant Galilée,
l'ère de la pensée moderne. Ses manuscrits contiennent les éléments de la plus vaste des ency-
clopédies. Mais le monument n'est pas élevé, nous
n'en avons que les matériaux multiples et dispersés. La nature du génie de Léonard, la diversité de ses aptitudes, la justesse de sa conception de la science, tout le condamnait à ne laisser
que des fragments, à ne pas achever une œuvre
qui est, à vrai dire, l'œuvre sans fin de l'esprit
humain. Il portait toujours avec lui un petit
carnet sur lequel il consignait des observations
de tout genre jusqu'à ce qu'il fût rempli. Les manuscrits que nous possédons sont ou ces carnets
mêmes ou quelquefois les extraits des notes les

plus importantes qu'ils contenaient : « Commencé
à Florence dans la maison de Piero di Braccio
Martelli le 22 mars 1508 ; voici un recueil sans
ordre tiré de beaucoup de papiers que j'ai copiés
ici, espérant ensuite les mettre par ordre à leur
place, selon les matières dont ils traitent. Je
crains que d'ici la fin je ne répète la même chose
plusieurs fois ; ne me blâme pas pour cela, lecteur,
parce que les choses sont nombreuses et que la
mémoire ne les peut avoir toutes présentes pour
dire : ceci, je ne veux pas l'écrire, parce que je
l'ai déjà écrit ; et pour ne pas tomber dans cette
faute, il serait nécessaire qu'en chaque cas, afin
de ne pas me répéter, je prisse soin de relire tout
ce qui précède et d'autant plus que j'écris à de
longs intervalles [1]. » Ce texte montre que Léonard a relevé parfois ce que ses carnets de notes
contenaient de plus intéressant, sans s'astreindre
d'ailleurs à un ordre rigoureux, et que ce premier travail préparait, dans sa pensée, le travail
définitif, la rédaction de traités suivis, où il eût
coordonné ces notes selon leur objet. C'est ce
second travail qui n'a jamais été fait [2].

1. Brit. Mus., Iʳ. — Jean-Paul Richter, t. I, § 4. Les douze manuscrits, conservés à la bibliothèque de l'Institut et publiés intégralement par M. Ch. Ravaisson, sont désignés par les lettres
A à M. Pour les autres manuscrits, je renvoie aux deux volumes d'extraits publiés et classés par M. Jean-Paul Richter.
2. Le Mˢ D., de l'Institut, composé de 10 feuillets, ne contient

Je ne crois pas qu'il y ait lieu d'en être surpris.
A la fin du xve siècle, la science a gardé son caractère d'universalité. Pour le scolastique, rien de
plus simple : la science est faite. Le monde, l'homme
qui le pense, Dieu qui le crée, c'est l'affaire de
quelques in-folios. Son esprit, comme son univers,
est un système clos. Il sait où commence la science,
où elle finit, ses divisions et leur ordre, il sait
après combien de sphères célestes on touche enfin
le paradis et on entre dans le royaume de Dieu.
Léonard découvre un monde dont les limites
reculent sans cesse devant lui. Il regarde, et les
phénomènes se multiplient sous ses yeux. Conduit
de la pratique à la théorie, il va de l'art de l'in
génieur à toutes les sciences qu'il suppose, de
l'invention des machines à la mécanique, de la
peinture à la perspective, à l'optique, à l'anatomie,
à la botanique. Dans la tranchée d'un canal, les
couches de terrain superposées, quelques coquilles
marines lui racontent l'histoire de la terre: il crée
la géologie. Sans perdre le sentiment de l'unité
des choses qui, au contraire, l'a porté en tous sens,
il n'a pas arrêté le plan d'une encyclopédie. La
méthode qu'il suivait, le perpétuel contrôle de ses
idées par les faits, son goût même de la vérité lui

---

que des notes relatives à l'œil et à la vision ; mais il est im_
possible de voir dans ces pages un traité régulièrement com_
posé. Cf. le M^r G, sur la botanique.

interdisaient les ambitions hâtives. Il ne pouvait classer d'avance et selon leurs relations des connaissances qu'il acquérait au jour le jour. Le système ne pouvait être au commencement, il devait être à la fin, n'étant que la concordance des vérités particulières dans une vérité plus compréhensive et plus haute.

Telle semble bien avoir été la marche de l'esprit de Léonard. Il observe des faits, il prend des notes; peu à peu ces matériaux s'ordonnent dans son esprit; il conçoit des chapitres; ces chapitres forment des traités, et ces traités, se reliant l'un à l'autre, portent sur des sujets de plus en plus étendus, à mesure que se découvrent les rapports des choses. C'est ainsi qu'il cite ses propres ouvrages, ou mieux ceux qu'il avait l'intention de faire, sous des titres qui indiquent tantôt un chapitre, tantôt un traité, tantôt même un ouvrage dont les traités auraient formé divers livres. D'après le plan que donne un manuscrit de Windsor, l'anatomie comprendrait les traités suivants, que nous trouvons cités çà et là : *de la mesure universelle de l'homme ; — de quelques muscles et de tous les muscles ; — des articulations de l'homme ; — livre des mouvements;* et peut-être en y comprenant l'anatomie comparée : *le livre des oiseaux; — la description des animaux à quatre pieds ; — l'anatomie du cheval.* Léonard cite quelque part

(F 69 v°) *le livre IV du monde et des eaux* ; par monde il entend le plus souvent la terre, mais, à propos de la terre, il s'occupe de tout ce qui l'entoure, des éléments, du ciel, des astres. Cet ouvrage eût été le résumé de ses idées sur l'astronomie, la géologie, la physique, une première synthèse des observations qu'il avait réunies sur l'histoire et l'organisation de notre univers.

A-t-il été plus loin? A-t-il rêvé une œuvre d'ensemble, dont il aurait arrêté au moins les grandes divisions? Dans le manuscrit E il cite « le chapitre 4 du livre 113 des choses naturelles (*delle cose naturali*) ». S'il s'agit ici d'une œuvre dont il aurait conçu le plan, disposé les livres et les chapitres, la question est résolue. Rien de plus invraisemblable que cette hypothèse d'une œuvre à faire, dont l'auteur citerait sans hésiter le chapitre 4 du livre 113 ! Pourquoi cette citation unique? comment le savant ne renvoie-t-il pas désormais à ce travail définitif? Ailleurs, il parle des cent vingt livres qu'il a composés et qui témoigneront de sa patience et de sa loyauté scientifiques. Ces cent vingt livres ne peuvent être que les cahiers qui composaient ses manuscrits. Je crois dès lors que le texte du manuscrit E n'est qu'un renvoi à un passage de ces cahiers, dont il résumait le contenu dans ce titre expressif : *delle cose naturali.* Si notre hypothèse est juste, le titre ne perd rien de son intérêt. Il prouve que, dans la dispersion de ses notes, Léonard sentait la présence d'un même esprit, l'unité d'une même pensée et d'un même objet, la possibilité d'une grande œuvre. Il n'eût pas été l'artiste qu'il fut, s'il eût pu se contenter d'une collection de matériaux informes. Un travail constant s'est fait en son esprit, un perpétuel effort vers l'unité : en lui s'est esquissée, en une suite de dessins de plus en plus précis, l'architecture d'un monument de plus en plus grandiose, qui eût été comme l'image intelligible de l'œuvre géante de cette nature, que souvent il invoque comme la loi une et vivante de l'univers et de la pensée.

II

L'unité qui n'est pas dans l'œuvre de Léonard est dans sa méthode. Quand on lit ces carnets de notes écrits au jour le jour, on ne se croirait pas à la fin du xv siècle, on n'est point dépaysé. Il ne dépendait pas de lui d'éviter les erreurs. Les obscurités s'expliquent de reste par la nature des documents qu'il nous a laissés. Mais ce qui, plus que les vérités trouvées, me surprend, c'est sa

-méthode d'investigation, c'est la sûreté de son instinct scientifique, qui répugne aux miracles comme aux abstractions.

La scolastique n'existe pas pour lui. Une heureuse ignorance l'affranchit, sans qu'il y songe. La séparation de la théologie et de la philosophie n'est pas même affirmée, elle est sous-entendue. Un seul passage, et bref : « Je laisse de côté les écritures sacrées, parce qu'elles sont la suprème vérité [1]. » La physique n'est plus ramenée à la logique, à une subtile jonglerie de concepts très généraux qui s'appliquent à tous les phénomènes de la nature : cause matérielle, formelle, efficiente, finale ; espace, temps, vide, mouvement. La science de la nature est la science des phénomènes et de leurs causes.

Sans plus d'effort, avec la même aisance, il évite les dangers de l'humanisme. Revenir des commentateurs à Platon et à Aristote, du latin des traducteurs d'Averroès à la langue de Cicéron, c'était secouer la poussière de l'école, sortir d'une cave pour marcher dans la lumière. Mais le mal pouvait renaître du remède. L'enthousiasme pour les anciens menaçait de ne substituer à la scolas-

---

1. *Lascio star le lettere incoronate, perche son somma verita.* (W. An., IV, 184 r° ; J.-P. R., II, § 837.) La raison semble singulière. Est-ce une ironie ? Est-ce la distinction des deux vérités philosophique et religieuse, qui sera d'un si fréquent usage chez les libres penseurs du xvi⁰ siècle ?

tique que la philologie et l'érudition : c'était rester dans les livres : la science est dans les choses.
Léonard de Vinci est un moderne, il est au delà
de l'humanisme comme de la scolastique. Ne répond-il pas à quelque cicéronien, quand il écrit :
« Je sais bien que, pour n'être pas lettré, quelques
hommes présomptueux croiront pouvoir me blâmer, alléguant que je suis un homme sans lettres.
Gens insensés! ils ne savent pas que, comme
Marius aux patriciens romains, je pourrais leur
répondre en disant : ceux qui s'ornent du travail d'autrui ne veulent pas me laisser à moi
le fruit de mon travail. Ils diront qu'étant sans
lettres je ne pourrai bien dire ce dont je veux
traiter, ils ne savent pas que les sujets qui m'occupent relèvent plus de l'expérience que des mots:
l'expérience a été la maîtresse de ceux qui ont
bien écrit, et c'est elle qu'en tout cas j'alléguerai
pour maîtresse [1]. » Bien dire n'est que bien penser, voilà la réponse de Léonard aux beaux di-
seurs; et bien penser, c'est penser librement, par
soi, comme ces anciens qui ne méritent l'admiration que parce qu'ils en ont eu la généreuse
audace.

Bien que Léonard se donne comme un novateur et éprouve le besoin de se justifier, il est

---

1. C. A., 117 v°, 361 v°; J.-P. R., I, § 10.

vraisemblable que quelques hommes, autour de lui et avant lui, pratiquèrent la méthode d'observation. Mais ce qui est certain, c'est que, cent ans avant le chancelier Bacon, le Vinci trouve et formule la vraie méthode scientifique en notant les démarches de son libre et vaillant esprit. Que veut Bacon? Une science efficace, dont les découvertes mettent au service de l'homme les puissances de la nature; connaître les causes pour produire les effets. Le respect superstitieux de l'autorité est l'obstacle que d'abord il renverse ; l'expérience est la méthode positive qui, par la comparaison des faits, dégage les formules fécondes. Léonard va au même but par la même voie. Il ne sépare pas la théorie de la pratique, il rejette l'autorité, il préconise l'expérience. Mais il ne passe pas son temps à décrire le procédé et à en vanter l'excellence. Il a hâte de se mettre à l'œuvre. L'exposé de la méthode n'est pour lui qu'une préface, qu'une introduction ; il la voit clairement, il l'indique brièvement, il la pratique en maître. Il ne s'attarde pas à dire ce qu'il faudrait faire, il le fait.

Sur l'autorité, le Vinci se prononce avec autant de netteté que Bacon. Il montre ce qu'il y a d'absurde, d'immoral et d'illogique dans cette religion superstitieuse de l'antiquité. Les anciens se sont servis de leur jugement, on les en loue, pourquoi

ne pas faire comme eux ? » Celui qui discute, en
alléguant l'autorité, ne met pas en œuvre son jugement (*ingegno*), mais sa mémoire. Les bonnes
lettres sont nées d'un bon naturel, et la cause
étant plus à louer que l'effet, je louerai plus un
bon naturel sans lettres qu'un bon lettré sans
naturel (*sanza naturale*) [1]. » C'est déjà l'attaque
de Montaigne contre la science *livresque*, qui supprime l'esprit sous prétexte de le cultiver. Moralement il y a quelque chose de méprisable à tirer
vanité de ce qu'on dérobe aux autres : « Ils vont
gonflés et pompeux, vêtus et ornés du fruit du travail des autres, et ils ne me laissent pas le fruit de
mon travail. S'ils me méprisent, moi, inventeur,
combien plus peuvent-ils être blâmés, eux qui ne
sont pas des inventeurs, mais des fanfarons et
déclamateurs des œuvres d'autrui (*trombette e
recittatori dell'altrui opere !*) [2] » Accepter l'autorité, c'est faire de soi un fantôme, l'ombre qui
suit un corps réel, c'est manquer à la dignité de
la pensée : « Les inventeurs, interprètes entre la
nature et l'homme, comparés à ces fanfarons et
déclamateurs des œuvres d'autrui sont comme
l'objet qui fait face au miroir, comparé à l'image
qui s'en réfléchit dans le miroir. L'objet est quelque chose en lui-même et l'image n'est rien. Gens

---

1. C. A., 75 r°, 219 r°. — J.-P. R., II, § 1159.
2. C. A. 115 r°, 357 r°. — J.-P. R., I, § 11.

peu redevables à la nature, car ils ne sont revê-
tus que d'accident, et sans cet accident tu pourrais les confondre dans le troupeau des bêtes [1]. »
La pensée n'existe que libre; dès qu'elle se soumet, elle n'est plus ; même ce qu'elle reçoit, il faut
qu'elle se le donne. Suivre les opinions d'autrui,
les accepter, ce n'est pas la pensée, c'en est la
vaine image. Logiquement, peut-on invoquer l'autorité comme une preuve? « Beaucoup penseront
qu'ils peuvent raisonnablement me blâmer, en alléguant que mes preuves vont contre l'autorité de
quelques hommes tenus en grande révérence par
leurs jugements sans contrôle (*inesperti*), ne considérant pas que mes idées sont nées de la pure et
simple expérience qui est la vraie maîtresse [2].» C'est
à l'expérience que les anciens ont dû les vérités
qu'ils nous ont transmises : comme nous ils relèvent de cette autorité souveraine : « Si je ne sais,
comme eux, alléguer les auteurs, j'invoquerai une
chose bien plus haute, bien plus digne, en invo-
quant l'*expérience maîtresse de leurs maîtres.* »
La vérité ne se découvre pas en un jour; elle n'est
pas née d'un homme, « elle est la fille du temps
seul, » comme « la sagesse est la fille de l'expérience.» (M 58 v°.) L'antiquité des temps n'est ainsi,
selon le mot de Bacon, que la jeunesse du monde.

1 C. D. 115 r°, 357 r° ; J.-P. R., I, § 11.
2. C. A. 117 v°, 361 v°; J.-P. R., I, § 12.

En attaquant l'autorité, Léonard garde cet esprit de mesure dont jamais il ne se départit. Il attaque les scolastiques, les dévots de l'autorité, il n'attaque pas les anciens. La justesse de son esprit fait la justice de ses jugements. Il va jusqu'à défendre les anciens contre leurs commentateurs : « Quelques commentateurs blâment les anciens inventeurs qui donnèrent naissance à la grammaire et aux sciences et se font . cavaliers (*e fansi cavalieri*) contre les inventeurs morts; et parce qu'ils sont incapables de se faire inventeurs, ils sont, par paresse et par la commodité des livres, sans cesse occupés à reprendre leurs maîtres avec de faux arguments [1]. » Ce qu'il reproche ici aux faiseurs de commentaires, c'est de n'ajouter aux œuvres des anciens que des subtilités logiques, c'est d'ergoter, de multiplier les exceptions et les distinctions, au lieu de se mettre à l'œuvre et de travailler à la découverte de vérités nouvelles. Les anciens sont des hommes dont l'expérience ne doit pas être perdue. Il les interroge, comme il se renseigne auprès des savants, des voyageurs, des hommes de métier : « Demande à Giovannino, bombardier..., demande à Benedetto Portinari comment on court sur la glace en Flandre... ; » il note sans cesse des titres d'ouvrages, les noms de leurs possesseurs, la librairie, la bibliothèque

1. Cité par Govi, Saggio, etc... Introduct.

où il est possible de se les procurer : « Messer Ottaviano Palavicino pour son Vitruve... L'algèbre qui est chez les Marliani, œuvre de leur père... Procure-toi Vitellion, qui est à la bibliothèque de Pavie et qui traite des mathématiques [1], etc. » Il cite plusieurs fois Aristote. Il étudie surtout les savants : Euclide, Vitruve, Celse, Pline l'Ancien, dont il possède les œuvres traduites en langue vulgaire ; Avicenne, dont le manuel de médecine était devenu classique en Italie ; mais plus que tous les autres, et c'est le sentiment des savants modernes, il admire Archimède. Il respecte les anciens, il les consulte, il ne les copie pas. Il relève leurs erreurs, il contrôle leurs affirmations ; Xénophon se trompe, il le constate (*come Xenophonte propone il falso*) ; Vitruve affirme « que les petits modèles ne sont en aucune opération conformes à l'effet des grands » ; il oppose à l'architecte latin l'expérience même que celui-ci invoque et, par une interprétation plus juste, il en tire la conclusion contraire.

1. Maître Giuliano da Marliano a un bel herbier ; il habite en face des Strami, charpentiers. S. K. M. 55 r° ; J.-P.R., II, § 1386.

III

Ainsi, Léonard n'est pas hostile aux anciens de parti pris. Il soumet leurs opinions, comme les siennes, au contrôle des faits. Il profite de leurs recherches, il continue leur œuvre, mais avec une plus claire conscience de la méthode à laquelle ils sont redevables des vérités qu'ils ont découvertes. La seule autorité indiscutable dont relève Aristote, comme les modernes, c'est l'expérience. Ce que nous pensons n'a d'intérêt que si nous pensons ce qui est ; comment savoir ce qui est, sinon en le constatant ? « L'expérience ne trompe jamais ; ce sont nos jugements seuls qui nous trompent, se promettant d'elle des choses qui ne sont pas en sa puissance. Bien à tort les hommes se plaignent de l'expérience, avec grands reproches l'accusent d'être menteuse ; elle est innocente (*innocente spe[n]rienzia*) ; ce sont nos désirs vains et insensés (*vani e stolti desideri*) qui sont coupables [1]. » Il faut que le jugement n'exprime que le contenu de

1. Dans une première rédaction du même passage, Léonard dit, avec plus de netteté peut-être : Se promettant d'elle *effetti tali chené nostri experimenti causati non sono*. C. A. 151 r°, 449 r° ; J.-P. R., II, § 1153.

l'expérience. « Le bon jugement naît de la bonne intelligence (*dal bene intendere*), et la bonne intelligence de la raison (*ragione*), tirée elle-même des bonnes règles. Quant aux bonnes règles, elles sont filles de la bonne expérience, mère commune de toutes les sciences et de tous les arts [1]. » Telle doit être la marche progressive de la pensée : mise en présence des faits, dans lesquels est comprise la loi générale, elle l'en dégage. L'ensemble des lois générales extraites des faits particuliers et devenues comme vivantes en l'esprit par l'habitude constitue la raison spéculative et pratique, qui permet tout à la fois d'entendre la nature et d'intervenir dans le cours de ses phénomènes.

Léonard ne se borne pas à recommander d'une façon générale l'expérience ; il reconnaît en elle une méthode, la condition d'une science réelle, efficace, qui donne la puissance des effets par la connaissance des causes. « Les règles de l'expérience sont des moyens (*cagioni*) suffisants de te faire discerner le vrai du faux, chose qui fait que les hommes se promettent les choses possibles et avec plus de mesure, et que, par ignorance, tu ne veuilles des choses telles, qu'étant impossible de les obtenir, tu aies avec désespoir à te donner à la mélancolie [2]. » La vraie science donne tout à

---

1. C. A. 218 v°, 648 r° ; J.-P. R., I, § 18.
2. C. A. 117 v°, 361 v° ; J.-P. R., I, § 12.

la fois et la puissance et la mesure dans les désirs. Que faut-il entendre par le mot *expérience?*
Ce terme ne désigne pas seulement, pour le Vinci,
l'expérimentation, mais l'ensemble des procédés
qui constituent la méthode inductive. Il est plus
encore un savant et un inventeur qu'un philosophe
et un logicien. Il ne passe pas son temps à exposer
par le détail la meilleure manière de chercher la
vérité. Il en parle incidemment. Il ne fait pas,
comme Bacon, une logique éloquente, illustrée
d'exemples. C'est dans ses manuscrits, en le re-
gardant agir, qu'il faut constater ses procédés.

Le problème scientifique est double : connaître
les faits, découvrir leurs rapports. Un rapport
n'existe pas sans ses termes ; la recherche de la loi
implique l'observation des faits. Observer, c'est se
mettre en présence d'un phénomène, en analyser
par l'attention les circonstances multiples. Nos raisonnements trouvent dans les faits leur matière
et leur contrôle. « Si l'on dit que la vue empêche
l'attentive et subtile connaissance mentale, par laquelle on pénètre dans les sciences divines, et qu'un
tel obstacle conduisit un philosophe à se priver de
la vue ; à cela je réponds qu'un tel œil, comme
seigneur des sens, fait son devoir en mettant obstacle à ces confus et menteurs (je ne dis pas
sciences) raisonnements (*discorsi*), dont toujours,
avec grands cris et agitation des mains, on va

disputant. Et si ce philosophe s'enleva les yeux
pour supprimer l'obstacle à ces raisonnements,
sois sûr qu'un tel acte allait à sa cervelle et à ses
raisonnements, car le tout n'était que folie [1]. »
Avant de raisonner, il faut observer. Les manuscrits de Léonard sont un perpétuel et vivant commentaire de ce précepte. Il a toutes les qualités
de l'observateur. Ses sens sont des instruments délicats, sa curiosité est toujours en éveil. Il n'y a
pas pour lui de phénomènes insignifiants. Il a gardé
cette faculté de l'étonnement qui n'est que la jeunesse de l'esprit multipliant l'intérêt des choses.
Où les autres voient, il regarde. Rien ne peut
remplacer ici la lecture de ses carnets. La mer qui
étale ses vagues sur la plage, le fleuve qui ronge
sa rive ; l'arbre, ses ramifications, ses éclaire-
ments ; l'oiseau qui fend l'air, une cloche, un es-
calier, un visage étrange; en quelque lieu qu'il
soit, ce qu'il arrête et fixe d'images et de faits est
inouï. Ajoutez qu'il a la patience, le désintéressement, la sincérité. Dans la succession de ses notes, écrites au jour le jour, nous le voyons pendant des années poursuivre la solution des mêmes
problèmes. Comme il s'aime moins que la vérité,
il ne tient à ses idées que dans la mesure où elles
en sont l'expression. Il reprend les questions, cor-

1. *Trattato della Pittura*, § 16, édit. Heinrich Ludwig, 3 vol.
Vienne, 1882.

rige ses propres erreurs; souvent, sous une proposition qu'il avait énoncée, il écrit *falso*.

L'expérience est une observation provoquée Il ne suffit pas de regarder les phénomènes pour découvrir leurs rapports. La cause, que nous aurions intérêt à connaître pour la poser à notre gré, et par elle son effet, est perdue dans une foule de faits coexistants au milieu desquels elle se dissimule. Dans la trame complexe que tisse la nature, les fils isolés et leurs nœuds nous échappent; pour découvrir les secrets de son travail, il nous faut l'imiter. L'homme est maître de poser, supprimer, varier les circonstances d'un phénomène qu'il produit. Sans cesse, Léonard a recours à l'expérience pour mettre hors de doute un fait observé (exemple : dilatation de la pupille), pour vérifier une hypothèse, pour découvrir, par l'analyse des conditions d'un phénomène, son antécédent constant et nécessaire.

Il suffit d'ouvrir ses manuscrits pour en trouver des exemples. Tour à tour, selon les cas, parfois simultanément, il emploie les méthodes de *concordance*, de *différence*, des *variations concomitantes*, pour parler le langage des logiciens modernes. S'agit-il d'étudier les mouvements de l'eau qui se déverse ? « Il essaie de faire sortir l'eau de différentes sortes de trous, tortueux et droits, longs et courts, avec des bords émoussés, minces,

ronds et carrés, et de la faire battre contre divers
obstacles. » (A 58 r°.) Il est facile de reconnaître
ici une combinaison de la méthode de concordance et de la méthode des variations concomitantes. « Si un poids de 100 livres tombe dix fois
de la hauteur de 10 brasses sur un même endroit
et s'enfonce d'une brasse, de combien s'enfonceera-
t-il en tombant de la hauteur de 100 brasses ? »
(A 32 r°.) Le poids, la chute totale, toutes les circonstances de temps et de lieu sont les mêmes,
entre les deux cas, il n'y a qu'une différence dont
nous sommes à même de constater les effets. (Méthode de différence.) « Si on laisse tomber en
même temps d'une hauteur de 100 brasses un
poids qui pèse 1 livre et un autre qui pèse 1 livre 1/2,
de combien le premier tombera-t-il plus vite que
le second...? *Si un poids tombe de 200 brasses, de combien tombera-t-il plus vite dans les
deuxièmes 100 brasses que dans les premières ?
(le seconde cento braccia che le prime ? A 32 v°)* ».
N'y a-t-il pas, dans la seule indication de cette
expérience, le pressentiment des lois de la chute
des corps, du rapport de la vitesse au temps de
la chute ? Parfois, Léonard imite un phénomène
naturel pour mieux en observer les circonstances:
il produit un tourbillon en agitant l'eau d'un vase ;
il a l'idée de construire un œil artificiel pour
étudier la formation des images sur la rétine. Il

n'insiste pas, comme Bacon, sur les règles que doit suivre l'expérimentateur, il les suit d'instinct : sa logique naît de son effort vers la vérité. « Avant de faire de ce cas une règle générale, expérimente-le deux ou trois fois, et regarde si les expériences produisent les mêmes effets. » (A 47 r°.) Ce n'est pas assez de répéter les expériences, il faut les varier, pour n'être pas dupes d'analogies superficielles. « Ne vous fiez donc pas, vous spéculateurs, aux auteurs qui ont voulu, avec leur seule imagination, se faire interprètes entre la nature et l'homme, mais seulement à ceux qui, non sur des signes de la nature, mais avec les résultats de leurs expériences, ont exercé leur esprit à reconnaître comment les expériences trompent qui ne connaît pas leur nature, parce que celles qui maintes fois paraissent identiques sont très différentes, comme on le montre ici. » (I 101 v°.) Il s'agit des auteurs qui soutiennent qu'étant donné un moteur qui chasse un poids à une distance donnée, on peut multiplier la distance à l'infini en divisant le poids à l'infini.

L'induction, en nous élevant des faits particuliers aux lois générales, nous fournit des principes dont nous sommes autorisés à tirer des conséquences que les faits ne sauraient démentir. « Quelquefois, dit Léonard, je conclurai les effets des causes et quelquefois les causes des effets, ajoutant à mes conclusions quelques vérités qui, bien que n'étant pas incluses en elles, peuvent néanmoins s'en déduire... Il n'y a pas lieu de blâmer ceux qui invoquent (*infra l'ordine del processo della scientia*), dans la suite méthodique du développement de la science, les règles générales tirées d'une conclusion antérieurement établie[1] ». Dans les problèmes complexes, où l'expérience directe est impossible, Léonard déduit les effets qui résultent de l'action combinée d'un certain nombre de lois connues (*Traité des eaux*), complétant l'une par l'autre les deux grandes méthodes de l'esprit humain. Observation, expérience, induction, déduction, sous le nom d'expérience, il comprend tous les procédés qu'impose à l'homme la nécessité de découvrir une vérité dont il n'est point l'auteur.

IV

L'expérience commence la science; sans elle, nous ne pouvons connaître ni les faits, ni leurs rapports. Mais les rapports que nous nous bor-

1. C. A. 200 r°, 594 r°; J.-P. R., I, § 14. — Br. M. 32 v°; J-.P.R., I, § 6.

nous d'abord à constater, nous devons les mesurer, introduire ainsi dans les sciences physiques
la précision et la certitude des sciences mathématiques. « Celui qui blâme la suprême certitude de la
mathématique se repaît de confusion, et jamais il
n'impose silence aux contradictions des sciences
sophistiques, qui ne produisent qu'une éternelle
criaillerie (*uno eterno gridore*) [1]. » La science ne
serait achevée que si elle avait pris la forme déductive. « Aucune investigation humaine ne se
peut appeler vraie science, si elle ne passe par les
démonstrations mathématiques [2]. » C'est que l'u-
nivers est une sorte de mathématique réelle, en-
veloppée d'apparences. Partout où il y a rapport
et proportion, il y a place pour le calcul, et « la
proportion n'est pas seulement trouvée dans les
nombres et mesures, mais aussi dans les sons,
poids, temps et lieux et dans toute puissance,
quelle qu'elle soit ». (K 49 r°.) La science doit
procéder à la façon de la géométrie, analyse et
synthèse, résolution de l'objet en ses derniers
éléments, combinaison progressive et continue
de ces éléments selon des rapports nécessaires
qui s'impliquent. « On appelle science une suite
de raisonnements (*quale discorso mentale*) qui
prend pour point de départ les principes derniers

---

1. W. A. III, 241 r° ; J.-P. R., II, § 1157.
2. *Tratt. d. P.*, § 1er.

au delà desquels, dans la nature, aucune autre chose ne se peut trouver qui soit une partie de cette science. Par exemple, pour la quantité continue, il en est ainsi de la géométrie : commençant de la surface des corps, elle se trouve avoir son origine dans la ligne, limite de cette surface. Mais nous ne sommes pas encore satisfaits, sachant que la ligne a sa limite dans le point et que le point est le terme au delà duquel il ne peut y avoir de chose moindre[1]. » L'expérience comme point de départ, la forme mathématique comme point d'arrivée, telle est la conception de la science de Léonard, conception toute moderne où se manifestent encore la justesse et la mesure de son libre esprit par une sorte de conciliation anticipée de Bacon et de Descartes.

Sans doute, il n'a pu que poser l'idéal et pressentir les voies qui permettraient de l'atteindre : mais il ne s'agit pas ici d'une rencontre heureuse, d'une divination de génie vive et passagère. La mécanique, l'optique, la perspective, la théorie de l'ombre et de la lumière ; dans l'anatomie même, la symétrie et les rapports des diverses parties du corps humain ; dans tous les arts qu'il exerça, les proportions régulières impliquées par la beauté des formes ; en un mot, la pratique constante de l'art et de la science lui a donné la claire intelli-

1. *Ibid.*

gence de ces formules fécondes où se concentre sa pensée.

La vraie science, qui commence par l'expérience et s'achève par la démonstration mathématique, est synonyme de certitude. L'expérience peut toujours être refaite par celui qui doute de ses résultats, et la déduction, dont le principe est une vérité incontestée, s'impose à tout esprit, capable de la suivre, irrésistiblement. Léonard parle ici le langage d'Auguste Comte : « Où l'on crie (*dove si grida*), il n'y a pas vraie science, parce que la vérité a une seule conclusion (*un sol termine*), qui, publiée, détruit le litige pour jamais (*il lettigio resta in eterno distrutto*), et si le débat renaît, c'est qu'il s'agit d'une science menteuse et confuse. La vraie science est celle que l'expérience fait pénétrer par les sens, imposant silence à la langue des disputeurs. Elle ne nourrit pas de songes ses investigateurs, mais toujours des premiers principes vrais et connus, elle s'avance progressivement et avec des conséquences vraies jusqu'à la fin. C'est ce que nous voyons dans les premières mathématiques, dont l'objet est le nombre et la mesure, l'arithmétique et la géométrie, qui traitent avec une souveraine vérité de la quantité discontinue ou continue. On ne discute pas sur la question de savoir si 2 fois 3 font plus ou moins que 6, si un triangle a ses angles moindres que deux droits, mais avec un éternel silence reste détruite toute controverse, et en paix les dévots de ces sciences jouissent de leurs fruits [1]. »

La science n'est pas seulement certitude, elle est puissance. La pratique ne se sépare pas de la théorie, elle la continue. Qui sépare le pouvoir du savoir se réduit à un vain empirisme. « Ceux qui s'éprennent (*s'inamoran*) de pratique sans science sont comme le navigateur qui monte sur un navire sans gouvernail ni boussole, il ne sait jamais avec certitude où il va. Toujours la pratique doit être édifiée sur la bonne théorie. » (G 8 r°.) C'est seulement en éclairant sa route que l'industrie peut suivre une marche régulière et progressive. « Étudie d'abord la science, puis suis la pratique qui naît de cette science. » Toute loi connue devient un moyen d'action. Une machine n'est qu'une combinaison de lois naturelles dirigées dans leur action. « Quand tu exposeras la science des mou-

1. *Tratt. d. P.*, § 33. — Cf. *Novum organum*, I, LXXVI. — Il semble, d'après ce passage, que Léonard confonde les sciences mathématiques avec les sciences expérimentales. Mais il n'a ici d'autre préoccupation que celle de montrer que la certitude est le caractère de la vraie science. Un texte du manuscrit F 59 r°, montre que la distinction de la nature et de la méthode des deux ordres de sciences ne lui échappe pas. « L'autre preuve dit-il, que donna Platon à ceux de Délos, n'est pas géométrique, parce qu'elle procède par instrument de règle et compas, et que l'expérience nous la montre (*ella sperienza noi la mostra*), mais celle-ci *est toute mentale* (*e tutta mentale*) *et par conséquent géométrique.* »

vements de l'eau, souviens-toi de mettre sous chaque proposition ses applications pratiques, afin qu'une telle science ne soit pas inutile. » (F 2 v°.) Mais il reconnaît bientôt que ce plan est défectueux, qu'à mêler ainsi la théorie et la pratique on s'expose à de perpétuelles redites, et il conclut à faire deux traités distincts en renvoyant des applications aux vérités théoriques qui les justifient. Jamais il ne méconnaît ce rapport de dépendance de l'action à la connaissance. « Le traité de la science mécanique doit précéder le traité des inventions utiles (*giovamenti*)[1]. » Qui sait la cause peut poser l'effet : la puissance fait la preuve de la science

V

C'est à la lumière de cette conception toute moderne de la science et de la méthode que Léonard, comme Bacon, juge et condamne toutes les fausses sciences de son temps. D'abord la scolastique, la science officielle des universités et de l'Église, la science des dialecticiens pris dans les fils de leurs syllogismes. « S'il faut les en croire, est mécanique la connaissance qui naît de l'expérience,

1. W. A. IV, 167 r° ; J.-P. R., I, § 7.

scientifique celle qui naît et finit dans l'esprit, semi-mécanique celle qui naît de la science et finit dans l'opération manuelle. Mais il me paraît à moi que ces sciences sont vaines et pleines d'erreurs qui ne sont pas nées de l'expérience, mère de toute certitude, et qui ne se terminent pas en une expérience définie (*che non terminano in nota experientia*), c'est-à-dire dont le principe, le milieu ou la fin ne passe par l'un des cinq sens [1]. » De même Bacon nous montre les scolastiques, dédaigneux de l'expérience « qui occupe l'esprit des choses basses et périssables » : semblables à l'araignée qui forme sa toile de sa propre substance, avec une petite quantité de fil, par la perpétuelle agitation de leur esprit, qui va et revient sans fin à la façon d'une navette, ils fabriquent le tissu embrouillé de leurs livres. Au même mal, Léonard et Bacon opposent le même remède : le contrôle des faits. « Fuis les préceptes de ces spéculateurs qui ne confirment pas leurs raisonnements par l'expérience » (B 4 v°), et encore : « Je te rappelle que tu fasses tes propositions et que tu démontres les choses précédemment écrites par *exemples* et non par affirmations (*propositioni*), ce qui serait par trop simple, et tu diras ainsi : expérience... [2]. »

---

1. *Tratt. d. P.*, § 33.
2. A 31 r°. — Bacon, *de Dign. et augm. scient*, Distrib. de

Léonard de Vinci ne se contente pas d'attaquer la scolastique, il rejette avec un mépris hautain les sciences superstitieuses, dont il trouvait, comme on le voit par les mémoires de B. Cellini, plus d'un sectateur autour de lui. Ici j'insiste, il faut en finir avec le préjugé d'un Vinci préoccupé de magie, « initié au grand œuvre, » à la recher- che « de la loi hyperphysique » qui livrerait à l'homme d'un seul coup toutes les puissances de la nature. Je ne sais rien de plus contraire à ce génie, dont la patience égale l'audace et la lucidité l'am- bition. Il n'est pas une science chimérique qu'il ne frappe en passant. « Je veux faire des mira- cles : — qu'importe que je vive longtemps en grande pauvreté, comme il arrive et arrivera éter- nellement aux alchimistes qui prétendent créer l'or et l'argent, et aux ingénieurs qui veulent que l'eau morte se donne vie à elle-même avec un perpétuel mouvement, et au fou suprême le nécro- mancien et l'incantateur [1]. » L'étude de la mé- canique et de ses lois l'a délivré lui-même de la chimère du mouvement perpétuel : « O spécula- teurs du mouvement perpétuel, que de vains des-

l'ouvrage. Cf. *Tratt. della P.*, § 1ᵉʳ : « Et si tu dis que les sciences qui commencent et finissent dans l'esprit ont vérité, cela ne se peut accorder, mais se nie par maintes raisons, et avant tout parce que dans de tels raisonnements tout mentaux (*in tali discorsi mentali*) n'intervient pas l'expérience, sans la- quelle il n'y a pas de certitude. »

1. W. An. IV, 167 rᵒ; J.-P. R., II, § 796.

seins en une telle recherche vous avez mis au jour,
allez avec les chercheurs d'or[1] ! » C'est l'avantage de la vraie méthode « qu'elle tient la bride
aux ingénieurs, leur donne le sens du possible et
les empêche de passer pour des charlatans et des
fous ». Les alchimistes ont l'ambition « de créer
de toutes pièces les choses simples et naturelles ».
Mais ils ne tiennent pas compte des lois de la
nature qui varie les causes selon les effets. « Interprètes menteurs de la nature, ils affirment que
le vif-argent est la commune semence de tous les
métaux, oubliant que la nature varie les semen-
ces, selon la diversité des choses qu'elle veut produire. » Léonard s'appuie ici sur l'expérience :
acceptant la comparaison des alchimistes, il montre que la prétention de faire sortir tous les métaux du mercure est analogue à celle de faire sortir un pommier d'un chêne. Mais, dans l'alchimie,
il entrevoit ce qu'elle a de fondé, la chimie moderne. « L'alchimie agit sur les produits simples
de la nature, ce que ne peut faire cette nature qui
n'a pas d'organes pour opérer, comme opère
l'homme avec ses mains, et c'est ainsi qu'elle a
produit le verre[2]. » En un mot, ce qui reste de
l'alchimie, ce n'est pas la prétention de créer l'or
de toutes pièces ; c'est l'expérience qui rapproche

1. S. K. M. II², 67 r°; J.-P. R., II, § 1206.
2. W. An. II, 242 v°; J.-P. R., II, § 1213.

les corps artificiellement et ses résultats constatés.

De la nécromancie, magie noire, magie blanche, rien n'est à garder. « De toutes les opinions humaines la plus folle à coup sûr est la croyance à la nécromancie, sœur de l'alchimie, » mais qui, elle, n'enfante que mensonges. « Bannière flottante, gonflée par le vent, elle guide la folle multitude qui sans cesse témoigne avec son aboiement des infinis effets de cet art. » Il y a des volumes remplis de ces sottises : « Esprits parlant sans langue, agissant sans organes, déchaînant pluie et tempêtes, hommes changés en chats, en loups et autres animaux, bien qu'à dire vrai, seuls ceux qui affirment ces choses soient transformés en bêtes. » Au moment où le dominicain Sprenger écrit son *Malleus maleficarum* (marteau des sorcières), d'une imbécillité meurtrière, où la croyance à la sorcellerie, greffée sur la peur du diable, va faire tant de victimes, Léonard, comme Nicolas de Cues, n'y voit que la folie de la crédulité.

A la nécromancie, il oppose d'abord un argument de sens commun. Si, « comme le croient les esprits bas, » elle était chose réelle, elle donnerait à l'homme une puissance infinie. Faire éclater la foudre, précipiter les vents, jeter bas armées et forteresses, découvrir tous les trésors cachés dans le sein de la terre, voler en un instant de l'Orient à l'Occident, rien ne serait impossible à l'homme, « excepté peut-être de se soustraire à la mort. Je sais que bien des hommes, pour satisfaire un de leurs appétits, sans scrupule, ruineraient Dieu avec tout l'univers; si donc la nécromancie n'est pas restée parmi les hommes, c'est qu'elle n'a jamais existé. » Comment admettre qu'un art si précieux ait pu se perdre ?

Ce n'est là qu'une réfutation par l'absurde. On peut aller plus loin; « par la définition de l'esprit qui est une substance invisible » (*il quale e invisibile in corpo*), démontrer directement que la nécromancie est une chimère. D'abord l'esprit ne peut rester parmi les éléments : « quantité incorporelle, il produirait un vide ; or il n'y a pas de vide dans la nature ; » l'esprit serait donc chassé nécessairement vers le ciel par la loi de la gravité, comme l'eau chasse par son poids l'air qu'elle comprime. En second lieu, il est impossible que l'esprit produise un mouvement. Supposons qu'il s'infuse en une certaine quantité d'air, « il raréfie l'air dans lequel il s'infuse, donc cet air s'élève au-dessus de l'air plus pesant, et le mouvement est produit par la légèreté de l'air et non par la volonté de l'esprit ». Qu'il fasse du vent voilà l'esprit emporté, il ne sait où. Il lui est défendu aussi de parler. « Il ne peut y avoir voix là où il n'y a pas mouvement et percussion d'air; il ne peut y

avoir percussion d'air où il n'y a pas un organe
(*strumentó*), et il ne peut y avoir d'organe incor-
porel; s'il en est ainsi, un esprit ne peut avoir ni
voix, ni forme, ni force, et, s'il reçoit un corps, il
ne peut pénétrer où les issues sont fermées. Si
quelqu'un dit : par air comprimé et condensé l'esprit reçoit des corps de diverses formes, et par
cet instrument il parle et meut avec force, je réponds : où il n'y a nerfs ni os, il ne peut y avoir
une force qui se manifeste par les mouvements de
ces esprits imaginaires [1]. » Vous saisissez sur le
vif la logique de Léonard, comment il combine
les méthodes inductive et déductive dans la réfu-
tion d'une erreur qu'il oppose aux conséquences
qui se déduisent nécessairement de lois naturelles
fondées sur l'expérience. Vous voyez aussi le
goût qu'a ce ferme esprit pour la magie et l'art
surnaturel de tout faire en ne faisant rien !

VI

A l'extrême opposé, on veut que ce libre esprit
se soit enfermé dans les limites de la connaissance
positive. Si toute science implique l'intervention

[1]. W, An. II, 242 rº et vº; J.-P. R., II, §§ 1213, 1214, 1215.

des sens, commence par l'observation et s'achève par la démonstration mathématique ; si elle a pour caractères la certitude qui met fin à tout débat et la puissance qui vérifie la loi en l'appliquant, ne semble-t-il pas que le Vinci doive mettre la métaphysique au rang de ces sciences chimériques qui dépassent la portée de l'intelligence humaine, condamnant l'homme au désespoir et à la mélancolie, châtiment des ambitions démesurées? Faire de Léonard un positiviste, un précurseur d'Auguste Comte, voilà qui le mettrait à l'avant-dernière mode, si la magie est la dernière. Plus d'un texte, je l'avoue, semble favorable à cette thèse ; mais nous sommes en présence d'un homme qui remplit la mesure de l'humanité : il n'oppose pas les contraires, il les concilie.

Que la certitude de la métaphysique ne soit pas celle des sciences positives, Léonard le voit très nettement. Dans les sciences, la vérification se fait par les sens ou par l'accord de tous les esprits dans une vérité qui s'impose. Dès que nous dépassons les phénomènes, dès que nous sortons de la quantité, l'expérience et la mesure nous abandonnent : — « O sottise humaine, ne t'aperçois-tu pas que, bien qu'ayant été toute ta vie avec toi-même, tu ignores encore la chose que tu possèdes le plus, ta folie? et tu veux avec la foule des sophistes te tromper et les autres, méprisant les sciences mathématiques qui contiennent la vérité et la pleine connaissance des choses dont elles s'occupent; et tu prétends faire des miracles (*scorrere nei miracoli*) et écrire que tu as connaissance de ces choses qui dépassent la portée de l'esprit humain et ne se peuvent établir par aucun exemple naturel [1]. » Se limiter à ce qui peut être prouvé « par exemple naturel », n'est-ce pas s'enfermer dans le monde des apparences? Ce qui échappe au contrôle des faits, n'est-ce pas cette réalité dont les sens ne nous donnent jamais que le phénomène? Pourquoi ces spéculations hardies quand nous avons tant à apprendre en étudiant ce qui est à notre portée? « Vois, lecteur, comme nous ne pouvons nous confier à nos anciens, lesquels ont voulu définir ce qu'est l'âme, ce qu'est la vie, choses hors de preuve (*cose improvabili*), tandis que des choses qui, par l'expérience, en tout temps, se peuvent connaître et prouver clairement, sont restées pendant tant de siècles inconnues ou faussement expliquées [2]. Si nous doutons de la certitude de chaque chose qui passe par les sens, combien plus devons-nous douter des choses rebelles à ces sens, comme de l'existence de Dieu, de l'âme et de choses semblables, à propos desquelles toujours on dispute et conteste!

1. W. An. III, 241 : J.-P. R., II, § 1210.
2. C. A 117, v° 361 v°, J.-P. R., I, § 21.

Et, en fait, il arrive que toujours où manque la raison les clameurs y suppléent, ce qui n'arrive pas dans les choses certaines [1]. » N'est-ce pas déjà la théorie de l'inconnaissable ?

Il y aurait, en vérité, quelque chose d'étrange dans cette timidité scientifique du Vinci. L'équilibre de cette nature tout harmonieuse serait rompu. La raison dans ce qu'elle a de critique et de négatif l'aurait emporté; l'artiste aurait été vaincu par le savant; l'homme resterait incomplet. Je ne sais rien de plus contraire à ce génie créateur que le pharisaïsme scientifique. S'il analyse ce qu'a fait la nature, c'est pour rivaliser avec elle; s'il pense, c'est pour agir. Il dédaigne les chimères, mais il est épris d'idéal; au-dessus de tout il aime l'invention. Par la fécondité de la pensée, la métaphysique prolonge la science, comme l'art la réalité. Tout ce que prouvent les textes cités, c'est que ce grand rêveur est un grand savant, c'est qu'il a voulu d'abord s'emparer du

1. *Tratt. d. P.*, § 33. Il semble même que Léonard entrevoie les objections que les relativistes opposeront à l'idée et par suite à l'existence de l'infini : « Quelle est la chose qui ne peut être donnée (sens mathématique) et qui, si elle pouvait l'être, ne serait pas ? C'est l'infini, lequel, s'il pouvait se donner, serait terminé et fini, car ce qui se peut donner a des limites communes avec la chose qui l'enveloppe à ses extrémités, et ce qui ne peut être donné est cette chose qui n'a pas de limites. » (Texte cité par Govi, Saggio, etc. *Introduct.*) Ce texte prouve seulement qu'il a vu que l'infini mathématique ne pouvait être donné ; mais il semble confirmer et fortifier ce qui précède.

monde réel et qu'il a vu nettement par quels moyens pouvait être menée à bonne fin cette première conquête.

Mais comme, dans l'art, la science est faite pour donner à l'esprit toute liberté dans ses créations, de même, en dernière analyse, les faits sont des éléments pour la pensée. L'esprit doit se discipliner, il ne doit pas se mutiler. En son fond, il est raison, et la raison est souveraine du monde : qui pourrait en pénétrer les dernières profondeurs y découvrirait, dans leur principe même, et les lois naturelles et les faits qui s'en déduisent. Toutes les précautions que nous impose l'usage de la méthode expérimentale ne résultent que de la faiblesse et des obscurités de notre propre pensée : « Nous définirons la nature des balances composées aussi bien dans les balances circulaires (c'est-à-dire poulies et roues) que dans les balances rectilignes. Mais d'abord je ferai quelque expérience avant d'aller plus loin, parce que mon intention est d'alléguer d'abord l'expérience, et puis de montrer avec la raison pourquoi cette expérience est contrainte à agir de cette manière ; c'est là la vraie règle, selon laquelle les spéculateurs des effets naturels ont à procéder. *Et bien que la nature commence par la raison et termine dans l'expérience*, à nous il nous faut faire le contraire, c'est-à-dire commencer, comme je l'ai dit ci-dessus, par l'expérience et avec celle-ci aller à la recherche de la raison. (E 55 r°.) — L'intelligible est antérieur au fait qui nous le révèle, ce n'est pas là, chez Léonard, une idée accidentelle, c'est sa théorie constante : — « L'expérience, interprète entre la nature créatrice (*artificiosa*) et l'espèce humaine, nous enseigne ce que fait cette nature parmi les mortels ; contrainte par la nécessité, elle ne peut agir autrement que la raison, son guide, le lui ordonne [1]. » — La nécessité se confond avec la raison. Ce qu'il y a de primitif, c'est l'intelligible, c'est la raison vivante, souveraine, dont la nature est le verbe, la pensée exprimée et visible. Mais la raison, c'est l'esprit humain dans son essence même : par les faits, par la science, nous devons, en dernière analyse, nous retrouver nous-mêmes, du dehors nous sommes ramenés au dedans, des choses par un long détour à la pensée et à ses lois. Savoir, c'est approfondir l'esprit.

Jamais un vulgaire empirisme ne donnera la vraie intelligence des choses : — « La nature est pleine d'infinies raisons qui ne furent jamais dans l'expérience. » (I 18 r°.) — Ce n'est pas tout de constater, il faut comprendre. La science n'est pas le sacrifice de l'intellectuel au sensible, de la per-

1. C. A. 85 r°, 247 r°; J.-P. R., II, § 1149.

sonne à la chose, c'est à la raison que reste le dernier mot : — « Les sens sont terrestres, la raison se tient en dehors d'eux quand elle contemple. » (Tr. 65.) — Il faut partir des sens et de leurs données, il ne faut pas s'y enfermer. Des faits, il faut que la raison peu à peu se dégage et qu'au terme l'esprit se retrouve face à face avec l'esprit. Ce n'est ni Bacon, ni Descartes, c'est l'un et l'autre ; c'est déjà Leibniz, pour qui la raison est l'expérience même, mais sortie de sa confusion, développée et distincte. Concilier les contraires, tout embrasser et tout prendre, aller de la réalité à l'idée, de la science à la philosophie, comme par un mouvement insensible qui mène de l'une à l'autre, c'est l'esprit même de Léonard de Vinci dans sa richesse et dans sa grâce.

CHAPITRE II

LÉONARD DE VINCI SAVANT : LA PHYSIQUE ET LA MÉCANIQUE

Ce n'est que par un artifice d'analyse qu'on peut séparer, chez Léonard, la méthode de la science elle-même. En agissant il se voit agir. La justesse du procédé logique n'exprime que la rectitude de ce grand esprit dans son mouvement vers la vérité. Ses manuscrits nous le montrent au travail. Nous avons les matériaux, nous n'avons pas l'œuvre faite. C'est que son œuvre, à vrai dire, est celle que depuis trois siècles pour suit l'esprit humain. Au lieu d'achever un système, il a commencé la science, qui ne s'achève pas. Rien ne peut remplacer la lecture des carnets où nous voyons ses idées naître, se multiplier, peu à peu s'unir et se combiner. Il ne s'agit pas de les reproduire. Ce qui caractérise son génie scientifique, c'est, avec l'observation scrupuleuse qui se prend au détail des faits, l'intuition des lois qui par degrés ramènent la diversité des phénomènes à l'unité de principes généraux et simples. Il oriente la pensée humaine vers la vérité. De la confusion de ses notes, je voudrais surtout dégager les idées originales, les vues fécondes qui font du Vinci le précurseur de la science moderne.

I

Vasari nous parle de son goût et de sa singulière aptitude pour les mathématiques. Les manuscrits nous montrent qu'il garda toute sa vie le goût des sciences exactes: des pages nombreuses sont couvertes de constructions géométriques et de calculs. Il ne semble pas toutefois qu'il ait été au delà de ce qu'on savait de son temps 1. Sa plus grande originalité, en cet ordre de connaissances, est peut-être d'en avoir entrevu l'application universelle. S'il y a « proportion non seulement dans le nombre et les mesures, mais dans toute puissance quelle qu'elle soit » (K 49 r°), il faut donner au langage mathématique une généralité qui lui permette de s'appliquer à toute quantité et, l'unité trouvée, d'exprimer dans leurs rela-

1. De nombreux textes, accompagnés de figures, se rapportent à l'équivalence des surfaces courbes et planes, à la mesure du cercle, du cylindre, du cône, de la sphère. Le problème de proportions est un de ceux auxquels il revient et s'arrête le plu fréquemment, c'est qu'il y a là pour lui un moyen d'exprimer les lois générales des choses. Parlant de l'invention du tour ovale, un grand mathématicien, M. Chasles, s'exprime ainsi : « Il nous paraît que le tour ovale, auquel les géomètres ont fait peu d'attention, car on n'en trouve nulle part la théorie mathématique, reposait sur une idée tout à fait nouvelle concernant la description des courbes. Quel mouvement fallait-il donner au plan mobile pour obtenir ainsi une ellipse? Telle est la question qu'a dû se poser Léonard de Vinci. Elle était, comme on le voit, d'un genre tout nouveau, et ce célèbre peintre a su découvrir, parmi une infinité de solutions dont elle était susceptible, la plus simple incontestablement; elle se réduit à donner au plan mobile le mouvement d'un angle de grandeur constante dont les deux côtés glissent sur deux points fixes. L'histoire de la science serait intéressée à connaître les considérations de géométrie qui l'ont conduit à ce beau résultat. » (Chasles, *Aperçu historique sur l'origine et le développement des méthodes en géométrie*.) Cf. Ch. Ravaisson-Mollien, Avant-propos des Mts C, E, K. Je dois m'exprimer ici avec une grande réserve : il me semble toutefois, à la lecture des manuscrits, que ce qui surtout distingue Léonard géomètre, c'est l'imagination géométrique, je veux dire l'art des constructions ingénieuses, la vision nette des figures dans leur ensemble et dans les parties que l'analyse peut y concevoir.

tions tous les phénomènes de l'univers. Cette unité est le mouvement. Cent ans avant Galilée, Léonard, reprenant la tradition d'Archimède, a posé les vrais principes de la mécanique; cent cinquante ans avant Descartes, il a pressenti en elle l'idéal de la science. Il l'a cultivée avec prédilection. Il semble qu'il lui ait dû l'idée même de sa méthode. Observer les phénomènes, les reproduire artificiellement, découvrir leurs rapports, appliquer à ces rapports la mesure, enfermer ainsi la loi dans une formule mathématique qui lui donne la certitude déductive d'un principe que confirment ses conséquences, c'est la méthode même de Léonard et celle de la mécanique.

Il ne se contente pas d'observer et de noter des vérités de détail, il pose avec précision les principes mêmes de la science. La mécanique n'est possible que si le mouvement est un phénomène régulier, continu, qui ne commence ni ne finit sans cause: contre le préjugé des sens, il l'affirme. Dès lors le mouvement est une quantité définie dont il est possible d'exprimer par le calcul toutes les variations; les idées s'enchaînent dans l'esprit, comme les faits dans la réalité. La vérité théorique lui donne l'intelligence de la pratique. Le sens de la grande parole d'Archimède: « don-

1. H 93 r°. Il moto è causa d'ogni vita.— Tr., 70. Ogni attione bisognia che s'exercita per moto.

nez-moi un point d'appui et je soulèverai le monde, » était perdu, il le retrouve. Le levier est, pour lui, la machine primitive, élémentaire, dont la loi bien comprise éclaire tous les artifices de l'industrie humaine et garde l'ingénieur des espoirs chimériques. Rapport nécessaire et proportion mathématique des effets aux causes, telle est l'idée maîtresse qui domine les notes éparses de Léonard sur la mécanique.

Il exprime nettement le principe d'inertie : « Aucune chose perceptible par les sens ne peut se mouvoir d'elle-même. » Cette première formule est comme imposée par l'expérience vulgaire : un corps en repos demeure en repos, jusqu'à ce qu'une cause étrangère intervienne. Mon fauteuil n'approche de mon bureau que si je l'y porte. Mais le principe d'inertie implique que le corps ne modifie pas plus son état de mouvement que son état de repos. Or ne voyons-nous pas les corps peu à peu se ralentir, puis s'arrêter ? Au delà de cette apparence, Léonard aperçoit la vérité que les sens nous cachent : « Tout corps, dit-il fortement, pèse dans le sens de son mouvement. » Entendez que le corps irait toujours sur la même ligne et du même train, si des causes nouvelles, frottement, gravité, résistance de l'air, n'intervenaient. Le corps ne s'arrête pas plus qu'il ne se meut, il est arrêté comme il est mû. La force n'est pas une 'puissance capricieuse, arbitraire ; elle pose nécessairement tous ses effets, dont les circonstances peuvent varier l'apparence, sans en altérer jamais la quantité. « Tout corps sphérique de surface dense et résistante, mû par une puissance égale, fera autant de mouvement avec ses bonds causés par le dur, sur un sol émaillé, que si on le lançait au travers de l'air [1]. » (A 24 r°.) Arrêté brusquement, le mouvement devient le *coup* qui lui reste proportionnel.

En ramenant les machines au levier, comme à la machine élémentaire, dont les autres ne font que varier et compliquer le principe, Léonard confirme ses vues théoriques : l'impossibilité de créer la force de rien, d'échapper à la nécessité qui proportionne les effets aux causes. Il ne se borne pas à constater les faits, il en a la claire intelligence. Sa théorie du levier est très précise. « Le poids attaché à l'extrémité d'un levier fait d'une matière quelconque soulèvera à l'extrémité du contre-levier un poids supérieur à lui-même, d'autant que le contre-levier entre de fois dans le levier. » (A 47 r°.) Soit un levier de 20 brasses

---

1. « Universellement, toutes les choses désirent se maintenir dans leur nature. Aussi le cours de l'eau qui se meut cherche-t-il à se maintenir selon la puissance de sa cause, et si elle trouve une opposition qui lui fasse obstacle, elle termine son cours commencé en droite ligne par un mouvement circulaire et de tournoiement. » (A 60 r°.)

et un contre-levier de 1 brasse, une livre à l'extrémité du levier soulèvera 20 livres à l'extrémité du contre-levier. Est-ce à dire que le levier nous permette de créer la force de rien? Créer la force de rien, voilà l'erreur qui engendre toutes les illusions et toutes les chimères (contre le mouvement perpétuel A 21 v°). On ne crée pas la force, on transforme les effets de celle dont on dispose. Le levier est une machine dont les deux bras sont solidaires; leurs vitesses sont proportionnelles à leurs longueurs. Quand on fait usage du levier, ce qu'on gagne en force, on le perd en vitesse. C'est la théorie du Vinci. Entre les longueurs des bras d'un levier, les poids qu'ils équilibrent et les chemins qu'ils parcourent, il y a proportion. (A 45 r°.) « Une cause lente, dit-il encore, produit un mouvement rapide et faible; une cause rapide et faible produit un mouvement lent et fort. » (A 30.) Il est amené ainsi à énoncer le principe des vitesses virtuelles : dans une machine, les forces qui se font équilibre sont inversement proportionnelles à leurs vitesses virtuelles. On attribuait jusqu'ici la découverte de ce principe à Guido Ubaldi et à Galilée [1].

Il distingue le levier potentiel du levier réel;

1. Je renvoie pour cette histoire des idées scientifiques de Léonard à l'excellent opuscule de M. Hermann Grothe : *Leonardo da Vinci als Ingenieur und Philosoph*.

il calcule avec justesse l'action des forces qui agissent normalement ou obliquement à l'extré- mité des bras du levier. Il ramène la poulie fixe à un levier dont les deux bras seraient égaux et d'un terme expressif l'appelle « la balance circu- laire ». Il montre qu'en combinant un système de plusieurs poulies on modifie les rapports des deux bras du levier et par suite le rapport de la force au poids qu'elle peut soulever : c'est la théorie de la moufle [1]. Stevin passait jusqu'ici pour l'au- teur de cette découverte. (Grothe.) Il considère le treuil comme un levier de deux bras inégaux, dont l'un est le rayon du cylindre autour duquel la corde chargée du poids s'enroule, et dont l'au- tre est égal à la distance du point sur lequel on agit à l'axe de rotation. Dans la vis il retrouve le même principe. Il n'est pas jusqu'au plan in- cliné que, cent ans avant Stevin, il ne rattache au levier. A plusieurs reprises, nous trouvons

dans les manuscrits deux plans inclinés contigus qui ont même hauteur et même longueur ; sur une poulie fixée à l'arête com- mune passe un fil qui supporte deux poids égaux en équilibre :

---

1. « Le poids appliqué aux moufles de quatre poulies sera en équilibre avec le quart du poids appliqué à la corde du premier mouvement. »

« les poids égaux placés sur des obliquités égales
seront de mouvements égaux avec vitesses égales
et temps égaux » (G 49 r°.) Si les plans inclinés
ont une même hauteur, mais une longueur différente, les poids supportés par la poulie ne seront
en équilibre que s'ils sont entre eux comme les
longueurs des plans inclinés.

Léonard reprend en même temps les travaux
d'Archimède sur le centre de gravité des solides.
Quand il s'agit d'un système de corps, il cherche
d'abord le centre de gravité de chaque corps pris
séparément, puis, par le principe du levier, il
combine ces corps deux à deux et il trouve le
centre des forces parallèles qui est en même temps
le centre de gravité du système[1]. Il place le centre de gravité de la pyramide au quart de la hauteur de la droite qui joint le sommet au centre
de gravité de la base (F 31 r°); Commandin et
Maurolycus se disputaient jusqu'ici l'honneur de
ces découvertes.

1. *Libri. Hist. des Sciences math. en Italie*, t. III, 41.

II

« La dynamique, dit Lagrange, est due entièrement aux modernes et Galilée est celui qui en a
jeté les premiers fondements [1]. » Dans la théorie
du mouvement, comme dans celle de l'équilibre
des corps, le Vinci devance Galilée. Principe de
l'inertie, indépendance et composition des mouvements simultanés et successifs, il connaît et applique « les deux grands principes sur lesquels
repose la théorie des mouvements variés et des
forces accélératrices qui les produisent ». Si un
corps est mu par une force en un temps donné
dans un espace donné, la même force sera en
état de le mouvoir pendant la moitié de ce temps
dans la moitié de cet espace, ou en deux fois plus

---

1. *Méc. Analyt.*, 2ᵉ part., sect. 1ʳᵉ. «La théorie des mouvements
variés et des forces accélératrices qui les produisent est fondée
sur ces lois générales que tout mouvement imprimé à un corps
est par sa nature uniforme et rectiligne, et que différents mouvements imprimés à la fois ou successivement à un même
corps se composent de manière que le corps se trouve à chaque
instant dans le même point de l'espace où il devrait se trouver
en effet par la combinaison de ces mouvements, s'ils existaient
chacun et séparément dans le corps. C'est dans ces deux principes que consistent les principes connus de la force d'inertie
et du mouvement composé. Galilée a aperçu le premier ces deux
principes. »

de temps dans un espace double. (F 26 r°.) C'est
la loi du mouvement uniforme, l'espace parcouru
est proportionnel au temps. L'étude de la chute
des corps sous l'action de la pesanteur le conduit
à l'idée du mouvement uniformément accéléré.
Il marque nettement les conséquences de la nature d'un tel mouvement : « Si deux balles égales
de poids et de grandeur sont situées à la distance
d'une brasse l'une au-dessus de l'autre et qu'elles
prennent *en même temps* leur descente, toujours
à chaque degré de mouvement leur intervalle
restera de même grandeur... Si après la descente
d'une brasse faite par une balle tu en laisses tomber une autre semblable, tu trouveras qu'à chaque degré de mouvement changera la proportion
de leur vitesse et puissance [1]. » (M 61 r°.) Léonard indique des expériences qui prouvent qu'il
a cherché les lois de l'accélération de la chute des
corps. « Si un poids tombe de 200 brasses, de
combien tombera plus vite la seconde centaine de
brasses que la première? » (A 32 v°.) On ne

---

1. Léonard cherche à déterminer les effets de la résistance de
l'air sur la chute des corps. « Si deux poids égaux sont situé
l'un sous l'autre en ligne verticale et qu'on les laisse tomber en
même temps, en une longue descente ils consumeront leur intervalle et en viendront à se toucher. » Comme l'air est d'autant plus subtil qu'on s'élève davantage, le poids en avance
rencontre toujours un air plus dense ; en second lieu, ce premier poids a la résistance de l'air à vaincre et le second profite
en quelque sorte de l'effort de celui qui le devance. (M 43 v°.)

trouve pas d'ailleurs dans ses écrits la formule exacte de ces lois. « Dans l'air d'uniforme épaisseur, écrit-il, le corps grave qui descend, à chaque degré de temps, acquiert un degré de mouvement de plus que le degré (de mouvement) du temps précédent, et de même un degré de vitesse de plus que le degré (de vitesse) du mouvement précédent. *Donc à chaque quantité doublée du temps la longueur de la descente est doublée, ainsi que la vitesse du mouvement.* » (M 44 v°.) La formule de la loi des vitesses est exacte : les vitesses sont proportionnelles aux temps ; mais on ne saurait déduire de ce texte la loi des espaces, proportionnels au carré des temps [1].

Le corps qui suit la pente d'un plan incliné

---

1. Il est facile de le voir en jetant les yeux sur le schème de la loi que Léonard joint au texte cité :

```
1 2 3 4 5 6 7 8 9 10
o o o o o o o o o  o
 o . . . . . . . . .
  o . . . . . . . . .
   o . . . . . . . .
    o . . . . . . .
     o . . . . . .
      o . . . . .
       o . . . .
        o . . .
         o . .
          o .
           o
```

La ligne des chiffres (1 à 10) donne l'accroissement des temps; les distances d'un point à l'autre comptées sur chaque ligne verticale donne l'accroissement des vitesses ; pour calculer l'espace parcouru en 5 secondes, par exemple, si la seconde est l'unité de temps, il suffit d'additionner toutes les distances comptées sur les lignes verticales jusqu'à la ligne 5 inclusivement.

obéit, dans sa chute ralentie, aux lois de la pesanteur : « encore que le mouvement soit oblique, il observe à chacun de ses degrés l'accroissement du mouvement et de la vitesse. » (M 42 v°.) Cette vérité sert de point de départ aux observations de Galilée. Cent ans avant Stevin et avant lui, Léonard établit que la chute d'un corps qui suit la pente A C d'un plan incliné, comparée à la chute verticale A B, est d'une durée d'autant plus longue que A C est plus grand que A B. (M 42 r°.) Les figures dont le texte est illustré montrent qu'il décompose l'action de la pesanteur dans le plan incliné en une double action, l'une qui retient le corps, l'autre, plus puissante, qui l'entraîne. Un texte curieux nous montre une application plus intéressante encore du principe de l'indépendance des mouvements simultanés et de la composition des forces. Il suppose un corps tombant en chute libre « de la partie la plus élévée de la sphère du feu » jusqu'au centre du monde. « Encore que les éléments soient en continuel mouvement de circonvolution autour du centre du monde, » le mobile descend par un mouvement rectiligne. Sous l'action de la pesanteur, le corps doit aller en ligne droite du point d'où il est parti au centre de la terre ; mais tandis que le corps tombe tout le système tourne et par suite le point de départ se déplace. « Je dis que le corps descendant en spirale ne sort pas de la ligne droite. » Toujours, en effet, il est au-dessous de ce point de départ et dans la ligne la plus courte qui le relie au centre de la terre. « C'est un mouvement composé, à la fois rectiligne et courbe. Il est rectiligne, parce que le corps se trouve toujours sur la ligne la plus courte qui relie le point de départ au centre des éléments, il est courbe en soi et dans chaque point de sa route. » (G 54, 55.) C'est ici Gassendi et le traité : *De motu impresso a motore translato* qu'il devance. (Grothe.) Ailleurs il suppose la terre coupée en morceaux que l'on éparpille à la hauteur des éléments. Ces morceaux tombent jusqu'au centre commun, puis, sous l'action de la vitesse acquise, s'en éloignent encore, jusqu'à ce qu'après des oscillations de plus en plus lentes ils se réunissent au centre commun, « comme un poids suspendu à une corde, tiré de côté et livré à lui-même, va et revient longtemps en diminuant toujours ses excursions jusqu'à ce qu'il s'arrête enfin sous la corde qui le retient. » N'est-ce pas, remarque Venturi, le pressentiment des lois du pendule et de la gravitation.

Léonard multiplie les expériences sur la résistance des corps solides à la pression, à la traction, en variant les circonstances, matériaux, point d'appui, formes des corps. « Plus étonnantes encore et plus incroyables, dit M. Govi (Saggio), sont ses expériences sur le frottement et les lois qu'il sut en déduire. » Au moyen d'une ficelle chargée d'un poids qui passe sur une poulie très mobile, il fait glisser des corps sur un plan horizontal : le poids nécessaire pour les mettre en mouvement varie selon l'intensité du frottement. C'est un appareil semblable qu'imaginera Coulomb. De même il calcule l'angle d'inclinaison qu'il faut donner à un plan pour que les corps qu'il soutient commencent à glisser : c'est encore le procédé qu'on emploie en mécanique pour déterminer le coefficient de frottement d'un corps au départ. Il distingue enfin du frottement la résistance de la roue qui, « marchant à pas infiniment petits, touche plutôt qu'elle ne frotte ». En variant ses expériences, il arrive aux lois suivantes : le frottement est indépendant de l'étendue des surfaces en contact [1], plus les corps sont polis et lubrifiés plus le frottement diminue; pour des corps également polis et lubrifiés, le frottement est proportionnel à la pression; sur un plan horizontal dont les surfaces sont polies, tout corps résiste dans son frottement avec une puissance égale au quart de sa pesanteur (loi inexacte). Ainsi, deux siècles avant Amontons (1699), trois siècles avant

---

1. Léonard avait d'abord adopté l'opinion contraire (A), mais ses expériences lui découvrirent son erreur et l'amenèrent à la corriger.

Coulomb (1781), le Vinci avait imaginé leurs expériences et en avait tiré à peu près les mêmes conclusions : indépendant de l'étendue des surfaces en contact, le frottement dépend de la pression qui s'exerce entre les deux corps et de la nature de leurs surfaces.

III

Comme la théorie du levier, la science de l'équilibre et du mouvement des fluides nous reporte au grand nom d'Archimède. « Clairement éveillée dans l'esprit d'Archimède, dit Whewell (*Hist. des sciences inductives*), l'idée de pression s'endormit pour des siècles, jusqu'à ce qu'elle fût réveillée par Galilée et d'une façon plus remarquable encore par Stevin. » Il faut rectifier sur ce point l'histoire de la science positive : ici encore Léonard est le disciple et le continuateur du grand Syracusain. L'eau exerce sur lui une sorte de séduction : il aime ses lignes capricieuses et vivantes, ses mouvements onduleux, ses tons mobiles et doux ; artiste, il la fait serpenter dans le fond de ses tableaux ; ingénieur, il joue avec sa puissance redoutable, construit des machines sur son passage, la dirige, la contraint de déposer où il lui plaît la terre qu'elle entraîne. C'est son privilège de sentir encore le charme mystérieux des choses qu'il analyse.

Il a l'idée nette de la composition moléculaire de l'eau : il compare le mouvement qui, sous le choc d'un corps pesant, se propage à sa surface, au frisson qui parcourt la peau de l'homme. Il distingue une double gravité de l'eau, l'une universelle, l'autre particulière[1] : la première est celle qui maintient la surface d'une grande masse d'eau, océan, fleuve, lac, à égale distance du centre de la terre ; la seconde est celle qui fait la sphéricité des particules élémentaires. La notion claire de fluide implique celle de la transmission des pressions. Il prend deux vases, le premier rempli d'eau ou de quelque autre liquide, le second de millet, de sable ou de quelque autre chose discontinue, et il demande « combien de force et de poids feront les choses contenues dans ces deux vases, c'est-à-dire quelle différence il y a entre ce que reçoit de poids le fond et ce qu'en reçoivent les parois bien que tout le poids se décharge sur le fond ». (J 62 v°.) Il cherche encore si toute l'eau qui s'élève en ligne perpendiculaire au-dessus de l'ouverture faite au fond d'un vase pèse sur cette ouverture ou si une partie de la gravité n'est pas distraite par la pression sur les parois latérales du vase, et il résout le problème au moyen d'une balance ingé-

1. Leic., 34 v° ; J. P.-R., II, § 933.

nieusement disposée. (Govi.) Un siècle et demi avant Pascal, il observe les conditions d'équilibre des liquides placés dans des vases communiquants : « Les surfaces de tous les liquides immobiles qui communiquent, toujours sont d'égale hauteur : *le superficie di tutti i liquidi immobili, li quali infra loro fieno congiunti, sempre fieno d'eguale altezza.* »

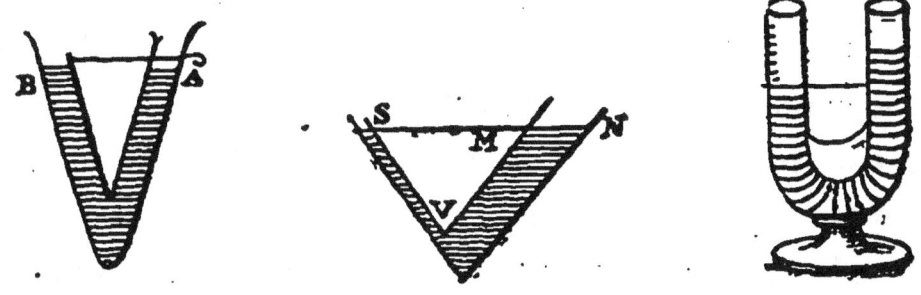

De nombreuses figures montrent que la loi n'est pas altérée par la variation de la forme des vases : l'une nous montre le schème encore en usage dans nos manuels pour faire entendre le principe de la transmission des pressions et son application à la presse hydraulique. Si les liquides sont de densité différente, les hauteurs des deux liquides au-dessus de la surface de séparation doit être en raison inverse de leur densité. (E 74 v°.)

Le mouvement des liquides ne l'intéresse pas moins que leur équilibre. Il suit l'eau dans ses métamorphoses, vapeur, pluie, glace, rosée, gelée blanche. Il projette un livre sur le mouvement de l'eau à travers les siphons (*libro del moto dell' acqua per le cigognole*). Plus de cent ans avant le traité de Castelli (*Della misura dell'acqua corrente*, 1638), il cherche la quantité d'eau qui peut s'écouler par une ouverture pratiquée à la paroi d'un canal : « l'eau qui se déverse par une même ouverture peut, selon les circonstances, varier sa quantité en 17 manières. » (F 9 v°.) Il calcule la vitesse de l'écoulement de l'eau, son rapport à la distance qui sépare la surface horizontale du liquide de l'orifice par lequel il s'écoule ; à la largeur, à la longueur et à la forme des tuyaux [1]. Il ne s'enferme pas dans les généralités ; il étudie l'eau sous toutes les formes qu'elle prend dans notre monde : l'Océan, son flux et son reflux ; la circulation des nappes souterraines ; les fleuves, les canaux, les chutes d'eau ; la rapidité des courants, leur vitesse aux diverses profondeurs, les effets de leurs rencontres, leurs actions sur les rives, sur les fonds, sur les digues, sur les obstacles de toute sorte que l'homme ou la nature leur opposent. Pour mesurer la vitesse des eaux fluviales, il tient compte de la largeur du lit, de sa pente, du frottement des rives et du fond, de celui de l'air

---

1. « L'eau qui, par descente directe, se meut par tuyaux de longueurs égales sera de mouvement d'autant plus rapide que ces tuyaux seront de plus grande largeur ; et ceci se prouve parce que la ligne centrale de l'eau est plus éloignée du frottement du tuyau large que de l'étroit ; pour cela, son mouvement est moins empêché et il se fait plus rapide. » (E 12 v°.)

même à la surface [1]. On ne sait ce qu'il faut le plus admirer de la variété des problèmes ou de l'ingéniosité des solutions.

Il donne la théorie des tourbillons, il en produit d'artificiels pour les mieux observer. Il rattache leur origine au principe de la permanence de la force. « Tout mouvement naturel désire conserver son cours par la ligne de son principe... (I 68 r°.) Aussi le cours de l'eau cherche-t-il à se maintenir selon la puissance de sa cause, et si elle trouve une opposition qui lui fasse obstacle, elle termine son cours, commencé en droite ligne, par un mouvement circulaire ou de tournoiement. » (A 60 r°.) Leur durée semble contraire aux lois de la pesanteur. « Si l'eau ne peut se tenir au-dessus de l'air comment est-il possible que se produise un tourbillon, dans lequel l'eau forme la paroi d'une cavité remplie d'air? Tu as la 4e du 7e qui prouve que tout grave ne pèse que sur la ligne de son mouvement (*principe d'inertie*); c'est ainsi que les tourbillons très profonds se creusent à la façon de grands puits; leurs parois latérales sont formées d'eau qui est plus haute que l'air, c'est que ces rives d'eau (*argine d'acqua*) ne pè-

---

1. Je relève au passage ce théorème: « Il y a à la surface de l'eau des bosses et des cavités. De même que les bas qui couvrent les jambes révèlent au dehors ce qu'ils cachent au dedans, de même la partie superficielle de l'eau montre la qualité de son fond. » (A 59 v°.)

sent que sur la ligne de leur mouvement, tout le temps qu'elles possèdent la puissance que leur donne leur moteur. » (F 14 v°.) Dans le tourbillon la vitesse s'accroît de la circonférence au centre, au contraire de la roue dont les parties sont animées d'un mouvement d'autant plus lent qu'elles sont plus proches de l'axe de rotation. S'il n'en était pas ainsi, la cavité se remplirait d'eau. La gravité exerce une double action sur l'eau qui forme les parois : l'une produit le mouvement circulaire, l'autre agit dans le sens de la verticale et met fin au tourbillon en précipitant l'eau dans sa cavité. (F 13 v°.) De ces observations il résulte que « ce tourbillon a une concavité plus profonde qui s'engendre dans une eau de plus rapide mouvement ; et réciproquement que ce tourbillon sera de moindre concavité qui s'engendre dans une eau plus épaisse et plus lente ».

La théorie s'achève par la pratique. Sachant les causes, Léonard est maître des effets. Il met l'eau et ses lois indifférentes au service de l'homme. Les applications se multiplient en son esprit comme les vérités dont elles se déduisent. Mise dans l'impossibilité de nuire, dirigée, l'eau est un merveilleux travailleur qui comblera les marais, nettoiera par sa seule action le lit des fleuves, l'approfondira, unira les villes, fertilisera les campagnes. « Non seulement, dit Venturi, le Vinci

avait remarqué tout ce que Castelli a dit un siècle
après lui sur le mouvement des eaux, mais le premier me paraît de beaucoup supérieur au second,
que l'Italie cependant a regardé comme le fondateur de l'hydraulique [1]. »

IV

Par la théorie de la formation et de la propagation des ondes, la science contemporaine ramène les forces physiques à l'unité et leurs lois à
celles du mouvement. Léonard est conduit par
ses études sur l'eau à réfléchir sur le mouvement
ondulatoire : il en esquisse magistralement la
théorie et entrevoit la généralité de ses applications.

Il part de l'étude des vagues de la mer. La vague a un mouvement réfléchi et un mouvement
incident. Le mouvement réfléchi est celui qui se

1. En 1828 on a publié à Bologne sous ce titre : *Del moto e misura dell'acqua di Lionardo da Vinci*, la plupart des notes sur
l'eau éparses dans les manuscrits. Cette publication ne faisait
d'ailleurs que reproduire un manuscrit existant à Rome dans la
bibliothèque Barberini. Je n'ai pas cherché à exposer ni même à
résumer toutes les idées contenues dans ce traité, j'ai voulu seulement, comme dans tout ce chapitre, dégager les vues originales,
et faire pressentir leur rapport malgré la dispersion de cette encyclopédie par notes détachées.

fait au moment où naît la vague (*nella genera-zione dell'onde*), après le choc, quand l'eau rebondit et s'élève dans l'air ; le mouvement incident est celui que fait la vague en retombant de sa hauteur, mouvement qui n'est pas causé par un choc, mais seulement par la pesanteur que l'eau a acquise en sortant de sa situation normale d'élément. Le mouvement incident est plus fort que le mouvement réfléchi : la vallée de la vague se creuse rapide, sa montagne se dresse lentement. Qu'est-ce donc que la vague ? « la conséquence du choc réfléchi par l'eau ; son élan (*impeto*) est beaucoup plus prompt que celui de l'eau. Aussi la vague fuit souvent le lieu où elle a pris naissance, sans que l'eau se déplace. La ressemblance des vagues de la mer est grande avec les vagues que produit le vent sur un champ de blé et que l'on voit courir, sans que les épis changent de place ». Cette comparaison est devenue classique. « Quelquefois les ondes sont plus rapides que le vent et quelquefois le vent est beaucoup plus rapide que l'onde ; les navires sur la mer le prouvent. Les ondes peuvent être plus rapides que le vent pour avoir été produites par un grand vent; puis, celui-ci étant tombé, l'onde a conservé une grande force d'impulsion. » (F 48 v°.) L'eau ne peut aussi vite « reprendre ses vagues en elle, parce que dans la chute de l'eau du sommet au fond de la vallée la vitesse, la force et le mouvement se renouvellent. » Quand la vague se brise sur le rivage, son mouvement incident se change en mouvement réfléchi : c'est ainsi qu'elle sort et entasse par rangées les corps qu'elle entraîne. Le mouvement incident rejette les plus grosses pierres; le mouvement réfléchi est trop faible pour les remporter; seules les choses légères sont tour à tour lancées en avant et ramenées en arrière, et « le sable est comme le jeu de balle des deux mouvements ».

Le mouvement des vagues de la mer n'est qu'un cas particulier du problème général de la propagation des ondes. Quand un corps pesant pénètre dans l'eau, il la déplace, y fait comme un trou [1] qu'elle comble aussitôt avec une agitation « qu'il faut appeler tremblement (*tremore*), frisson, plutôt que mouvement ». (A 61 r°.) L'onde est un mouvement moléculaire qui de cercle en cercle se propage en s'affaiblissant : comme la vague de la mer, elle est la conséquence du choc réfléchi par l'eau qu'elle agite sans la déplacer. Pour vous en assurer, « jetez un fétu sur les cercles des ondes,

---

1. « Quand une goutte d'eau tombe d'un toit sur une autre eau, l'eau frappée ne peut pénétrer sous l'eau qui l'entoure, elle cherche donc la voie la plus courte, et court vers la chose qui lui fait le moins de résistance, c'est-à-dire l'air... Et si tu croyais que l'eau qui tombe fût celle qui saute, fais tomber sur l'eau une petite pierre, et tu verras de même l'eau sauter, non pas la pierre. » (C 22.)

et observez comment il est sans cesse agité, mais sans changer de place. Il en est de même de l'eau des ondes ». (A 61 r°.) Les vagues qui remontent un fleuve n'altèrent pas son cours ; l'eau marche en sens contraire des frissons qui la rident.

Si, au même moment et à des distances bien calculées, on jette deux petites pierres dans une eau tranquille, il se produit deux systèmes de cercles concentriques qui se coupent : « Je demande si, quand un cercle se rencontre en se développant avec le cercle qui lui répond, il entre dans ses ondes en les coupant ou si, aux points de contact, les chocs se réfléchissent sous des angles égaux. *Questo è bellissimo quesito e sottile !* » Léonard résout ce subtil problème et montre que les ondes se coupent en se pénétrant. « Si tu jettes en un même temps deux petites pierres à quelque distance l'une de l'autre, sur une grande nappe d'eau sans mouvement, tu verras se produire autour des deux percussions deux systèmes distincts de cercles qui en augmentant viendront à se rencontrer et à se pénétrer : les cercles de chaque système se coupent les uns les autres en conservant pour centre les endroits frappés par les pierres. » (A 61 r°.) La loi du mouvement ondulatoire se ramène donc à ses termes : les ondes se croisent sans se troubler ni se confondre.

L'air est une sorte de fluide : comme l'eau, il se

compose de particules sphériques qui jouent librement les unes sur les autres. Il est pesant, élasti-
que, compressible, plus dense en bas, dans le
voisinage de la terre et de l'eau. On peut le comparer « à un coussin de plumes que presse un dormeur ». Devant les corps qui le pénètrent plus
rapidement qu'il ne peut fuir, il se condense pro-
portionnellement à la vitesse du mobile [1] : « Cela
vient de ce que qui peut déplacer une partie de
l'air ne saurait pousser le tout de ce qui est en
avant, de même l'eau monte en avant du navire
qui la coupe. » (E 70 v°.) L'air peut être condensé
et raréfié à l'infini (E 47 v°) ; « plus il se comprime
plus il pèse dans l'autre air. » (I 69 r°.) Sans l'air,
la combustion est impossible. Léonard est ici le
précurseur de Lavoisier. « La flamme ne vit pas
où ne vit pas un animal qui respire. Où l'air n'est
pas approprié à recevoir la flamme, aucun animal
terrestre et aérien ne peut vivre... Où naît une
flamme, un courant d'air se produit autour d'elle ; il
sert à l'entretenir et à l'accroître. Le feu détruit
sans cesse l'air qui le *nourrit* (*nutrica*) et il se
produirait un vide, si un nouvel air ne se précipitait pour le remplir. Au centre de la flamme
d'une lumière, il se forme une ombreuse fumée

---

1. Léonard applique ce principe de la condensation et de la
résistance de l'air au vol des oiseaux ; il explique, par une suite
de condensations et de raréfactions successives, le mouvement
flexueux de la planche lancée obliquement qui tombe.

parce que l'air qui entre dans la composition de la flamme ne peut pénétrer jusque-là [1]. » Il est impossible de marquer plus nettement, en même temps que le rapport de la combustion et de la respiration, le rôle analogue de l'air dans ces deux phénomènes.

Éléments semblables, l'air et l'eau offrent les plus frappantes analogies. « L'air se meut comme un fleuve et entraîne avec soi les nuages; ainsi l'eau courante entraîne toutes les choses qui se soutiennent sur elle. (G 10 r°)... Dans tous les cas du mouvement, l'eau a une grande conformité avec l'air. (A 61 r.)... Le vent est en tout semblable dans son mouvement à l'eau. » (A 60 r°.) Quand on lance un projectile, l'air chassé produit des cercles dont le corps mobile est le centre, « cercles semblables à ceux qui se forment dans l'eau avec l'endroit frappé par la pierre pour centre ». (A 43 v°.)

L'analogie de l'air et de l'eau permet de nouvelles applications de la théorie des ondes. Le son est un mouvement : son principe n'est pas dans l'oreille, mais dans l'objet, comme le montre l'expérience de la cloche qui touchée cesse de vibrer et d'être entendue. (A 34 v°.) Tantôt, comme

1. Ces textes, empruntés au *Codex Atlanticus*, sont donnés par M. Grothe dans son opuscule : *Leonardo da Vinci als Ingénieur und Philosoph.*

dans le cas de la cloche, il résulte de la vibration
qui du corps frappé se communique aux ondes de
l'air, tantôt, comme dans le cas de la bombarde, du
choc de l'air. Mais toujours il est un mouvement
qui se propage dans un fluide par des ondes ana-
logues à celles que forme la pierre jetée dans l'eau.
Quand elles se rencontrent, ces ondes se coupent
sans se mêler ni se confondre. « Les sons qui
pénètrent l'air s'éloignent avec des mouvements
circulaires de leurs causes en les gardant toujours
pour centres. » (A 61 r°.) Ils restent soumis aux
lois générales du mouvement. « Tout coup frappé
sur un objet saute en arrière par un angle égal
à celui de la percussion. » (A 19 r°.) Jetez une
balle contre un mur, dans son trajet « elle est
contrainte de laisser sur la paroi deux angles
égaux ». L'écho est un cas de la percussion : il
n'est autre chose que le rebondissement du son
contre un obstacle, selon la loi de l'égalité de
l'angle d'incidence à l'angle de réflexion.

Léonard sait que le son de vitesse constante
parcourt dans chaque unité de temps une même
distance qu'il s'efforce de calculer en observant le phénomène de l'écho. « Il est possible
de connaître avec l'oreille la distance d'un coup
de tonnerre, en voyant d'abord l'éclair, par la
ressemblance de la voix d'écho (*per la similitu-
dine della voce d'echo*). » (A 19 r°.) Le son se pro-

page aussi par les liquides et par les solides : dans ces milieux même il perd moins de son intensité pour une même distance que dans les gaz. « Si tu arrêtes ton navire, que tu mettes la tête d'un tube dans l'eau et que tu appliques l'autre extrémité à ton oreille, tu entendras les navires très éloignés de toi. Et tu feras de même en posant ladite tête du tube en terre et tu entendras qui passe loin de toi [1]. » (B 6 r°.) Musicien, le Vinci a observé qu'une note communique ses vibrations aux éléments qui sont en accord avec elle. « Le coup donné dans la cloche fera répondre et remuera un peu une autre cloche semblable à elle, et la corde résonnante d'un luth fera répondre et remuera un peu cette corde semblable, de voix semblable, d'un autre luth : ce que tu verras en mettant une petite paille sur la corde semblable à celle qui a résonné. » (A 22 v°.) On attribuait à Galilée la découverte de cette loi.

« Le peintre qui dessine de pratique, au jugement de l'œil et sans raison, est comme le miroir qui reproduit toutes les choses qui lui font face sans les connaître [2]. » C'est le goût de Léonard de savoir ce qu'il fait. « La perspective est le

1. M. Charles Ravaisson fait remarquer que c'est la première idée du téléphone : les lois de la transmission du son servent à le faire percevoir de plus loin.
2. C. A. 75 r°, 219 r°; J.-P. R., I, § 20.

meilleur guide (*briglia*) dans l'art du peintre[1]. »
Il en étudie les lois, mais les lois de la perspective dépendent de la transmission des rayons lumineux et de la manière dont l'œil les perçoit.
Elle le conduit à l'étude de la lumière, de l'œil,
du soleil et des astres. Les problèmes se tiennent
comme les choses elles-mêmes.

La théorie des ondes s'applique à la lumière
comme au son. « De même que la pierre jetée dans
l'eau se fait centre et cause de divers cercles, de
même que le son produit dans l'air se répand
circulairement, ainsi tout corps placé dans l'air
lumineux se répand circulairement, remplit les
parties environnantes de son image indéfiniment
reproduite et apparaît tout en tout et tout en
chaque partie. » (A 9 v°.) Arrivant en tous sens,
prodigieusement multipliés, les rayons lumineux
se rencontrent, se croisent, mais, selon les lois
du mouvement ondulatoire, ils se coupent sans se
confondre et pénètrent l'air portant dans toutes ses
parties l'image distincte de l'objet qui les envoie.
L'air est plein d'infinies lignes droites et rayonnan-
tes, réciproquement entrecoupées et tissues, sans
que l'une se confonde avec l'autre (*sanza occupa-
tione l'una dell'altra*); elles représentent pour un
objet quelconque la vraie forme de leur cause. »

1. Ash. I, 22 v° ; J.-P. R., I, § 40.

(A 2 v°.) Une expérience permet de constater cette présence de l'image des objets en tout point de l'air qui leur fait face : dans un volet plein percez un petit trou et vous verrez sur la paroi de la chambre obscure une image renversée des objets extérieurs ; en multipliant les petits trous, vous multiplierez les images [1].

La lumière est soumise aux lois générales du mouvement dont elle est une espèce. La réflexion de l'image dans le miroir est l'écho de la lumière. De même que la balle contre le mur, la vague contre le rivage, le son contre l'obstacle, le rayon lumineux est rejeté en arrière selon un angle de réflexion égal à l'angle d'incidence. « Le son retourne à l'oreille par une ligne d'une obliquité telle qu'est celle de la ligne de l'incidence, il est réfléchi comme le rayon lumineux dans le miroir. » (A 19 v°.)

La théorie de l'ombre dérive de celle de la lumière. Elle est nécessaire au peintre qui par l'ombre seule peut rendre les formes dans leur relief. Léonard applique au problème de l'ombre son puissant esprit d'analyse. Il distingue les om-

---

1. « Les espèces des corps sont toutes infuses dans l'air qui les voit et toutes sont dans toute partie de cet air, on le prouve : soient les objets *a, c, e*, dont les espèces pénètrent dans une chambre obscure par les petits trous *n, p*, et s'impriment sur la paroi *f i*, qui fait face à ces petits trous. Ces impressions seront faites en autant de lieux de cette paroi que sera le nombre desdits trous. » (W. L. 145, B r°; J.-P. R., I, § 66.)

bres primitives et dérivées, simples et composées ;
il étudie les degrés de leur intensité, les limites
de leur diffusion, leurs différences, selon que la
lumière entre dans une chambre par une fenêtre,
se répand en plein air, vient d'un corps lumineux
directement ou au travers d'un milieu transparent ;
il recherche les lois qui relient leurs formes à
celles des surfaces éclairées et des corps éclai-
rants. Les figures qui illustrent les propositions
(Mᵗ C) montrent la justesse de sa méthode. Il
construit les ombres géométriquement en partant
de ce principe qu'il postule : « Je demande qu'il
me soit accordé que tout rayon qui traverse un
air d'égale densité court en ligne droite de sa
cause à l'objet qui lui fait face (*all'objetto o per-
cussione*). » (A 80.) La théorie de l'ombre l'amène,
deux cents ans avant Bouguer et Rumford, à
l'idée du photomètre, de la mesure de l'intensité
relative de deux lumières. Il remarque que « si
entre deux lumières on a mis à égale distance
un corps ombreux, il fera deux ombres opposées
qui différeront autant dans leur obscurité que sont
différentes les puissances des deux lumières opposées qui les créent ». (C 22 rᵒ.) L'intensité des
ombres est en raison directe de l'intensité des lumières. « Étant donné deux ombres portées par
un même objet placé entre deux lumières de double puissance, et supposé que ces ombres soient

d'égale obscurité, on demande quelle est la proportion des espaces qui séparent les lumières de l'objet [1]. »

Je ne voudrais pas exagérer la suite et l'unité de ces notes dispersées, mais de leur rapprochement me paraît se dégager l'esprit même de la science moderne. Non seulement Léonard ouvre la voie et y marche d'un pas ferme, mais il voit nettement où elle mène. Dans l'étude des phénomènes les plus divers jamais il ne perd le sentiment des grands principes qui doivent se retrouver en tous. Sa théorie des ondes deviendra la théorie de l'unité des forces. Déjà il ramène le son et la lumière à n'être que des formes du mouvement et les lois de leur propagation des corrollaires des lois de la mécanique générale. Il commence ce que nous achevons : la mécanique est la science par excellence, c'est d'elle qu'il part, c'est à elle que, sans cesse, il revient ; elle marque le but ; par elle seule il est possible de relier les sciences de la nature aux mathématiques.

1. C 22 r°. « Si l'on a mis la grande lumière distante du corps ombreux et que la petite lumière en soit voisine, c'est chose certaine que les ombres pourront se faire d'égale obscurité ou clarté... La proportion de l'obscurité de l'ombre *a b* avec l'ombre *b c* sera telle qu'est celle de la distance des lumières entre elles. »

CHAPITRE III

LÉONARD DE VINCI SAVANT. — ASTRONOMIE ET GÉOLOGIE.

Par l'étude de la perspective, Léonard est conduit à réfléchir sur l'ombre et la lumière, sur la structure et les fonctions de l'œil, instrument de leur perception, sur les corps célestes, leur première cause. Un sujet le mène à l'autre. Ses observations se multiplient, un traité nouveau s'ajoute à ceux que déjà il médite. La diversité des phénomènes varie les sciences, leurs rapports les relient l'une à l'autre : en se séparant, elles ne cessent pas de vivre d'une vie commune, elles sont l'œu-

vre d'un même esprit et l'intelligence d'un même
univers. Le scintillement des étoiles (F 25 v°),
la grandeur apparente des astres au zénith et à
l'horizon, les degrés de leur clarté (F 77 v°), les
instruments qui permettent de les rapprocher de
l'œil (E 15 v°), autant de problèmes qui font de
l'optique une introduction naturelle à l'astronomie.

I

Léonard subit-il l'influence du grand astronome Paolo Toscanelli (mort en 1482), qu'il put
connaître dans sa jeunesse à Florence, nous l'i-
gnorons. Nulle part il ne le nomme dans les
manuscrits, et c'est seulement dans les dernières
années de sa vie qu'il paraît avoir eu l'idée d'un
traité spécial sur les corps célestes [1]. Familiarisé
par ses longues études avec le détail des phénomènes en même temps que pénétré du sentiment
de la vie universelle, il voulut saisir dans ses
grandes lignes l'édifice que compose « l'ingé-
nicuse nature ».

L'idée seule d'une science des corps célestes

1. Le manuscrit F est de 1508.

est alors une audace. La théorie courante des écoles est celle d'Aristote : les astres sont incorruptibles, divins, sans rapport avec notre monde sublunaire dont la loi est la génération, le changement et la mort. La terre ne nous apprend rien du ciel qui est d'un autre ordre : il n'y a pas à faire la science de phénomènes qui n'existent pas. Hardiment, Léonard brise cette antique hiérarchie : il met la terre dans le ciel. « Tu as à montrer dans ton traité (*discorso*) que la terre est un astre semblable ou à peu près à la lune, et la noblesse de notre monde (*la nobelta del nostro mondo*). » (F 56 v°.) Il affirme que les lois de notre monde sont les lois du monde. La nature ne se dément pas elle-même ; une même nécessité embrasse l'univers, y fait dériver toute action du mouvement et y soumet tout mouvement aux principes que nous révèlent ici-bas l'observation et le calcul.

Embarrassés de soutenir les astres sans point d'appui, les scolastiques les supposent sertis, comme d'énormes diamants, dans des sphères qui tournent en les emportant. Ces sphères s'emboîtent les unes dans les autres. Mais, s'il en est ainsi, comme tous les mobiles en contact, elles sont soumises aux lois du frottement. « Le frottement consume les corps frottés. Si vraiment ce frottement avait lieu, les cieux, en tant de siècles pendant lesquels ils ont tourné, auraient été consumés par leur immense vitesse de chaque jour... Concluons donc que le frottement aurait usé les surfaces de contact (*li termini*) de chaque ciel, et autant il est plus rapide vers le milieu que vers les pôles, autant il se consumerait plus au milieu qu'aux pôles, ensuite de quoi il n'y aurait plus de frottement et le son cesserait et les danseurs s'arrêteraient. » Si les astres ne sont pas fixés dans des sphères, comment se soutiennent-ils dans l'espace? Ces grands corps sont un équilibre d'éléments qu'une force propre ordonne et contient. « La terre n'est pas au milieu du cercle du soleil, ni au centre du monde, mais elle est au milieu de ses éléments qui l'accompagnent et lui sont unis. » (F 41 v°.) On songe à l'hypothèse de la gravitation. La terre ne diffère pas des autres corps célestes, elle est un astre ; pour les habitants de la lune, elle serait précisément ce que la lune est pour nous. « Dans mon livre je me propose d'établir que l'océan et les autres mers, en réfléchissant le soleil, font resplendir notre monde comme resplendit la lune, et qu'aux mondes éloignés elle paraît un astre.» Si la terre est un astre, la science de ce qui s'y passe ne nous laisse pas étrangers aux phénomènes de ces mondes dont seule leur lumière trahit pour nous l'existence. La lune n'est d'abord pour nous qu'un petit corps lumineux qui réfléchit les rayons

du soleil. Les lois de la réflexion dans les miroirs
nous aideront à pénétrer les mystères de sa nature[1]. L'optique est l'auxiliaire naturelle de l'astronomie.

La lune n'est pas lumineuse par soi, puisqu'elle
ne resplendit qu'éclairée par le soleil. La compa-
rerons-nous donc, avec quelques auteurs, à un
miroir sphérique et poli. Mais réfléchie dans un
tel miroir, la lumière ne l'illumine pas tout
entier. Prenez une boule d'or brunie, placez-la
dans les ténèbres, approchez un corps lumineux, un point s'éclaire vivement, le reste
demeure dans l'ombre. Pour obtenir une clarté
continue, il faudrait donner à la boule d'or la
forme « d'une mûre, fruit noir composé de petites
surfaces arrondies. Alors chacun de ces petits
globes, vu du soleil et de l'œil, montrerait à cet
œil l'éclat qu'y engendre l'image du soleil, et ainsi
se verraient à la fois une multitude de petits soleils qui par la longue distance s'uniraient jusqu'à
se confondre[2]. » Or les vagues de l'océan ont précisément cet effet de multiplier les images du
soleil qu'elles réfléchissent, jusqu'à en rendre,
en dépit des ombres légères que fait l'inégalité
des ondes, la splendeur continue[3]. N'est-ce pas

1. Br. M. 94 r°; J.-P. R., II, § 892.
2. Br. M. 94 v°; J.-P. R., II, § 896.
3. Br. M. 25 r°; J.-P. R., II, § 875.

que la lune est une terre comme la nôtre, couverte dans sa plus grande partie par l'océan. Ce sont les mers lunaires qui la nuit nous renvoient la lumière du soleil répétée à l'infini par leurs vagues.

D'où viennent maintenant les taches que nous observons à la surface de la lune? De vapeurs? Elles changeraient incessamment d'aspects. De ce que la lune est composée de parties plus ou moins transparentes, les unes semblables à l'albâtre, les autres au cristal et au verre? (F 84 r° et v°.) Mais selon la position du soleil, ces taches paraîtraient tantôt claires, tantôt obscures; de plus, dans les éclipses, le soleil traverserait les parties transparentes. De ce que la lune, sorte de miroir poli, reçoit l'image de la terre? Mais dans ce cas, selon les positions de la lune par rapport à la terre, les taches changeraient : « Or, les taches de la lune, comme on les voit à la pleine lune, ne varient jamais durant le mouvement qu'elle fait dans notre hémisphère. » (F 85 r°.) Ces taches, à dire vrai, dessinent pour nous les continents de la lune : telle la terre apparaîtrait à un habitant de la lune, sombre au milieu de son océan resplendissant sous la lumière du jour [1].

1. Br. M. 28 r°; J.-P. R., II, § 876. Léonard, d'ailleurs, reconnaît que le temps peut changer les taches de la lune en changeant le cours de ses eaux. (Leic., 5 r°; J. P.-R., II, § 907.) C'est une application de l'idée que la loi du changement est une

Mais si la lune est une terre, « elle est dense ;
dense, elle est pesante ; pesante, elle ne peut
être soutenue par l'espace qu'elle occupe, donc
elle doit descendre vers le centre de l'univers,
s'unir à la terre, et à son défaut ses eaux doivent
tomber et la laisser sans éclat ; ces conséquences
rationnelles ne se produisent pas (*non seguitando
quel che di lei la ragione ci promette*), c'est un
signe manifeste que la lune est vêtue de ses éléments, eau, air et feu, et se soutient ainsi en soi
et par soi (*in se, per se*) dans l'espace, comme fait
notre terre avec ses éléments dans cet autre
espace, et *que les corps graves font dans ses éléments précisément ce qu'ils font dans les nô-
tres* [1] ». Il y a ainsi une sorte de gravitation
sidérale qui est le principe de la pesanteur puisqu'elle en définit les effets.

La lune n'a pas de lumière propre ; d'où vient
donc que, quand elle est nouvelle, et qu'elle se
lève à l'Occident, dans le voisinage du soleil cou-
chant, entre les cornes du croissant qu'éclaire
le soleil, on aperçoive dans une sorte de pénombre
la surface entière de la lune à demi éclairée?
C'est que le soleil projette son éclat sur notre
océan qui le réfléchit vers la lune. Ainsi, bien

loi des phénomènes célestes aussi bien que des phénomènes
terrestres.
1. Leic., 2 r°; J.-P. R., II, § 902.

avant Mœstlin, Léonard a trouvé l'explication de
la lumière *cendrée* dans la réflexion de la terre.

Les étoiles sont ce que sont la terre et la lune;
elles ne sont point lumineuses par elles-mêmes.
(F 57 r°.) Leur scintillation s'explique par l'irra-
diation qui fait paraître aussi les astres plus grands
à l'horizon qu'au zénith. Si elle était réelle, elle sup-
poserait un mouvement d'une rapidité vertigi-
neuse, parcourant en un instant un espace double
de l'espace immense qu'occupe l'étoile, (F 25 v°.)

Le soleil est le roi de cet univers; de lui vient
toute lumière, toute chaleur, toute vie. Sa puissance cause une véritable stupeur, quand on songe
à l'immensité qu'il emplit de sa splendeur. « Si
tu regardes les étoiles sans rayons (comme
on les voit par un petit trou fait avec l'extrémité
de la pointe d'une fine aiguille et placé tout près
de l'œil) tu verras ces étoiles si petites que nulle
chose ne paraît moindre ; c'est la longue distance
qui les diminue ainsi, bien que beaucoup soient
un très grand nombre de fois plus grandes que
l'étoile qui est la terre avec l'océan. Songe maintenant à ce que paraîtrait notre étoile à une aussi
grande distance, et considère ensuite combien
d'étoiles pourraient tenir en longueur et largeur
entre ces étoiles qui sont disséminées dans l'espace ténébreux. En vérité je ne puis m'empêcher
de blâmer beaucoup de ces anciens qui ont dit que

le soleil n'avait d'autre grandeur réelle que sa grandeur apparente, parmi lesquels fut Épicure » (F 5 r°.) Le soleil est une sorte de dieu maté- riel : c'est lui qui élève l'eau en vapeurs dans l'air, agite les mers et les vents, change la face de la terre, lui donne et aux animaux qui la peuplent la chaleur et la vie, répétant en chaque monde, à l'infini, cette action bienfaisante. « Je voudrais trouver des mots assez forts pour blâmer ceux qui louent plus l'adoration des hommes que celle du soleil, ne voyant pas dans l'univers de plus grande majesté et puissance que lui [1]. »

Quelles que soient les erreurs qui se mêlent à ces théories, l'astronomie moderne a commencé. Briser les sphères qui enserraient le monde et lui donnaient pour limites le royaume de Dieu, ouvrir l'espace, y jeter hardiment les astres qui s'y sou- tiennent d'eux-mêmes, les composer des mêmes éléments, les faire le théâtre des mêmes phéno- mènes que notre terre, soupçonner que cette terre

---

1. Dans le Mt W. L. 132 r° (J.-P. R., II, § 886) on trouve parmi des notes mathématiques, incidemment : « *il sole non si muove*, le soleil ne se meut pas. » L'écriture n'est pas l'écriture ordinaire de Léonard. Dans le Mt F (10 v°), qui est de 1508, il réfute la théorie d'Epicure, que la grandeur réelle du soleil n'est que sa grandeur apparente, en partant de l'hypothèse du mouvement du soleil : « Mesure combien de soleils entreraient dans sa course de 24 heures. » Pour résoudre ce problème, il construit un appareil, semblable à un cadran solaire, et conclut : « Voici que le cours du soleil durant le jour serait la 6ᵉ partie d'un mille, et ce vénérable limaçon de soleil aurait parcouru 25 brasses par heure. ».

pourrait n'être pas le centre du monde, c'était effacer l'antique distinction du monde sublunaire et supra-lunaire, placer Dieu hors de l'espace et du temps, mettre en tout le changement et le devenir, étendre à l'infini, en même temps que les lois constatées ici-bas, le champ de la science humaine.

II

La terre est un astre; elle est de forme ronde, autant du moins que le comportent les inégalités de sa surface; animée d'un mouvement de rotation autour de son propre centre (G 54), qui d'ailleurs se déplace selon que changent la disposition et l'équilibre de ses éléments. (E 4 v°.) Car cette terre, élevée à la dignité d'une étoile, n'est pas sortie du chaos, telle que nous la voyons, à l'appel de Dieu. Si le Verbe a dit à l'océan : « tu n'iras pas plus loin, » l'océan ne lui a point obéi. La face de la terre incessamment se renouvelle. C'est la brièveté de notre vie humaine qui fait les montagnes éternelles : où elles s'élèvent aujourd'hui, une mer jadis battait un rivage. La terre, comme les autres corps célestes [1] sans doute, a

1. Leic., 5 r°; J.-P. R., II, § 907.

son histoire qui se continue sous nos yeux. Elle porte ses archives dans ses entrailles. « Comme les choses sont beaucoup plus anciennes que l'écriture (*che le lettere*), ce n'est pas merveille si de nos jours ne se retrouve aucun document écrit qui atteste l'occupation de tant de pays par les mers ;... mais c'est assez pour nous du témoignage des choses qui, nées dans ces eaux salées, se retrouvent dans les hautes montagnes éloignées des mers d'aujourd'hui [1]. » En présence de ces documents d'un passé qui recule à l'infini, Léonard éprouve ce vertige que donnent les profondeurs du temps, comme celles de l'espace. « O temps, destructeur rapide des choses créées, que de rois, que de peuples tu as anéantis. Quelle suite de révolutions et d'événements depuis que ce poisson d'une forme merveilleuse est mort ici dans ces cavernes aux détours profonds ! Maintenant, détruit par le temps patient, il gît dans ce lieu fermé de toutes parts, et avec ses os décharnés et nus il a fait une armature et un support à la montagne qui pose sur lui [2]. »

Le Vinci n'a pas seulement l'idée de la géologie : avec une sûreté qu'expliquent ses études constantes sur l'eau, ses courants et ses tourbillons, il pose du premier coup le principe, auquel

1. Leic., 31 r° ; J.-P. R., II, § 984.
2. Br. M. 156 r° ; J.-P. R , II, § 1247.

la science, après plus d'une hésitation, est revenue de nos jours : les phénomènes actuels expliquent les phénomènes anciens. Il n'imagine pas des révolutions soudaines, des cataclysmes qui renouvellent la face de la terre, soulèvent des continents, font émerger des mers à l'improviste. Les phénomènes qui se passent sous nos yeux sont ceux qui jadis lentement élevaient des montagnes et faisaient reculer l'Océan. Indiquant des chapitres à développer, il écrit : « Que les rivages s'accroissent sans cesse vers le milieu de la mer ; que les écueils et promontoires sans cesse sont usés et ruinés ; que les mers intérieures (*li Mediterranei*) découvriront leur fond à l'air et ne laisseront que le canal du plus grand fleuve qui s'y jette, lequel courra à l'océan et y versera ses eaux avec celles de tous les fleuves devenus ses tributaires [1]... Que le Pô en peu de temps dessèche l'Adriatique de la même manière qu'il a mis à sec une grande partie de la Lombardie [2]. »

Pour faire entendre comment se sont formées les montagnes et les vallées, Léonard suppose qu'elles aient à se former aujourd'hui dans les conditions où, selon lui, elles se sont formées jadis : « Si la terre des antipodes qui soutient l'océan venait à s'élever et se découvrait suffisam-

---

1. Leic., 20 r°; J.-P. R., II, § 953.
2. Leic., 27 v°; J.-P. R., II, § 954.

ment au-dessus de la mer, tout en restant presque plane, comment, avec le temps, viendraient à se créer des monts, des vallées et des rochers diversement stratifiés (*li sassi di diverse falde*). *Les amas de limon et de sable, d'où l'eau s'écoule, quand ils restent découverts après une inondation, nous permettent de répondre à la question posée.* L'eau, s'écoulant de la terre découverte (quand cette terre, bien que presque plane, s'élèverait suffisamment au-dessus du niveau de la mer) commencerait à faire divers ruisseaux dans les parties les plus basses de cette surface, et ces ruisseaux commençant à creuser se feraient réceptacles des autres eaux environnantes; ainsi sur tout leur parcours ils augmenteraient de largeur et de profondeur, leurs eaux croissant toujours, jusqu'à ce que toute l'eau fût écoulée. Les concavités ainsi faites deviendraient les lits des torrents qui reçoivent les eaux de pluie, et les eaux iraient consumant les rives des fleuves jusqu'à ce que les entre-deux de ces fleuves deviennent des monts escarpés. Puis ces collines, l'eau s'écoulant, se sécheraient et créeraient les pierres par couches plus ou moins épaisses, selon l'épaisseur des limons que les fleuves auraient portés à la mer dans leurs grandes crues. » (F 11 v°.) Les pluies, le mouvement naturel de l'eau qui s'écoule, les inondations et leurs sédiments, les érosions lentes, tous les phénomènes auxquels nous assistons, peu à peu ont changé et changent la face de la terre.

L'eau est le grand ouvrier de cette œuvre continue : elle élève les montagnes, creuse les vallées, les comble, fait reculer l'océan. « Les montagnes sont faites et défaites par le cours des fleuves [1]. » « L'eau est le voiturier de la nature (*il vetturale della natura* K 2 r°) »; elle agit en creusant le sol raviné, en transportant dans son premier élan les grosses pierres, puis les pierres plus petites dont elle use les angles en les roulant (graviers), puis le gros sable, enfin jusqu'à la mer le sable fin et le limon [2]. « Les pierres stratifiées des montagnes ne sont que les couches successives de limon déposées l'une sur l'autre par les inondations des fleuves [3]. » Que « ce qui était jadis le fond de la mer soit devenu le sommet des montagnes », c'est ce qu'attestent assez les coquillages, les huîtres, les coraux qui vivent dans la mer et que nous trouvons aujourd'hui sur les cîmes des plus hauts monts [4].

1. C. A. 157 v°, 466 r°; J.-P. R., II, § 979.
2. Leic., 6 v°; J.-P. R., II, § 977. — Leic., 31 v°; J.-P. R., II, § 978.
3. Leic., 10 r°; J.-P. R., II, § 980.
4. « Les coquillages, huîtres et autres semblables animaux qui naissent dans les vases marines témoignent du changement de la terre autour du centre de nos éléments; on le prouve ainsi : les fleuves royaux toujours courent troubles à cause de la terre

On ne peut qu'admirer « la simplicité et la sottise[1] » de ceux qui veulent que ces coquilles aient
été transportées par le déluge. Le fait d'un déluge universel est fort douteux [2]. Élevée à dix coudées au-dessus des plus hautes montagnes, « *comme
l'affirme celui qui le mesura,* » formant par suite
une sphère parfaite, comment cette eau sans aucune
pente, se serait-elle écoulée? Concédons le déluge :
il n'a pu être causé par le soulèvement de la mer
hors de son lit, « car il se serait produit un vide ;
diras-tu que l'air a comblé ce vide ; mais nous
avons vu que le léger ne peut supporter ce qui
est lourd, d'où il faut conclure que le déluge a été
causé par des pluies continuelles ; mais, s'il en
est ainsi, les eaux couraient à la mer, ce n'était

qui s'élève en eux par suite du frottement de leurs eaux sur le
fond et contre leurs rives. Une telle lente destruction découvre
le front de ces couches stratifiées de coquillages qui se trouvent
dans la vase marine au lieu où ils naquirent quand les eaux
salées le couvraient. Ces couches étaient recouvertes de temps
en temps par les limons plus ou moins abondants entraînés à
la mer par les fleuves avec des pluies diluviennes de diverses
grandeurs; et ainsi ces coquillages restaient murés et morts
sous ces limons assemblés à une telle hauteur que le fond s'en
découvrait à l'air. Maintenant, ces fonds sont à une telle
hauteur qu'ils sont devenus collines et hauts monts et les
fleuves qui consument les côtés de ces monts découvrent les
couches de coquillages, en sorte que si le côté allégé de la terre
s'élève continuellement, les antipodes s'approchent plus du
centre du monde et les antiques ondes de la mer sont faites
sommets des monts. »(E 4 v°.)

1. Leic., 10 r°; J.-P. R., II, § 990.
2. C. A. 152 r°, 452 r°; J.-P. R., II, § 986.

pas la mer qui courait aux montagnes [1]... Diras-
tu que la mer sous cette masse d'eau sortit de
son lit et dépassa le sommet des montagnes ; soit,
mais son mouvement à l'encontre des fleuves
précipités dut être si lent qu'il ne pût entraîner
des corps plus lourds que l'eau [2]. » Que les coquillages, faits pour vivre auprès des rivages, aient
suivi d'eux-mêmes les eaux dans leurs crues, et
comme voyagé avec elles, il n'y faut pas songer.
« Le coquillage est, en mer, un animal aussi lent
à se mouvoir que le colimaçon sur terre ; en tra-
çant dans le sable un sillon, aux bords duquel il
s'appuie, il parcourt trois ou quatre brasses par
jour ; comment donc se serait-il transporté de la
mer Adriatique au Montferrat de Lombardie (Pié-
mont), qui est à 250 milles de distance, en quarante jours, comme dit celui qui tint compte de
ce temps [3] ? » Enfin si les coquillages avaient été
transportés par les eaux du déluge, ils seraient
jetés au hasard, confondus avec d'autres objets,
tous à une même hauteur. Or, ils sont disposés
par étages successifs : on les trouve au pied de la
montagne, comme à son sommet ; quelques-uns
sont encore attachés au rocher qui les portait ;
ceux qui vivent en société, huîtres, moules, sèches,

1. Leic , 9 v° ; J.-P. R., II, § 989.
2. Leic., 10 v° ; J.-P. R., II, § 991.
3. Leic., 8 v° ; J.-P. R., II, § 987.

sont par groupes ; les solitaires se trouvent de distance en distance, tels nous les voyons aujourd'hui sur le rivage de la mer [1].

« Une autre secte d'ignorants » soutient que ces coquilles sont créées dans la montagne loin de la mer par influences célestes, sous l'action combinée des astres et de la nature du lieu [2]. Qu'ils expliquent donc comment les astres ont produit dans le même lieu, sur la même ligne, des animaux de diverses espèces, bien mieux de différents âges, « car par les coquilles, de même que par les cornes de bœufs et de moutons et par les troncs des arbres non taillés, nous pouvons compter les mois et les années de leur vie [3] ». Comment de ces coquillages les uns sont-ils entiers, les autres en morceaux ? Comment celui-ci plein de sable, celui-là des débris d'autres coquilles ? D'où viennent ces os et ces dents de poissons ? D'où ce gravier fait de petites pierres qui roulées par les eaux ont perdu leurs angles ? « D'où ces feuilles imprimées sur les pierres au sommet des montagnes ? et l'algue marine entre-

1. Leic., 9 vᵒ ; J.-P. R., II, § 989.
2. Leic., 9 rᵒ ; J.-P. R., II, § 988 : *per la natura del sito e de'cieli che dispone e influiscie tal loco a creatione d'animali simili*. A la fin du XVIIᵉ siècle, Scilla combattait encore cette hypothèse qui gardait de nombreux partisans : *la Vana Speculatione*, 1670. Napoli, Jean-Paul Richter, t. II, p. 211.
3. Leic., 9 rᵒ ; J.-P. R., II, § 988. — Leic., 10 rᵒ ; J.-P. R., II, § 990.

mêlée de coquilles et de sable, le tout pétrifié dans la même masse avec des fragments d'écrevisses de mer ? » (F 80 v°). Tout nous ramène à cette hypothèse qui s'impose : les montagnes où sont ces coquillages étaient jadis des rivages battus par les flots ; les fleuves y déposaient dans leurs crues des couches de limon, et par le travail des eaux elles se sont élevées à la hauteur où nous les voyons aujourd'hui.

Comme les géologues modernes, Léonard, en étudiant le sol, dessine la carte d'une Italie dont les hommes n'ont pas gardé la mémoire, qu'ils n'ont pas vue peut-être, mais dont la terre reste le vivant témoignage. « Le roc Gonfolina uni au mont Albano en forme de haute falaise tenait l'Arno si étroitement encaissé qu'avant de se déverser dans la mer qui battait alors le Gonfolina, il formait deux grands lacs dont le premier occupait le lieu où l'on voit aujourd'hui fleurir la cité de Florence avec Prato et Pistoie. Le mont Albano prolongeait la falaise jusqu'au lieu où est située Seravalle ; au-dessus du val d'Arno jusqu'à Arezzo se formait un second lac qui versait ses eaux dans le premier ; fermé à peu près où est aujourd'hui Girone, il occupait toute la vallée sur un espace de quarante milles de longueur et se rejoignait au lac de Pérouse [1]. »

1. Leic., 9 r° ; J.-P. R., II, § 988. — Cf. Leic., 8 v° ; J.-P. R.,

Ainsi non seulement le Vinci a conçu l'histoire de la terre, et posé avec une grande netteté le principe de l'intelligence des phénomènes anciens par les phénomènes actuels, mais encore il a donné la théorie des terrains sédimentaires et organiques. En créant la géologie, il en a écrit un chapitre définitif. On a été plus loin, mais dans la même voie. Au travail extérieur de l'air et de l'eau (dynamique terrestre externe) on a ajouté l'action du feu central et la tension des fluides internes (dynamique terrestre interne).

II, § 987. « L'Arno se versait dans la mer, au rocher de Gonfolina, et là il laissait un gravier qu'on y voit encore aggloméré en pierres de divers poids, natures, couleurs et duretés... »

CHAPITRE IV

SCIENCES NATURELLES. — BOTANIQUE. — ANATOMIE. — PHYSIOLOGIE

I

Le Vinci regarde en artiste le monde qu'il analyse en savant. En lui la sensation survit à l'idée. La pensée, loin de détruire le sentiment, l'avive.

Il observe en peintre la terre dans sa parure
d'arbres, de verdure et de fleurs. Ce tableau mouvant d'apparences légères arrête son regard et
son esprit. En en jouissant, il note les nuances
de ses sensations délicates. Il étudie la forme
des arbres, la division des rameaux, l'aspect du
feuillage, les jeux de la lumière et de l'ombre dans
le frémissement des verdures mobiles et transparentes. Insensiblement le savant reparaît dans
l'artiste. Son esprit curieux ne peut s'enfermer
dans l'apparence, du phénomène il remonte à sa
cause. Il croyait ne faire que la théorie du paysage,
peu à peu un traité nouveau s'esquisse en son
esprit. Il se trouve botaniste par surcroît. « Je
n'achèverai pas de traiter cette question en ce
lieu parce que je la réserve pour ailleurs et qu'elle
n'a pas rapport à la peinture [1]. »

Les notes de Léonard sur le paysage sont très
propres à nous faire entendre comment, loin
d'opposer la science à l'art, il les unit. Son œil
est d'une justesse, sa main d'une précision qui
donnent à ses dessins la portée d'une observation scientifique. Je trouve dans ses manuscrits [2]
des fleurs et des feuilles, dont tous les détails,
découpures des limbes, direction des nervures,

---

1. *Trattato della Pittura*, édit. H. Ludwig, § 838.
2. Voyez les photographies des dessins de Windsor. A. Braun,
éditeur.

pétales, étamines, sont rendus avec une telle exactitude qu'aucune description ne vaudrait ces images. Ces études patientes relèvent à la fois de la science et de l'art. N'est-ce pas en reproduisant les feuilles avec ce scrupule que Léonard a découvert qu'elles étaient disposées sur leur tige dans un ordre invariable? Le savant n'a eu qu'à regarder les dessins de l'artiste pour saisir la loi qui y était présente. « Les rameaux des plantes naissent sur les branches principales comme naissent les feuilles sur les ramuscules de la même année qu'elles; ces feuilles ont quatre modes de naître les unes au-dessus des autres : le premier et le plus général est que toujours la sixième naît au-dessus de la sixième qui est au-dessous d'elle; le second est que les deux troisièmes en haut sont au dessus des deux troisièmes du dessous et le troisième mode est que la troisième en haut est au-dessus de la troisième du dessous [1]. » Ainsi Léonard a observé cette loi qu'un nombre invariable de feuilles sépare chacune d'elles de celle qui la précède et la suit verticalement. Il ne donne pas le quatrième mode d'insertion qu'il a annoncé,

---

1. D'après M. Uzielli (*Ricerche intorno Lionardo da Vinci*) la première disposition est le cycle 2/5, ou 1/5, c'est-à-dire qu'une ligne en spirale qui fait un tour ou deux tours du rameau rencontre cinq feuilles; la seconde se rapporte sans doute aux feuilles décussées dans lesquelles le troisième verticille est dans le plan du premier; la troisième est le cycle 1/2 (*orme*), deux feuilles pour un tour : Léonard n'a pas indiqué la quatrième.

mais, dans un autre passage, à propos du sureau, il signale le cas des feuilles opposées (G 29 *a*) qui sont situées en regard deux à deux (lilas). Dans les traités de botanique, on dit que Brown le premier observa en 1658 la disposition des feuilles en quinconce (*Garden of Cyrus*. London, 1658, in-8) qui fut signalée presque en même temps par Grew (*the Anatomy of vegetables*. London, 1682, in-fol.) et par Malpighi (*Anatomes plantarum idea*. London, 1675-1679, 3 tom.) [1]. C'est une erreur à rectifier.

La disposition régulière des feuilles sur la tige est un fait qu'une observation attentive suffit à révéler. Ce fait doit avoir sa raison. « La nature a mis les feuilles des derniers rameaux de beaucoup de plantes de telle sorte que toujours la sixième feuille soit au-dessus de la première, et ainsi de suite, si la loi n'est pas accidentellement entravée. Elle a fait cela pour un double avantage des plantes. En premier lieu, comme le rameau ou le fruit, l'année suivante, naissent à l'aisselle de la feuille, l'eau qui tombe sur le rameau peut descendre et nourrir le bourgeon, ces gouttes s'enfermant dans la concavité formée par l'aisselle de la feuille ; le second avantage pour la plante est que, quand ses rameaux naissent l'année suivante,

---

[1]. Note de M. Uzielli.

l'un ne couvre pas l'autre, puisque les cinq rameaux naissent tournés de 5 côtés différents et que le 6ᵉ naît au-dessus du premier à une grande distance. » (G 16 v°.)

De même que la disposition des feuilles sur la tige, la forme de l'arbre n'est pas l'effet du hasard, elle exprime les lois de son développement. Léonard passe de la théorie du paysage à la physiologie végétale, en allant de l'aspect extérieur des plantes aux lois vitales qui le déterminent. L'idée est aussi juste que féconde. « Tous les rameaux des arbres, à chaque degré de leur hauteur, joints ensemble, sont égaux à la grosseur de la branche maîtresse dont ils partent. » La tige primitive par exemple se divisera en deux rameaux dont les diamètres additionnés reproduiront son diamètre : « c'est que la sève de la plus grosse branche se divise comme ses rameaux. » Les branches inférieures sont plus grosses que les branches supérieures, c'est que la sève est pesante et que, quand elle n'est plus élevée par la chaleur du soleil, elle y descend. (G 34 v°. Cf. *Tratt. d. P.*, § 841.) Les rameaux inférieurs, après avoir formé l'angle qui les sépare du tronc, s'inclinent vers le bas pour ne pas se presser à l'ombre des rameaux supérieurs : c'est qu'ils vont au devant de l'air et du soleil dont ils vivent. Les rameaux supérieurs, au contraire, forment un angle plus aigu avec le tronc. (G. 35 v°.) « En général presque toutes les lignes droites (*li rettitudini*) des plantes se recourbent en présentant leur convexité au midi, où les rameaux sont plus longs, plus gros, plus épais qu'au nord : cela vient de ce que le soleil attire la sève vers la surface de la plante qui lui est la plus voisine. » (G 36 v°.) C'est toujours ainsi dans les conditions de la vie des plantes, dans les lois de leur évolution que se trouve le principe de cette structure extérieure, de cette forme apparente, que le peintre étudie et doit rendre [1].

1. Dans un article de la *Gazette des beaux-arts* d'octobre 1877, M. Charles Ravaisson a examiné la question de savoir si Léonard a connu la distinction des sexes chez les plantes. Aucun texte des manuscrits à nous connus ne se rapporte à cette question. Mais Théophraste et Pline l'Ancien ont distingué les fleurs mâles des fleurs femelles et rapproché la génération des plantes de celle des animaux : le second de ces auteurs était dans la bibliothèque de Léonard. — On lit dans le Mt G 32 v° : « Le soleil donne esprit et vie aux plantes, et la terre, avec son humidité, les nourrit. — Relativement à ce second cas, j'ai fait l'expérience de laisser seulement une minime racine à une courge et de la tenir nourrie avec l'eau ; cette courge conduisit à perfection tous les fruits qu'elle put ensuite produire et qui furent d'environ 60 courges, de l'espèce des longues. Et j'appliquai mon esprit avec attention à une telle vie et je reconnus que la rosée de la nuit était ce qui, par son humidité, pénétrait abondamment par l'attache des grandes feuilles et nourrissait la plante avec ses enfants ou œufs qui ont à produire ses enfants... Tout rameau, tout fruit naît sur la naissance de ses feuilles, laquelle lui tient lieu de mère, en lui portant l'eau des pluies et l'humidité de la rosée. » (G 33 v°.) D'après ces passages, la feuille à l'aisselle de laquelle le bourgeon prend naissance joue le rôle de la mère ; le bourgeon est l'œuf, que nourrit l'humide ; le rôle du mâle semble rempli par la chaleur solaire. Même en accordant à M. Charles Ravaisson que la chaleur solaire suppose pour agir, comme principe mâle, un organe

Enfin, bien avant Grew et Malpighi, Léonard a su qu'on pouvait reconnaître l'âge d'un arbre aux couches concentriques de sa tige coupée, en même temps qu'il observait l'excentricité des troncs. « Les parties méridionales des plantes montrent plus de jeunesse et de vigueur que les septentrionales. Les cercles des branches des arbres coupés indiquent le nombre de leurs années et, selon qu'ils sont plus ou moins épais, de ces années quelles furent plus humides ou plus sèches. Les branches déclarent encore selon quelle orientation elles étaient tournées, parce qu'elles sont plus grosses au midi qu'au septentrion et par cette cause le centre de l'arbre est plus voisin de son écorce septentrionale que de son écorce méridionale [1]. » (*Tratt. d. P.*, § 829.)

appropriè de la plante, ces textes ne me semblent pas résoudre la question posée. Il reste que la distinction des sexes chez les plantes était dans la tradition de la science antique.

1. Le texte donné par Uzielli, dans son article, d'après Manzi, et par H. Ludwig (d'après le *Codex Vaticanus*), porte que les branches sont plus grosses au nord qu'au midi et que le centre de l'arbre est plus voisin de son écorce méridionale, mais Léonard dit sans cesse le contraire, et au début même de ce passage. Je me suis donc cru autorisé à rectifier ce qui ne peut être qu'une erreur de copiste ou un *lapsus* de l'auteur lui-même. Le fait que l'âge des arbres se reconnaît au nombre des cercles concentriques de la tige coupée était connu bien avant Malpighi. Montaigne raconte que, passant par Pise, en 1581, il l'apprit d'un orfèvre de la ville... « J'achetai, dit-il, une canne d'Inde pour m'appuyer en marchant. L'ouvrier, homme ingénieux et fameux à faire de beaux instruments de mathématiques, m'enseigna que tous les arbres portent autant de cercles qu'ils ont duré d'années et me le fit voir sur tous ceux qu'il avait dans sa bou-

II

Pour l'artiste, l'homme est le personnage principal qui, sur le fond de la nature, se détache au premier plan. La nature nous parle comme de loin, d'une voix qui nous arrive incertaine et confuse. Le corps de l'homme est le langage de nos propres sentiments : comme il trahit les âmes, il nous permet de réaliser celles que nous rêvons. Ici encore l'art mène à la science. Le corps est un langage étrangement complexe qu'on ne parle qu'au prix de patientes études. Fra Luca Pacioli écrit qu'à la date de 1498 Léonard « avait achevé avec le plus grand soin le beau (*degno*) livre de la peinture et des *mouvements humains* ». Rien qu'à regarder le corps de l'homme en artiste, du dehors, que d'éléments déjà et que de rapports entre ces éléments! Quelle variété aussi de gestes et d'attitudes, dont chacun modifie la forme dans son ensemble, pour répondre aux

tique. Et la partie qui regarde le septentrion est plus étroite et a les cercles plus serrés et plus denses que l'autre. Par ce il se vante, quelque morceau qu'on lui porte, de juger combien d'ans avait l'arbre et dans quelle situation il poussait. » C'est le texte même de Léonard.

nuances de cette vie morale dont l'infini nous trouble! A lire les notes de Léonard sur la mesure et les proportions de la figure humaine, on reste confondu de tout ce qu'il découvre de relations dans l'harmonie de la forme vivante. L'analyse semble poussée jusqu'à la minutie. Il divise, subdivise, mesure, compare; il étudie chaque partie en elle-même, dans ses éléments et dans leurs rapports, et il la rapproche de toutes les autres; il note les proportions relatives du pied et de la main, du pied et de la tête, de la tête et du torse, du torse et du pied, du torse et de la jambe, du torse et de l'ensemble du corps. L'âge qui modifie les proportions du corps complique le problème, et plus encore l'action par le jeu des muscles divers. La forme du corps est enfermée par les lois mêmes de sa structure entre certaines limites qu'elle ne peut franchir, mais dans ces limites elle se varie sans cesse pour garder son équilibre en appliquant son effort dans le sens de l'acte à accomplir.

Mais il est impossible de s'en tenir à l'aspect extérieur du corps. La peau est une enveloppe mobile, dont l'apparence ne s'explique que par le jeu des parties profondes. «Note dans les mouvements et attitudes des figures comme se varient les membres... quels muscles se découvrent ou se cachent... et de cela tu trouveras toutes les causes dans mon anatomie » (E 3 r°, 20 r°.) Comme toujours, nous sommes conduits de l'aspect extérieur des choses, qui intéresse surtout l'artiste, à l'étude des principes qui le produisent. Le passage est insensible qui de la mesure et des proportions du corps conduit à l'anatomie.

Léonard applique à l'anatomie sa méthode constante. Il laisse là les livres des Arabes et des Grecs : par les livres, les erreurs se perpétuent, en s'enrichissant de commentaires. Pour connaître le corps humain, il l'observe. Regarder pour voir, si simple est le procédé que formulé il semble une tautologie ; il est à lui seul une révolution. Des difficultés d'un ordre spécial s'opposaient à cette extension de la méthode empirique. L'objet d'étude est ici le cadavre. Dépouillé de toutes les images qui le font redoutable, le cadavre n'est qu'une chose inerte qui se décompose en ses éléments. Pour la religion, le corps de l'homme est le lieu de l'âme ; même après la mort, une forme momentanément abolie qui attend dans la paix du tombeau le jour marqué pour sa résurrection. Pendant tout le moyen âge, la dissection est interdite comme un sacrilège. Mondino da Luzzi de Bologne (+ 1326), auteur d'un manuel traduit en grande partie du canon d'Avicenne et qui, pendant plus de deux siècles, resta le livre classique des écoles d'Italie, mentionne expressément comme un fait remarquable qu'il ait disséqué trois cadavres [1]. L'Islam partage ces préjugés. On en est réduit à étudier la nature dans les livres : les médecins arabes ne sont que les disciples des médecins grecs. « L'anatomie et la physiologie n'ont pas fait de progrès avec les Arabes : pour eux, point de dissection ni d'autopsies... En définitive, c'est par un abus de langage qu'on a pu dire : la médecine arabe, car c'est toujours la médecine grecque presque seule qui a été enseignée et pratiquée dans les khalifats d'Orient et d'Occident [2]. » Au temps de Léonard le préjugé subsiste : à Rome, ses études sur le cadavre, exploitées contre lui par ses ennemis, lui attirent le blâme d'un aussi libre esprit que Léon X.

L'anatomie l'a occupé toute sa vie ; le premier manuscrit qui s'y rapporte (W. An. I) est de 1489, et le dernier de 1515 (W. An. IV). Dans la préface du traité définitif qu'à cette date il rêve encore d'écrire, il énumère les qualités que doit avoir celui qui veut analyser le corps humain et figurer par le dessin les résultats de son analyse. C'est le langage d'un homme du métier qui en connaît toutes les délicatesses. Il garde le souvenir des nuits qu'il a passées auprès des cadavres; il sait

1. Fritz Raab., *Lionardo da Vinci als Naturforscher. Sammlung Gemeinverständlicher wissenschaftlicher Vorträge*. Collection Virchow.

2. Dr Laboulbène, *Revue scientifique*, novembre 1883.

la fièvre d'un travail très lent que la décomposition qui n'attend pas menace, la légèreté de main
nécessaire pour retrouver avec le scalpel les divisions que le tissu conjonctif dissimule, la difficulté d'isoler les vaisseaux et les nerfs ramifiés
dans les muscles, le danger de détruire ce qu'on
veut étudier. Le seul remède est de multiplier les
observations, de revenir sans cesse à l'étude du
cadavre. « Et si tu as l'amour d'une telle science,
peut-être seras-tu empêché par le dégoût ; si tu
n'es pas empêché par le dégoût, tu seras peut-être
empêché par la peur d'habiter pendant les heures
de la nuit en compagnie de ces morts écartelés,
écorchés et épouvantables à voir ; si tu surmontes
cette crainte, peut-être te manquera-t-il le dessin
précis que suppose une telle description. Si tu as
le dessin, auras-tu aussi la perspective, et, si tu
l'as, auras-tu la méthode de démonstration géométrique et celle du calcul des forces et de la
vigueur des muscles ; et peut-être enfin te manquera-t-il la patience, condition de l'exactitude.
Si toutes ces choses se sont trouvées en moi ou
non, c'est ce dont rendront témoignage les 120
livres que j'ai composés sans être arrêté ni par la
cupidité, ni par la négligence, mais seulement par
le temps. Adieu [1]. »

1. W. An. IV, 167 r° ; J.-P. R., II, § 796.

Le plan de son traité est des plus vastes. La conception est son point de départ. Il décrit la matrice ; il étudie le fœtus, « son développement et quel intervalle s'écoule d'un degré de développement à l'autre[1]. » C'est l'embryologie. Il passe à la croissance de l'enfant, aux lois qui en règlent le progrès. Après quoi il arrive à la description de l'homme et de la femme adultes. Divers par l'âge et le sexe, tous les individus de l'espèce sont faits des mêmes éléments, des mêmes tissus et des mêmes organes. Il étudiera ce qui se retrouve en tous : les os, les muscles et tendons, les nerfs, les veines et les artères, les viscères. Le corps est une machine vivante, aux actions multiples ; après l'avoir décomposée dans ses rouages, il la montrera dans la diversité des attitudes et des mouvements qui en varient la forme : mise en jeu par la joie et par la douleur, par la colère et par la terreur ; agitée par le rire, les cris et les larmes, par l'emportement de la fuite et du meurtre ; dans tous les actes du travail utile, marchant, sautant, portant, tirant. Il achèvera son œuvre par l'étude des fonctions de l'œil, de l'oreille et des autres sens [2]. Ce vaste plan n'est pas resté lettre morte, il en a poursuivi la réalisation

1. W. An. II, 36 r°; J.-P. R., II, § 797.
2. *Ibid.*

dans des écrits qui embrassent une période de près de trente années[1].

Mais une description verbale ne suffirait pas à donner l'idée de l'objet décrit : le texte ne peut être que le commentaire de dessins qui soient eux-mêmes la fidèle image de la réalité. Comprendre ici, c'est voir. Les dessins suppléent à l'observation directe, ils en résument les résultats, ils donnent même ce qu'elle ne saurait donner. « Et toi qui dis qu'il vaut mieux voir faire l'anatomie que regarder de tels dessins, tu dirais vrai s'il était possible de voir sur un seul corps tout ce que montrent de tels dessins ; mais avec tout ton esprit tu ne verrais et ne connaîtrais que quelques veines. De ces veines, moi, pour avoir une juste et pleine connaissance, j'ai disséqué plus de

---

1. M. Jean-Paul Richter, qui a pu consulter les manuscrits du château de Windsor et en a publié de trop rares fragments, donne, dans la bibliographie qui termine son 2ᵉ volume, quelques renseignements sur l'objet des divers traités d'anatomie. Je relève quelques indications propres à donner une idée de l'œuvre considérable de Léonard : « Le crâne, — le crâne et les dents, — mesure de l'homme, — anatomie et mouvements du cheval, plus de quarante feuillets, — matrice, ses nerfs, ses veines, — organes génitaux, — coït, — embryon, — muscles de la jambe, — veines de la tête, veines de la jambe, — muscles qui meuvent les lèvres, la langue, — muscles du pied, — muscles du bras du singe et de l'homme, — arbre de tous les nerfs, — poumon, — cœur, — vaisseaux sanguins, — intestins, — estomac, — veines de la nuque, — mésentère, — vessie, etc... Les deux derniers traités font une grande place à l'étude du cœur, *l'impeto del sangue, la revolutione del sangue nel ante- porta del corde.* »

dix corps humains, détruisant tous les autres membres, enlevant jusqu'aux dernières particules
toute la chair qui se trouvait autour de ces veines, sans répandre d'autre sang que celui à peine
visible des veines capillaires. Un seul corps ne
durait pas tout ce temps, et il fallait avancer peu
à peu, avec autant de corps qu'en exigeait l'entière
connaissance, et par deux fois j'ai recommencé
ces observations pour voir les différences [1]. »

L'anatomiste doit donner la vision de ce qu'il
décrit. Pour cela, il faut qu'il multiplie les figures,
qu'il présente chaque organe tour à tour sous
toutes ses faces, « tout comme si, ayant le membre en mains, tu le tournais et retournais pour
avoir une pleine connaissance de ce que tu dési-
rerais savoir [2] ?» Léonard compare « cette cosmogra-
phie du microcosme » à celle que fit « avant lui »
Ptolémée pour le grand monde. Ses dessins sont
admirables. On n'avait point alors d'atlas anatomique. Les premiers essais en ce genre furent
faits par Jean de Ketham, médecin allemand, qui
vivait en Italie à la fin du xve siècle : ses dessins
reproduisent les erreurs courantes. Un atlas de
Magnus Hundt, professeur de médecine à l'Université de Leipzig en 1501, montre les idées singulières que les médecins se faisaient alors de la

1. W. An. IV, 167 r°; J.-P. R., II, § 796.
2. *Ibid.*

place et de la forme des intestins [1]. Léonard ici encore est un novateur. Son talent donne à son œil et à sa main la précision d'un instrument qui joindrait l'intelligence à la justesse. William Hunter, le grand chirurgien anglais, qui, au temps de Georges III, vit les originaux dans la bibliothèque du roi, écrivait : « Je m'attendais à trouver des dessins anatomiques faits par un peintre pour les besoins de son art ; mais je vis, et cela avec grand étonnement, que Léonard a fait une étude générale et approfondie. Quand je considère quelles peines il a prises pour chaque partie du corps, la supériorité de son universel génie, sa singulière excellence dans l'hydraulique et la mécanique, l'attention avec laquelle un tel homme observait et étudiait les objets qu'il avait à dessiner, je suis entièrement persuadé qu'il fut le meilleur anatomiste qu'il y eût au monde dans son temps. Sans aucun doute, il est le premier qui, à notre connaissance, ait introduit la pratique des dessins anatomiques [2]. » Ce premier essai est un chef-d'œuvre. Léonard est le fondateur de l'anatomie figurée.

Il est le fondateur aussi de l'anatomie comparée. Il est frappé des analogies que présentent

1. Fritz Raab, *op. cit.*
2. *Two Introductory Letters*. London, 1784, pp. 37 et 39, cités par J.-P. Richter, II, 106.

les organes des êtres vivants. Il se propose de
rapprocher d'abord d'une façon générale les êtres
semblables, l'homme du babouin, du singe et autres animaux nombreux « (*quasi di simile spetie*)
quasi de la même espèce » ; le lion de ses con-
génères, panthères, tigres, léopards, chats ; le
cheval du mulet, de l'âne et autres qui ont des
dents incisives à la mâchoire supérieure et inférieure ; le taureau du buffle, du cerf, du daim, du
chevreuil, etc..., que distinguent leurs cornes et
l'absence des incisives de la mâchoire supérieure[1]. Il ne se contente pas de cette comparaison
des êtres semblables étudiés dans l'ensemble de
leur organisme. Il applique la méthode d'analyse
à l'anatomie comparée. Il prend un organe, l'étudie
dans les diverses espèces, le suit dans ses métamorphoses. « Décris les intestins dans l'espèce
humaine, chez les singes et animaux semblables ;
vois ensuite ce qu'ils deviennent dans l'espèce
léonine, puis dans la bovine et enfin chez les oiseaux[2]... Tu feras une étude des mains de chaque animal pour montrer en quoi elles diffèrent ;
comme dans l'ours qui a les ligaments des tendons
des doigts du pied réunis sur le cou-de-pied [3]... Je
rappelle ici que je dois montrer la différence qu'il

1. W. An. I, 173 v°; J.-P. R., II, § 816.
2. W. An. II, 206 v°; J.-P. R , II, § 817.
3. W. An. IV, 157 r°; J.-P. R., II, § 822.

y a de l'homme au cheval et de même pour les autres animaux ; je commencerai par les os, je continuerai par tous les muscles qui sans tendons naissent et se terminent sur les os, puis par les muscles qui à chaque extrémité ou à une seule sont munis d'un tendon. » (K 109 v°.) Cette étude des analogies le conduit à rapprocher singulière- ment l'homme des animaux, il va jusqu'à le clas- ser parmi les quadrupèdes (E 16 r°) : d'abord, dans l'enfance, il marche encore à quatre pattes ; ensuite « la marche de l'homme se fait à la ma- nière de la marche des quadrupèdes : ceux-ci meu- vent leurs jambes en croix, comme on le voit dans le trot du cheval, et de même l'homme meut ses quatre membres en croix, c'est-à-dire que, s'il porte en avant le pied droit en marchant, il meut en même temps le bras gauche, et *vice versâ*[1] ». La méthode d'analogie l'amène à reconnaître que tous les animaux terrestres sont construits sur un même plan, qu'en tous on retrouve les mêmes organes : l'aile de l'oiseau et le bras de l'homme sont des membres similaires. « Il est facile (au peintre) qui sait faire l'homme de se faire univer- sel, puisque tous les animaux terrestres ont si- militude de membres, c'est-à-dire muscles, nerfs et os, et (ces membres) ne varient nullement si ce

---

1. C. A. 292 r°, 888 r° ; J.-P. R., II, §826.

n'est en longueur et en grosseur, comme il sera démontré dans l'anatomie. » (G 5 v°.)

III

Sans perdre le sentiment des harmonies réelles, Léonard de Vinci est le précurseur du mécanisme moderne. Dans l'analyse des phénomènes complexes il retrouve un phénomène élémentaire, le mouvement. Comme la physique, l'anatomie le ramène à la mécanique et à ses lois. Le corps est une machine qu'anime un moteur spontané. Les os et leurs articulations sont des leviers mus par les muscles. Aussi veut-il que l'anatomiste « ait la méthode de démonstration géométrique et celle du calcul des forces et de la vigueur des muscles ». Ce rapport à la vie est un des principaux titres de la mécanique. « La science (*strumentale over machinale*) de la mécanique est de toutes la plus noble et la plus utile, car c'est selon ses lois (*mediante quella*) que tous les corps animés qui ont le mouvement font toutes leurs opérations ; ces mouvements naissent du centre de leur gravité qui est placé au milieu, en dehors de poids inégaux (*a parte di pesi disequali*), à quoi s'ajoutent les muscles, et aussi leviers et contre-leviers [1]. » Deux idées, comme le remarque M. Uzielli, sont ici exprimées : la première est que l'étude des mouvements des corps animés est un problème de mécanique, la seconde, que, dans le mouvement des graves, si l'on fait abstraction du milieu et de ses résistances, la masse peut être considérée comme concentrée dans le centre de gravité. Dans le livre sur les *mouvements de l'homme*, qui fait partie du *Traité de la peinture*, Léonard montre comment, dans les actions diverses, descendre, monter, marcher, sauter, porter, tirer, le corps varie sa forme, entre les limites que lui impose sa structure anatomique, pour garder son équilibre en déplaçant son centre de gravité.

Mais son chef-d'œuvre en ce genre d'études est sa théorie du vol. On est surpris de tout ce qu'il a su observer sans instrument d'observation. L'intuition de l'artiste vient en aide à l'œil du savant. Sa faculté d'évoquer des images précises lui permet de reconstituer les mouvements trop rapides que l'œil ne saurait analyser et confond. Ici encore l'art le conduit à la science. L'homme marche et nage, pourquoi ne volerait-il pas ? Dès 1490 (Mt B), il projetait une machine à voler. Toute sa

---

1. Mz 1 r°; J.-P. R., II, § 1154.

vie il garda ce rêve de conquérir l'espace [1]. Mais le rêve n'est jamais, pour lui, que le développement rationnel de la réalité. L'oiseau vole ; le corps de l'oiseau est le modèle de la machine qu'il doit réaliser. Son rêve devient un problème positif, nettement défini : comment l'oiseau vole-t-il ? « C'est à Borelli, dit M. Pettigrew, qu'appartient presque tout ce que nous avons connu des ailes artificielles jusqu'à 1865 [2]. » Le traité de Borelli, *de Motu animalium*, a été publié à Rome en 1680. Près de deux siècles avant lui, Léonard avait donné du vol une théorie que son successeur n'a point égalée. Le génie de l'observateur n'est pas plus étonnant que la sûreté de la méthode. A la fin du xv⁰ siècle, la science moderne, avec ses procédés d'analyse et de synthèse, existe dans l'esprit du plus grand artiste du temps.

Le problème du vol est un problème complexe. Quelles sont donc ses données ? D'abord le corps de l'oiseau est un corps grave, qui, livré à lui-même, obéirait aux lois de la pesanteur. C'est un fait dont il faut tenir compte. « Avant d'écrire sur les volatiles, fais un livre des choses insensibles qui descendent dans l'air sans vent, et un autre de celles qui descendent avec le vent. » (F 53 v⁰.)

---

1. Voyez, dans le chapitre de *l'Invention des machines*, les études de Léonard pour la machine à voler.

2. *La locomotion chez les animaux*, p. 298.

En second lieu, le vol dépend de l'air, du milieu où l'être doit prendre son point.d'appui, et du vent qui, augmentant la pression de l'air, facilite le mouvement du corps grave qui le traverse. L'air est un fluide, comme l'eau, qui, bien que plus rare, se comporte comme elle. « Pour donner la vraie science du mouvement des oiseaux dans l'air, il est nécessaire de donner tout d'abord la science des vents, que nous établirons au moyen des mouvements de l'eau. Cette science sera un degré (*scala*) pour arriver à la connaissance des volatiles dans l'air et le vent. » (E 54 r°.) Enfin il faut étudier le corps de l'oiseau, la structure de l'aile, tenir compte de l'élan qu'il s'imprime à lui-même, décomposer la machine vivante pour en saisir l'action. « Fais d'abord l'anatomie de l'aile des oiseaux, puis celle des pennes dépouillées de plumes, enfin celle des pennes avec les plumes. » (E 51 r°.) Pour comprendre le vol, il faut saisir ses divers éléments dans leurs rapports et voir comment il en résulte.

L'oiseau est d'abord un corps pesant. Loin d'être un obstacle au vol, le poids en est bien plutôt une condition. Plus léger que l'air, l'oiseau serait livré au caprice des vents. S'il peut se diriger dans le fluide qui le soutient, c'est qu'il trouve dans sa pesanteur même un principe de résistance. Le poids facilite le mouvement des ailes qu'il élève d'une façon toute mécanique. Le vol se compose ainsi d'une alternance de repos et d'efforts. « Le mouvement simple qu'ont les ailes des oiseaux est plus facile, lorsqu'elles s'élèvent que lorsqu'elles s'abaissent. Cette facilité de mouvement naît de deux causes, dont la première est que le poids baissant élève un peu les ailes en haut par elles-mêmes ; la seconde est que les ailes étant convexes en dessus et concaves en dessous, l'air fuit plus facilement la percussion de l'aile avec l'élévation qu'avec l'abaissement où l'air enfermé dans la concavité de l'aile engendre plus facilement sa condensation que sa fuite. » (E 39 r°.) Il est tel cas, enfin, où l'action de la pesanteur s'ajoutant à celle du vent, l'oiseau est plus rapide que le vent qui le pousse. (E 39-40 r°.)

Lancé à travers l'air, comme un corps pesant qui le traverse, l'oiseau souvent est soutenu, porté par l'air, sans nouvel effort, comme le prouve le vol sans battements d'ailes. Le vol est alors un phénomène purement mécanique : l'oiseau est porté sur l'air, comme le serait un corps inerte de même forme, animé du même mouvement. Pour s'élever sans battement d'ailes, l'oiseau se précipite sous le vent, puis, se redressant et lui opposant une surface oblique, il est emporté et soulevé par l'air qui le frappe et contre lequel vient se briser son propre élan. Il y a là

.'action d'une double force : « l'une, celle du vent, qui frappe les ailes dans la concavité du dessous, l'autre, la pesanteur de l'oiseau qui descend par obliquité composée. D'une telle vitesse acquise il résulte que, quand il tourne la poitrine contre l'arrivée du vent, *le vent agit sur l'oiseau comme un coin qui élève un poids;* ainsi l'oiseau fait un mouvement réfléchi beaucoup plus haut que le principe du mouvement incident, et c'est la vraie cause pour laquelle les oiseaux s'élèvent beaucoup sans battre les ailes. » (E 41 v°.)

Le vol nous ramène ainsi à la théorie du mouvement incident et réfléchi : jeté contre le vent, l'oiseau est renvoyé par lui, comme la pierre ou le son par le mur, le rayon lumineux par le miroir. D'où vient donc que, dans ce cas, le mouvement réfléchi soit plus puissant que le mouvement incident? « Pour les oiseaux qui volent contre le vent, la fin du mouvement réfléchi est beaucoup plus haute que le principe de leur mouvement incident, et par cela la nature ne rompt pas ses lois; » dans ce cas, en effet, l'obstacle est lui-même mobile et il y a par le choc un concours des deux mouvements du vent et de l'oiseau. (E 43 r°.) Pour éviter la fatigue d'un effort continu, les oiseaux migrateurs volent ainsi contre le vent qui mécaniquement fait la plus grande partie du travail. « Avec un petit battement d'ailes, ils le pénètrent par un mouvement oblique, et après ce mouvement d'*impeto* (d'élan), ils se disposent obliquement sur le cours du vent qui, entrant sous l'obliquité de l'oiseau à la façon d'un coin, l'élève tout le temps que se dépense l'*impeto* acquis. » (E 37 r°.) Quand le vent les frappe de côté, ils louvoient. (40 v°.) S'ils vont au midi et que le vent souffle de l'ouest, ils se jettent en avant dans le sens de leur voyage, puis, inclinant à l'ouest, ils s'opposent au vent qui les enlève « à la façon du coin qui pénètre sous le grave qui lui est superposé » ; ils vont ainsi par une série de lignes brisées, formant entre elles des angles presque droits. (41 v°.) De même l'oiseau qui plane (41 v°) se dispose obliquement sur le cours du vent, de manière à établir un équilibre entre sa propre pesanteur et la force de résistance de l'air, et « par une insensible vibration » il reste immobile.

Dans le vol sans battement d'ailes, l'oiseau est comme un cerf-volant qui se jette lui-même contre le vent, au lieu d'être tiré par la main d'un enfant. Mais l'oiseau a l'initiative du vol[1]. Il s'élève et se dirige en agitant ses ailes. « Il im-

[1]. « J'ai divisé le traité des oiseaux en 4 livres, dont le 1er traite du vol par battement d'ailes, le 2e du vol sans battement d'ailes, et par faveur du vent, le 3e du vol en général, comme est celui des oiseaux, des chauves-souris, poissons, insectes ; le dernier du mouvement artificiel. » (K 3 r°.)

porte peu, dit M. Pettigrew, que l'aile agisse sur l'air ou que l'air agisse sur l'aile (p. 271);... que la surface inférieure des ailes soit portée rapidement contre l'air tranquille, ou que l'air se précipite avec violence contre la surface inférieure de l'aile étendue mais immobile » (p. 136). — « Il y a autant de travail, dit Léonard de Vinci, à mouvoir l'air contre la chose immobile qu'à mouvoir la chose contre l'air immobile. » (E 21 r°.) En un mot, qu'il se produise « par faveur du vent » ou par battement d'ailes, le vol ne change pas de principe : l'oiseau toujours est lancé à travers l'air, comme un plan incliné que la vitesse acquise soutient en l'emportant. Mais dans le premier cas il profite d'un courant, dans le second, « il crée le courant sur lequel il s'élève et progresse, il vole sur le tourbillon qu'il a formé ». (Pettigrew.) La pointe de l'aile de l'oiseau, dit le Vinci, se guide dans l'air, comme fait la pointe de la rame ou la main du nageur dans l'eau. (K 13 r°.) Moins prompt à fuir que l'aile à le frapper, l'air se condense sous le corps de l'oiseau et lui offre une plus grande résistance (E 45 v°); en même temps il se précipite dans le vide que laisse derrière lui le corps qui le fend et « comme une sorte de gaîne » il l'enveloppe et le presse. (E 53 r°.) L'oiseau produit ainsi et la condensation qui le soutient et le courant qui le pousse.

« L'ingénieuse nature » a fait du corps de l'oiseau une machine admirablement adaptée à ses fins. Agissant seulement sur le timon qui fixe l'aile à l'épaule, l'oiseau produit un mouvement qui se propage en s'accélérant du bord antérieur de l'aile à son extrémité : ainsi le marin d'un coup de barre modifie le mouvement du vaisseau. (E 52 v°.) Les pennes sont savamment disposées, les faibles sous les résistantes, qui les recouvrent et les protègent. Quand l'aile s'élève, elles s'écartent et l'air est plus facilement pénétré ; quand elle s'abaisse, elles se resserrent et l'air est plus fortement condensé. (E 46 r°.) La flexibilité des pointes des ailes facilite aussi singulièrement le vol. En frappant l'air, elles lui cèdent, ploient et des deux côtés, prenant appui sur lui, soutiennent le corps : « de même que fait l'homme qui s'appuie avec les pieds et avec les reins entre deux parois de mur, comme on le voit faire à ceux qui ramonnent les cheminées, ainsi fait en grande mesure l'oiseau avec les tortuosités latérales que font les pointes de ses ailes contre l'air où elles s'appuient et se plient. » L'oiseau n'est pas seulement un automate, une machine à voler, il est un vivant qui se meut lui-même. Ses organes sont sous le contrôle de son intelligence et sous la direction de sa volonté. Par un déplacement de la tête, des ailes, de la queue, il varie sans cesse son centre de gra vité. Modifiant la direction de la pesanteur, il fait concourir cette force en apparence hostile à ses fins. « Il se fait lourd et léger dans l'air, chaque fois qu'il le veut » (E. 48 v°), selon l'étendue de la surface qu'il oppose à la résistance de l'air. Pour retarder la descente trop rapide, il déploie ses ailes et sa queue, à la façon d'un parachute ; pour accélérer la descente trop lente, il se ramasse sur lui-même. Léonard étudie dans leur détail les mouvements appropriés par lesquels il s'élève, s'abaisse, tourne à droite, à gauche, en cercle, maintenant une aile immobile et serrée, agitant l'aile du côté d'où il veut fuir, à la façon du rameur ; maniant sa queue comme un gouvernail qui, selon qu'il est frappé par l'air, modifie la direction du corps tout entier.

Tous les grands principes de la théorie du vol ont été découverts et nettement formulés par le Vinci. Il a vu que l'oiseau prend son point d'appui sur l'air qu'il condense en créant les courants qui l'aident à se soutenir et à avancer ; que, dans le vol sans battement d'ailes, le concours de la vitesse acquise et de la force du vent fait du corps lancé obliquement un véritable cerf-volant ; enfin il a analysé avec une admirable précision les mouvements par lesquels l'oiseau modifie son centre de gravité et se dirige en tous sens.

IV

Comme l'organe et la fonction, l'anatomie et la physiologie sont solidaires. Déjà l'étude du mouvement de l'homme et du vol des oiseaux marque la transition de l'une à l'autre. La vie est une mort constante suivie d'une constante résurrection. « Le corps de tout être qui se nourrit sans cesse meurt et sans cesse renaît. » La vie est un perpétuel équilibre entre ce qu'on détruit et ce qu'on refait de soi-même, à l'image de la chandelle qui du dessous répare autant d'elle-même « qu'elle en consume du dessus 1 ». Léonard a-t-il vu dans la circulation du sang le principe de ce rythme vital ? Nous apparaît-il ici encore comme le grand précurseur de la science moderne? En faisant passer le même sang tour à tour par le cœur droit et le cœur gauche, a-t-il rompu avec la tradition de Galien ? détruit une des pièces maîtresses de l'ancienne physiologie, la théorie du *pneuma?* prévenu Vésale, Servet et Harvey? Je ne crois pas que les textes publiés permettent de l'affirmer.

1. W. An. II, 43 v°; J.-P. R., II, § 843.

Qu'il ait fait du cœur une étude approfondie, qu'il y ait vu un des grands ressorts de l'organisme, le fait est indéniable [1]. « Le cœur est de beaucoup le plus puissant des muscles... J'ai décrit la situation des muscles qui descendent de la base à la pointe du cœur et la situation des muscles qui naissent de la pointe du cœur et vont à sa base. » (G 1 v°.) Qu'il ait donné du cœur, de sa structure, des vaisseaux qui en partent et s'y rendent des dessins d'une justesse surprenante, rien n'est plus vrai. Knox, anatomiste anglais distingué, qui étudia les manuscrits originaux, affirme que le dessin des valvules du cœur, surtout des valvules semi-lunaires de l'aorte, suppose la juste idée de leur fonction. Je remarque cependant qu'il fait refluer le sang du ventricule dans les oreillettes, au moment où le cœur se contracte [3]. L'étude

1. J.-P. R., *Bibliography*, t. II, p. 489. W. An. II, 37 r°, veines de la tête ; 38 r° et v°, veines de la jambe ; 44 r°, veines du bras ; 74 r°, veines de la matrice ; 78 v°, veines de la main ; 86 r°, artères ; 86 v°, veines du bras ; 87 v°, le cœur ; 125 r° à 127 r°, vaisseaux sanguins ; 183 r°, veines de la nuque ; — p. 492. W. An. III, 115 r°, veines ; 115 v°, cœur ; 116 r°, 118 r°, 161 r°, vaisseaux sanguins ; 225 r°, battement du cœur ; 227 r°, 218 r°, cœur ; 228 v°, le cœur et les veines ; 229 r° et v° le cœur ; — p. 496. W. An. IV, 129 r°, vaisseaux sanguins ; 131 r°, arbre des veines ; 163 r° et v°, le cœur ; 166 r°, 167 v°, 169 r°, le cœur ; 171 r°, arbre des veines ; 181 r° à 182 r°, le cœur ; 234 r°, *l'impeto del sangue ;* 234 v°, *la revolutione del sangue nel anteporta del corde.*

2. Fritz Raab, *Leonardo da Vinci als Naturforscher.*

3. « Les oreilles du cœur sont des avant-ports de ce cœur qui reçoivent le sang quand il s'échappe de son ventricule, du commencement à la fin de son resserrement, parce que si un

de l'organe sans doute prépare l'intelligence de
sa fonction; mais il n'est pas inutile de la connaître pour l'y découvrir. Les dessins de Léonard
peuvent suggérer à un esprit prévenu des idées
qu'il n'en dégageait pas. — Mais n'affirme-t-il pas
en propres termes la circulation du sang, dans
tous les textes où il compare son cours dans le
corps de l'homme au cours de l'eau dans le corps
de la terre? — Il n'en serait ainsi que si le circuit des eaux à travers la terre répondait exactement au mouvement qui du cœur droit à travers
les poumons conduit le sang au cœur gauche pour
le répandre dans tout le corps et le ramener au
cœur droit. La théorie de Léonard implique-t-elle
ce parallélisme rigoureux? L'eau de la mer par
un réseau de veines ramifiées monte jusqu'à la
cîme des montagnes d'où elle retourne par les
fleuves à la mer.

Dans l'intérieur de la terre, contre les lois de
la pesanteur, elle s'élève jusqu'aux plus hauts
sommets, pour redescendre, entraînée par la
seule gravité, à l'air libre, jusqu'à l'océan. « L'eau
va des fleuves à la mer et de la mer aux fleuves,

tel sang ne s'échappait en partie de la quantité, le cœur ne
pourrait pas se serrer. » (G 1 v°.) Le texte suivant, le seul, ou
à peu près, que cite M. J.-P. Richter à ce propos, répond-il bien
au mécanisme des valvules : « Que le sang qui tourne en
arrière quand le cœur se rouvre n'est pas celui qui ferme les
portes du cœur. » (W. An. III, 226 r°; J.-P. R., II, § 850.)

en faisant toujours le même circuit. (A 56 v°.)...
L'eau est poussée de l'extrème profondeur de la
mer aux hautes cimes des monts où, trouvant les
veines coupées, elle se précipite et par la voie la
plus courte retourne à la basse mer, de nouveau
s'élève par les veines ramifiées puis retombe, allant
et venant ainsi entre le haut et le bas, tantôt en
dedans, tantôt en dehors. » (H 101 v°.) Dans ce
perpétuel mouvement « elle fait comme le sang
des animaux qui toujours se meut partant de la
mer du cœur et s'élève jusqu'au sommet de leur
tète : là, si les veines se rompent, comme on voit
une veine rompue dans le nez, tout le sang des
parties basses s'élève à la hauteur de la veine rompue [1] ».

Tout ce qu'on peut conclure de ces textes, c'est
que le sang part du cœur, comme l'eau de la mer,
et à travers l'organisme revient à son point de
départ. Mais de ce que Léonard admet, en ce sens,
la circulation du sang, il ne résulte pas qu'il en

1. Léic., 21 r°; J.-P. R., II, § 849. A propos de ce texte M. Richter écrit : « De ce passage il résulte avec évidence que Léonard
n'a pas seulement soupçonné d'une manière générale la circulation du sang, mais qu'il en a eu la claire conception. » Il en
serait ainsi en effet s'il expliquait par la seule contraction du
cœur et la disposition des vaisseaux la montée du sang, mais
nous verrons qu'il croit devoir faire intervenir la chaleur animale et nous avons vu déjà qu'il admet une violation de la loi
de la pesanteur. M. Richter, qui a consulté les textes et les
dessins de Windsor, qui en a publié des fragments, n'a-t-il rien
trouvé de plus précis ?

ait compris le mécanisme. D'abord la théorie du mouvement circulaire des eaux, avec la comparaison des veines de la terre aux veines du corps vivant, n'a rien d'original. Vous la trouverez exposée dans les *Questions naturelles* de Sénèque (l. III); au moyen âge elle reste dans la tradition de l'École; dès le début du xiiᵉ siècle, avec Adelard de Bath, Honoré, elle entre dans les idées courantes (*circulus æterni motus-interius meatibus aquarum, ut corpus venis sanguinis penetratur*). En second lieu le schème du cercle parcouru par les eaux ne comprend rien qui réponde à la division du cœur droit et du cœur gauche ni au mouvement qui conduit le sang de l'un à l'autre. Enfin l'action musculaire du cœur et la disposition des vaisseaux et de leurs valvules permettent d'expliquer mécaniquement, par la diastole et la systole, l'ascension du sang dans la tête [1]. Or, Léonard fait intervenir ici la chaleur vitale et regarde l'ascension de l'eau dans les montagnes et du sang dans la tête comme contraire à la loi physique de la pesanteur [2]. Nous ne pouvons donc accorder qu'il a connu la circulation du sang, tant

1. Jourdain, *l'État de la philosophie naturelle au* xiiᵉ *siècle en Occident*, 1838.

2. « Humeur vitale de la machine terrestre. l'eau se meut grâce à la chaleur naturelle. (H. 95 rᵒ.) Si le corps de la terre n'avait pas de ressemblance avec l'homme, il serait impossible que l'eau de la mer étant tellement plus basse que les mon-

que nous n'aurons pas un commentaire plus précis de ses beaux dessins anatomiques [1].

Il présente quelques observations justes sur le système nerveux. Il nie que l'âme soit répandue dans tout le corps, et, s'appuyant sur la direction des nerfs, il fait du cerveau l'organe de la sensation et de la pensée. Il remarque que les centres nerveux qui répondent aux organes des sens sont d'autant plus développés que ces sens sont plus puissants. Il a constaté que chez les lions, par exemple, les centres olfactifs et optiques occupent une grande partie de la substance cérébrale, tandis que chez l'homme ils sont minces et longs. Il caractérise enfin avec beaucoup de netteté les mouvements réflexes. « Que les nerfs agissent parfois d'eux-mêmes sans commandement des autres fonctions de l'âme, ceci apparaît clairement; on voit les paralytiques et les gens qui ont le frisson mouvoir

tagnes, pût de sa nature [monter au sommet des montagnes. D'où il est à croire que la raison qui retient le sang au sommet de la tête de l'homme est la même qui retient l'eau au sommet des montagnes. (A 54 v°.) Je dis que l'eau est comme le sang, que la chaleur naturelle tient dans les veines au sommet de la tête. » (A 56 r°.)

1. Dans le M^t G, qui est des dernières années de sa vie, Léonard semble avoir renoncé à la théorie de la circulation des eaux (38 r°, 70 r°) : « L'océan ne pénètre pas sous la terre... L'Océan ne peut pénétrer du pied à la cime des monts auxquels il confine... » Est-ce une plus juste idée de la circulation du sang et de son mécanisme qui lui a fait rejeter l'hypothèse traditionnelle ? La publication intégrale du Mt W. An. IV, qui est de la même époque que le Mt G (1515), donnerait peut-être la solution du problème.

leurs muscles tremblants, tels que la tête et les mains, sans la permission de leur âme, qui par toute sa puissance ne pourrait empêcher le tremblement de ces membres. La même chose arrive dans l'épilepsie et dans les membres coupés, tels que les queues des lézards [1]. »

Mais l'étude de l'art pittoresque et des sciences qu'il suppose l'amènent surtout à réfléchir sur les fonctions de l'œil, « ce seigneur des sens ». Il a conscience de l'originalité de sa théorie de la vision. « L'œil, dont l'expérience montre si clairement l'office, a été, jusqu'à mon temps (*insino ai mia tempi*), défini par un nombre infini d'auteurs d'une manière, et je trouve qu'il est tout différent [2]. » Il faut renoncer d'abord à l'idée que l'œil envoie les rayons visuels jusqu'à l'objet qu'il veut percevoir, comme le soutenait encore dans sa perspective le peintre milanais Bramantino, contemporain de Léonard [3]. L'œil ne pourrait envoyer en un mois sa puissance visuelle à la hauteur du soleil, sans parler du retour d'un si long voyage. (Ash. 2, 1 v°.) Regardez une lumière intense puis fermez les yeux, vous la voyez longtemps encore, c'est la preuve que les « espèces »

---

1. W. An. II, 202 r°. W. An. IV, 173 r°. W. An. II, 202 r° ; J. P. R., II, §§. 838, 827, 839.

2. C. A. 117 v°, 361 v° ; J.-P. R., I, § 21.

3. Lommazo, *Tratt. della Pitt.*, l. V, c. 21.

entrent dans l'œil [1]. Que sont « ces espèces »,
ces images des choses ? « L'air est plein d'infinies
pyramides composées de lignes droites radieuses
qui partent de tous les points des corps lumineux
et qui forment des angles d'autant plus aigus
qu'elles s'éloignent davantage de leur lieu d'origine [2]. » Longtemps Léonard s'en est tenu à cette
hypothèse : elle implique que la vertu visuelle est
réduite au centre de la pupille, en un point qui
répond au sommet de la pyramide. (A 10 r°.) Mais
dans le manuscrit D, où il classe ses notes sur la
vision, il prouve par une expérience très ingénieuse (fol. 4 v°) que la vertu visuelle est répandue dans toute la pupille. En même temps ses
tracés traduisent une théorie nouvelle de la marche
des rayons lumineux dans l'espace. Partis de tous
les points de la surface lumineuse, ils se propagent en ligne droite dans tous les sens, comme les
ondulations de l'eau sous le choc de la pierre.

Quel est maintenant l'office de l'œil ? Comment
les images pénètrent-elles en lui ? Comment ren-
dent-elles possible la perception des objets extė-
rieurs ? L'expérience de la chambre obscure permet de le comprendre. Il se passe dans l'œil ce
qui se passe « quand les images des objets éclai-
rés pénètrent par un petit trou rond dans une ha-

1. C. A. 201 r°, 597 r°; J.-P. R., I, 254.
2. J.-P. R., l, § 63.

Litation très obscure. Reçois ces images à l'intérieur de l'appartement sur un papier blanc situé à quelque distance du trou, tu verras sur le papier tous les objets avec leurs propres formes et couleurs ; ils seront diminués de grandeur et se présenteront dans une situation renversée : l'intersection des rayons fait que le rayon qui vient du côté A va à gauche en K et que le rayon qui vient du côté gauche E va à droite en F. » (D 8 r°.) L'œil est une chambre obscure, Léonard l'a vu avant Cardan (1550), et c'est sans doute à cette découverte qu'il fait allusion, quand il se vante d'avoir le premier observé la vraie nature de l'œil[1]. Si l'image se renverse, d'où vient que nous la voyions droite ? Il répond à cette difficulté, en supposant (D) que les rayons lumineux subissent dans l'œil une double intersection : une première fois, ils s'infléchissent en passant de l'air dans la pupille et se coupent en avant du cristallin ; puis en pénétrant dans cette lentille, milieu plus dense, ils s'infléchissent en sens contraire, se croisent de nouveau et envoient au nerf optique, qui la transmet au sens commun, une image redressée[2].

1. Léonard n'est pas l'inventeur de la chambre obscure. Son grand prédécesseur L. Battista Alberti la connaissait. Cesare Cesarini (Introduction de Vitruve, 1523) en attribue expressément l'invention à Benedettino don Papnutio. (J.-P. R., I, p. 44, note.)

2. « La sphère vitrée est mise dans ie milieu de l'œil pour redresser les espèces qui s'entrecoupent au dedans de l'ouverture de la pupille, afin que la droite redevienne droite, et que la

Pour que l'objet soit perçu avec netteté, il faut que les deux yeux soient dirigés vers lui. « Les objets vus par un seul œil paraissent quelquefois grands et quelquefois petits. » Avant l'invention de stéréoscope, Léonard sait que la vision binoculaire est la condition de la perception du relief. L'image unique que nous voyons est en réalité composée de deux images dont chacune est prise d'un point de vue un peu différent. « Pourquoi la peinture vue avec les deux yeux ne produit-elle pas l'effet du relief, comme le relief réel vu par les deux yeux? » C'est que la peinture ne peut jamais contenir les deux aspects de l'objet qui se fondent dans l'unité de la vision.

Ce qui sans doute conduisit Léonard à rectifier sa théorie de la propagation de la lumière et à renoncer aux pyramides visuelles, ce fut le fait du rétrécissement et de la dilatation de la pupille. « La pupille de l'œil diminue dans la proportion où croît la lumière qui s'imprime en elle; réciproquement, autant croît la pupille que diminue la clarté du jour ou de toute autre lumière qui s'imprime en elle. (E 17v°.)… La nature fait ici comme quelqu'un qui ayant trop de lumière dans une habitation ferme une demi-fenêtre. » (D 5 v°.) L'expérience, facile à faire sur l'homme qui passe de l'ob-

gauche redevienne gauche par la seconde intersection qui se fait au centre de la sphère vitrée. » (D 3 v°.)

scurité à la lumière, est confirmée par la pupille
des animaux nocturnes, chats, grands ducs, chouet-
tes, si réduite au grand jour, si dilatée la nuit.
Léonard attribue la plus grande importance à ce
fait. La puissance visuelle varie, selon lui, comme
la dilatation de la pupille. « La pupille de l'œil, à
l'air libre, change de dimensions à chaque degré
du mouvement du soleil ; et dans la mesure même
où la pupille varie, varie la perception visuelle
d'un seul et même objet, bien que souvent la comparaison des objets environnants ne nous permette
pas de découvrir ces changements d'une seule et
même chose qu'on regarde. » (I 20 r.) Notez l'i-
dée, si féconde chez quelques physiologistes contemporains, des jugements inconscients qui se
mêlent à la perception. La modification de la pupille selon l'intensité de la lumière explique que
les objets paraissent plus grands la nuit que le
jour (dilatation de la pupille), que l'œil, sortant
de l'obscurité, voit l'objet plus grand à première
vue (pupille dilatée) qu'après l'avoir quelque temps
contemplé (pupille rétrécie) ; qu'en s'habituant à
l'obscurité (agrandissement de la pupille), il dis-
cerne ce qu'il ne percevait pas d'abord ; qu'en
sortant d'un lieu très éclairé (pupille petite), une
faible lumière le laisse dans les ténèbres, et réciproquement. Toutefois Léonard donne de ce dernier phénomène une autre explication qui repose

encore sur un fait bien observé : la durée de l'impression visuelle. « Tout corps qui se meut avec rapidité paraît teindre son chemin de la ressemblance de sa couleur. Cette proposition se vérifie par expérience. En effet, lorsque l'éclair passe entre les nuées obscures, la rapidité de sa fuite serpentante fait ressembler toute sa route à une couleuvre lumineuse. Et de même si tu donnes à un tison embrasé un mouvement circulaire, tout son parcours te paraîtra un cercle de feu. Cela tient à ce que l'impression est plus prompte que le jugement. » (A 26 v°.) Quand l'œil passe d'une clarté intense à une clarté moindre, il garde l'impression première, « ce qui fait paraître ténébreux le lieu moins éclairé, jusqu'à ce qu'ait disparu toute trace de la plus grande lumière ».

CHAPITRE V

LA PHILOSOPHIE DE LÉONARD DE VINCI

I

Bien des erreurs se mêlent encore aux vérités que Léonard a découvertes. La nature dépasse l'imagination du grand artiste. Il élargit l'univers, il n'ose multiplier les mondes à l'infini. Si sa science est incomplète, sa méthode est bonne. Toute superstition répugne à son libre esprit. Il s'est affranchi de l'autorité des anciens. Pour voir, il regarde ; il observe, il fait des expériences ; il cherche à discerner dans la confusion des phénomènes leurs rapports constants ; il s'efforce de mesurer ces rapports, de les soumettre au calcul, d'arriver ainsi à la pleine certitude, qui est la marque et comme la sanction de la science véritable. Une telle méthode ne s'applique que dans l'hypothèse d'un monde soumis à des lois universelles, nécessaires, qu'il est possible de dégager des phénomènes parce qu'elles n'en sont que l'enchaînement.

L'intervention surnaturelle de volontés capricieuses ferait dans le tissu des phénomènes de brusques déchirures. Le vrai miracle, ce n'est pas ce qui échappe à la science, c'est ce qui la fonde; ce n'est pas la suspension des lois de la nature, c'est leur inéluctable nécessité. « O admirable, ô stupéfiante (*stupenda*) nécessité, tu contrains avec tes lois tous les effets à dériver par la voie la plus courte de leurs causes ! *voilà les vrais miracles* [1]. » Vasari accuse Léonard d'être arrivé par la science à l'impiété [2] : il est

---

1. C. A. 337 v°, 1026 v° ; J. P. R., I, § 22.
2. Voici ce passage célèbre que Vasari lui-même supprima dans la seconde édition de ses *Vies :* « Tels furent ses caprices que philosophant sur les choses naturelles, il s'efforça de découvrir les propriétés des herbes, sans cesse observa le mouvement du ciel, les phases de la lune, les révolutions du soleil. Il en vint

difficile de soutenir que cette accusation soit une calomnie. Dans un passage singulier où tour à tour il se moque des clercs et parle gravement des saints livres, il semble accepter la fameuse distinction des deux vérités. « Quant au reste de la définition de l'âme, je l'abandonne à l'imagination des frères, pères des peuples, qui par inspiration savent tous les secrets. Je laisse de côté les lettres sacrées parce qu'elles sont la souveraine vérité (*somma verita*). » Faut-il faire grand fond sur cette distinction luthérienne des livres saints et de léurs commentateurs ? J'en doute.

Les prophéties satiriques auxquelles il s'amuse, selon la mode du temps, marquent l'audace de son incrédulité. Il déteste les moines cordialement, leur paresse, leur fanatisme, leur avidité. « Les Pharisiens, je veux dire les saints frères... (*Tr.*, 68.) Une multitude infinie de gens vendra publiquement et en paix des choses de très grand prix (indulgences, paradis, etc...), sans la permission du maître de ces choses, bien qu'elles n'aient jamais été à eux ni en leur pouvoir, et la justice humaine n'y remédiera pas... Les monnaies invisibles feront triompher bien des gens qui n'en dépenseront pas d'autres [1]... » Dans le *Traité de la*

une pensée (*concetto*) si hérétique, qu'il ne s'assujettissait à aucune religion, estimant beaucoup plus d'aventure être philosophe que chrétien. »

1. C. A. 362 v°, 1134 v° ; J.-P. R., II, § 1296.

peinture, il attaque vivement les gens qui veulent imposer aux peintres le repos du dimanche.
« Dans le nombre des sots il y a une certaine secte,
dite des hypocrites, dont la perpétuelle étude est
de se tromper et de tromper les autres, mais plus les
autres qu'eux-mêmes, bien qu'en vérité ils se trompent plus eux-mêmes que les autres. Et ce sont ceux
qui reprennent les peintres de ce qu'ils étudient
les jours de fête... Que ces censeurs se taisent,
car c'est le moyen de connaître l'ouvrier de tant
d'admirables choses, et par suite d'aimer ce grand
inventeur. » Ailleurs il conte une plaisante anecdote. Un prêtre, le samedi saint, entre dans l'atelier d'un peintre et asperge ses tableaux d'eau
bénite. Indignation du peintre. — C'est mon devoir, dit le prêtre, et Dieu a promis cent pour un
à qui fait le bien ici-bas. — Le peintre guette la
sortie du prêtre et, lui jetant un seau d'eau sur la
tête, lui crie : « Voilà ton cent pour un [1] ! » Plaisanteries innocentes, dira-t-on. Léon X n'a-t-il
pas pour bouffon un moine mendiant, formidable
mangeur? N'en fait-il pas berner et fouetter un
autre, coupable d'une mauvaise comédie?

En voici qui le sont moins : « Beaucoup tiennent la foi du fils, et ne bâtissent des temples
qu'à la mère [2]. » Après la Vierge, les saints :

---

1. C. A. 117 r°, 361 r° ; J.-P. R., II, § 1280.
2. C. A. 143 r°, 426 r° ; J.-P. R., II, § 1293.

« Ceux qui seront morts depuis mille ans seront ceux qui donneront de quoi vivre à beaucoup de vivants (saints des confréries) (I 66 vᵒ). Les hommes parleront à des hommes qui ne les entendront pas et ayant leurs yeux ouverts ne verront pas;... ils demanderont des grâces à qui aura des oreilles et n'entendra pas ; ils allumeront· des cierges devant des aveugles [1]. » Direz-vous que ce n'est là qu'attaquer la superstition d'un peuple grossier qui prend les saints pour les pourvoyeurs de ses désirs et les complices de ses crimes? Que pensez-vous de cette manière de prédire la confession : « Les malheureuses femmes de leur propre gré iront révéler aux hommes toutes leurs luxures, toutes leurs actions honteuses les plus secrètes (*tutti le loro luxurie e opere vergognose e segretissime*) [2]. » Attaques contre les moines, les indulgences, la Vierge, les saints, la confession, c'est déjà Luther. Luther s'indigne, Léonard s'amuse. Il ne parle de la religion catholique que pour tourner en ridicule ses serviteurs et ses fidèles, tirer de ses pratiques et de ses dogmes des énigmes comiques. « Presque tous les tabernacles, où habite le corps du Seigneur, seront vus allant d'eux-mêmes par les diverses routes du monde (communion). » (I 65 vᵒ.) Même par jeu, est-ce un

1. C. A. 362 rᵒ, 1143 rᵒ ; J.-P. R., II, § 1295.
2. C. A. 362 vᵒ, 1134 vᵒ ; J.-P. R., II, § 1296.

chrétien qui a osé annoncer en ces termes les fêtes commémoratives de la passion de Jésus: « Dans toutes les parties de l'Europe il y aura gémissement de peuples nombreux *pour la mort d'un seul homme mort en Orient* (vendredi saint) [1]. »

Que Léonard ait cessé d'être chrétien, le fait n'est pas, pour moi, douteux. Il y aurait quelque naïveté à s'en réjouir, comme à s'en affliger. Mieux vaut en chercher les raisons. Le miracle gêne le savant. Dans l'univers il voit des lois générales et non des volontés particulières. Mais c'est là quelque chose d'extérieur encore : l'homme n'hésite guères devant les contradictions dont il a besoin pour sa vie morale. Ce qui emporte tout, la psychologie du christianisme n'est pas la sienne. Il n'a pas l'esprit chrétien. L'équilibre harmonieux de toutes les facultés humaines subordonne en lui le sentiment à l'intelligence. Il n'attend pas du cœur qu'il supplée aux défaillances de l'esprit. Aimer Dieu pour le connaître, dit le chrétien; connaître Dieu pour l'aimer, dit Léonard. « Au vrai, le grand amour naît de la grande connaissance de la chose qu'on aime. Si tu ne connais pas Dieu, tu ne saurais l'aimer, et si tu l'aimes pour le bien que tu attends de lui, et non pour sa souveraine vertu, tu fais comme le chien

1. C. A. 362 r°, 1143 r° ; J.-P. R., II, § 1295.

qui remue la queue et fait fête par ses bonds à
celui qui peut lui donner un os : s'il connaissait
la vertu d'un tel homme, combien plus il l'aime-
rait [1] ! » La vraie religion, c'est l'étude et l'intelligence de l'univers où vit l'esprit de Dieu.

II

Aussi, si Léonard n'est pas chrétien, il reste
philosophe. Il a le vif sentiment de la certitude et
de ses conditions. Il aime la vérité contrôlée par les
faits, confirmée par le calcul. Mais il ne prétend
point arrêter le libre mouvement de l'esprit. Il a
foi dans la raison. Il n'attaque que le dogmatisme
outrecuidant qui croit tout savoir sans avoir rien
appris. La plus humble vérité annoblit qui la
possède : « le mensonge est si vil que, même s'il
parlait bien des choses de Dieu, il enlèverait sa
grâce au divin [2]. » C'est que la plus humble vérité

1. *Tratt. d. P..* § 77.
2. « La vérité est au mensonge ce que la lumière est aux
ténèbres, et la vérité est en soi de telle excellence qu'encore qu'elle
s'applique à des matières humbles et basses, sans comparaison
elle excède les incertitudes et les erreurs répandues dans de
grands et très sublimes discours... Mais toi qui vis de songe,
plus te plaisent les raisons sophistiques et les tricheries dans
les choses grandes et incertaines que les choses certaines, naturelles et non de si grande hauteur. » (Mz 8 r° ; J.-P. R , II
§ 1168)

est éternelle, divine, et que le mensonge n'est qu'une fiction mort-née de l'esprit humain. La raison est réalisée dans les faits. La nature part du rationnel, nous devons y retourner ; l'expérience est la voie qui nous y ramène. Ce qui semblait s'opposer s'implique ; la science de Léonard n'anéantit pas l'esprit devant les choses ; dans les choses mêmes elle cherche et retrouve l'esprit. Une philosophie sans nuances ne convenait pas à son âme mobile qui ici encore concilie ce qui semble s'exclure, l'analyse et la synthèse, le goût du contingent et le sens du nécessaire. Présent au savant, l'artiste ne perd pas dans l'étude des détails le sentiment de l'unité, dans la variété des faits successifs l'intuition de l'harmonie abstraite qui déjà par la loi fait pressentir la beauté vivante.

« Les mêmes effets dérivent des mêmes causes, et les causes enlevées les effets ne se produisent plus[1]. » Cette loi tout à la fois résulte de l'expérience et en est le principe. Le déterminisme scientifique n'est pas seulement un fait : il exprime une loi antérieure aux phénomènes qui ne la posent pas et ne sauraient s'y soustraire. « La nécessité est la maîtresse et le guide de la nature (*maestra e tutrice*)... La nécessité est le thème et la créatrice (*inventrice*) de la nature, et le frein et la règle

---

1. *Li effetti sommigliano le loro cagioni. Tolle le cagioni mancheranno li effetti.* (Br. M. 156 v° ; J.-P. R., II, § 1219.)

éternelle [1]. » Le monde nous apparaît d'abord comme un mécanisme, où les causes se continuent par les effets. « Le mouvement est cause de toute vie. » (H [3] 141 r°.) Ce que nous appelons nature n'est que cette nécessité souveraine qui enchaîne les phénomènes aux phénomènes, tissant sur la trame du temps le tissu de l'univers. Mais cette nécessité n'est elle-même que la raison suprême réalisée dans les lois des choses. Déjà même dans les rapports mathématiques des mouvements qui se transmettent, se composent, s'équilibrent, dans cette proportion des effets aux causes, nous entrevoyons un premier ordre moral, une égalité qui est comme une première image de l'équité : « Qu'admirable est ta justice (*ó mirabile giustitia di te*), premier moteur! Tu n'as pas voulu qu'il manquât à aucune puissance l'ordre et la qualité de ses effets nécessaires : puisque, si une puissance doit chasser à 100 brasses une chose mue (*vinta*) par elle et que celle-ci, en lui obéissant, rencontre un obstacle, tu as ordonné que la puissance du coup causerait un nouveau mouvement qui, par différents bonds, recouvrerait la somme entière du voyage qu'elle devait faire [2]. » (A 24 v°.) Il y a, dira Leibniz, de la géométrie partout, et de la morale partout.

1. S. K. M. III, 49 r°; J.-P. R., II, § 1135.
2. « Il convient que tout mouvement produit par la force fasse

Le monde n'est-il qu'une suite de phénomènes enchaînés selon les rapports d'une équité toute mathématique? Le mouvement se suffit-il à lui-même? C'est là une vue superficielle qui ne nous donne que le premier aspect et comme le dehors des choses. Léonard est trop artiste pour s'enfermer dans ces abstractions muettes; sa sensibilité délicate l'unit à la nature par une sympathie qui lui en révèle la vie intérieure. La face de l'univers est devant lui comme un visage humain. Du mouvement il va à la puissance qui le cause, du corps à l'esprit qui le vivifie.

« Le mouvement est causé par la force et s'unit aux corps changés de place. » (A 27 v°.) Mais qu'est-ce que la force? « Je dis que la force est une vertu spirituelle, une puissance invisible qui, au moyen d'une violence accidentelle extérieure, est causée par le mouvement, introduite et infuse dans les corps... Elle naît par violence et meurt par liberté... Rien ne se meut sans elle [1]. » Ces

une course telle qu'est la proportion de la chose mue à celle qui meut. Et s'il trouve une résistante opposition, il fournira la longueur de son dû voyage par un mouvement circulaire et par divers autres sauts et bonds qui, tout compte fait du temps et du parcours, auront fait comme si la course avait eu lieu sans aucune contradiction (sans aucun obstacle). » (A 60 r°.)

1. « Je dis que la force est une puissance spirituelle, incorporelle, invisible qui, avec une courte vie, se cause dans ces corps qui, par une accidentelle violence, se trouvent hors de leur être et repos naturels. Je dis spirituelle, parce que dans cette force il y a une vie active et incorporelle, et je dis invisible

textes n'autorisent pas à conclure le dynamisme de Léonard. La force suppose une « violence accidentelle », elle n'est pas un principe premier, mais dérivé. De plus n'y a-t-il pas contradiction à dire « que la force est cause du mouvement et le mouvement cause de la force » ? (A 34 v°.) Quelle est donc la cause véritable?

Pour entendre la pensée de Léonard, il faut savoir qu'il ne prend pas les mots *force*, *mouvement* dans un sens aussi général que nous. Qui dit *force*, selon lui, dit rupture d'équilibre, action violente et passagère. «La gravité, la force, le mouvement accidentel et la percussion (arrêt brusque du mouvement, coup) sont les quatre puissances avec lesquelles toutes les œuvres visibles des mortels ont leur être et leur mort [1]. » Le manuscrit A nous permet de suivre par ses notes ses méditations sur ce sujet. Il s'efforce tout à la fois de distinguer ces quatre puissances et de définir leurs rapports. Il finit par les faire dépendre de la pesanteur [2]. Mais il ne s'arrête pas à cette théorie, et

parce que le corps où elle naît ne croit ni en poids ni en forme, de peu de vie, parce que toujours elle désire vaincre sa cause, et, celle-ci vaincue, se tue. » (B 63 r°.)

1. Br. M. II², 43 r° ; J.-P. R., II, § 1157.

2. « On peut voir le poids sans la force, mais on ne voit pas la force sans le poids. (A 35 r°.) Le poids qui agit éternellement dans la pression qu'il exerce est de moindre puissance que les trois autres passions qui sont lui encore (*le tre altre passioni che sono lui*), c'est-à-dire la force, le mouvement et le coup. La 2° chose de seconde permanence est la force plus puissante que

nous le voyons enfin dériver la pesanteur de la force, la force du mouvement, et celui-ci d'un principe spirituel[1].

Traduite en langage moderne, la théorie de Léonard peut se résumer en cette formule : le mécanisme implique le dynamisme; tout mouvement, en dernière analyse, a son principe dans l'activité spirituelle.

III

L'inertie apparente cache l'effort et le désir réels. Le monde n'est pas une machine mais un vivant. « Il n'y a rien d'inculte, de stérile, de mort dans l'univers, » dira Leibniz. Mais si tout est vivant, n'est-ce pas dans l'animal, plus encore dans

---

le poids et son office dure moins. La 3° permanence est celle du mouvement qui est de plus grande puissance que la force et est engendrée par elle (??). La 4° chose de moindre permanence est le coup qui est fils du mouvement et petit-fils de la force; *et tous naissent du poids.* » Léonard ne s'en tient pas à cette formule dont l'expression semble même trahir sa pensée.

1. « La force est engendrée par le manque ou la richesse (*da carestia o divitia*); elle est fille du mouvement matériel petite-fille du mouvement spirituel, et mère et origine du poids. » (Br. M. 151 r°; J.-P. R., II, § 859.) Il dit encore, à propos du mouvement des animaux : « la force a son origine dans le mouvement spirituel. » Reprenons ces termes dans leur ordre de succession : à l'origine, est le mouvement spirituel, sans lequel tout s'arrête, et toute vie, toute action est suspendue. Du mou-

l'homme, qu'il faut surprendre les derniers secrets de l'être? « Les animaux sont l'exemple de
la vie universelle ¹... Les anciens ont dit avec raison que l'homme est un miscrocosme » (A 54 v°);
il l'est par son corps, plus encore par son âme où
l'être devient, par une sorte de transparence, visible à lui-même. « Vois, l'espérance et le désir
de se rapatrier (*ripatriarsi*) et de revenir à son
premier état, est comme le vol du papillon à la
lumière ; et l'homme qui, dans de continuels
désirs, avec une impatience joyeuse, toujours attend le printemps nouveau, toujours le nouvel été,
toujours et de nouveaux mois et de nouvelles années, trouvant que les choses désirées sont trop
lentes à venir, il ne s'aperçoit pas qu'il désire sa
propre mort (*la sua disfazione*); mais ce *désir
est la quintessence, esprit des éléments*, qui, se
trouvant enfermée (*richiusa*) dans l'âme humaine,
toujours désire retourner du corps humain vers
celui qui l'a envoyée (*al suo mandatario*), et sachez que ce même désir est la quintessence insé-
parable de la nature (*è quella quintessencia com-*

vement spirituel naît le mouvement matériel, à l'occasion
duquel la force, qui elle-même est une puissance incorporelle,
entre en jeu et devient à son tour cause d'un mouvement proportionnel à son intensité. Enfin le poids n'est plus le principe
de la force, mais un de ses effets, une de ses résultantes. Tout
mouvement a pour cause ou *le moto spirituabe* ou la force.

1. *Gli animali sono exemplo della vita mondiale.* (Br. M. 156
v°; J.-P. R., II, § 1219.)

pagnia della natura), et que l'homme est le modèle du monde (*modello dello mondo*) [1]. » S'en
tenir au mécanisme, ce serait noter pour ainsi
dire le langage de la nature, sans l'interpréter, sans
aller jusqu'à la pensée dont il n'est que l'expression. Au delà du mouvement il y a la force, et
dans la force même, comme principe de son action,
l'inquiétude du meilleur, le désir, l'effort vers un
bien pressenti : « Quand la chose unie est accor-
dée à celle à laquelle elle s'unit, le résultat est
joie, plaisir et contentement; quand l'amant est
uni à l'aimée, il se repose; quand le poids est posé,
il se repose [2]. »

S'il en est ainsi, la nécessité physique et rationnelle devient une nécessité morale, la loi
des causes efficientes se subordonne à la loi
des causes finales, le mouvement à sa direction.
« Toute partie a une tendance à se réunir à son
tout pour échapper à son imperfection [3]. » La loi
de moindre action est un corollaire de cette loi
de finalité : « Toute action naturelle est faite
par la nature de la manière la plus courte et dans le
temps le plus court qu'il se puisse.» (D 4 r°.) De
même le *principe des indiscernables*, selon l'ex-

1. Br. M. 156 v°; J.-P. R., II, § 1162.
2. *Tr,* 11; J.-P. R. II, § 1202. *Quando l'amante è giunto
all'amato, li si riposa; quando il peso è posato, li si riposa.*
3. C. A. 58 r°, 180 r°; J.-P. R., II, § 1142.

pression de Leibniz : « La nature est variable à l'infini..., et elle se plaît tant à varier ses créations et elle est si riche que parmi les arbres de même espèce on n'en trouverait pas un qui de près ressemblât à un autre ; et il n'en est pas seulement ainsi pour les arbres ; des rameaux, des feuilles, des fruits, il n'en est pas un qui soit identique à l'autre [1]. » Mais contenu par un même esprit, ce monde est un vivant dont toutes les parties conspirent. Volontiers Léonard réalise la nature, parle d'elle comme de l'esprit présent à l'univers [2]. Elle est l'artiste à l'âme obscure et savante qui, avec la grâce du génie, ordonne l'infini détail des phénomènes dans l'œuvre qu'ils composent. « Bien que le génie humain fasse des inventions répondant par des organes (*strumenti*) intelligemment combinés à une même fin, jamais il ne trouvera une invention plus belle, plus facile, plus brève que la nature, parce que dans les inventions de celle-ci rien ne manque et rien n'est superflu.»

Le rapport de l'âme au corps, dans le microcosme humain, n'est-il pas dans le cosmos celui

1. *Trattato della Pittura*, § 501.
2. « Si la nature a ordonné la souffrance dans les âmes végétatives douées de mouvement, c'est pour préserver les organes qui par le mouvement pourraient être atteints et blessés; mais les âmes végétatives sans mouvement n'ont pas à courir contre des objets opposés; dès lors la souffrance n'est pas nécessaire dans les plantes, de sorte que, quand on les brise, elles ne sentent pas une douleur comme celle des animaux. » (H 60 r°.)

de la nature au grand corps qu'elle anime ? Le
Vinci remarque que le peintre est porté à faire
toutes ses figures à sa ressemblance [1]. Ce ne sont
pas seulement les qualités et les défauts de son
esprit, vivacité, paresse, dévotion, désordre ou
légèreté, que trahissent ses œuvres, il semble
que toute forme humaine lui renvoie sa propre
image. Beau, il donne sa beauté, laid sa laideur.
A-t-il des mains grossières, elles pendent lourdement au bout des bras de ses personnages. Est-il
d'aspect bestial, ses figures sont vulgaires et sans
esprit. « Donc, toi, peintre, observe bien cette
partie que tu as plus laide en ta personne, et
par l'étude mets-toi en garde de ce côté. » La
beauté même peut avoir sa monotomie : il faut
un effort au peintre pour sortir de lui-même,
pour échapper à l'image de son propre corps
qui l'obsède. Fils d'un même père, ses personnages risquent de se ressembler « comme des
frères ».

D'où vient ce défaut que l'artiste ne soupçonne
pas? L'explication de Léonard est d'une singulière
hardiesse. Le corps est la première œuvre de
l'âme : elle a réalisé en lui son idée de la forme
humaine, il en devient pour elle le type et l'exemplaire. Le principe de la vie n'est pas distinct du
principe de la pensée. Le jugement qui, devenu

1. *Tratt. della Pittura*, §§ 105, 108, 109. *Cf.* A 23 r°.

conscient, décidera des goûts de l'artiste, de l'é-
lection des formes qu'une sympathie secrète lui
fera aimer et choisir; le jugement qui, mêlé pour
ainsi dire à tout son être, conduira sa main vers
la beauté qu'il entrevoit, qu'il cherche et qui
l'apaise, n'est que le jugement primitif, inné, qui,
à l'état d'inspiration, par le concert des éléments
accordés dans leurs mouvements sans nombre,
composait l'harmonie de l'organisme vivant.
L'âme est plus vaste que la conscience. Le génie
plonge ses racines jusqu'en ces profondeurs d'où
filtre la source de la vie. « L'âme qui régit et gou-
verne chaque corps est celle qui constitue notre
jugement, avant que ce jugement soit propre-
ment nôtre (*é quella, che fa il nostro giudilio
nianli sia il proprio giudilio nostro*[1]). Donc elle
a composé toute la figure de l'homme, selon
qu'elle l'a jugé le mieux, avec un nez long ou
court ou camus, et de même lui a fixé sa hauteur
et sa forme. Et ce jugement est de telle puissance
qu'il meut la main du peintre et le fait se reproduire lui-même, car il semble à cette âme que
c'est la vraie manière de figurer un homme et
que qui ne fait comme elle se trompe (§ 108). »
Si le Vinci eût assisté au Banquet de Platon, il

---

1. « *L'âme, auleur de ton corps, est celle-là même qui est ton propre jugement,* et volontiers elle se plaît aux œuvres semblables à
celle qu'elle a faite en composant ton corps   109). »

eût pris la parole après Aristophane et donné sa
théorie de l'amour : « Si l'âme rencontre quelqu'un qui ressemble à son corps qu'elle a composé, elle l'aime et s'en éprend, et voilà pourquoi
beaucoup aiment et épousent des femmes qui leur
ressemblent (§ 108), pourquoi encore il n'est si
laide figure de femme qui ne trouve quelque
amant, à moins qu'elle ne soit monstrueuse [1]. »

Comme le corps de l'homme, le corps de l'univers est une machine complexe et vivante qu'organise une âme. Léonard insiste sur ce rapprochement, développe les analogies. « Aucune chose
ne naît où il n'y a vie sensitive, végétative et
rationnelle (rationale) ; les plumes naissent sur le
corps des oiseaux et se changent chaque année,
de même les poils des animaux...; les herbes
naissent dans les prés et les feuilles sur les arbres
et chaque année en grande partie se renouvellent ;
donc nous pouvons dire que la terre a une âme

---

1. *Cf. Tratt. della Pittura*, § 499. « C'est le jugement qui meut
la main dans la création des lignes de ces figures sous divers
aspects, jusqu'à ce qu'il se satisfasse lui-même. Or, ce jugement
est une des puissances de notre âme, celle même qui lui sert à
composer la forme du corps qu'elle habite selon sa volonté,
(secondo il suo volere). Ayant à refaire avec les mains un corps
humain, volontiers elle refait le corps dont elle a été la première créatrice. Voilà, pourquoi qui devient amoureux volontiers
s'éprend d'êtres qui lui ressemblent. » Remarquez combien le
conscient et l'inconscient se pénètrent. L'artiste a conscience de
ce qui lui plaît et lui déplaît; mais, en dernière analyse, c'est un
jugement inconscient, inné, qui décide des jugements cons-
cients qu'il porte.

végétative : sa chair est la terre, ses os sont les
stratifications de rochers superposés qui composent les montagnes; ses tendons sont le tuf, son
sang les veines d'eau; le lac de sang qui est en
arrière du cœur est l'Océan; la respiration et le
battement du pouls, pour la terre, deviennent le
flux et le reflux de la mer, et la chaleur de l'âme
du monde est le feu qui est infus à la terre, et le
siège de l'âme végétative est dans ces foyers qui,
en divers lieux, s'exhalent par les bains, les mines
de soufre, les volcans, le mont Etna et maints
autres lieux[1]. » L'âme rationnelle s'exprime sans
douté, dans cette vie universelle, par la nécessité
des lois, plus encore par l'ordre, par le rythme
des phénomènes dont les alternances régulières
permettent la pensée.

Léonard trouve dans la circulation des eaux
une preuve nouvelle de cette vie animale de la
terre. Dès le xɪɪᵉ siècle (Adelard de Bath-Honoré),
c'est une théorie admise que le corps de la terre,
comme celui de l'homme, est sillonné de veines
qui de l'Océan ramènent l'eau jusqu'au sommet des
montagnes, d'où elle se déverse et retourne par
les fleuves à l'océan. Léonard accepte cette hypothèse : « Le corps de la terre, à la ressemblance
du corps des animaux, est sillonné de veines

1. Leic., 34 rᵒ; J.-P. R., II, § 1000.

ramifiées qui sont toutes en connexion et sont faites pour donner nourriture et vie à la terre et à ses créatures. Elles viennent des profondeurs de la mer et après maintes révolutions y retournent par les fleuves nés des ruptures de ces veines [1]. » Mais comment expliquer que l'eau puisse se soustraire ainsi à la loi de la pesanteur ? Il y faut une action vitale. L'Océan n'est pas au niveau du sommet des montagnes, « si donc le corps de la terre n'avait ressemblance avec celui de l'homme, il serait impossible que l'eau de la mer pût s'élever par sa nature au sommet de ces montagnes. (A 54 v°.)... Où il y a vie, il y a chaleur, et où il y a chaleur vitale, il y a mouvement des humeurs. La même chaleur qui soutient un si grand poids d'eau qu'on voit pleuvoir des nuées attire les eaux de bas en haut, du pied des montagnes les conduit jusqu'à leur cime. » (*Ibid.*) Ne voit-on pas de même le sang dans l'homme s'élever vers la tête et s'y soutenir ? « L'eau a pour fonction d'être l'humeur vitale de cette terre aride : la cause qui la meut par ses veines ramifiées contre le cours naturel des choses pesantes est la propriété même

---

1. Leic., 33 v°; J.-P. R, II, § 970. Léonard, à la fin de sa vie, semble avoir renoncé à cette théorie qui assimile la circulation des eaux au mouvement du sang dans le corps de l'homme et l'explique par une action vitale. Dans le M⁺ G, il nie que l'Océan pénètre la terre (38 r°) et qu'il puisse s'élever à la cime des monts (70 r°).

qui meut les humeurs dans toutes les espèces de corps animés[1]. » Il en est de l'univers comme de l'homme; c'est l'esprit qui, présent à la matière, la meut, la dirige et l'organise; qui, obéissant à l'idée du cosmos dont il est mystérieusement possédé, peu à peu la réalise, se divise selon les êtres, sans perdre son unité, et, embrassant l'infini détail des choses, subordonnant les parties au tout, fait apparaître dans le monde l'harmonie de la pensée divine. « O puissant et déjà vivant organisme (*gia animato strumento*) de l'artiste nature, tes grandes forces ne sont pas à ton usage, mais tu dois abandonner une vie de repos et obéir aux lois que Dieu et le temps ont données à la nature créatrice (*genitrice*.) »

Léonard n'est pas un « ange de l'école » qui met sa gloire dans la belle ordonnance d'une exposition méthodique. Il est un libre esprit que sa curiosité mène en tous sens. Il laisse plus d'une difficulté sans réponse, plus d'un problème sans solution. On ne saurait parler de son système, on peut parler de sa philosophie. Il impose le souvenir de Leibniz. C'est la même universalité, le même sens des rapports, la même souplesse qui suit dans leur continuité les ondulations des choses. Comme sa nature est une harmonie des dons

---

1. Br. M. 236 v°; J.-P. R., II, § 965.

qui en la plupart des hommes s'opposent, sa philosophie concilie sans effort les divers points de
vue de la pensée sur le monde. L'expérience n'est
pas ennemie de la raison, elle l'éveille ; la spéculation ne s'oppose pas à la science, elle la continue.
Des faits nous allons aux lois, des lois à la nécessité rationnelle. Le mécanisme semble nous
tenir hors de nous-mêmes, il nous ramène du
dehors au dedans par son principe qui est force,
vertu spirituelle : la nécessité extérieure et brutale
devient nécessité intérieure et morale. Le corps
qui cache l'âme la révèle puisqu'il l'implique : qui
dit matière dit esprit, parce que qui dit mouvement dit tendance. L'intelligence nous conduit au
sentiment, le mathématique au moral, le monde
à Dieu, dont la perfection seule mérite « le rai-
sonnable amour ». Cette haute sagesse, qui ne
sacrifie rien de l'homme, n'est la philosophie du
Vinci que parce qu'elle est son génie même.

IV

Léonard de Vinci est un moraliste, comme il
est un philosophe : sa philosophie n'est que la conception de l'univers qui résulte pour lui de la con-

naissance réfléchie de la réalité, sa morale n'est
que l'idée de la vie humaine qu'il dégage de l'expérience, qu'il doit à la vie même. Il ne discute
pas abstraitement les principes possibles. Sa morale n'est, à dire vrai, que la confidence au jour
le jour d'un haut esprit qui, en s'exprimant dans
ses besoins et ses aspirations, propose à l'humanité son propre idéal. L'unité de ces notes éparses
n'est que l'unité d'une pensée qui ne se dément
point elle-même.

Le plaisir n'est pas pour l'arrêter longtemps. Il
le connaît, il ne le condamne pas, mais il a mesuré la disproportion de ce bien limité à la richesse de la nature humaine. « Qui ne réfrène la
volupté s'abaisse au rang de la brute. » (H 119 r°.)
Il ne sépare pas l'idéal de la réalité, il le découvre en elle. Par l'analyse, l'anatomie lui a montré
dans l'organisme humain un instrument dont
l'harmonieuse complexité atteste les destinées
supérieures de l'homme. « Il ne me paraît pas
que les hommes grossiers, d'habitudes basses et
de peu d'entendement, méritent un si bel organisme ni une telle variété de rouages que les
hommes spéculatifs et de grand entendement, mais
seulement un sac où se reçoivent et d'où sortent
les aliments, car en vérité ils ne peuvent être re-
gardés que comme un passage de nourriture (*un
transito di cibo*) : il semble qu'ils ne participent

de l'espèce humaine que par la voix et la figure et
qu'en tout le reste ils soient bien au-dessous des
bêtes[1]. » L'homme de plaisir est indigne d'un corps
qu'il humilie par la vie bestiale dont il le fait
l'instrument : un sac à deux orifices lui suffirait[2].
La richesse n'est pas plus précieuse que le plaisir
dont elle est le moyen, à moins que l'homme, par
l'avarice, ne s'en fasse l'esclave. Que de soucis pour
l'acquérir, que d'angoisses, que de craintes pour
la conserver ! « Ce qui peut se perdre n'est pas
richesse ; la vertu est notre vrai bien et la vraie
récompense de celui qui la possède ; elle ne peut
se perdre, elle ne nous abandonne qu'avec la vie[3]. »

Mais la vertu elle-même est fille de la vérité.
L'erreur a pour conséquence le faux amour, les
faux désirs ; elle engendre peines et regrets. Non
content de voler par les airs, le vagabond papillon se laisse attirer par la flamme d'une chandelle ; il y vole, mais son joyeux élan est suivi
d'une soudaine tristesse, ses ailes subtiles se consument, il tombe et après maints gémissements,
les yeux levés, s'écrie : « ô fausse lumière, combien d'autres avant moi tu dois, dans les temps

---

1. W. An. II, 203 r°; J.-P. R., II, § 1178.
2. Il m'est impossible de traduire les termes dont se sert ici
Léonard : « Ecco alcuni che non altramente che transito di
cibo e aumentatori di sterco e riempitori di destri chiamarsi
debono; perche di loro altro che pieni destri non resta. » S. K.
M. III, 17; J.-P. R., II, § 1179.
3. Ash. I, 17°; J.-P. R., II, § 1183.

passés, avoir misérablement trompés! si je voulais voir la lumière, ne devais-je pas apprendre à discerner le soleil du faux éclat d'un suif fumeux [1]? » On ne se trompe jamais impunément. « L'acquisition d'une connaissance quelconque toujours est utile, » elle nous purifie des vains désirs, elle nous apprend ce qui vaut d'être aimé.

La vraie fin de l'homme est la pensée. Elle délivre de l'illusion du plaisir : « l'aveugle ignorance nous égare (*con effetto di lascivi sollazzi*) par l'effet de joies grossières, pour ne pas connaître la vraie lumière... O malheureux mortels, ouvrez les yeux [2]! » Elle répond à la dignité de notre nature : « la connaissance du temps passé et de notre demeure terrestre est l'ornement et la nourriture des esprits humains [3]. » L'âge est sans prise sur elle : « le temps, destructeur des choses, qui fit gémir Hélène vieillie devant l'image que lui renvoyait son miroir, » respecte la pensée. « Chose acquise dans ta jeunesse arrête le dommage de la vieillesse, et si tu comprends que la vieillesse a pour sa nourriture la sagesse, conduis-toi de telle manière que ta vieillesse ne manque pas d'aliments [4]. » Se livrer au sentiment

---

1. C. A. 66 r°, 200 r°; J.-P. R., II, § 1268.
2. Tur. 17 v°; J.-P. R., II, § 1182.
3. C. A. 365 v°, 1141 v°; J.-P. R., II, § 1167.
4. C. A. III r°, 345 r°; J.-P. R., II, § 1171.

aveugle serait se livrer à la douleur : « où il y a plus sentiment, là il y a plus martyre (*martirio*); grand martyr [1]. » Qui lui inspira cette phrase digne de Pascal? Quel amant éperdu? Quel disciple de Savonarole, inconsolable de la mort du maître? Le véritable amour est fils de la vérité. Il se connaît, il s'accepte, il se justifie lui-même. Il ne détruit pas la pensée, il est la pensée même, éprise de son objet, multipliant par l'intelligence de ses qualités les raisons de l'aimer. « Rien ne peut être aimé ou haï, si l'on n'en a d'abord la connaissance. L'amour d'une chose est fils de sa connaissance; l'amour est d'autant plus ardent que la connaissance est plus certaine [2]. »

Sans parler de la joie supérieure qui est sa récompense, la science donne à l'homme par surcroît les conditions premières du bonheur : la résignation et la puissance. Souffrir, agir; dans cette antithèse tient la vie humaine. En distinguant le nécessaire, le possible et le chimérique, la connaissance des lois de la nature nous donne la patience sans nous faire perdre le goût de l'action. Combien se rendent misérables par la folie des désirs démesurés ! Il faut se connaître, accepter d'abord ce qu'on ne saurait éviter. C'est surtout dans ses

---

1. *Tr.* 39; J.-P. R., II, § 1193.
2. C. A. 223 v°, 675 v°; J.-P. R., II, § 1172.— W. An. III, 241; J.-P. R., II, § 1210. *Cf. Tratt. della Pitt.*, § 577.

fables que Léonard montre le danger des ambitions vaines, nées de l'ignorance et de l'orgueil.
Il n'y met pas seulement en scène les animaux,
mais les plantes, même les choses, une pierre, la
flamme. Le savant s'y mêle curieusement à
l'artiste. Le sens des rapports qui lui découvre la
loi d'un phénomène naturel lui fait du même coup
saisir son analogie avec un fait de l'ordre moral.
Dans ce puissant esprit rien ne s'isole, tout s'unit,
vit d'une vie commune.

Sous des symboles variés, l'idée qui revient
sans cesse, c'est qu'il faut accepter sa nature, les
limites qu'elle impose. « L'eau se trouvant dans la
superbe mer, son élément, prit fantaisie de s'élever
au-dessus de l'air. Aidée par l'élément feu, elle
monte en subtiles vapeurs et se croit de la légèreté de l'air. Mais plus haut elle rencontra l'air
plus rare et plus froid, où elle fut abandonnée
par le feu. Ses molécules s'étant resserrées s'u-
nissent, deviennent pesantes; son orgueil se con-
vertit en fuite, elle tombe et est bue par la terre
sèche, où, longtemps emprisonnée, elle fit péni-
tence de son péché[1]. »

Pour s'ignorer soi-même, sa nature et sa destinée, le plus souvent qui s'élève s'abaisse. Le
cèdre veut produire à son sommet un fruit digne

1. S. K. M. II'. § 93 v°; J.-P. R., III, § 1271.

de sa majesté, le fruit croît et courbe la cime altière. Jaloux de la multitude des fruits du noyer, son voisin, le pêcher se charge de fruits et se brise sous leur poids. Ne nous attribuons pas trop d'importance, ne nous croyons pas le centre du monde. Un rat était assiégé par une belette ; un chat survient, mange la belette. « Alors le rat, ayant fait un sacrifice à Jupiter d'une partie de ses noix, remercia humblement Sa Divinité, puis sortit de son trou pour jouir de sa liberté reconquise : elle lui fut aussitôt ravie, avec l'existence, par les ongles cruels et les dents du chat [1]. » L'humilité, qui proportionne l'ambition à la nature de l'être, trouve sa récompense dans cet accord même. Sur la plus haute cime d'une très haute montagne gisait un petit amas de neige. « N'ai-je pas à être jugée orgueilleuse et superbe, moi petite quantité de neige, de m'être placée en si haut lieu et qu'une si grande quantité de neige que je découvre d'ici soit au-dessous de moi... Je veux fuir la colère du soleil, m'abaisser et trouver un lieu qui *convienne* à ma petite quantité. » Elle commença à descendre ; plus elle descendait, plus croissait sa masse ; à la fin elle se trouva aussi haute que la colline qui la portait, et ce fut la dernière neige que fondit le soleil d'été [2]. »

1. C. A. 66 v°, 200 v°; J.-P. R., II., § 1268.
2. C. A. 66 v°, 201 v°; J.-P. R., II, § 1274.

L'ignorance n'est pas seulement l'orgueil, le désir chimérique ; elle est l'envie, la haine. La méchanceté est une forme de la sottise, une erreur, un aveuglement de l'égoïsme qui prend le trompeur à son propre piège et fait retomber le mal sur son auteur. Léonard se plaît, dans ses fables, à punir l'insolence et la jalousie. Le malheur dont l'envieux se réjouit est celui même que l'attend. Comme César Borgia, le fourbe prévoit tout excepté la circonstance imprévue qui le perd. L'araignée a choisi savamment, pour tendre son piège, la plus belle grappe de raisin, elle n'a pas prévu le vendangeur et le pressoir. Le rat abuse de la simplicité de l'huître ; elle s'ouvre, il va la gober, quand soudain elle se referme : le chat arrive et le mange. Du foyer d'un verrier, une flamme aperçoit une chandelle qui brûle dans un chandelier tout reluisant ; prise de jalousie, elle atteint un morceau de bois, se propage par lui, détruit la chandelle ; elle veut alors revenir au foyer, mais le bois est consumé, et elle doit mourir, convertie en une âcre fumée. Le châtaignier aura le sort du figuier dont il se moque. Le merle ne sait pas que les branches flexibles du troène, qu'il déchire du bec et des ongles en l'insultant, demain serviront à faire la cage où il pleurera la liberté perdue. « Le laurier et le myrte voyant couper le poirier crièrent à voix

haute : « O poirier, où t'en vas-tu ? Qu'est devenu
l'orgueil avec lequel tu portais tes fruits mûrs ?
Maintenant tu ne feras plus d'ombre avec ton
feuillage touffu. » Lors le poirier répondit : « Je
vais avec le paysan qui me coupe et il me por-
tera à l'atelier d'un bon sculpteur qui avec son
art me donnera la forme de Jupiter le dieu ; et je
serai consacré dans un temple et adoré des hommes
comme image de Jupiter ; et toi, tu seras condamné
à rester estropié et dépouillé de tes rameaux qui
seront placés autour de moi par les hommes pour
m'honorer[1]. » L'ignorance fait la haine et la méchanceté. L'intelligence fait sortir la sympathie de
la conscience d'une destinée commune.

Faut-il en revenir à la formule stoïcienne :
supporte et abstiens-toi ? Le rôle de la pensée est-
il fini, quand elle nous a libérés des vains désirs,
des passions basses, des douleurs stériles que crée
l'opinion fausse. La science du nécessaire nous
livre le secret du possible ; l'action est son terme
naturel ; elle donne le courage comme la patience.
Savoir, c'est pouvoir et c'est prévoir. La connaissance des causes permet de poser les effets. La
vie de l'homme est une perpétuelle conquête. Il
faut qu'il domine la nature en lui obéissant : « O
Dieu ! toi qui vends tous tes biens au prix du

---

1. C. A. 66 r·; J.-P. R., II, § 1278.

travail! » Au lieu de se révolter contre les lois nécessaires, la sagesse s'en empare, en imagine des combinaisons nouvelles. Une machine n'est qu'un ensemble de lois dont un besoin de l'homme fait l'unité. Changer la face de la terre, modifier le cours des fleuves, percer les montagnes, par l'industrie faire la vie moins dure, par l'art lui donner le charme qu'y ajoute la beauté, voilà notre tâche : la pensée pour l'action, l'action pour l'idéal.

Le travail est la loi. Comme le fer sans usage se rouille, comme l'eau par le froid devient glace, stagnante, se corrompt, ainsi sans l'exercice l'esprit se gâte. L'action nous donne l'être véritable ; par elle nous laissons trace de nous-mêmes, une œuvre vive qui prolonge notre vie. « O dormeur! quelle chose est le sommeil? Le sommeil ressemble à la mort. Oh! pourquoi ne fais-tu pas une œuvre qui après la mort te laisse l'apparence d'un parfait vivant, au lieu de te faire, pendant la vie, par le sommeil, semblable aux tristes morts. » Le travail qui rend la vie précieuse console de la perdre ; la conscience d'avoir bien employé son temps et de ne pas mourir tout entier fait légère l'idée de la mort : « Comme une journée bien dépensée donne joie à dormir, ainsi une vie bien dépensée donne joie à mourir (*da lieto morire*). »

Le Vinci trouve la solution du problème de la destinée dans l'heureux équilibre de ses multiples facultés. Il est homme sans effort. Il n'a rien à sacrifier de lui-même. Le réalisme de ce grand rêveur réconcilie la nature et l'esprit. Il ne brise pas les liens sans nombre qui unissent l'homme au monde. C'est à la nature même qu'il demande les moyens de la dépasser : l'idéal n'est pas hors du réel ; le réel commence l'idéal, l'idéal continue le réel, dont il est la fleur. La science limite nos désirs et multiplie notre puissance ; elle nous fait doux et forts. Savoir ce qui est pour accepter ce qui ne peut pas ne point être, et pour vouloir ce qui doit être, n'est-ce pas le secret de la sagesse et du bonheur? Léonard a la résignation du naturalisme qui, par la conscience de la nécessité, s'épargne les désirs chimériques et les plaintes superflues, et l'optimisme intellectuel du créateur qui voit le vaste champ du possible de toutes parts ouvert à son activité.

CHAPITRE VI

LES APPLICATIONS DE LA SCIENCE : L'INVENTION DES MACHINES

Les hommes se partagent l'humanité qui n'existe en aucun tout entière. Léonard de Vinci n'est un homme prodigieux que parce qu'il est un homme complet. L'image le mène à l'idée, l'action à la science, la science le ramène à l'action, l'idée au sentiment et à l'image. Artiste, il va de l'objet à l'œil qui le voit, à la perspective qui le modifie, à la lumière qui l'éclaire, de la lumière aux astres ; savant, des mouvements de la vague à la ligne onduleuse qui se retrouve dans un beau visage et dans les boucles d'une chevelure dénouée. Tout se relie, se tient, s'unit dans l'harmonie vivante de ce grand esprit où les choses ne s'analysent que pour découvrir leurs rapports cachés, où les éléments ne se décomposent que pour s'organiser en des formes nouvelles. Ne prêtons pas à Léonard notre fade dilettantisme. N'est pas dilettante qui veut ; il y faut l'impuissance interdite au génie. On ne se réduit pas à l'analyse de parti pris, en s'interdisant la découverte et l'invention ; on se console de sa stérilité comme on peut. La main pleine de vérités pourrait-elle rester fermée ? j'en doute ; pleine de bienfaits, elle s'ouvrirait d'elle-même. Il n'y a pas de joie qui vaille celle de l'invention, joie de victorieux et de conquérant que l'individu ne doit qu'à lui-même, qu'il partage avec tous. La science est puissance, c'est plus, pour Léonard, qu'une formule, c'est sa vie même. Il ne laisse pas une idée inféconde ; toute idée, en lui, devient une force et agit.

I

Je laisse de côté le *Traité de la peinture* qui nous montre l'artiste remontant de la pratique de l'art à toutes les vérités spéculatives qui corrigent l'incertitude d'une technique irréfléchie. Il n'est pas jusqu'aux mathématiques pures dont il ne tire quelque application. Il cherche à mesurer la largeur d'un fleuve, la distance de la surface de la terre à son centre, la hauteur du soleil ou d'une étoile, en construisant des triangles semblables dans lesquels la longueur à mesurer est le quatrième terme d'une proportion dont les trois autres termes sont connus [1]. Mais « la mécanique est le paradis des sciences mathématiques, car avec elle on vient au fruit des mathématiques (*al frutto*

---

1. « Si tu veux mesurer quelle distance il y a de la surface de la terre à son centre, tu t'y prendras de cette manière : monte sur un clocher haut de cent brasses, qui soit *d e*, et puis suspends en dehors 2 bâtons qui soient *c d* et de même *d b*, qu'à chaque bâton soit attaché un mince fil qui aille jusqu'à terre avec un plomb et que ces fils soient *c r* et *b s* ; regarde et mesure ensuite de combien l'espace *r s* est plus étroit que *c b*, et s'il est plus étroit d'autant qu'il y a de *a* à *b*, autant *a b* entre en *a s*, autant *c b* se trouve de fois jusqu'au centre du monde. » (A 20 v°.) Pour mesurer la distance de la surface de la terre à son centre, il part de cette idée que la terre est sphérique et que tous les corps pesants tendent vers son centre. La distance de

mathematico. » (E 8 v°.) Léonard de Vinci ne s'en tient pas à la promesse générale « de nous rendre maîtres et possesseurs de la nature [1] ». Il se met à l'œuvre sans tarder. Ses manuscrits sont remplis de dessins de machines. On est confondu de cette rapidité d'invention, de ce travail incessant qui se prend à tout. Les plus humbles besoins de l'homme arrêtent son attention, et il n'est pas de projet si hardi qui ne le laisse de sang-froid. Il construit une broche automatique et il rêve toute sa vie d'enlever l'homme à travers les airs. Sous des formes diverses, le problème est toujours le même : varier le principe du levier, trouver un point d'appui, y appliquer la force et par des rouages savants en coordonner les effets à la fin qu'il s'agit de réaliser.

Il étudie l'eau, les lois de la propagation des ondes à sa surface, la formation des vagues de la mer, les tournants et les tourbillons ; chacune de ses observations est le point de départ d'une invention utile [2]. C'est l'eau qui a élevé les monta-

2 fils à plomb qui descendent du clocher jusqu'au sol doit donc être moindre à la base qu'au sommet : cette distance mesurée permet de construire un triangle semblable à celui que forment les 2 fils prolongés jusqu'au centre de la terre avec le bâton qui les supporte.

1. Descartes, *Discours sur la méthode*, 6ᵉ partie.

2. « Les formes et les directions des courants, dit Bidone, ne sont pas considérées seulement d'une manière abstraite et stérile, il les examine par rapport aux effets qu'elles produisent sur le fond et contre les parois du canal, et par là il fait voir

gnes, creusé les vallées, dessiné la face de la terre ;
il faut, en la dirigeant, profiter de sa puissance.
J'ai parlé de ses grands travaux de canalisation.
Pour creuser les canaux, il invente une machine
armée de deux grues qui élèvent et déchargent
sur les rives les terres de déblai[1] ; pour en nettoyer le fond il construit un bateau dragueur ;
pour en défendre les rives, il projette des quais.
Les différences de niveau sont le grand obstacle
à la navigation, il imagine un système de barra-
ges avec écluses, que nous voyons aujourd'hui
encore appliqué sur la Marne et sur la Seine (au-
dessus de Saint-Cloud)[2]. L'eau transporte dans
son cours les limons qu'elle dépose, « elle est le
grand voiturier de la nature » ; ramifiées et cana-
lisées, les eaux courantes qui descendent du haut
des collines « conduiront la terre des monts dans
les vallées marécageuses, les rendront fertiles et
assainiront l'air environnant ». (F 14 r°.) Une machine, application très simple du principe des
siphons, « sèchera les étangs qui confinent à la
mer. » Arrêtée, stagnante, l'eau tue ; précipitée

dans quels cas et dans quels endroits se forment les tournants
d'eau, les affouillements, les atterrissements et les corrosions,
qui tous sont une conséquence nécessaire de la forme et de la
direction du courant. » (Libri, Hist. des sc. math. en Italie, t. III,
p. 38.)

1. Saggio dell'opere di Lionardo da Vinci. Milan, 1872. Avec
26 pages du Codex Atlanticus. Tav. V. C. A., fol. 355 v°.

2. Saggio... Tav. IV. — C. A., f. 32 v°.

dans ses crues subites, elle dévaste et ruine, il faut tour à tour hâter et ralentir son cours. Elle est une force motrice qu'il faut savoir diriger. Comme les animaux, les éléments, par la science, entreront au service de l'homme. Léonard avait écrit, selon Lomazzo, un traité des moulins. Le long des canaux, il profitait des différences de niveau, à l'écluse, pour recueillir et utiliser la puissance que donne la chute de l'eau. Ses manuscrits sont remplis de roues hydrauliques diversement disposées : les unes sont frappées par l'eau à leur partie supérieure, les autres au milieu, les autres en bas ; l'une, horizontale, présente sur un disque plein des palettes disposées en rayons autour d'un cylindre et formant des boîtes, où l'eau est amenée par un conduit coudé à angle droit : c'est comme une première idée de la turbine Fourneyron. Ailleurs nous voyons des aubes d'une forme ingénieuse qui permet d'éviter la résistance de l'eau, quand la roue remonte [1].

Léonard, qui est le précurseur par excellence, a vu la force motrice de la vapeur, sans l'appli-

---

[1]. M. H. Grothe, dans son intéressant opuscule sur *Léonard de Vinci ingénieur et philosophe*, reproduit et commente un certain nombre de dessins de machines. Ce travail exige des connaissances techniques ; il dépasse ma compétence. Il suppose en outre de longs développements qui expliquent les dessins et les notes des manuscrits. Je ne voudrais ici que donner le sentiment de cette puissance d'invention, sans lequel on ne peut comprendre le génie du Vinci.

quer d'ailleurs que par accident. Le *Codex Atlanticus* nous montre qu'il essaya de mouvoir par elle une barque, une pompe ; mais rien, dans cet emploi d'une force nouvelle, n'est plus curieux que cet architonnerre, dont il attribue, on ne sait pourquoi, l'invention à Archimède.

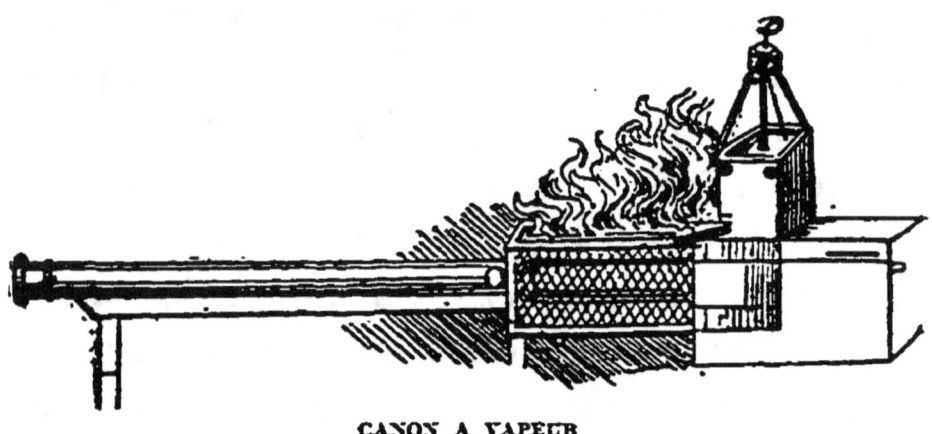

CANON A VAPEUR

L'architonnerre est un canon à vapeur. Il se compose d'un récipient plein d'eau qui communique avec un tube de cuivre qu'entoure un grand feu. Le tube échauffé, on ouvre le conduit, l'eau tombe dans le canon brûlant, s'y change subitement en vapeur et lance avec une grande force le boulet qui lui fait obstacte [1]. Le tourne-broche automatique,

1. « L'architonnerre est une machine de cuivre fin, invention d'Archimède, qui lance des balles de fer avec beaucoup de fracas et de furie. On l'emploie de cette façon : le tiers de l'instrument est occupé par un grand feu de charbons ; quand il est bien allumé, serre la vis D qui est au-dessus du vase d'eau *a b c ;* en serrant la vis de dessus le vase se débouchera dans le dessous. L'eau, étant tombée, descendra dans la partie embrasée de l'instrument et s'y transformera subitement en une vapeur

que nous montre un dessin du musée de Valenciennes, est mis en mouvement par l'air chaud qui
monte dans la cheminée. De ses vues théoriques sur
l'air, aliment nécessaire de la flamme, Léonard
déduit la construction de nos verres de lampe cylin-
driques. dont l'usage ne remonte qu'au xviiie siècle.
Le verre est à deux fins : il sert à l'exhalaison (*esal-
mento*) des vapeurs qui se fait par en haut, et à
l'entretien de la flamme que l'air, venant par en
bas, avive.

Toutes les industries de son temps l'intéressent.
Il dessine, invente ou perfectionne un nombre
incroyable de machines diverses. Rien n'est plus
propre à nous donner l'idée de ce génie singulier
qui va en tout sens, sans se lasser jamais. Nous
trouvons dans les manuscrits une machine à lami-
ner le fer, qui devait lui servir pour la fabrication des canons[1] ; un moulin à forer des tuyaux
de bois, c'est le plus ancien dessin que nous ayons
d'une machine de ce genre (Grothe) ; une machine
à raboter. Karmatsch donne comme les premières
machines à raboter les essais infructueux d'ailleurs
de Focq (1770) et Crillon (1809) (Grothe). Tout
lui est occasion d'inventer : ce qu'il voit, ce qu'il

qui fera merveille, surtout à voir la furie et à entendre le fracas.
Cette machine lançait une balle qui pesait un talent à 6 stades. »
(B 33 r°.)
1. C. A, f. 2.

fait, les obstacles qu'il rencontre, les arts multiples qu'il exerce, les industries de son temps. Architecte, il construit des machines pour scier le bois, la pierre, le marbre ; un tour de cordier supérieur à celui qui est en usage de nos jours pour les câbles de ses échafaudages ; pour les lourds fardeaux à soulever, à transporter, des crics, des poulies reliées en moufles, des leviers en vis, des combinaisons de rouleaux, des grues, ingénieusement disposées, dont l'une posée sur une lourde voiture roulante tourne entièrement autour de son axe vertical. On relève dans les manuscrits de nombreuses esquisses de métiers de tisserand, de tondeuses. La machine à filer l'a longtemps occupé : ses dessins montrent son effort pour accorder les mouvements du fuseau et des bobines en les faisant solidaires. C'est seulement en 1530 qu'apparaîtra le rouet de Jurgen qui, très inférieur au projet de Léonard, restera jusqu'à la fin du xvııe siècle l'appareil de filature le plus parfait (Grothe). Il construit des instruments pour mesurer la vitesse de l'eau, le chemin parcouru par un vaisseau en mer, par un homme à pied. Son pluviomètre repose sur cette observation que, selon que l'air est plus ou moins saturé de vapeur d'eau, les chances de pluie croissent ou décroissent : il se compose essentiellement d'une petite balance dont les fléaux sont terminés par deux boules, l'une

de cire, l'autre de coton. Le coton absorbe l'eau
et, quand la pluie menace, son poids l'emporte sur
celui de la cire.

Dans le brouillon de sa curieuse lettre à Ludovic
le More, il se vante si longuement d'être le premier ingénieur militaire de son temps, qu'il lui
reste à peine quelques lignes à la fin pour rappeler
ses autres talents. Il offre au duc de lui communiquer « ses secrets ». Ce brouillon n'est point de
sa main, mais il n'est pas une ligne qui ne soit
justifiée, commentée par les manuscrits. Il dessine,
le plus souvent sans doute d'après les descriptions
des auteurs anciens, toutes les armes qui ont été
en usage chez les différents peuples, depuis les
temps les plus reculés. (M⁺ B.) Mais cette histoire
figurée des armes de guerre, frondes, arbalètes,
romphées, chars armés de faulx, catapultes...,
n'est qu'une étude préliminaire. Dans l'art de la
guerre, comme en tout autre, il est un novateur.
Il sait construire des ponts légers qui, selon les
cas, assurent la retraite ou permettent la poursuite des vaincus (B 23 r°) ; il a d'autres moyens
de passer les fleuves à gué, de rompre leurs courants, de les détourner et de les jeter sur l'ennemi
(B 63 v°.) Il donne des plans de forteresse, calculés
pour rendre la défense plus facile ; il a des po-
ternes, des couloirs, des ponts-levis qui empêchent
une surprise ; il ne veut pas que le ravelin puisse

devenir un abri pour l'ennemi, il établit les bastions
de manière à croiser leurs feux. Il sait reconnaître
les mines de l'assiégeant, les noyer avec les soldats
qui y travaillent, ou, s'il attaque. les disposer habilement selon la nature des défenses à détruire. Il
a des échelles d'assaut, des catapultes. Pour les
combats sur mer, il a des balles remplies de vapeurs asphyxiantes, des poudres empoisonnées,
une sorte de feu grégeois, une baliste pour lancer
des bois enflammés, un vaisseau armé à l'avant
d'un éperon caché qui, mû par un levier, ouvre et
coule les navires.

S'il s'attarde à perfectionner des armes, dont
la tradition imposait encore l'usage en son temps,
arcs. frondes, arbalète-monstre (*Saggio*, tav. IX),
chars de guerre armés de faulx (Windsor, bibliothèque royale de Turin), ici, comme toujours, il
regarde vers l'avenir. Il est un des maîtres de
l'artillerie moderne. Il invente des bombes ex-
plosibles, des boulets qui courent sur le sol en
lançant des gerbes de flammes. des espèces de
boulets-revolvers qui projettent des balles en tous
sens. (B 80 v°.) Il étudie la fabrication des canons
et il construit des machines qui la facilitent. Il
décrit les diverses méthodes de fabrication en
homme du métier : faire le canon de pièces rapportées, soudées, puis cerclées d'anneaux de fer,
fondre la pièce sur un moule qui en réserve l'âme,

fondre le canon d'un bloc et en creuser ensuite le fût [1]. Il pose en savant les problèmes de la balistique.

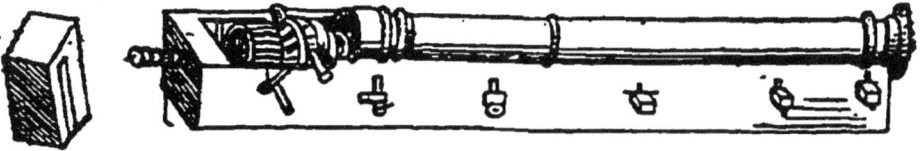

CANON SE CHARGEANT PAR LA CULASSE

« Vaut-il mieux que la bombarde soit étroite à la bouche et large au pied, ou, au contraire, étroite au pied et large à la bouche? Quel office fera la bombarde à fût coudé? Quel office elle fera, si la culasse se joint au fût angulairement avec diverses sortes

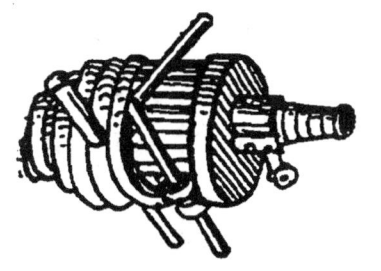

CULASSE MOBILE

d'angles? Si on met plusieurs culasses à un même fût ? Si plusieurs fûts sortent d'une même culasse ? Quelle différence y a-t-il à mettre le feu en plusieurs endroits de la culasse ? Quelle différence à mettre le feu en un seul endroit de la culasse, soit au commencement, ou au milieu, ou au tiers ? Si une bombarde avec 4 livres de poudre jette 4 livres de boulet, à sa plus grande puissance, à 2 milles, de com-

1. Voyez le très intéressant commentaire que M. Paul Muller-Walde, dans la 3e livraison de son ouvrage, donne des textes et des dessins qui se rapportent aux études de Léonard sur la balistique.

bien faut-il augmenter la charge de poudre pour qu'elle tire à 4 milles? La puissance du boulet dépend-elle de sa vitesse initiale? Je demande où la poudre allumée prend le plus d'élan dans la bombarde, dans la culasse, où elle est mise, ou dans le fût, et en quelle partie du fût ou de la culasse, et en quel endroit enfin elle se rompra. La science est le capitaine, la pratique est les soldats. » (I 122 v°, 130 r°, 133 r° et v°.) Léonard s'inquiète de la forme que doit avoir la bombarde, le boulet, le grain de la poudre. Il invente une sorte de mitrailleuse pour les fantassins, des canons de plus longue portée, de construction nouvelle, avec des fûts de fer et des culasses de cuivre fin. Il a plusieurs modèles de culasses mobiles qu'il veut maniables et légères. Il dessine (B 24 v°) « une grosse bombarde se chargeant par la culasse qu'un seul homme visse et dévisse ».

II

Inventeur, Léonard reste lui-même. Son ambition n'a d'égale que sa patience. Il relie sa pensée à celle de la nature qu'il veut continuer : son exemple et ses succès l'encouragent. Le génie qui travaillait obscurément en elle ne vit-ilpas en lui enrichi de la conscience et de la volonté? Les poissons nagent, les oiseaux volent : pourquoi l'homme ne se devrait-il pas à lui-même ce qui d'abord lui semble interdit?

La natation implique deux sciences : la première, celle de l'eau et de ses mouvements, celle du milieu en un mot où elle doit se produire ; la seconde, celle des poissons, c'est-à-dire des machines construites pour s'y mouvoir. Léonard trace le plan de ces études préliminaires : « De la manière de nager des poissons ; de leur manière de sauter hors de l'eau, comme on le voit faire aux dauphins, chose qui paraît merveilleuse, dans un milieu qui ne résiste pas (*che non aspetta*), mais se dérobe. Comment nagent les animaux de forme longue, tels que les anguilles et poissons semblables? Comment les poissons de forme ronde ? Comment l'homme doit apprendre à nager ; de la manière de se reposer sur l'eau ; comment l'homme se doit défendre des tourbillons qui l'entraînent au fond ; comment, entraîné au fond, il doit chercher le mouvement réfléchi qui le ramène des profondeurs [1]. » La nature a fait la machine à nager, le poisson ; c'est à l'homme de l'imiter en la modifiant à son usage. Un appareil de sauvetage (B 81 v°)

1. Leic., 22 v°.; J.-P. R., II, § 1114.

marque un premier pas vers la solution du problème : c'est avec une paire de gants palmés, une sorte de ceinture de cuir imperméable, gonflée d'air, qui tout à la fois soutient le naufragé et le fournit d'air respirable, quand il est couvert par l'écume ou le flot. Léonard voudrait plus encore, faire de l'eau pour l'homme une sorte de milieu naturel où il se meuve, comme sur la terre : « D'aller sous l'eau. Manière de marcher sur l'eau [1]. » Deux dessins accompagnent le texte. Il refuse de livrer son secret pour aller sous l'eau. « Comment et pourquoi je n'écris pas ma manière d'aller sous l'eau, aussi longtemps que je puis rester sans manger : si je ne le publie ni ne le divulgue, c'est à cause de la méchanceté des hommes qui s'en serviraient pour assassiner au fond des mers, en ouvrant les navires et les submergeant avec leur équipage. Je n'enseigne que les procédés qui ne sont pas dangereux parce qu'on aperçoit au-dessus de l'eau l'embouchure du tuyau par lequel on respire et que soutient une outre ou du liège [2]. » Ce texte montre que Léonard avait trouvé le moyen d'emmagasiner une provision d'air suffisant à un très long séjour sous l'eau. Il avait résolu ainsi ou cru

---

1. C. A. 7 r°, 91 r°.; J.-P. R., II, § 1119. — M. Ch. Ravaisson, dans la préface du M' B, dit que le procédé de Léonard pour marcher sur l'eau a été repris de nos jours.

2. Leic., 22 v°.

résoudre la vraie difficulté, celle de la respiration pulmonaire.

Donner à l'homme le vol de l'oiseau, la joie d'aller, bercé dans les vagues subtiles de l'air, c'est rêve de poète. Léonard en éprouve l'ivresse anticipée : « Il prendra son premier vol, le grand oiseau, sur le dos de son grand cygne (*cecero*), remplissant l'univers de stupeur, remplissant tous les livres (*tutte le scritture*) de sa renommée, donnant gloire éternelle au lieu de sa naissance [2]. » Pour bien des savants encore, l'entreprise est plus que hardie, elle est chimérique. Si Léonard avait eu ces timidités, il n'eût pas été le grand artiste ni par suite le grand savant et le grand inventeur qu'il fut. Mais le rêve n'est pas chez lui la pensée vague et confuse, il se développe en idées nettes qui le déterminent, il se traduit par dés actes qui le réalisent. Ne discutons pas le projet. Quelle patience et quel enthousiasme latent révèle le constant effort pour construire la machine à voler ! Pendant plus de trente ans, au milieu de tant d'œuvres et d'idées, à Milan (M^t B), plus tard à Rome (M^tE), il y travaille.

Le problème est admirablement posé. Le vol est possible, puisqu'il est réel. La machine à voler existe, chaque jour nous la voyons fonc-

1. Mz. o"; J.-P. R., II, § 1428.

tionner sous nos yeux. Analysons-la, ramenons la à ses éléments, nous pourrons sans doute la transformer, l'adapter au poids et aux organes moteurs de l'homme. De l'aigle à la chauve-souris, du poisson à la libellule et au moucheron, les animaux les plus divers volent dans les conditions les plus variées. Les membres qui servent au vol ne sont que les modifications de ceux qui servent à la nage, à la marche. Dès lors, le problème du vol pour l'homme n'est pas un problème sans données, il suffit de trouver de ces données une combinaison nouvelle après tant d'autres qu'a su trouver la nature [1].

Léonard rencontre, comme en passant, le parachute, les montgolfières. De la remarque que plus un corps s'étend, plus il s'allège, ou mieux plus il offre de prise à la résistance de l'air, il déduit la construction du parachute. « Si un homme a un pavillon — (le dessin montre en effet une sorte de tente) — étendu qui ait 12 brasses de surface (*per facie*) et 12 brasses de hauteur, il pourra se jeter de toute grande hauteur, sans se faire aucun mal (*senza danno di se*). » C'est en 1787 que Lenormand se laissa tomber avec un parachute de l'observatoire de Montpellier. Sans doute, pour démontrer la possibilité d'élever un corps plus

1. *Cf.* Charles Ravaisson, préface du M¹ B.

lourd que l'air, il construisit un appareil muni d'une roue en hélice, à laquelle un ressort tordu imprime en se déroulant un mouvement rapide de rotation : on fait encore sur ce principe des jouets d'enfants[1]. Enfin il découvre et applique le principe des montgolfières : il construisait, dit Vasari, avec de la cire réduite en mince pellicule, des animaux de forme bizarre, les gonflait d'air chaud et ainsi les faisait voler à la grande surprise des assistants.

C'est une chose remarquable qu'il n'ait pas cherché dans le principe des montgolfières la solution du problème qu'il s'était posé. « La découverte des ballons, dit M. Pettigrew, a retardé la science de l'aérostation, en fourvoyant les esprits et en faisant chercher la solution du problème dans une machine plus légère que l'air qui n'a pas d'analogue dans la nature. » La fidélité du Vinci aux enseignements de la nature l'a défendu de cette illusion. Il ne s'est pas attardé au principe « du plus léger que l'air ». Sans hésitation il a fait ce que l'on fait aujourd'hui ; c'est à

---

1. « Je trouve que si cet instrument fait en forme de vis est bien fait, c'est-à-dire fait de toile de lin dont on a bouché les pores avec de l'amidon, et tourné avec vitesse, ladite vis se fera écrou dans l'air et montera en haut. Prends l'exemple d'une règle large et mince et tournée rapidement dans l'air, tu verras que ton bras sera guidé par la ligne du tranchant de ladite règle. On peut faire un petit modèle en carton dont l'axe soit fait d'une mince lame de fer ; cette lame, tordue avec force, en redevenant libre, fait tourner la vis. » (B 83 vᵒ.)

l'oiseau, c'est à cette machine réelle qu'il a demandé le secret du vol. « Il est certain, dit M. Hureau de Villeneuve, que les oiseaux, les cheiroptères, les insectes volent. Il serait sans doute très beau de faire mieux que la nature, mais il serait d'abord suffisant de faire aussi bien qu'elle. Or pourquoi chercher en dehors de l'aile, puisque l'aile vole [1]. » Dans l'exposé de la théorie de Léonard sur le vol, nous avons montré avec quelle pénétration le savant démèle les circonstances diverses impliquées dans ce phénomène complexe. Nous ne pouvons qu'indiquer les efforts de l'aviateur pour reconstituer et coordonner les divers moments du vol dans l'unité d'une machine qui les réalise sous des conditions nouvelles. C'est sur le principe de l'égalité de l'action et de la réaction qu'il fonde la possibilité du vol : « La chose qui frappe l'air fait une force égale à l'air qui frappe la chose (*tanta forza si fa colla cosa incontro all'aria, quanto l'aria alla cosa*). Tu vois que le battement des ailes contre l'air fait soutenir l'aigle pesante dans l'air le plus haut et le plus rare. Inversement tu vois l'air se mouvant sur la mer emplir les voiles gonflées et faire courir le navire lourdement chargé. De ces preuves tu peux connaître que l'homme avec ses grandes ailes, faisant

1. Hureau de Villeneuve, *l'Aéronaute*, septembre 1874 : *Léonard de Vinci aviateur.*

force contre l'air résistant, victorieux pourra le soumettre et s'élever au-dessus de lui [1]. » En un mot, si l'air peut, sous une impulsion donnée, mouvoir un vaisseau, il pourra supporter un corps lancé avec force contre lui, c'est l'influence de la vitesse sur la suspension qui permet à l'homme de prendre un point d'appui sur l'air.

Comme les machines primitives imitent de très près le travail de l'ouvrier, la machine à voler de Léonard imite le plus possible la structure et les mouvements de l'oiseau. On peut résumer son idée en ces termes : adapter au corps de l'homme un corps d'oiseau, ou plus clairement construire un appareil qui du corps de l'homme fasse un corps d'oiseau. Il s'efforce pour cela de reproduire toutes les conditions du vol chez les êtres vivants. L'oiseau déplace sans cesse son centre de gravité, le porte en avant, en arrière. « L'homme volant (*ne' volatili*) doit être libre à partir de la ceinture pour pouvoir se balancer comme on fait dans une barque, afin que le centre de gravité en lui et dans la machine se puisse changer, comme la nécessité le demande [2]. » Un dessin du musée de Valenciennes nous montre, en une suite de croquis, les efforts du constructeur pour imiter les articulations des phalanges de l'oiseau. Sur la même feuille,

1. C. A. 372 v°, 1158 v°; J.-P. R., II, § 1126.
2. Mz 3 r°; J.-P. R., II, § 1122.

le squelette d'une aile de chauve-souris nous ramène aux modèles que la nature offre à l'imitation
de l'homme. Un procédé ingénieux fléchit les
phalanges, quand l'aile s'abaisse et lui permet
des mouvements de rotation autour de son axe.

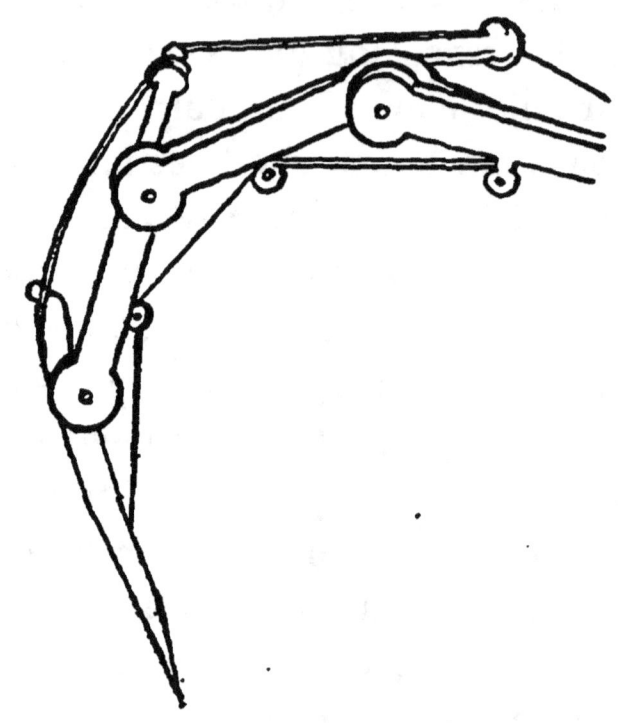

Chez certains oiseaux, quand l'aile s'élève, les
plumes s'écartent et se laissent traverser par l'air :
pour éviter qu'en élevant ses ailes l'homme ne détruise l'effet produit par leur abaissement, Léonard
imite cette disposition. (B 73 v°.) Il essaie aussi
une double paire d'ailes dont les mouvements sont
à la fois solidaires et contraires : quand la paire
supérieure s'abaisse, la paire inférieure s'élève et
réciproquement. Il adapte à sa machine une sorte

de gouvernail qui doit jouer le rôle de la queue, et, sur la remarque que l'oiseau privé de ses pattes ne peut s'envoler faute d'élan, des échelles qui en tiennent lieu. « Ces échelles font l'office de pattes et tu peux battre les ailes sous leur naissance. Vois le martinet ; s'il est posé par terre, il ne peut s'élever en volant parce qu'il a les jambes courtes. Et, quand tu t'es élevé, tire les échelles en haut, comme je le montre dans la 2e figure ci-dessus.» (B 89 v°.)

Dans un appareil que nous montrent le dessin de Valenciennes et le Mt B, l'aviateur est étendu sur une planche, en avant de laquelle est une sorte de timon ; sur ce timon est fixée une tige de fer arrondie qui porte les ailes et leurs articulations. (B 74 v°.)

Pour mettre les ailes en mouvement, plusieurs systèmes sont essayés : dans le plus simple (dessin de Valenciennes, B 74 v°), au moyen d'étriers, le pied droit abaisse les ailes, le gauche les élève. En dépit des mécanismes auxiliaires, ce procédé ne permet pas de reproduire la variété des mouvements réels de l'oiseau. Dans un autre système, les pieds ne servent plus qu'à abaisser les ailes qui sont relevées par les mains au moyen de deux tiges de bois (dessins de Valenciennes, Mt B 73 v°) ; ailleurs ces tiges sont remplacées par des manivelles. (B 75 r°, 79 r° et v°.)

Enfin le M^t B (80 r°, 88 r°) nous montre une
machine à voler des plus curieuses : l'homme
est debout dans une barque portée sur les deux

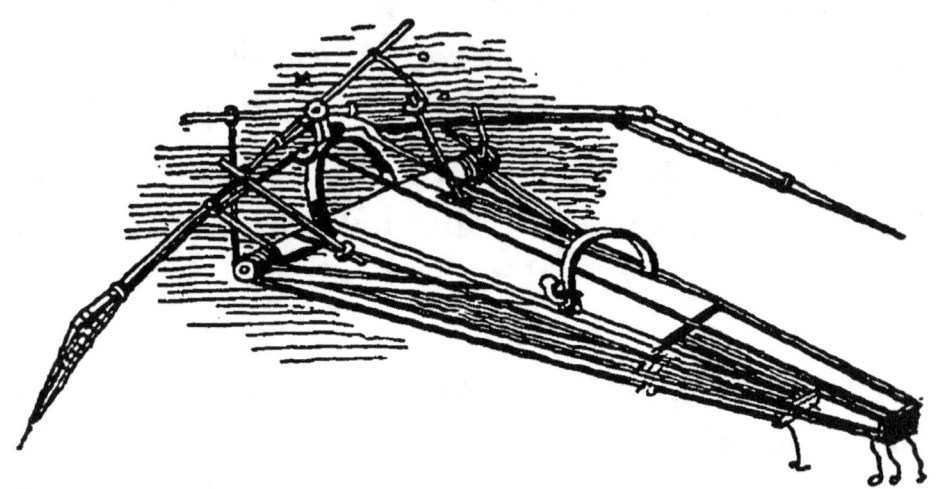

échelles qui représentent les pattes de l'oiseau ;
agissant avec les mains, avec la tête qu'il soulève
et par son poids, il imprime toute la force dont
il dispose et que multiplient des leviers à deux
paires d'ailes de mouvement solidaire et opposé.
« Les ailes sont menées en croix, semblablement
à l'allure du cheval ; j'affirme que ce procédé est
meilleur qu'aucun autre. » Les dimensions de
l'appareil sont, il faut l'avouer, inquiétantes.
« Échelle pour monter et descendre, qu'elle soi^t
haute de 12 brasses (plus de 7 mètres) ; que les
ailes ouvrent de 40 brasses (24 m.), que leur montée soit de 8 brasses (4 m. 80), que la barque de
la poupe à la proue soit de 20 brasses (12 m.),
haute de 5 (3 m.), et que l'armature à l'extérieur

soit toute de cannes et de toile. » (B 80 r°.) Le Vinci a bien posé le problème, il a vu nettement la méthode qui permettra de le résoudre peut-être, mais la mécanique de son temps lui interdisait d'aller plus loin. Les moteurs lui manquaient. Il était condamné à se servir de la force motrice de l'homme, à se tenir par suite tout près de l'oiseau, de la machine vivante, qu'il s'agirait plutôt de transposer en un appareil très différent peut-être, mais qui combine les mêmes principes.

III

Toutes les machines dont il nous a laissé les dessins dans ses manuscrits sont-elles des inventions originales? Quelle que fût la continuité de son attention, l'aisance et la fécondité de son génie, il est impossible de l'admettre. Au xvᵉ siècle, en Italie, l'industrie était florissante. Mais dans ce milieu de républiques isolées et jalouses, la machine n'était pas ce qu'elle est aujourd'hui. Elle était propriété nationale; en trahir le secret était un crime de lèse-cité puni de mort. La possession exclusive d'une machine suffisait à la pros-

périté d'un petit état. Des guerres étaient entreprises uniquement pour voler les procédés d'une
industrie. Roger II de Sicile passa en Grèce pour
y conquérir et rapporter à Palerme l'industrie de
la soie (Grothe). Pendant 120 ans, Bologne dut à
une machine à tisser sa richesse et sa puissance :
mais le secret fut trahi et, d'après les chroni-
queurs, 30.000 ouvriers furent sans pain (Grothe).
Les verriers de Murano (Venise), les tisserands
de Florence étaient les ouvriers de la République.
Le mystère même, dont on enveloppait les inventions nouvelles, nous empêche d'en suivre l'histoire. Des dessins de Léonard, les uns sans doute
sont des documents, des copies d'après les machines en usage de son temps, les autres sont des
projets pour perfectionner ces machines, d'autres
enfin lui appartiennent en propre. Il n'a pas tout
créé par un coup de génie. Il a continué une
œuvre commencée avant lui, à laquelle d'autres
autour de lui collaboraient. Les besoins mêmes de
son époque ont été l'occasion de ses découvertes.
Florence était célèbre pour l'apprêt des étoffes :
nous trouvons dans ses manuscrits des tondeuses, des lessiveuses, des presses, des rouleaux.
Bologne devait à la filature sa richesse : il dessine
une machine à filer plus parfaite que celle de
Iürgen. A Milan, à Florence, dans toutes les villes,
des palais s'élevaient : il a des scies pour tailler

la pierre et le marbre, des poulies, des moufles pour en monter les blocs.

Ses dessins nous permettent de suivre la marche de sa pensée. « Quand il s'est proposé un problème, dit M. Grothe, il conçoit d'abord l'idée générale de sa solution, et le plus souvent il l'esquisse en traits rapides. Cela fait, il passe aux détails, il étudie les divers éléments du mécanisme qu'il a d'abord vu d'ensemble. Autour de la première esquisse se groupent les rouages dont il varie la disposition et qu'il accompagne de notes et de calculs. La construction achevée dans tous ses éléments, il prend une feuille blanche et arrête le dessin de la machine en lignes précises. » M. Grothe donne pour exemple la machine à scier le marbre. Au milieu de la feuille, il a jeté une esquisse rapide, un projet d'ensemble; il passe aux détails, il étudie les moyens de fixer les scies dans un cadre, de mouvoir ce cadre. Il reconnaît que les scies, pour porter sur toute la pierre, doivent être deux fois plus longues qu'elle et que les tirants doivent glisser sur des appuis fixes, mais qu'on abaisse selon la profondeur de la coupure. Trente-deux esquisses répondent à ces observations. Tous les éléments et leurs rapports bien définis, Léonard arrive au dessin de la machine qu'il montre en perspective et qu'il relève de sépia. Cette machine est identique à celle que l'on emploie aujourd'hui dans les carrières de Carrare. Le dessin de la machine à voler (Valenciennes, M⁄B) nous montre cette même union de l'esprit d'analyse et de l'esprit de synthèse qui est le génie de Léonard : une esquisse où en quelques traits rapides s'exprime l'idée de la machine à voler, au-dessous les éléments, le timon, les ailes avec divers systèmes d'articulations, un dessin enfin qui résume les deux moments de la pensée et précise l'idée par les éléments qu'elle ordonne.

Si Léonard n'a pas inventé toutes les machines dont il nous a laissé les dessins, il n'en est pas moins un innovateur. Dans l'*Introduction à la Cinématique*, Reuleaux, dit M. Grothe, nomme Leupold comme le premier auteur qui ait décomposé les machines en leurs éléments et étudié ces éléments en eux-mêmes. Léonard renvoie souvent aux *Elementi machinali* : ce serait une erreur sans doute que d'y voir un traité didactique sur les éléments des machines. Mais qu'il ait appliqué l'analyse à l'art du constructeur, qu'en fait il ait reconnu dans les machines certains éléments généraux qu'elles peuvent combiner diversement, c'est ce que prouve amplement l'étude des manuscrits. Comme la nature varie les organes de la locomotion sur un même type, l'ingénieur dispose de certains organes primitifs qu'il modifie pour en varier les effets. Léonard étudie les moyens généraux de transmettre le mouvement, d'en changer la direction, d'en produire l'intermittence ; les roues d'engrenage, leur mode d'emboîtement, la forme de leurs dents, bref les éléments qui entrent dans toutes les machines et s'y combinent différemment selon les fins qu'on se propose.

En second lieu, dans les dessins de machines de Léonard, on ne trouve pas les lourdeurs, les complications et les maladresses qu'on relève encore dans les projets de ses successeurs, Vegetius Renatus, Salomon de Caus, Besson, Ramelli. Ce n'est pas seulement à l'habileté de sa main que le grand artiste doit cette supériorité. Son esprit répugne à toute laideur. Il voit les choses d'ensemble ; sans y songer, il réalise l'élégance et la proportion. Dans la machine, pas plus que dans l'être vivant, la beauté n'est indifférente ; elle est l'ordre senti, l'unité même de la fin manifeste dans la diversité des parties qui toutes y conspirent. La grâce a son équivalent mécanique: évitant les frottements inutiles, les organes superflus ou monstrueux, il approche d'instinct le mouvement matériel de la grâce du mouvement volontaire.

CHAPITRE VII

LÉONARD DE VINCI ET LES ORIGINES DE LA SCIENCE
MODERNE

La mise au jour des manuscrits de Léonard de
Vinci recule les origines de la science moderne
de plus d'un siècle. Il faut renoncer à cette idée
que le xve siècle appartient tout entier encore
aux scolastiques et aux humanistes, leurs adversaires. Conscience de la vraie méthode, appli-

cation réfléchie de ses procédés, union féconde de l'expérience et des mathématiques, voilà ce que nous montrent les carnets si longtemps oubliés du grand artiste. Pratiquée avec génie, la nouvelle logique le conduit à plusieurs des grandes découvertes attribuées à Maurolycus, Commandin, Cardan, Porta, Stevin, Galilée, Castelli. Dans la première édition de son *Histoire des sciences inductives*, Whewell disait : « Il faut aller jusqu'à Stevin de Bruges pour retrouver les vrais principes de la mécanique, dont Archimède avait eu la claire conscience. » Plus tard, il lut l'opuscule de Venturi, il vint à Paris, consulta les manuscrits de l'Institut, et rectifia sa première assertion. Il reconnut que, bien avant Stevin, Léonard a compris et continué Archimède et que ses idées répandues en Italie ont, sans aucun doute, exercé une influence sur les spéculations de Galilée.

I

Faut-il donc imaginer Léonard comme un homme unique, une sorte de mage, qui, dans le sommeil de tous, seul encore était éveillé. Je ne suis nullement tenté de diminuer le rôle des

grands initiateurs, mais je ne vois pas ce que le
génie perd à rester en communion avec l'humanité. Ce qu'il doit aux autres mêle leur vie à la
sienne et corrige par sa gloire les injustes oublis.
Si seul, sans appui, sans personne qui l'eût précédé ou qui en son temps travaillât à la même
œuvre, Léonard avait commencé la science avec
cette audace et ce bonheur, son génie, « comme
une montagne solitaire dans une vaste plaine »
(Grothe), aurait je ne sais quoi de monstrueux. Il
n'en est rien. Léonard est l'interprète et le messager de son temps.

Il n'est pas le seul qui à cette date opposât à l'autorité des anciens l'expérience et revendiquât
le droit de lire ce livre de la nature ouvert devant tout esprit qui a le courage de le consulter.
Si ces novateurs restent obscurs, si l'histoire retrouve avec peine la trace de leurs efforts, c'est
précisément qu'ils sont des précurseurs. Ils ne
sont pas les savants officiels. Mêlant la libre pensée aux subtilités de la scolastique, les professeurs
de l'Université de Padoue s'entêteront, jusqu'au
milieu du xviie siècle, à commenter les commentaires d'Averroës. En éditant, en expliquant les
textes de l'antiquité, les humanistes préparent,
sans le soupçonner, l'affranchissement de l'esprit
par l'exemple même du rationalisme païen, par
la contagion du libre esprit de la Grèce. Mais ils

sont surtout inquiets de bien dire, d'imiter leurs modèles; leur enthousiasme même menace la pensée d'une servitude nouvelle. Ceux qui, à peine remarqués de leurs contemporains, commencent la science par le commerce direct de la nature et de la pensée, les précurseurs, ce sont les indépendants, les hommes libres, ceux qui s'intéressent aux choses elles-mêmes et ne consultent les anciens que comme des témoins à contrôler; ce sont les artistes, les voyageurs, les esprits hardis et curieux de la sceptique Florence.

Léon-Baptiste Alberti (1404-1472), cinquante ans avant le Vinci, nous révèle tout ce que l'homme peut faire de lui-même, l'individu achevé, en qui par une grâce que confirme la volonté, conspirent sans s'affaiblir toutes les facultés humaines. Il est le plus adroit et le plus fort, le plus généreux; on répète ses bons mots. Il écrit en latin des comédies et des nouvelles qui passent pour des œuvres antiques; il compose des traités sur l'art, sur la morale, sur la philosophie; il est sculpteur, peintre, architecte. Ce qui surtout ici nous intéresse, il a le goût des connaissances positives; il étudie les mathématiques, la physique, il connaît la chambre obscure et en tire des applications qui frappent d'étonnement ses contemporains; il multiplie les observations et les expériences, il interroge les savants, les artistes, les artisans mêmes, tous ceux qui peuvent lui donner des notions précises sur les phénomènes naturels et sur les œuvres de l'homme.

Par la perspective, la peinture conduisait aux mathématiques ; par la théorie de la lumière et de la vision, à la physique, à l'astronomie. Le vieux peintre Paolo Uccello « passait ses nuits à l'écritoire, occupé des choses de la perspective ». Piero della Francesca était un savant : il composa un traité *De perspectivâ pingendi* et, selon Vasari, il connaissait Euclide mieux qu'homme du monde.

Avant de quitter Florence, Léonard dut y voir le grand astronome Paolo Toscanelli (mort en 1482), l'un des instigateurs du voyage de Christophe Colomb. Il était très lié avec Americ Vespuce dont il fit le portrait. Dans les manuscrits, je relève cette note : « Vespuce doit me donner un livre de géométrie [1]. » Écrivant de l'Inde à Julien de Médicis, le voyageur florentin Andrea Corsali fait une allusion à la douceur de son ami Léonard de Vinci envers les animaux. A la cour de Ludovic le More, il connut le célèbre mathématicien fra Luca Pacioli, pour qui il dessina les figures du *De divinâ proportione*. A maintes reprises nous relevons dans ses manuscrits le nom d'un homme qui peut lui communiquer un ouvrage, lui fournir

1. Br. M. 132 v°; J.-P. R., II, § 1452.

un renseignement utile. « Mr Juliano da Marliano a un bel herbier; il habite en face des Strami, charpentiers [1]. Apprends la multiplication des racines de maître Luca [2]. — L'algèbre qui est chez les Marliani, faite par leur père... Demande à Messer Fatio de te montrer le *De proportione*... Fais-toi montrer par le frère (du couvent) de Bréra le *De ponderibus*... Demande à Benedetto Portinari comment on court sur la glace en Flandre... Les *Proportions* par Alchino, avec les considérations de Marliano, chez Messer Fatio [3]. » Le nom de ce Messer Fatio revient assez souvent; c'était un amateur de sciences positives et mathématiques qui prêtait à Léonard les ouvrages qui pouvaient l'intéresser; lui-même, à diverses reprises, prête des livres, sa mappemonde. « Maître Stefano Caponi, médecin, qui habite à la piscine, a Euclide *De ponderibus* [4]. Messer Vincentio Aliprando, qui habite près de l'hôtel de l'Ours, a le Vitruve de Jacomo Andrea [5]. » Curieux de vérités nouvelles, ces chercheurs se connaissaient, se consultaient, se faisaient part de leurs lectures, de leurs manuscrits, de leurs réflexions, de leurs expériences. La plupart sans doute n'écrivaient pas. Leur tâche

1. S. K. M. III, 55 r°; J.-P. R., II, § 1386.
2. C. A. 118 r°, 366 r°; J.-P. R., II, § 1444.
3. C. A. 222 r°, 664 r°; J.-P. R., II, § 1448.
4. S. K. M., III, 93 r°; J.-P. R., II, § 1488.
5. K³ 29 v°.

était moins facile que celle des humanistes et des commentateurs. Ils apercevaient des vérités isolées, partielles, dont le lien leur échappait. Mais Léonard nous apporte, par ses carnets, comme un écho lointain de leur intelligente étude de la réalité.

Dans ses travaux d'anatomie, il eut pour auxiliaire, mais pour disciple plutôt que pour maître, M. Antonio della Torre. De famille princière, célèbre par sa grâce non moins que par la précocité de son génie, della Torre, à vingt ans, enseignait à Padoue. Appelé quelques années plus tard à Pavie, il y connut le grand dessinateur, à qui revient la gloire d'avoir créé l'anatomie figurée. Della Torre laissait de côté les commentateurs arabes et leurs manuels, revenait à l'étude de Galien et des médecins grecs : c'était se rapprocher d'un degré de la nature[1].

Il savait aussi l'observer directement : anatomiste passionné, il analysait, le scalpel à la main, le corps humain, pour le décrire. L'erreur l'irritait comme un mensonge ; apprenant que Gabriel de Zerbis, anatomiste maladroit, avait été scié vivant, sur l'ordre d'une prince dalmate, il répondit qu'il avait bien mérité la peine du talion. A

---

1. M. A della Torre avait près de trente ans de moins que Léonard de Vinci; il n'avait pas neuf ans que déjà celui-ci commençait les études anatomiques qu'il devait continuer durant toute sa vie.

trente ans il était emporté par une fièvre perni-
cieuse (1512). Nous ne savons rien de ses ouvrages ; tout ce qui nous reste de lui, c'est l'i-
mage un peu vague d'un homme plein d'intelligence et de charme, célébré par les poètes de
son temps, et dont le souvenir est rendu plus touchant par la douleur d'une jeune femme incon-
solée.

Cent ans avant Galilée, il y a donc en Italie une
petite société de libres esprits qui ne sont pas en-
combrés par l'érudition, grisés par l'ivresse du
beau langage, tout à l'ambition d'imiter les pério-
des de Cicéron ou de se faire des âmes platoni-
ciennes. Ils n'étudient les anciens que pour profiter
de leur expérience. Ils sont moins curieux des
livres que des choses elles-mêmes. Pour eux, la
science est à faire, la vérité est à trouver. Ils ne
vont pas d'abord aux hypothèses très générales
qui expliquent tout parce qu'elles n'expliquent rien ;
ils se prennent aux détails, aux faits particuliers.
Ils ont des yeux pour voir. Ils regardent le ciel et
la terre, les animaux et les plantes. Ils pratiquent
la bonne méthode d'instinct. Ils font des expériences ; ils sont empiriques et mathématiciens, parce
qu'ils ne veulent s'arrêter qu'à des vérités que la
démonstration impose ou que les sens constatent.
Soupçonnant déjà que la science est une œuvre
collective, sociale, qu'un seul homme n'achève

pas d'un seul coup, parce qu'elle ne sort pas de l'esprit toute faite, ils s'unissent, ils s'interrogent, ils se communiquent ce qu'ils savent, leurs informations et leurs découvertes. C'est une société, sans règlements ni statuts, qui spontanément naît des mêmes besoins sentis. A cette date du xve siècle, quelques artistes, quelques voyageurs, des médecins, des ingénieurs, quelques gentilshommes représentent la science moderne. Si on les aperçoit à peine, c'est qu'ils n'occupent pas le devant de la scène. Derrière ceux qui parlent et qui écrivent, ils commencent une œuvre que nous n'avons pas achevée. Nous soupçonnerions à peine leur obscur labeur sans les manuscrits de Léonard de Vinci qui ont ainsi l'importance d'un document de premier ordre pour l'histoire de la pensée humaine.

II

Ce serait une erreur de croire que ce mouvement commence subitement, par l'initiative de quelques hommes hardis qui rompent de parti pris avec la tradition de l'antiquité. On a pu, dès le xiie siècle, constater les symptômes d'un réveil de la curiosité scientifique[1]. Adelard de Bath, qui avait voyagé en Italie, en Grèce, dans l'Asie-Mineure, rédige des *questions naturelles*, où il déclare avec beaucoup de force que dans la physique la raison doit être élevée au-dessus de l'autorité. Problèmes et solutions, il emprunte d'ailleurs tout aux anciens. Il avait traduit de l'arabe la géométrie d'Euclide.

L'antiquité n'a pas eu seulement des poètes, des orateurs, des philosophes, elle a eu ses savants. Nous semblons parfois, comme les humanistes, l'ignorer. Les hommes de la Renaissance qui avaient l'ambition de reprendre leur œuvre ne l'ignoraient pas. Léonard de Vinci recherche surtout leurs ouvrages ; il lit Euclide, Hippocrate, Galien, Celse, Lucrèce, Pline l'Ancien, Vitruve, il les cite, il les discute, il les combat au nom de l'expérience. Il y a des questions traditionnelles, que nous retrouvons dans Galilée comme dans Léonard : un élément pèse-t-il en lui-même, l'air dans l'air, l'eau dans l'eau ? gonflée d'air une outre est-elle plus lourde que dégonflée ? comment un plongeur n'est-il pas écrasé par la masse d'eau qu'il supporte ? d'où vient que l'océan ne soit pas augmenté par l'apport des fleuves ? que l'eau de la mer soit salée ? — La science moderne se relie à la science grecque, elle est, elle aussi, une renaissance.

1. Jourdain, *État de la philosophie naturelle au XII° siècle en Occident et principalement en France.* 1838.

Mais des anciens le maître par excellence, l'initiateur véritable, c'est Archimède. L'œuvre, qu'il avait commencée avec la tranquille sûreté du génie, a été laissée pendant 18 siècles. Sa méthode n'a pas trouvé d'imitateurs; les principes qu'il avait formulés sont tombés, ou à peu près, dans l'oubli. Sa pensée n'a repris vie que dans l'esprit des grands Italiens qui se sont faits ses disciples. L'influence d'Aristote a tout emporté. On a adopté sa logique, répété, commenté ses opinions; oublié la nature pour ses livres. Il n'y a pas à l'en accuser. Mais il est temps de rendre à Archimède la place qui lui est due dans l'histoire de la pensée : la science moderne se rattache à son nom, à ses écrits, comme la scolastique au nom et aux écrits d'Aristote.

La logique d'Aristote est une logique de la qualité : expliquer le monde, c'est montrer comment les qualités s'impliquent l'une l'autre, en allant tour à tour du général au particulier et du particulier au général. La syllogistique est l'instrument de cette science qui se contente d'ordonner des concepts en définissant leurs rapports. Portant sur la qualité, l'analyse est arrêtée à de nombreux éléments irréductibles. Le haut et le bas, la pesanteur et la légèreté sont des absolus; par essence, le feu est léger, la terre pesante. Le mouvement est naturel ou violent, simple ou composé, uniforme ou accéléré. Il y a dans ces qualités primordiales une hétérogénéité qui ne sera pas réduite. Les principes se multiplient, sans qu'on puisse les ramener à quelque principe homogène et mesurable. Aussi les mathématiques sont-elles méprisées dans l'École : « elles rendent l'esprit vétilleux, elles ne sont vraies qu'*in abstracto* et ne peuvent s'appliquer à un objet sensible et physique [1]. » La philosophie n'a rien à voir avec des figures, des angles et des cercles [2].

Archimède n'a pas écrit un *novum organum*. Avec la simplicité du génie qui fait bien ce qu'il fait, sans se discuter lui-même et ses procédés, il a appliqué la vraie méthode des sciences positives. Dans sa théorie du levier, des corps solides plongés dans un liquide, il emploie les deux procédés de recherche qui se complètent l'un l'autre : l'expérience et le calcul. Il ne discute pas sur la qualité, il n'imagine pas des forces occultes, des propriétés irréductibles. Ingénument, il observe les conditions constantes d'un phénomène, le rapport de la longueur des bras du levier aux poids qui s'équilibrent à leur extrémité ; il raisonne sur ce qui peut être mesuré, calculé, sur le poids, la

---

1. Galilée, *Opere*, I, 224, éd. Alberi. Florence, 1842-56, in-8, cité par Thurot dans son remarquable travail : *Recherches historiques sur le principe d'Archimède*. 1869.
2. *Idem*, XV, 332.

distance, le mouvement. La déduction ne se sépare pas de l'expérience : elle ne fait qu'en exprimer les résultats par le calcul, que les traduire en les rendant intelligibles.

C'est d'Archimède que les Léonard de Vinci et les Galilée ont appris à poser des problèmes limités et à les résoudre par les procédés de la vraie méthode scientifique. Il fut pour eux ce qu'Aristote avait été pour Albert le Grand et saint Thomas, sous cette réserve toutefois qu'il n'enfermait point l'esprit humain dans un système, mais qu'il le mettait en face des phénomènes naturels avec la liberté d'une science à continuer à l'infini. Certes, la tradition d'Archimède est bien humble auprès de celle d'Aristote. Durant toute l'antiquité, les écoles de philosophie l'ignorent; le souvenir de ses découvertes ne se conserve que parmi les savants, au moyen âge il est à peu près oublié[1]. Mais dès le xve siècle, le réveil et le progrès scientifique se mesurent à l'influence d'Archimède. Son nom est ainsi indissolublement lié aux destinées de la science dans l'Occident. Tous les novateurs, tous ceux qui avaient le goût de l'observation, de la vérité que l'on se doit à soi-même et qui vaut pour tous, parce que chacun peut la démontrer ou la constater, trouvèrent en lui leur

---

1. Voyez l'opuscule cité de Thurot.

modèle et leur exemple. Ils eurent leur ancien, un homme qui avait frappé ses contemporains d'admiration, que la légende montrait, durant le siège de Syracuse, supportant seul, et pendant des années, l'effort de Rome.

Qu'Archimède ait été l'initiateur de la science moderne, c'est une vérité de fait. De Léonard à Galilée, il est lu, traduit, commenté par tous les hommes qui passent à bon droit pour avoir pratiqué la vraie méthode et commencé la science. Au temps de Léonard, les œuvres d'Archimède n'avaient pas encore été imprimées, les exemplaires manuscrits en étaient rares. Il note le nom de ceux qui les possèdent, des amis qui pourront les lui faire obtenir. « Borges te fera avoir l'Archimède de l'évêque de Padoue et Vitellozo celui de Borgo a San Sepolcro (patrie de fra Luca Pacioli)... Archimède *de centro gravitatis*... Toutes les œuvres d'Archimède sont chez le frère de Monseigneur di Santa Giusta de Rome. Il raconte qu'il les a données à son frère qui habite en Sardaigne ; elles étaient primitivement dansla bibliothèque du duc d'Urbin et furent volées au temps du duc de Valentinois (César Borgia[1]. » Il cite en passant le *de Ponderibus* de Jordanus Nemorarius, l'un des seuls ouvrages qui, au moyen

---

1. L 2 r°. — F verso de la couverture. — Cité par Govi dans le *Saggio*.

âge, continue la tradition de la science grecque[1]. Ce qui surtout importe, ses études sur le levier, sur le centre de gravité, sur l'hydrostatique sont le commentaire et le développement des œuvres du grand Syracusain. -

Son incomparable génie le dispose peu à s'étonner du génie des autres hommes. Il voit le maître dans un jour reculé de légende. Il lui attribue, je ne sais à quel titre, l'invention de l'architonnerre, sorte de canon à vapeur. Il dit avoir lu dans une histoire d'Espagne, dont il est impossible de retrouver trace, qu'Archimède aida le roi Éclidérides dans une guerre contre les Anglais et inventa à cette occasion une curieuse machine navale qu'il décrit[2]. Il prête aux Romains à l'égard du grand savant des sentiments qui sont les siens : « Archimède, bien qu'il eût fait grand dommage aux Romains pendant le siège de Syracuse, n'aurait pas manqué de se voir offrir les plus grandes récompenses par ces mêmes Romains. Après la prise de la ville on chercha avec le plus grand soin cet Archimède, on le trouva mort, et *en firent plus grande lamentation le sénat et le peuple romain que s'ils eussent perdu toute leur armée.* On l'ensevelit avec honneur, on lui érigea

1. W. L. 141 r°; J.-P. R., II, § 1436.
2. Ash. II, 12 v°; J.-P. R., II, § 1498.

une statue, sur l'initiative même de Marcus Mar-
cellus [1]. »

Comme Léonard de Vinci, tous ceux qui travailleront à la même œuvre sont les disciples, les
éditeurs, les commentateurs d'Archimède. Si le
lien qui les unit au maître est moins visible que
celui qui unit les scolastiques à Aristote, c'est
qu'il s'agit moins, ici, d'un système tout fait à
exposer, que d'une méthode à suivre, et de vérités toujours nouvelles à découvrir. En 1543,
le fameux mathématicien Tartaglia publie à Venise
la traduction latine de plusieurs ouvrages d'Archimède ; en 1551, il donne une traduction italienne du 1er livre *Des corps flottants* (*de Insi-
dentibus aquæ*), avec un commentaire. Quand il
mourut, son ami, le libraire vénitien Curtius
Trojanus, publia d'après ses notes l'ouvrage entier (2 livres. 1565). Comme Tartaglia, Commandin s'est formé à l'école d'Archimède et se
fait l'éditeur de ses œuvres. Il publia en 1558, à
Venise, une bonne traduction de plusieurs ouvrages d'Archimède avec d'excellents commen-

1. Br. M. 279 r°; J.-P. R., II, § 1476. Dans ce même passage
il attribue à Caton l'honneur d'avoir retrouvé le tombeau d'Archimède parmi les débris d'un temple et d'avoir rétabli sa sépulture. Il ajoute : « On dit que Caton déclara qu'il n'avait rien
fait dont il fût plus glorieux que d'avoir rendu cet hommage
à Archimède. » On connaît le texte où Cicéron se vante d'avoir
découvert et rétabli le tombeau d'Archimède.

taires; en 1565, à Bologne, une édition corrigée
avec soin du traité des corps flottants, dont le
texte depuis a toujours été reproduit. Maurolycus,
lui aussi, relie la science nouvelle à la tradition
d'Archimède ; il étudie ses œuvres, en fait un commentaire suivi, une paraphrase justement estimée,
qu'il publie en 1571. A l'exception de deux ou trois
exemplaires, toute l'édition fut perdue dans un
naufrage, mais en 1681 l'ouvrage eut l'honneur
d'une édition nouvelle. Galilée, enfin, qui donne à
l'esprit nouveau la pleine conscience de lui-même,
en poursuivant avec génie une œuvre commencée
plus de cent ans avant lui, Galilée est l'admirateur
et le disciple d'Archimède. Il l'a étudié passionnément, il imite sa méthode, son application des
mathématiques à la physique, il le continue. Il
défend contre la théorie de l'École et d'Aristote les
propositions du traité *Des corps flottants*. Il ne
prononce son nom qu'avec respect. « Certes, répond-il à un péripatéticien, il faut qu'il ait été grand
mathématicien, celui qui a pu démontrer ce que
n'a su ni pu démontrer Archimède lui-même (*Ar-
chimede ipse*). » Faisant de la liberté la première
vertu du philosophe — *inter nullos magis quam
inter philosophos esse debet œqua libertas* — il
ne saurait s'asservir à aucune autorité. Mais nous
savons par des témoignages directs « qu'il mettait
Archimède au-dessus de tout et qu'il l'appelait son

maître ». (Gherardini, ap. Galil., op. XV, 399.)
Quand Pascal aux grandeurs de la chair oppose
les grandeurs de l'esprit, quel est pour lui le héros
de la pensée ? « Archimède, sans éclat, serait en
même vénération. Il n'a pas donné des batailles
pour les yeux, mais il a fourni à tous les esprits
ses inventions. Oh ! qu'il a éclaté aux esprits ! »
Leibnitz disait encore : « Ceux qui sont en état de
le comprendre admirent moins les découvertes des
plus grands hommes modernes [1]. »

Cette influence du vieux mathématicien grec
se marque enfin dans les questions qui d'abord
sont agitées et résolues par Léonard de Vinci,
Commandin, Maurolycus, Stevin de Bruges, Galilée. Études sur le levier, sur le centre de gravité, sur les corps flottants, sur l'hydrostatique,
ce sont les problèmes qu'il avait posés. On reprend les choses où il les avait laissées, il a marqué à la science son point de départ.

Nous sommes donc autorisés à dire qu'il y a
une tradition d'Archimède, beaucoup moins apparente que celle d'Aristote, réelle pourtant, efficace, et dont l'histoire des sciences ne peut pas
ne point tenir compte. Très obscure, très effacée,
au moyen âge, elle reparaît avec la science elle-

1. Citons encore les études de Ghetaldus sur la pesanteur
spécifique publiées sous ce titre significatif : *Archimedes promo-
tus a Marino Ghetaldo.* Roma, 1603.

même. Dès le xve siècle, Léonard de Vinci, le grand précurseur de Galilée et de la pensée moderne, nous apporte dans ses manuscrits le témoignage de cette renaissance. Au siècle suivant, rien de plus facile que de suivre cette tradition dans les études, les éditions, les traductions, les commentaires de tous ceux qui ont travaillé aux progrès des sciences positives. C'est une des raisons, qu'il faut ajouter à celles que donne Lagrange dans son rapport à l'Institut sur la traduction Peyrard (1807) « pour que tout géomètre, au moins une fois dans sa vie, se croie obligé de lire Archimède tout entier ».

III

En Angleterre, il est convenu que la science moderne commence avec Bacon; en France, on recule volontiers jusqu'à Descartes [1]. On oublie

1. M. Cousin écrivait : « Ce qui n'était qu'une vague aspiration en Italie (!) est devenu, au delà de la Manche, entre les mains de Bacon et grâce au génie national, une direction précise, forte et régulière. » (*Histoire de la philos.*, p. 372.) M. Bouillier tient pour Descartes : « D'où vient qu'à Descartes seul nous attribuons l'honneur d'avoir commencé la grande révolution philosophique du xviie siècle? Pourquoi, à côté de son nom, n'avons-nous pas placé celui de Bacon? C'est que Bacon n'est pas le véritable chef

les savants de l'Italie, de Léonard de Vinci à ce Galilée, qui expose nettement la vraie méthode, la pratique avec génie et laisse une école digne de lui. Je veux bien admirer Bacon, esprit partiel, intuitif, qui jette en passant une multitude de vues fécondes et de formules qui vont souvent au delà même de sa pensée ; plus encore j'admire Descartes, audacieux jusqu'à la témérité, qui donne la philosophie de la science avant que la science ne soit faite, anticipe ses résultats, court à la fin avant même d'avoir commencé, et cela avec tant de bonheur qu'il semble chaque jour grandi par ses progrès. Ne s'agit-il que d'originalité ? Je consens à faire son ignorance aussi grande qu'on le voudra pour faire son génie plus surprenant. Mais si l'on veut voir dans Bacon et Descartes les fondateurs de la science moderne, faire tout commencer à eux, je maintiens qu'il y a là une erreur grossière, une erreur de fait que tous peuvent constater. Je vais plus loin : à prendre les choses strictement, Bacon et Descartes sont plus loin d'un savant moderne que Léonard de Vinci et Galilée.

Sans doute, Bacon a dit et répété que la fin de

de la philosophie moderne, c'est-à-dire le principal promoteur de ce mouvement philosophique qui rompit à jamais avec le moyen âge et remplit le xviie siècle tout entier. » (*Histoire de la philosophie cartésienne*, t. Ier, p. 81.)

la science est d'assurer à l'homme l'empire du
monde, et que la vraie méthode est l'expérience.
Mais ceci reconnu, il est plus près peut-être des
alchimistes et des scolastiques que des savants
modernes qui ne veulent qu'observer les phénomènes ou les produire pour en découvrir les relations constantes. Ce chancelier d'Angleterre,
de faible caractère et de grand esprit, ambitieux
et timide, épris de toute science et peu au courant de celle de son temps, mêlant les vues de génie et les puérilités, opposant à la mécanique la
magie naturelle, tourmenté jusqu'au bout par le
rêve de transmuter les métaux et de faire de l'or,
est une figure autrement vivante et complexe que
la statue du logicien classique de l'induction.

Bacon est un pauvre mathématicien; il n'a lu
ni Archimède, ni Apollonius; il se plaint, en
1623, de la lenteur des procédés de calcul, et il
ignore que depuis neuf ans déjà Napier a publié
ses Logarithmes, arrivés à leur onzième édition.
En mécanique, la théorie du levier; en physique,
les expériences de Galilée sur l'accélération des
corps qui tombent; en astronomie, les découvertes
de Képler; en physiologie, la circulation du sang
qu'Harvey découvrait auprès de lui; toutes ces
vérités positives, dont l'ensemble est la science
même, lui restent étrangères. En revanche il admet que l'air n'a pas de poids, que la flamme est

d'une légèreté absolue, que le soufre et le mercure, substances primordiales, se retrouvent au fond de toute matière, que l'influence des étoiles et de la lune s'étend « jusque sur les guerres, séditions, schismes, commotions et révolutions civiles de toutes sortes [1] ». Léonard de Vinci rejetait l'astrologie et l'alchimie, il les accepte. Bien plus, quelle que soit sa vérité partielle, la conception qu'il se fait de la science mêle les abstractions des scolastiques et les chimères des alchimistes. L'erreur des docteurs de l'École, selon lui, est de s'arrêter trop tôt dans l'analyse : ils considèrent comme forme l'essence de l'homme, du chêne, du lion ; il faut aller plus loin, jusqu'aux natures simples qu'enveloppent ces essences déjà complexes. Ces natures simples, « dont chaque corps est un assemblage, » sont les qualités abstraites, l'humide, le sec, le chaud, le pesant, le léger. C'est là « ce qu'il y a vraiment d'éternel, d'immuable, et d'universel dans la nature ». L'idéal de la science est de déterminer, à force d'expériences, les conditions sous lesquelles se produisent ces qualités primitives, éléments de toute réalité, et par là d'assurer à l'homme le pouvoir de les introduire dans un corps donné ou de créer par leur synthèse des corps nouveaux [2].

---

1. Voyez Fowler, *Novum organum* de Bacon.
2. « L'or comprend les natures suivantes : grande pesanteur, cohésion des parties, fixité, ductilité, inaltérabilité, couleur jaune.

Le génie de Descartes n'est pas en cause. Je dis seulement qu'il est bien plus éloigné que Galilée de l'état d'esprit d'un savant moderne. Il faut distinguer ici la méthode et le système. Ce qui surtout caractérise un esprit, c'est sa méthode. Descartes procède *a priori*, il ne prétend à rien moins qu'à découvrir les notions intelligibles qui, combinées selon des rapports intelligibles, reproduiraient l'univers. Il demande tout à l'esprit. Avec une incroyable audace, il va jusqu'à déduire les lois du mouvement de l'idée de la perfection divine. Ce qui semblait devoir le perdre le sauve. Pour tout rendre rationnel, il ramène le complexe au simple, le physique au mathématique, la qualité à la quantité, tous les phénomènes de l'univers à l'étendue et au mouvement. Autant il s'éloigne de la science moderne par sa méthode, autant il s'en rapproche par son système. Au lieu de s'attarder aux découvertes partielles, avec une justesse admirable, en traits hardis et nets, il arrête le plan du monument. Étant donné, avec l'étendue, le mouvement et ses lois, comment, sous la seule action du temps, s'organisera nécessairement un monde semblable au nôtre (*Disc. de la Méth.*,

---

Donc la vraie méthode pour faire de l'or est de connaître les causes des diverses natures susdites et les axiomes qui les concernent. Car si un homme peut faire un métal qui ait toutes ces propriétés, qu'on dispute ensuite sur la question de savoir si c'est de l'or ou non. » (N. O., II, 5.)

Ve partie) : c'est l'hypothèse du mécanisme et de l'évolution[1].

Descartes a eu la vision de l'avenir, l'intuition nette de l'œuvre à faire, mais avec l'illusion que cette œuvre pouvait être achevée par un seul homme en une seule vie. Ce qu'il ignorait, ce que nous cherchons encore, il l'a imaginé. Aussi, au XVIIIe siècle, il est méconnu. Voltaire ne voit que le roman des tourbillons, sans discerner l'idée vivante qui l'inspire. « Le malheur de Descartes fut de n'avoir pas, dans un voyage en Italie, consulté Galilée qui calculait, pesait, mesurait, observait. » (*Dict. phil.*, art. Cartésianisme.) Huyghens, avec plus de justice, montre ce qui fait la grandeur et la faiblesse du philosophe : « Descartes a mieux connu que personne avant lui qu'on ne pouvait rien comprendre en physique que ce qui peut-être rapporté à des principes qui ne dépassent pas la portée de l'intelligence humaine, *comme ce qui tient aux corps considérés indépendamment de toute qualité et à leurs mouvements.* Mais le plus difficile était de montrer comment

1. Pour ce qui est de la méthode elle-même, on peut dire que Descartes a vu que la forme idéale de la science est la forme déductive, qu'il était par suite dans ses destinées de multiplier l'application des mathématiques à l'étude des phénomènes naturels. « Celui qui s'attachera à un des résultats caractéristiques de la pensée moderne, dit Huxley, soit en fait de philosophie, soit en fait de science, reconnaîtra que le sens, sinon la forme, de cette pensée, était présent à l'esprit du grand Français. »

tant de phénomènes divers dérivent de ces seuls principes, et Descartes n'a pas réussi dans beaucoup de questions qu'il a entrepris de résoudre, et surtout, à mon avis, dans celles qui touchent à la pesanteur [1]. » Descartes est si loin d'être un savant moderne, d'en avoir l'esprit et la méthode, il est si bien un philosophe, ambitieux de toute la vérité, inquiet surtout de se satisfaire par un système bien lié, qu'il reproche à Galilée de n'être qu'un savant, de procéder en savant, et de suivre cette marche lente, progressive, qui mène de vérités en vérités et recule toujours le système qui les coordonne [2].

Je conclus : dans les manuscrits de Léonard de Vinci, nous trouvons une idée de la science, de ses procédés et de son objet plus exacte que celle

---

1. *De gravitatis causa dissertatio. Præfatio. Chr. Hugenii opera reliqua*, 1728, II, 95. Cité par Thurot.

2. Parlant de Stevin de Bruges (Lett., éd. Cousin, VII, 446), il dit qu'il ne sait « s'il a été exact en ses démonstrations, car il ne saurait avoir la patience de lire tout du long de tels livres. » Le jugement sur Galilée est dans une lettre au P. Mersenne, d'octobre 1638 (éd. Cousin, VII, 434) : « Je trouve en général qu'il philosophe beaucoup mieux que le vulgaire, en ce qu'il quitte le plus qu'il peut les erreurs de l'Ecole, et tâche à examiner les matières physiques par des raisons mathématiques... Mais il me semble qu'il manque beaucoup en ce qu'il ne fait que des digressions, et ne s'arrête point à expliquer suffisamment aucunes matières; ce qui montre qu'il ne les a point *toutes* examinées par ordre et que, *sans avoir considéré les premières causes de la nature, il a seulement cherché les raisons de quelques effets particuliers et ainsi qu'il a bâti sans fondement.* » Thurot, *opusc. cit.*

que s'en faisait encore Bacon. D'autre part, nous voyons le grand artiste commencer la science en savant ; son vaste génie, en se prenant à tout, s'arrête sur chaque détail, et multiplie les vérités partielles dont il marque les rapports. Ces mêmes manuscrits nous montrent qu'à cette date il n'était pas un penseur solitaire, créant de toutes pièces une œuvre secrète, sans passé ni avenir. Autour de lui, d'autres hommes, artistes, voyageurs, gentilshommes, libres esprits de toutes sortes, avec moins d'ampleur et de génie à coup sûr, collaboraient à la même œuvre. Les origines de la science moderne doivent être reculées jusqu'au XVe siècle. J'ajoute que, comme les humanistes avaient Platon, Cicéron, Virgile, ces novateurs avaient leur ancien, un maître digne de leur choix, Archimède. L'esprit humain, pas plus que la nature, ne fait de sauts brusques. L'étude des faits montre la continuité dans le progrès. Il faut renoncer une fois pour toutes à ce préjugé que Bacon et Descartes ont inventé la science.

TROISIÈME PARTIE

LÉONARD DE VINCI ARTISTE ET SAVANT
CARACTÈRES DE SON GÉNIE

CHAPITRE PREMIER

LÉONARD DE VINCI ARTISTE ET SAVANT : L'ART DANS LA SCIENCE

I..— Rapport des facultés de l'artiste à celles du savant. — Curiosité universelle, sens de l'harmonie. — Affranchissement de l'autorité dans la science, dangers de l'imitation dans la peinture.

II. — De l'invention dans la découverte scientifique : l'étonnement, l'observation, l'expérience.

III. — L'imagination et les procédés de la méthode scientifique : sciences descriptives.

IV. — Rôle de l'hypothèse. — L'imagination intuitive. — Le sens des analogies et la perception des rapports.

Après avoir étudié l'œuvre du Vinci sous ses deux aspects : les créations de l'artiste et les travaux du savant, nous sommes préparés à entrer plus avant dans l'intimité de ce grand esprit. Miroirs où se réfléchit son âme, ses tableaux nous en renvoient l'image. Nous voudrions, tournant la tête, voir l'homme même. Par malheur, Léonard qui a tant écrit dédaigne de parler de lui-même. Il note parfois au passage un événement, une date, sans commentaires. Ce qui ne touche que lui ne lui paraît pas valoir sans doute que d'autres que lui s'en préoccupent. Consolons-nous, l'homme qui a peint *l'Adoration des mages, la Sainte-Anne, la Joconde,* qui, au jour le jour, pendant plus de trente années, a noté ses pensées, ses observations, ses découvertes, n'a rien caché de lui-même. Quiconque est plus curieux de la vie intérieure que des anecdotes n'a pas à regretter une ignorance qui interdit les familiarités vulgaires.

I

Léonard est un artiste et un savant : c'est cette dualité qui d'abord fait l'intérêt de sa vie pour le psychologue. Peintre, il écrit un traité de la peinture et il ramène à ses principes théoriques l'art qu'en même temps il renouvelle. Mais il est plus qu'un esthéticien, il est à la lettre un chercheur de vérités positives, un grand savant. Ne serait-ce pas déjà le connaître que de saisir en son esprit l'unité des facultés que le plus souvent on oppose,

qu'il concilie sans les affaiblir. Son originalité est
le merveilleux équilibre d'une âme qui fait cons-
pirer en une harmonie puissante les dons que les
autres hommes ne se partagent qu'en les opposant. Curiosité universelle, affranchissement de
l'autorité, conscience claire de la vraie méthode
et de ses procédés, hypothèses fécondes, tout ce
qui constitue le génie scientifique de Léonard me
paraît se relier sans effort à son libre génie d'artiste, n'en être à dire vrai qu'une métamorphose
en une âme vraiment humaine.

On a beaucoup discuté sur la meilleure manière
de publier les manuscrits de Léonard. Les brochures répondant aux brochures formeraient des
volumes. M. J.-P. Richter tient pour la publication par extraits : il a donné deux gros volumes
de fragments empruntés à tous les manuscrits et
classés par ordre de matières. Les avantages sau-
tent aux yeux : les carnets sont remplis de notes
écrites au jour le jour. De ces notes beaucoup sont
obscures, confuses, quelques-unes inintelligibles.
Dans la même page on saute d'un sujet à l'autre
selon les circonstances ou le caprice. Pourquoi
ne pas supprimer le fatras ? M. Charles Ravaisson
est pour la publication intégrale; bravement, il
l'a commencée : il est dans le vrai [1]. Je néglige

1. M. Charles Ravaisson a achevé la publication intégrale des
douze manuscrits qui sont à la Bibliothèque de l'Institut. Il a

les raisons invoquées : nécessité d'une édition définitive, arbitraire d'un choix que déterminent les préoccupations de celui qui le fait, inconvénients d'une classification des matières qui par elle-même est déjà une interprétation et un commentaire. Je n'en donnerai qu'une qui en vaut bien une autre : ce qui nous intéresse dans ces carnets, ce n'est pas seulement les connaissances positives de Léonard, ses découvertes, c'est plus encore son esprit, tout ce qui nous permet de prendre comme sur le vif le secret du génie. Qu'est-ce qui pourrait remplacer la lecture de ces notes au jour le jour ? Leur confusion même nous rapproche de la vie dans sa libre complexité. Les livres des savants ne nous donnent que leur travail achevé, nous trouvons ici les hésitations, les doutes, les recherches, nous assistons à la genèse de l'idée.

A une première lecture des manuscrits, ce qui frappe d'abord, c'est la variété des sujets qui y sont traités. On ne sait ce qu'il faut le plus admirer de la constance de cette attention ou de la multitude des objets qui la sollicitent. Léonard aborde la science par tous les côtés à la fois. Sur un même feuillet on passe brusquement de la

consacré à cet immense travail dix années de sa vie. Nous lui devons plus de la moité des manuscrits qui existent et un modèle qu'il ne reste plus qu'à imiter.

mécanique à la peinture, à l'anatomie, à la théorie des tourbillons. Sa vie semble un perpétuel dialogue avec la nature, dont les transitions le plus souvent nous échappent. Ne nous hâtons pas de conclure qu'il est une sorte d'amateur qui n'obéit qu'à son caprice. A mesure que vous avancez dans votre lecture, vous voyez qu'il revient aux mêmes problèmes, qu'il cherche à ses idées des formules de plus en plus précises. Ce qui frappe enfin, c'est la continuité de l'effort, l'unité d'une pensée qui multiplie les problèmes sans s'y perdre. Pendant vingt-cinq ans il étudie le vol des oiseaux et poursuit la construction de la machine à voler.

Qu'un scolastique ait l'audace de la science universelle, rien à cela de surprenant : il sait que le monde tient en un in-folio. Mais Léonard n'a pas de système. Tout l'intéresse et il ne craint pas de se livrer aux entraînements de cette curiosité sans bornes. C'est que le sens indéfectible de la beauté lui donne la foi dans l'intelligible. Tous les rayons ramènent au foyer dont ils partent. S'il a l'idée de tout observer, c'est qu'il a l'idée que tout vaut de l'être. Qu'il étudie le brin d'herbe ou le soleil qui le fait pousser, il reste dans la même pensée parce qu'il reste dans le même monde. Au terme de la science, l'esprit parti des faits, lentement élevé par l'expérience à la con-

naissance des lois, se retrouverait présent à tout
ce qui est : la conscience de la vérité lui donnerait
la conscience de sa réalité suprême.

Pas plus qu'à la curiosité du savant, le sentiment de l'artiste n'est étranger aux procédés qu'il
emploie pour la satisfaire. Son premier principe
est la liberté de la pensée. Il rejette l'autorité des
anciens ; pour voir, il ouvre les yeux et il regarde.
Ce n'est qu'une application nouvelle des habitudes qu'il doit à la pratique de l'art. L'art est
liberté : il veut avec des sens délicats le goût de
les exercer. Léonard n'a pas été élevé à l'école ;
il n'a pas eu à secouer la poussière des livres.
Dès l'enfance, il s'est exercé à bien voir, à fixer
les images précises des choses pour les reproduire.
La nature a été son premier guide et son premier
maître. Se mettre en face de la réalité, en recevoir l'impression vive et directe, la rendre sans
l'altérer, croire qu'on imite alors même qu'on
crée, c'est l'art même. C'est la science aussi. Le
savant, comme l'artiste, ne veut pas d'intermé-
diaire entre la nature et lui. Pour comprendre
les choses, comme pour les sentir, Léonard se
met en face d'elles. Il a l'innocence du génie,
« cette candeur de l'enfant sans laquelle on
n'entre pas plus dans le royaume de la vérité que
dans le royaume des cieux » (Bacon). Entre ce
qu'il regarde et son esprit ne s'interposent pas

les idées des autres hommes. C'est l'univers, ce n'est pas le petit monde d'un Platon ou d'un Aristote qui pose devant lui. Il n'est pas une façon de maître Jacques qui dépouille l'artiste pour entrer dans la livrée du savant. De l'étude sur nature il passe sans effort à l'étude de la nature. En dessinant un rameau couvert de ses feuilles, il découvre la phyllotaxie ; en s'accompagnant de la lyre, il aperçoit la loi de la résonnance des cordes en accord. Il nous le dit lui-même : le danger de l'imitation dans les arts lui a appris les inconvénients de l'autorité dans la science. « Un peintre ne produira que des œuvres de pauvre qualité, s'il prend pour guides les peintures des autres ; mais s'il cherche ses enseignements dans les objets de la nature, il produira de bons fruits... De même pour les choses mathématiques je dirai que ceux qui seulement étudient les auteurs et non les œuvres de la nature sont, par art (*per arte*), les petits-fils et non les fils de cette nature, maîtresse des bons auteurs. O profonde sottise de ceux qui blâment les hommes qui apprennent de la nature, laissant là les auteurs, disciples de cette même nature [1]. »

1. Après la première phrase citée, Léonard continue en ces termes, qui montrent la lucidité de son jugement sur cette première période de l'histoire de la peinture italienne : « Nous en voyons la preuve dans les derniers peintres romains qui, à force de copier d'âge en âge les œuvres d'autres peintres, hâtèrent la

II

Pour saisir les rapports du génie de l'artiste
au génie du savant, il ne faut pas considérer la
science faite, mais la science à faire. Une fois la
vérité trouvée, il semble qu'elle se détache de
l'esprit : c'est en un esprit qu'elle est née, qu'elle
a d'abord vécu. Un savant écrit non sans une certaine naïveté : « Seul un homme aussi éminemment doué de facultés poétiques que Képler a
pu découvrir les trois belles lois astronomiques
désignées par son nom. Aussi, tout en tenant
compte de la différence de directions respectives,
Homère, Shakespeare, Schiller et Goethe sont

---

décadence de leur art. Après eux vint Giotto, le Florentin, qui,
élevé dans les montagnes, avec des chèvres pour compagnie,
se trouva cependant forcé par la nature d'être artiste, et commença par esquisser sur des pierres les animaux qu'il faisait
paître. De là il passa à la copie de tous les animaux qu'il rencontra dans son voisinage, et par ces moyens il acquit un tel
degré d'habileté qu'il surpassa non seulement les artistes de
son temps, mais encore tous ceux de maints âges passés. Après
lui, l'art de nouveau tomba par la continuelle imitation des
peintures, jusqu'à ce que Tommaso de Florence — connu sous le
nom de Masaccio — montrât par la perfection de ses œuvres combien sont stériles les travaux de ceux qui suivent un autre guide
que la nature, la maîtresse de tous les maîtres. »

vraiment *les égaux* des plus éminents explora-
teurs de la nature, en ce sens que la faculté intellectuelle qui fait le poète et l'artiste est la même
faculté dont dérivent les inventions et les progrès
dans la science. » (Liebig.) Poète, au plein sens
de ce mot, le Vinci a fait de la vérité et de la
beauté. Il nous montre en un bel exemple l'unité
de la faculté créatrice.

L'idée seule d'observer est une originalité.
L'homme constitue de ses sensations un monde
qui répond à ses besoins. L'habitude fortifie de
plus en plus la tendance à s'en tenir à ce premier
aspect des choses. On ne s'étonne pas des phénomènes qu'on voit se reproduire sans cesse. L'étonnement est une réaction de la liberté de l'esprit,
une reprise de soi. Léonard vit éveillé de ce rêve
qui est la pensée de la foule. Il n'est indifférent à
rien. Il s'affranchit de l'habitude avec la même
aisance que de l'autorité. Il trouve en lui devant
chaque phénomène l'intérêt qui l'y fait attentif. Son
esprit est d'une jeunesse qui rajeunit tout à son
contact. Il regarde les choses comme s'il les voyait
pour la première fois. Il semble qu'avec la réflexion calme et la ténacité de l'homme mûr, il ait
devant tout cette surprise émue qui est la poésie
de la première enfance.

Il découvre dans les phénomènes les problèmes
qu'ils posent. Une difficulté n'existe qu'à la con-

dition qu'on l'aperçoive. Il multiplie les questions pour les résoudre. Un problème est une première invention de l'esprit, un acte par lequel il se distingue des choses et marque son indépendance. On n'observe pas à propos de rien. Vous entrez dans une forêt, que de vérités latentes dans cette foule de vivants silencieux ! Essayez d'observer à froid, de parti pris, pour observer. Vous voyez tout et vous ne voyez rien. Vous êtes pris dans la perception complexe que l'habitude vous impose. L'observateur est celui qu'une idée tire brusquement de ce chaos. D'où vient-elle ? par quelle grâce a-t-elle apparu soudain ? l'attention réfléchie n'y suffit pas, elle naît de l'attention spontanée qui est l'idée même, présente à l'esprit. Dans la multitude des détails, qui pour les sens sont égaux, aller à ce qui seul est significatif, à ce qui peut devenir une vérité générale, voilà ce qui n'est donné qu'à l'esprit privilégié du voyant. Combien avaient vu des rameaux couverts de leurs feuilles, sans observer la loi selon laquelle elles se disposent sur la tige ? La tranchée d'un canal suffisait à mettre au jour des fossiles, mais remarquer leur superposition, dépasser le fait actuel, y découvrir un document de l'histoire de la terre, voilà qui voulait l'invention poétique d'un Vinci.

Plus encore l'expérience est œuvre d'imagination. Elle suppose une hypothèse, une idée à contrôler. Elle est une interrogation directe à la nature ; en elle-même elle est un art véritable : elle consiste à isoler dans le grand monde un petit monde que l'on compose de circonstances choisies et limitées en nombre. Une expérience, c'est le problème non plus posé abstraitement, mais devenu comme la réalité même et se résolvant sous nos yeux. L'art d'imaginer ces combinaisons de faits qui en trahissent les rapports n'est pas donné à tous. La méthodologie analyse les procédés du génie ; elle ne fait pas plus le grand savant que la rhétorique l'orateur. Il n'y a pas de règle qui puisse donner à l'esprit la fécondité.

III

D'une manière générale, les procédés de la méthode scientifique ne sont vivifiés que par l'imagination, qui en varie les applications à l'infini. Mais ce qui surtout ici nous intéresse, c'est la forme particulière que prend cette imagination en Léonard de Vinci, ce qu'elle garde de son génie artistique. Dans les sciences purement descriptives, l'œil de ce peintre exquis vaut un instrument de précision. Ajoutez qu'il a pour auxiliaire une main merveilleuse. On ne sait vraiment que ce que l'on fait. La voix assouplit l'oreille ; de même la vision et le dessin se complètent l'une par l'autre. Tout le monde voit, presque personne ne regarde.

Parmi les dessins du Vinci, conservés au palais de Windsor, se trouvent plusieurs études de fleurs et de fruits et la plupart des planches de son anatomie. Il est impossible de dire où commence le savant, où finit l'artiste, tant ils conspirent à la même œuvre. D'une admirable précision, rendue dans ses moindres détails, l'image n'est pas faite de pièces et de morceaux, elle reste une par le juste sentiment des rapports. Est-ce au scrupule du savant qu'il faut faire honneur de cette claire vision, de cette exécution qui serre la réalité, ou à l'intérêt passionné de l'artiste? Est-ce l'émotion du peintre qui donne au tout son unité, ou la lucide intelligence de l'observateur qui dans l'analyse même saisit le rapport des éléments? Voyez cette branche de framboisier avec ses feuilles et ses fleurs, ces ronces, ces graminées (Windsor) ; comptez les pétales et les étamines ; observez les feuilles en leur ordre, la direction de leurs nervures, les découpures des limbes ; ces dessins sont de véritables descriptions. Sont-ils du savant ou de l'artiste? A dire vrai, le savant et l'artiste ne se séparent pas, ils travaillent l'un pour l'autre : le sentiment des rapports, qui fait la beauté de ce dessin dans sa précision, devient insensiblement le sens de la loi et sa découverte même. Cette vision synthétique, jusque dans l'analyse la plus minutieuse, fait le prix des dessins anatomiques de Léonard. C'est une machine faite pour l'action, sans cesse participant de l'unité de la volonté qui la meut, qu'il décompose. L'artiste dirige le savant dans la préparation anatomique qu'il reproduira par le dessin. S'il représente les muscles de la jambe vue de face (Windsor), il retire le pied en arrière pour bien montrer, avec les couches successives de muscles, les attaches et le jeu des tendons. S'il dessine les muscles du bras (Windsor), il marque leurs rapports avec les pectoraux, avec la tête de l'humérus, avec la clavicule; leur action, selon que le bras est au repos ou en action, abaissé ou étendu, ou encore qu'il ramène l'avant-bras d'un effort vigoureux par la tension du biceps. Il semble que l'anatomiste n'ait qu'à ouvrir les yeux pour constater ce qui est. Quiconque a touché un scalpel sait qu'il n'en est rien. L'anatomie est une analyse intelligente. Toutes les parties se tiennent, se confondent, il faut comme les découvrir pour les isoler. Une maladresse devient une erreur. Qu'était-ce pour Léonard qui travaillait sans guide, sans tradition? Il fallait qu'il imaginât pour voir. Les dessins par lesquels il crée l'anatomie figurée sont de véritables œuvres d'art, où l'intelligence

de l'action et le sentiment de la forme servent à la
justesse de l'analyse.

IV

La science, dit Leibnitz, veut « un certain art
de deviner sans lequel on n'avance guères ». Que
l'hypothèse soit l'œuvre spontanée de l'imagination, qu'ainsi chaque découverte, au moment où
elle se fait, soit une poésie véritable, c'est désormais une banalité dans la bouche des savants et
des psychologues. L'imagination enveloppe deux
puissances que rarement le même individu porte
à un haut degré : l'une est celle de donner toute
l'intensité du réel aux formes qu'elle évoque devant la conscience, l'autre, celle de combiner les
représentations en découvrant les analogies qui
les relient l'une à l'autre (anschauliche-combini-
rende Phantasie : Wundt). Léonard les met l'une
et l'autre au service de la science.

Gœthe nous dit qu'il pouvait construire un arbre
fictif, tenir sous son regard tous les détails de
sa structure, l'expansion des rameaux et leurs divisions en ramuscules, la forme des feuilles, l'é-
clat des fleurs chimériques. Par les rues de Flo-

rence, sur les marchés et sur les places, Léonard ramassait une provision d'images, fixant en lui un visage singulier, la face de coquin qui convenait à son Judas, des têtes comiques de paysans ou de portefaix. Il a cette faculté de construire des formes, d'évoquer des images précises, aux contours nets, sortes d'hallucinations, dont il reste le maître, qu'il varie, complète ou transforme. Savant, il s'en sert pour prolonger la puissance des sens, faire apparaître des phénomènes qu'ils ne saisissent pas, les gaz, l'air et ses ondulations, les molécules de l'eau qui, sous le choc de la pierre, se poussent l'une l'autre, comme une foule. Il n'est pas prisonnier de la perception actuelle, il en sort, il la dépasse, il la développe en images qui la métamorphosent. Pour l'homme primitif, qu'est-ce que la lune? un corps brillant, un bouclier d'argent lancé par je ne sais quel discobole à travers les cieux. L'image copie la sensation, la répète. Moins naïfs, les savants du xvᵉ siècle font de la lune un corps analogue à un miroir sphérique et poli. Remarquez combien l'image est voisine encore de la sensation, qu'elle reproduit presque servilement. Elle est confuse cependant et indistincte. Pour réfuter la théorie, Léonard n'a qu'à évoquer l'image qui la résume. Distinctement imaginée, elle trahit son inexactitude : sous la clarté du soleil, un miroir sphérique, une boule d'or ne réfléchit la lumière qu'en un de ses points. La lune n'est pas dans le ciel une tache sombre sur laquelle éclate un point étincelant. La théorie de Léonard est une image aussi, mais une image de poète, combien plus riche et plus féconde! Regardez notre mer éclairée par le soleil; ses vagues incessamment agitées forment un nombre infini de petits miroirs, dont les rayons réfléchis se mêlent en une clarté continue. La lune est une terre, les taches sombres qu'on y distingue dessinent ses continents; les masses plus lumineuses, l'océan lointain, dont les flots frémissants nous renvoient, dans le silence des nuits, l'image mille fois répétée du soleil. D'une boule ronde et polie, sertie dans une sphère cristalline qui tourne en l'entraînant, à cette terre avec ses continents, ses mers et ses montagnes, lancée librement dans l'espace, quelle distance franchie! Le savant n'est pas ici le pharisien qui s'en tient à la lettre, mais l'artiste qui transfigure la sensation par les images hardies qu'elle évoque en lui.

Peintre, Léonard a étudié les reflets et leurs lois : il y trouve l'explication de la lumière *cendrée* de la lune. La grandeur des objets, l'immensité des intervalles ne le déconcerte pas. Comme trois globes disposés dans son atelier pour une expérience, il imagine le soleil, notre océan res-

plendissant, la lune à l'Occident dont un fin croissant seul est éclairé, et il suit le reflet lumineux
qui de nos mers à travers l'espace va frapper la
lune, en atténue l'ombre et nous permet d'en
discerner la face entière, sombre entre les deux
cornes lumineuses. Dans la tranchée d'un canal on
découvre des rangées de coquillages, au sommet
d'une montagne, des fossiles. Ce sont, pour les
théologiens, des modèles d'animaux faits de limon
que Dieu a négligé d'animer de son souffle. Pour
Voltaire, homme sans préjugés, ce sont les débris
des coquilles que mangeaient les croisés. Toujours le défaut d'imagination, l'impuissance de
sortir de la sensation actuelle, une explication qui
n'en est que la plate redite. La vue du coquillage
évoque en Léonard l'image de la mer. Précisée,
distincte, vivante, cette image en enfante de
nouvelles, dont peu à peu se compose le spectacle grandiose de la vie antérieure de la terre.
Ce qui n'est aujourd'hui qu'une petite masse de
calcaire pétrifié, remplie de boue, a vécu. Au-
dessous des vagues, les coquillages pendant des
siècles s'entassent mêlés au sable ; les fleuves dans
leurs crues entraînent à la mer les limons qu'ils
déposent par couches successives ; comblé, l'océan
recule. Ainsi la face de la terre incessamment se
renouvelle : « ce qui était jadis le fond de la mer
est devenu le sommet des montagnes. » Léonard

le voit parce qu'il l'imagine et par cette vision hardie du passé dans le présent, de la cause dans l'effet, il a fondé la géologie.

L'imagination intuitive déjà est une perception du rapport des choses. L'image qu'elle évoque tout à la fois tient à la sensation et en diffère : elle y tient puisqu'elle en naît et en rend compte ; elle en diffère puisqu'au lieu de la répéter elle l'explique en la transposant. Le phénomène perçu est relié aux antécédents inconnus qui le posent. Mais c'est surtout en combinant, en rapprochant les phénomènes divers que l'imagination montre sa fécondité scientifique. Elle décompose les faits complexes en faits plus simples, elle y découvre avec les mêmes éléments ultimes les mêmes lois générales. Il semble que l'analyse réfléchie et volontaire suffise à ce travail. Mais l'analogie n'est pas aperçue, puisque, par hypothèse, elle est à découvrir. Il faut la deviner, l'imaginer avant d'en reconnaître la justesse. Les différences sont manifestes, les ressemblances sont cachées. L'esprit machinal ne fait que redire la sensation ; l'esprit de Léonard est un de ces esprits vivants en qui les sensations et les images, par un double mouvement, s'analysent pour entrer dans des combinaisons nouvelles, où se découvrent leurs rapports. Il serait bien vain de vouloir séparer ici l'imagination du savant de celle de l'artiste. Il veut qu'on cherche en tout la proportion « qui n'est pas seulement dans les nombres et mesures, mais dans les sons, poids, temps, lieux et en toute puissance quelle qu'elle soit ». (K 49 r°.) Il pressent dans la nature une raison éprise à la fois de logique et d'harmonie, de mathématique et de beauté, et il va comme au devant d'elle. L'analogie scientifique parfois touche à l'image poétique. Dans les vagues de la mer et dans les chevelures onduleuses dont il aime à parer le visage de ses madones, il retrouve la même loi. « Note comme le mouvement de la surface de l'eau ressemble à celui d'une chevelure : le mouvement de la chevelure est à deux temps, dont l'un répond à la pesanteur des cheveux et l'autre dessine la ligne de leurs boucles. Ainsi l'eau a ses tours et retours, tantôt obéissant à l'élan du courant principal, tantôt aux lois du mouvement incident et réfléchi [1] ». Prise entre la culasse de la bombarde et le boulet qu'elle projette, la poudre enflammée « agit comme un homme appuyé des reins à un mur et poussant une chose avec les mains ». (A 44 v°.) Quand l'air ne peut fuir assez vite devant le corps qui le traverse, « il se condense à la façon des plumes foulées et pressées par le poids du dormeur [2] ».

A ce sens des analogies, à cette intuition des

1. W. An., IV ; J.-P. R., I, § 389.
2. Triv., fol. 6 v°.

idées simples et fécondes qui ramènent à l'unité des mêmes lois la diversité des phénomènes, Léonard doit le pressentiment de quelques-unes des grandes théories de la science moderne. Il rapproche l'œil de la chambre obscure et fonde sur cette analogie la théorie de la vision. Pour les sens, quoi de plus différent que l'air que l'on ne voit pas, qui nous touche plutôt que nous ne le touchons, et l'eau, ce corps visible, pesant, tangible. Qui est pris dans la sensation, incapable d'imaginer, jamais ne découvrira le rapport de ces deux éléments, jamais ne s'élèvera à l'idée générale de fluide. Le rapport ne devient frappant qu'après qu'on l'a deviné. Les ressemblances ne peuvent le suggérer, elles échappent tant qu'on n'a pas eu l'idée de l'analogie qui les rend sensibles. « Dans tous les cas du mouvement, dit Léonard, l'eau a une grande conformité avec l'air. » (A 61 v°.) L'idée trouvée, il en déduit hardiment les conséquences. La nage, par exemple, l'aide à entendre le vol : « Comme fait la main du nageur qui heurte l'eau, s'appuie sur elle, et fait fuir son corps en sens contraire, ainsi fait l'aile de l'oiseau dans l'air. » (F 41 r°.)

Comme l'eau, l'air a ses tourbillons ; comme elle, il aura ses vagues. La théorie des ondulations est une des plus belles trouvailles de l'imagination scientifique de Léonard. Il étudie les vagues de la mer, les ondes qui, sous le choc d'une pierre, se forment à la surface d'une eau tranquille, et dans le son, la chaleur, la lumière il entrevoit la même loi de propagation. La pierre qui frappe le mur et saute en arrière, la vague qui se brise sur le rivage, le son que renvoie la montagne, le rayon lumineux que réfléchit le miroir, autant de phénomènes sans rapport, à ne consulter que les sens. En fait, tous sont des mouvements obéissant à la même loi : l'égalité de l'angle d'incidence à l'angle de réflexion. Léonard pressent la grande théorie de l'unité des forces physiques. La mécanique est la science par excellence. Le mouvement est le phénomène homogène, l'élément divisible et mesurable qui se retrouve en tous les autres phénomènes, combiné selon des lois rationnelles. « Il faut que toute action s'exerce par le mouvement... Le mouvement est cause de toute vie. » Toute science de fait, en dernière analyse, est une science du mouvement, qui ne s'achèverait qu'en prenant la forme déductive : « Aucune investigation humaine ne se peut appeler vraie science, si elle ne passe par les démonstrations mathématiques. » Dans le treuil, la poulie, la moufle, la vis, Léonard reconnaît le levier; en toute machine humaine, il retrouve le même instrument élémentaire et les lois de son action. C'est encore conformément aux lois de la mécanique, par des leviers et contre-leviers, « que tous les corps animés qui ont le mouvement font toutes leurs opérations ». La loi générale qui domine toutes les lois particulières est la loi de conservation de la force : le mouvement ne se crée pas, il se continue et se transforme ; quantité constante, il peut être mesuré, calculé. D'analogies en analogies, Léonard rapproche l'air, l'eau, le son, la lumière, la chaleur et les corps visibles, comme la pierre, dont nous saisissons directement le mouvement par les sens ; les machines artificielles et le levier ; le levier et les pièces du squelette ; il cherche en toutes choses le même phénomène, homogène, mesurable ; et, sans perdre le sentiment de la réalité, sans renoncer jamais à l'expérience, il entrevoit le mécanisme cartésien, la grande théorie qui ramène à l'unité tous les faits de l'univers et marque comme le terme extrême vers lequel la science marchera toujours sans l'atteindre jamais.

Ainsi, par un privilège de son temps et par une grâce de sa nature, le Vinci n'a pas fait de son esprit une machine pour une besogne spéciale. Il relie sans effort les facultés du savant à celles de l'artiste. Il rajeunit sans cesse le spectacle des choses ; sa curiosité n'est qu'une forme de son amour de la nature. Il doit à la pratique de l'art, avec le goût de l'observation, la liberté de la pensée. Il doit plus encore à son génie cette vie intérieure des idées, cette agitation féconde qui les rapproche, les combine et découvre leurs rapports cachés. La hardiesse des images qui relèvent son style montre comment l'analogie scientifique n'est d'abord que l'audace heureuse de l'imagination poétique. Dans l'art, l'idée plus ou moins confuse encore préexiste aux éléments qu'elle ordonne; dans la science les faits sont présents à l'esprit avant l'idée qu'il en dégage; dans les deux cas l'imagination, par son action spontanée, ramène le divers à l'un. Artiste, le Vinci découvre, dans les images qui viennent à lui de toutes parts, les formes expressives de son émotion; selon les secrètes analogies qui relient le sentiment aux lignes et aux couleurs, l'idée se crée son corps; savant, il part de la multiplicité des faits, et il découvre avec les analogies qu'ils enveloppent l'idée qui y est comme présente. Par cela seul qu'il fait du réel sa pensée, il en fait sortir, par une même activité créatrice, l'ordre abstrait qui est la vérité, et l'harmonie concrète et vivante qui est la beauté.

CHAPITRE II

LE SAVANT ET L'ARTISTE. — LA SCIENCE DANS L'ART. — LE TRAITÉ DE LA PEINTURE. — L'ESTHÉTIQUE DE LÉONARD

I. — Léonard a-t-il sacrifié l'art à la science ? — *Trattato della Pittura*. — La peinture est une science: sens véritable et corrections de cette formule.
II. — *L'imitation*. — Importance du relief. — L'objet peint doit donner l'illusion de l'objet réel.
III. — *L'invention*. — Imiter n'est pas reproduire ce qui est. — La peinture est un langage, « une poésie pour les yeux ». — Par la puissance technique, la science assure la liberté de l'invention. — Créer des formes nouvelles en leur donnant l'intensité du réel. — Noblesse de l'art de peindre.
IV. — *L'expression*. — La forme elle-même subordonnée à l'expression. — « L'âme est l'auteur du corps. » — Psychologie pittoresque. — L'émotion et le mouvement. — Le sentiment visible. — La science en dernière analyse n'est qu'un moyen pour l'art.

L'imagination a son rôle dans l'invention scientifique. Rien de surprenant à ce que l'artiste, en Léonard, ait collaboré à l'œuvre du savant. Mais la science n'est-elle point mortelle à l'art ? A la

r éalité vivante elle substitue des éléments simples
que combinent des lois abstraites ; à la qualité
qui charme les yeux et séduit le cœur, les métamorphoses d'une quantité continue. Elle dépouille
la nature des sentiments que lui prête notre sympathie ; elle aime les procédés mécaniques qui
ne laissent rien au hasard ; elle préfère le calcul à l'imprévu de l'inspiration qui mêle à l'œuvre l'âme toute occupée à la produire.

Léonard de Vinci a-t-il sacrifié l'art à la science?
La question semble puérile : sa gloire ne répond-
elle pas pour lui? Hier encore, qui connaissait
le savant? Qui ignorait l'artiste? Plus d'un cependant l'accuse ; on lui reproche d'avoir été
autre chose et plus qu'un peintre ; on insinue
qu'il a laissé mourir en lui le poète. Déjà les
contemporains se plaignaient. Le R. Petrus de
Nuvolaria, vice-général des Carmélites, écrit à
Is abelle d'Este : « Ses études mathématiques l'ont
à ce point dégoûté de la peinture, qu'il sup-
p orte à peine de prendre une brosse. » Sabba da
Castiglione écrit dans ses Mémoires: « Quand
il devait se consacrer à la peinture, où sans aucun doute il eût été un nouvel Apelles, il se donna
tout entier à la géométrie, à l'architecture, à
l'anatomie. » En fait, le Vinci est l'un des plus
rares peintres qui aient existé. Les choses de
l'esprit ne s'évaluent point par poids et mesure.

Si ses œuvres sont uniques, d'un prix infini, ne le doivent-elles pas à la rencontre de ces deux esprits qu'on veut opposer et qu'il concilie ? Comme l'artiste au savant, le savant est présent à l'ar - tiste. L'art exquis du maître est fait de ce subtil mélange de curiosité et d'émotion, de vérité et de tendresse, d'exactitude et de fantaisie.

I

Toutes les fois qu'un artiste fait la théorie de son art, qu'il le veuille ou non, il nous parle de lui-même. Recueil de notes prises au jour le jour, le *Traité de la peinture*[1] a la valeur d'une confidence. Ce qu'il exige du peintre, Léonard l'a exigé de lui-même. Il a suivi les règles qu'il donne, il s'est formé sur l'idéal qu'il propose. En disant ce qu'il faut faire, il dit ce qu'il a fait. Est-il donc vrai que le traité sacrifie l'art à la science ? qu'il substitue le calcul à l'inspiration ? qu'il se ramène à un ensemble de procédés mécaniques pour recomposer les formes analysées d'abord en leurs éléments.

Les premières pages du *Traité de la peinture* semblent bien justifier cette assertion. La peinture

1. Sur le *Traité de la peinture*, voyez l'appendice IV.

est une science. La science est une suite de raisonnements (*discorso mentale*) qui prend son point
de départ dans les derniers éléments des choses :
elle a pour type les mathématiques. De ce point
de vue, « le premier principe de la science de la
peinture est le point, le second est la ligne, le
troisième est la surface, le quatrième est le corps
qui se revêt de cette surface [1] (§ 3) ». N'est-ce pas
dire que, comme la géométrie ramène les propriétés des figures complexes à celles des éléments simples qu'elles enveloppent, ainsi la
peinture doit construire le corps en déterminant
la surface par les lignes et les lignes par les points.
Les lois de la peinture se déduiraient des lois de
la vision combinées avec celles de la transmission
des rayons lumineux. L'art se réduirait à un procédé scientifique de mise au point ; son dernier
terme serait la substitution d'une machine exacte
à l'habileté toujours incertaine de l'artiste [2].

Il faut se garder de prendre à la lettre les ex-

---

1. Nous citons le *Traité de la peinture* d'après l'édition de Heinrich Ludwig: *Lionardo da Vinci. Das Buch von der Malerei in
drei Bänden.* Wien, 1882.
2. « La peinture est fondée sur la perspective qui n'est autre
chose que savoir bien figurer l'office de l'œil. » (A 3 r°.) Léonard divise en trois parties cette science à laquelle il semble
qu'il ramène l'art de peindre : « La perspective se divise en 3
parties : la 1ʳᵉ comprend seulement les contours des corps *(li
lineamenti di corpi)*; la 2ᵉ traite de la diminution des contours
selon les diverses distances; la 3ᵉ de la perte de la connaissance
des corps selon leur éloignement. La 1ʳᵉ, qui s'étend aux lignes
et contours des corps est appelée dessin, c'est-à-dire *(figuratione)*

pressions de Léonard et d'en tirer toutes les conséquences qu'elles semblent autoriser. Ce qui nous
importe, c'est moins ce qu'il dit que ce qu'il pense.
Il a l'idée très nette de la science, qu'il définit
par l'analyse et dont il voit l'idéal dans les mathématiques. Il a une idée beaucoup moins précise des limites de la science, des caractères qui
la distinguent de l'art. Dans le pressentiment des
grandes choses qu'elle permet, il est tenté d'y
voir le principe de toute puissance humaine. La
science n'était pas, pour lui, ce qu'elle est pour
nous. Il ne la recevait pas toute faite, il la faisait.
Mêlée intimement à l'effort personnel, à la joie
de la découverte, elle tenait à l'art par le rôle
même qu'y jouait l'imagination créatrice. Comparez l'état d'esprit de l'homme qui, au moment
même où il découvre les règles de la perspective,
entrevoit l'œuvre plus parfaite où il les appli-
quera, à l'état d'esprit du peintre moderne qui
apprend sans goût, sans intelligence, quelques re-

représentation des corps quels qu'ils soient. De celle-ci naît une
autre science qui porte sur l'ombre et la lumière, ou encore sur
le clair et l'obscur, science de grande importance (§6). » Figurer
le corps en dessinant ses parties dans leurs rapports exacts ; par
la dégradation de l'ombre et de la lumière, faire sentir le relief ;
montrer avec la figure du corps sa situation, son éloignement,
sa proximité, voilà l'objet de la science de la peinture. Il faut
y ajouter les couleurs, le mouvement et le repos. « Le peintre a
dix études (*discorsi*) diverses dont il doit tenir compte pour mener à bonne fin ses œuvres : lumière, ombre, couleur, corps,
figure, situation, éloignement, proximité, mouvement et repos. »
§ 36.)

cettes dont il ne comprend ni la raison, ni la nécessité théorique. La perspective, au moment où
écrit Léonard, n'est pas encore séparée de la
peinture. Ne va-t-il pas jusqu'à dire (§ 6, § 17) que
la peinture est la mère de l'astronomie, parce que
l'astronomie est née de la perspective et que la
perspective a été trouvée par les peintres pour
les besoins de leur art. On conte que la femme
du vieux Paolo Uccello se plaignait de ce que son
mari passât toutes ses nuits à l'écritoire (*allo
scrittoio*), occupé aux problèmes de la perspective.
Quand elle l'appelait pour dormir, il lui répondait : « *oh! che dolce cosa è questa prospettiva!* »
Léonard garde cet enthousiasme qui mêle à l'é-
tude des choses abstraites l'émotion esthétique.
« Parmi les études, causes et raisons naturelles,
la lumière réjouit plus ses contemplateurs ; parmi
les grands effets des mathématiques (*intra le cose
grandi delle mathematiche*) la certitude de la démonstration est ce qui surtout élève l'esprit des
investigateurs ; la perspective donc doit être préférée à toutes les études et disciplines humaines,
puisqu'en elle la ligne lumineuse (*la linia radiosa*)
s'unit à la méthode démonstrative. Daigne le Seigneur, lumière de toutes choses, m'éclairer pour
traiter de la lumière [1] ! »

Aussi bien, après avoir dit que la peinture est

1. C. A. 200 r°, 594 v°; J.-P. R., I, § 13.

une science, Léonard corrige peu à peu ce qu'il
y a de faux et d'excessif dans cette formule. Pour
faire entrer la peinture dans la science, il s'écarte
singulièrement de la définition rigoureuse qu'il
en a d'abord donnée. Il admet qu'il est des sciences qui ne peuvent être enseignées : « les sciences imitables sont telles que par elles le disciple
se fait égal à l'inventeur (§ 8); » il en est d'autres
« qui ne peuvent se transmettre par héritage,
comme les biens matériels. De celles-ci la peinture est au premier rang. Elle ne s'enseigne pas *à
qui la nature ne l'a pas donné (a chi natura no'l
concede)*, comme les mathématiques par exemple,
dont le disciple reçoit autant que le maître enseigne ». C'est que la peinture ne repose pas que
sur l'analyse et les lois universelles de la pensée,
c'est qu'elle implique l'esprit de finesse, le sentiment individuel. C'est aussi « qu'elle n'arrive à
sa perfection que par l'opération manuelle... Les
principes scientifiques et vrais s'entendent par
l'esprit seul, et c'est là la science de la peinture
qui reste dans l'esprit de ceux qui l'étudient. Mais
de celle-ci naît l'exécution (*l'operatione*), beaucoup
plus importante (*digna*) que la dite science
(§ 33) ». N'est pas peintre qui veut, il y faut l'aptitude, le don inné, cette docilité de la main qui la
fait répondre à tous les mouvements de l'esprit[1].

1. C'est un trait commun à tous les maîtres de la Renaissance

Une dernière différence achève de séparer la peinture des mathématiques : la différence de leur objet même. Les mathématiques négligent la qualité, la diversité des formes, tout ce qui fait leur charme individuel. « Si la géométrie ramène toute surface entourée de lignes à la figure du carré et tout corps à la figure du cube, si l'arithmétique fait de même avec ses racines carrées et cubiques, c'est que ces deux sciences n'ont pour objet que la quantité continue et discontinue ; mais elles n'ont aucun souci de la qualité qui est la beauté des œuvres de la nature et l'ornement du monde. » (§ 17.) La peinture au contraire est une science de la qualité. « Si tu méprises la peinture qui seule imite toutes les œuvres visibles de la nature, certes tu méprises une belle invention qui, avec une spéculation philosophique et subtile, considère toutes les qualités des formes, mers, campagnes, plantes, animaux, herbes et fleurs, et vraiment elle est science et fille légitime de la nature. » Si la peinture est science, il faut dire que la science comprend, outre l'esprit de géométrie l'esprit de finesse, outre l'intelligence des rapports qui peuvent être calculés, le sentiment

---

qui ont écrit sur leur art de ne pas insister sur les dispositions naturelle qui distinguent l'artiste, de se borner aux règles de la technique, à l'exposé de ce qui peut s'enseigner et s'apprendre. Ce n'est pas qu'ils croient que la poétique fasse le poète, c'est qu'il est entendu qu'elle n'a de sens que pour lui.

des rapports complexes qu'enveloppe l'unité de la vie, comme si l'amour n'était qu'un jugement plus prompt dont les termes ne sont pas démêlés.

Comment sortir de ces difficultés ? Il suffit de rétablir le lien de ces pensées dispersées. Léonard a le sens très net de ce qui seul peut satisfaire l'entendement : la science a pour objet la quantité, pour méthode l'analyse, pour idéal la mathématique. C'est déjà le langage de Descartes. Considérée dans ses seuls rapports à la perspective, au clair obscur, la peinture peut rentrer dans cette définition rigoureuse de la science. Mais c'est la regarder encore du dehors, dans ses conditions, dans ses moyens, plutôt qu'en elle-même. Ce qu'elle cherche dans les formes, c'est leur harmonie, ce qui les fait expressives du sentiment et de la vie. La beauté a ses degrés, la qualité ses nuances, les formes leur hiérarchie : le caprice n'est pas seul à en décider. N'est-ce pas qu'il y a comme une science des harmonies réelles, science où le jugement se mêle à l'émotion jusqu'à ne s'en plus distinguer. La peinture, à ce titre, n'est plus une science mathématique, elle est une science de la qualité. Mais elle n'est pas une science inerte, purement contemplative, elle ne s'achève que par la réalisation de la beauté. Ainsi la peinture mathématique, si j'ose dire, n'est qu'un moyen, elle n'a de valeur que par le sentiment de la beauté qui lui-même n'a tout son prix que par l'œuvre où il se réalise. L'art n'est pas sacrifié à la science qui lui est subordonnée comme le moyen l'est à la fin. Léonard proclame une fois de plus la vérité, qui fait l'unité de sa vie : la pensée n'analyse ce qui est que pour réaliser ce qui doit être ; l'objet de la science, c'est de relier l'idéal au réel par le possible.

II

Si l'art se confondait avec la science, la peinture ne serait qu'une construction mathématique des formes, un ensemble de procédés mécaniques permettant, par une sorte de mise au point, de reproduire à coup sûr les objets naturels. Cette niaiserie n'était pas pour tenter le Vinci. S'il veut que la peinture soit une science, c'est précisément parce qu'il ne veut pas qu'elle soit une pratique machinale (§ 404). La science ne se distingue pas de l'esprit qui la possède, elle est cet esprit même enrichi de nouveaux moyens d'action qu'il varie selon ses fins. Le peintre doit être universel (§ 52), ne pas se limiter au nu, à la tête, au paysage : à répéter toujours la même chose, il tomberait dans la routine. Sa main agirait seule, sans le concours de la pensée. Que le peintre travaille solitaire, sans compagnons (§ 50) ; toujours attentif, qu'il multiplie ses observations, « que sa pensée se varie en autant de raisonnements que sont les figures des objets remarquables qui lui apparaissent, qu'il arrête ces formes, les note et en tire des règles selon les circonstances, le lieu, les lumières et les ombres ». La peinture est « chose mentale ». Qui renonce à la dignité de l'esprit pour se réduire à l'état de machine se rend incapable d'invention, abaisse son talent en s'abaissant lui-même [1].

C'est, en dernière analyse, l'intelligence de la fin de l'art qui nous donnera l'intelligence de ses procédés techniques. Quelle est donc pour le Vinci la fin véritable de la peinture ? Ce que vous trouvez d'abord dans un tableau, ce sont les images

---

[1]. Qu'on se serve d'une vitre, d'un papier ou d'un voile transparent pour établir ses places, soit, si l'on est capable « de rendre d'imagination les effets de la nature (*fare di fantasia appresso li effetti di natura*) », ce n'est qu'un moyen « de s'épargner un peu de fatigue et de ne manquer en rien à l'exactitude ; mais un tel procédé doit être blâmé chez ceux qui ne savent pas dessiner, ni comprendre (*ni discorrere coll'ingegno loro*) ce qu'ils font, parce qu'avec une telle paresse *ils sont les destructeurs de leur génie*, et se rendent incapables de faire rien de bon sans un tel secours : toujours de tels hommes seront pauvres et mesquins dans l'invention et la composition des histoires (*di storie*), laquelle chose est la fin de la science de la peinture ». (§ 39.)

des objets qui frappent vos yeux dans le spectacle des choses. La peinture est un art d'imitation, « elle représente directement les œuvres de la nature, elle n'a besoin ni d'interprètes ni de commentateurs (§ 7) ». Mais cette imitation est déjà un chef-d'œuvre de l'art: sur la toile, par le jeu des lignes fuyant en un même point, par la gradation savante des lumières et des ombres, il faut donner l'illusion du relief, de la distance et de la profondeur. Si la sculpture le cède à la peinture, ce n'est pas seulement qu'elle est un art plus mécanique, « qui engendre sueur et fatigue corporelle à qui le pratique (§ 35), » c'est qu'elle suppose moins d'ingéniosité et d'artifice dans l'imitation, « c'est qu'elle n'impose pas à qui la contemple cette admiration que fait la peinture qui, sur une surface plane, par force de science *(per forza di scientia)*, fait apparaître les vastes campagnes aux horizons lointains (§ 36) ». Problème subtil que semblent rendre insoluble les conditions mêmes de la vision : l'objet que je regarde est vu par chaque œil d'un point de vue différent, et ces deux images se confondent dans l'unité de ma perception, mais « la peinture ne contient jamais ces deux aspects, ce qui fait qu'elle ne montre pas le relief comme l'objet réel en relief vu par les deux yeux ». Ce n'est pas trop

1. W. An., IV, 153 v° ; J.-P. R., I, § 29.

de toutes les ressources de la science pittoresque, perspective linéaire, perspective aérienne, clair-obscur, pour donner sur une toile peinte l'impression même de la réalité. Le peintre ne reçoit pas son œuvre toute faite, il se la doit ; « il faut qu'à force de talent il se donne à lui-même l'ombre, la lumière, la perspective, qu'il se convertisse en la nature même (§ 39 »).

Léonard ne se lasse pas d'insister sur l'importance de l'imitation. Il ne dédaigne pas le trompe-l'œil ; il veut que l'illusion soit complète. Ceux qui, avec des brillantes couleurs, font des ombres presque insensibles et négligent le relief ressemblent « à de beaux parleurs sans aucune pensée » (§ 236). Le relief donne à l'image l'intensité du réel, par lui seul l'art égale la nature [1]. La pein-

---

1. « La peinture est tenue pour un art excellent, parce qu'elle donne le relief à ce qui par soi ne l'a pas (§ 59)... » Le clair-obscur est de la plus grande importance, parce qu'il est la condition du relief « qui est le principal (*l'importantia*) et l'âme de la peinture (§ 124) ». « La première intention du peintre est de faire qu'une surface plane se montre comme un corps en relief et détaché de ce plan, et celui qui plus l'emporte en un tel art sur les autres mérite de plus grands éloges. Cet art, couronnement de notre science, naît des ombres et des lumières, c'est-à-dire du clair-obscur. Donc qui fuit les ombres fuit la gloire de l'art auprès des nobles esprits, et l'acquiert auprès du vulgaire ignorant qui ne demande rien aux peintures que la beauté des couleurs, et dédaigne tout à fait la beauté et merveille de montrer de relief la chose plane (§ 412). » L'importance que le Vinci attribue au relief s'explique par les progrès mêmes qu'il fit faire à la technique pittoresque. Le procédé rapide, un peu succinct de la fresque, convenait mal à son génie réfléchi ; il apprit à l'Italie tout ce qu'il y avait de ressources et de moyens

ture est une sorte de magie : « Le tableau doit apparaître comme une chose naturelle vue dans un grand miroir (§ 408). » Pour marquer la supériorité de la peinture sur la poésie, Léonard revient sans cesse à cette idée que la peinture donne la vision directe des choses, tandis que la poésie est réduite à en évoquer le souvenir[1].Pour décrire la beauté, le poète l'analyse, la décompose, « ce sont comme des voix qui, au lieu de se fondre en un chœur, chanteraient tour à tour (§ 23). » Le peintre montre la beauté elle-même, il fait comme retentir à la fois toutes les parties « dont le doux concert charme le sens, harmonie faite de proportions divines ».

Comme l'image ne se distingue pas de l'objet qu'elle représente, elle frappe sur le cœur avec la même force, elle en fait jaillir l'émotion toute vive. « L'œil reçoit de la beauté peinte le même plaisir que de la beauté réelle (§ 23). » Le peintre joue avec les émotions humaines. L'amant s'entretient avec le portrait de sa maîtresse (§ 14). S'agit-il d'une bataille, le poète « aurait usé sa plume, desséché sa langue par la soif, exténué

nouveaux d'expression dans la peinture à l'huile. On peut dire qu'après lui il n'y a plus de progrès à faire en ce sens.

1. « Il y a tel rapport entre l'imagination et la réalité qu'entre l'ombre et le corps qui la projette. C'est le rapport de la poésie à la peinture ; car la poésie suggère les choses à l'imagination par les mots, tandis que la peinture les place réellement en face de l'œil qui en reçoit les images comme d'objets naturels § 2). »

son corps par le manque de sommeil et la faim, avant d'avoir décrit ce qu'avec sa science le peintre montre en un instant ». Léonard sait d'expérience ce que peut la peinture. Il a vu « le portrait d'un père de famille auquel les petits enfants encore dans les langes faisaient des caresses, et de même le chien et la chatte de la maison, ce qui était chose merveilleuse à voir ». Plus étrange encore est le prodige dont il fut le témoin et l'auteur. « Le peintre peut dominer à ce point l'esprit des hommes qu'il les induise à aimer à l'adoration une peinture qui ne représente aucune femme vivante. Il m'est arrivé à moi-même de faire une peinture qui figurait une chose divine (*una cosa divina*); un homme s'en étant épris l'acheta et voulut faire disparaître la représentation de la divinité pour la pouvoir baiser sans remords. Enfin la conscience vainquit les soupirs et la passion, mais il fallut enlever la peinture de la maison (§ 25). » C'est encore à un épisode de sa propre vie qu'il fait allusion, quand il parle « d'un peintre qui fit une peinture telle que qui la voyait, soudain éclatait de rire et continuait tant qu'il avait les yeux sur elle ». Ainsi la peinture n'est pas un vague et sommaire langage, bon à traduire des impressions superficielles. Elle donne de l'objet tout ce que l'œil en perçoit, elle le pose devant nous ; pour la vue, il existe. Dans l'apparence qu'elle crée, elle met l'intensité du réel. Devant un beau corps, « elle sollicite les mains au toucher, la bouche au baiser, » et peut verser en l'âme jusqu'à la troublante ivresse de la passion.

III

Entendons bien la pensée de Léonard. Quand il dit que la peinture est imitation, il veut dire seulement que ses images doivent, pour l'œil, se confondre avec la réalité même. Le cadre du tableau est comme une fenêtre brusquement ouverte sur une scène à laquelle nous assistons invisibles. Mais ce n'est pas dire que l'art consiste à copier ce qu'on voit, à reproduire trait pour trait ce que la nature a produit déjà. A quoi bon cette vaine redite ? Si telle est la fin de l'art, pourquoi ne pas se contenter des procédés mécaniques qui permettent de calquer l'objet qu'on a sous les yeux et de reconstruire les formes en juxtaposant leurs éléments? Imiter la nature, ce n'est pas refaire ce qu'elle a fait, c'est découvrir et s'approprier ses procédés pour faire autre chose et mieux. L'art est poésie, invention. On étudie la peinture non comme une technique machinale, pour copier une forme donnée, sans l'entendre, mais comme une langue qu'on plie à toutes les exigences de la pensée qui l'a créée pour son usage.

Le peintre n'est pas une machine, esclave de la besogne pour laquelle elle est faite, il est un libre et vivant esprit qui varie ses moyens selon les fins qu'il se propose. La routine uniforme, spéciale, sans souplesse, ne lui suffit pas, il a besoin de la science dont les applications intelligentes et imprévues vont à l'infini. Il étudie les lois de la vision, le concours des lignes à l'horizon, la perte des couleurs et des formes selon la distance, le corps humain, ses proportions, ses parties, leurs rapports dans la diversité des actions possibles. S'il analyse ainsi les lois selon lesquelles les corps nous apparaissent, c'est pour trouver de ces lois des applications nouvelles et traduire librement sa pensée. Le mot imitation prend un sens nouveau : moyen pour la création, elle ne porte plus sur les images que nous montre la nature, mais sur les procédés par lesquels elle nous les fait apparaître [1].

1. « La peinture est de plus grand travail mental (*discorso mentale*) et de plus grand artifice et merveille que la sculpture, parceque la nécessité contraint l'esprit du peintre à se transformer dans le propre esprit de la nature (*transmutarsi nella propria mente di natura*) et à se faire interprète entre cette nature

Faisant revivre en lui l'esprit même de la nature, sachant par quel artifice elle produit en nous l'apparence du monde, le peintre peut continuer ses créations, selon les mêmes lois. Capable, dans les cas les plus divers, d'appliquer les règles de la perspective, du clair-obscur, d'observer les lois de la forme végétale et humaine, il est maître de projeter sur la toile toutes les scènes qui le charment et dont il lui plaît de se donner et aux autres la vision émue. Il ne jouit pas seulement « de la divine beauté du monde », il en multiplie les apparitions. Vraiment « par la divinité de la science de la peinture (§ 23) », il est Dieu ! « En ceci l'œil surpasse la nature que les œuvres naturelles sont finies, tandis que les œuvres que l'œil commande aux mains sont infinies, comme le montre le peintre dans ses fictions de formes sans nombre d'animaux, d'herbes, de plantes et de lieux (§ 28). » Voilà l'ambition de Léonard : il ne s'en tient pas à ce qui est, il veut continuer la nature par la fantaisie, inventer des formes irréalisées, des monstres effrayants et vraisemblables, nés de la terreur, des visages de madones modelés par la pureté de leur âme exquise (§ 68). Par la science, par la connaissance vivante en l'esprit et dans l'œuvre des lois selon lesquelles

et l'art, étudiant avec elle quelles causes font que les objets nous apparaissent et selon quelles lois. »

les choses nous apparaissent, ces créations du rêve auront l'intensité du réel dont elles donneront l'émotion poignante [1]. Qui oserait dire que l'homme qui a eu une telle idée de l'art, qui a regardé sans trembler de telles ambitions et les a presque réalisées, a sacrifié l'esprit poétique à l'esprit d'analyse?

IV

La science est un moyen pour l'imitation, qui n'est elle-même qu'un moyen pour la fantaisie de donner à ses créations la vraisemblance et la réalité! La fin dernière de la peinture est-elle donc ce jeu de l'imagination ? Cette invention de for-

[1]. « Si le peintre veut voir des beautés qui le ravissent d'amour, il est maître de les créer, et s'il veut voir des choses monstrueuses qui l'épouvantent ou des choses qui soient grotesques et risibles, ou d'autres vraiment pitoyables, *il en est seigneur et Dieu!* Et s'il veut créer des campagnes, des déserts, des lieux ombreux et frais par des temps chauds, il les représente, et aussi des lieux chauds par des temps froids. S'il veut des vallées, s'il veut des hautes cimes des monts découvrir une vaste campagne, et s'il veut ensuite au delà faire apparaître la mer à l'horizon, il en est le seigneur... Et, en effet, tout ce qui est dans l'univers par essence, présence ou imagination (*per essentia, presentia, o'immaginatione*), il l'a dans l'esprit d'abord, et puis dans les mains, et ces mains sont de telle excellence qu'elles créent une harmonie de proportions saisies d'un seul regard, comme font les choses sensibles elles-mêmes (§ 13). »

mes combinées selon les lois de la vie, figurées selon les lois de la vision ? S'il faut en croire le Vinci, la forme n'est encore qu'un moyen, car elle est un signe, un langage, l'expression visible de l'âme qui la crée et s'y manifeste.

« L'âme est l'auteur du corps (§ 109) ; » elle a mis entre ses éléments l'unité de l'idée qu'elle portait en elle, elle l'anime, elle le meut. Créée par l'âme pour la vie, la forme n'existe pas par elle-même et pour elle-même, elle est faite pour l'action qui est sa fin. La diversité des actes et des sentiments sans cesse la métamorphose. Par ses mouvements et ses attitudes, le corps se varie comme la pensée qu'il traduit dans un visible langage. « Le corps est un esprit momentané. » (Leibnitz.) De ce point de vue, nous pouvons dire encore que « la peinture est chose mentale », puisque sa fin dernière est de faire apparaître l'esprit. Comme une anatomie, il y a une psychologie pittoresque [1]. Les jeux de physionomie, les gestes, les attitudes, tous les signes expressifs des sentiments doivent être, pour le peintre, l'objet d'une constante étude. Qu'il observe les hommes, quand ils se croient à l'abri de tout regard, qu'il saisisse leur mouvement dans son inconsciente éloquence,

---

1. « Plaise à notre auteur que je puisse montrer la nature et les coutumes de l'homme, comme j'ai décrit sa forme. » (W. An., IV, 157 r° ; J.-P. R., II, § 798.)

qu'il surprenne la pensée sur les visages ; qu'il écoute les gens qui causent ou discutent ; qu'il note avec leurs attitudes la nature et l'ardeur de leurs sentiments (§ 58) ; qu'il épie les muets « qui parlent avec les mouvements des mains, des yeux, des sourcils, et comme de toute la personne, dans leur effort pour exprimer ce qui occupe leur âme (§ 115) ». Qu'il fixe toutes ces images en croquis rapides, comme autant de notes prises sur le vif et qu'il retrouvera, le moment venu.

La peinture est un langage, elle n'a de sens que si vraiment elle parle. « Il faut que les personnages aient l'attitude propre à leur action, qu'en les voyant on entende ce qu'ils pensent ou disent (§ 115)..., que les mouvements répondent à l'acte, que l'acte exprime la passion de l'âme (§ 367). » La forme est abstraite, rationnelle, saisie par fragments, tant que le sentiment ne lui donne pas l'unité vivante. C'est l'émotion qui, parcourant le corps, fond toutes ses lignes dans l'harmonie de la grande ligne onduleuse et serpentine qui y montre tout à la fois l'agitation et l'unité de l'esprit. « Le bon peintre a à représenter deux choses principales : l'homme et l'état de son âme (*il concetto della sua mente*) ; la première est facile, la seconde difficile, car il n'a pour cela que les gestes et mouvements des membres (§ 180). » Que d'observations, que de précision et de justesse,

quelle sympathie intelligente et subtile n'exi ge
pas cet art délicat ! « La chose la plus important e
qui se puisse trouver dans la théorie de la peintre, ce sont les mouvements appropriés aux états
d'âme de chaque être, comme désir, mépris, colère, pitié (§ 122). » Que d'éléments en rapport
dans ce langage visible, dans cette mimique expressive ! « Pour montrer ce que le personnag e
a dans l'âme, » ce n'est pas seulement le visage ,
ce sont les mains, c'est le corps tout entier qu i
doit parler (§ 368); il y faut un concert de tout
l'être dont les parties, comme accordées par l e
sentiment, conspirent.

Le problème est d'une étrange complexité qu i
ajoute à la dignité de l'art qui le résout. Il y a
autant de mouvements que d'émotions (§ 378) ;
bien plus encore, dans la même émotion les mo u-
vements se modifient selon ses degrés, selon les
conditions, l'âge, le caractère, le sexe de ceux qui
l'éprouvent. La femme, l'enfant, l'homme mûr, le
vieillard, devant le même fait, n'ont pas la même
nuance de la même émotion, ni par suite la même
manière de la traduire aux yeux (§ 142 sq., § 299).
Dans un tableau où tous les personnages doivent
participer du même sentiment, être comme enveloppés dans une même atmosphère morale ,
il faut que cette unité ne soit pas monotonie,
qu'elle se varie selon les caractères et les tempé-

raments. Regardez la foule quand on conduit un condamné au supplice, ou encore quand le prêtre, au moment du saint-sacrifice, élève l'hostie consacrée (§ 328). Il n'est pas jusqu'au lieu même où sa passe la scène qui ne doive prendre un sens, concourir à l'expression, répondre à la nature, au sentiment et à la dignité des personnages. Dans ce langage au parler délicat, il ne faut pas d'ambiguïté (§ 298), moins encore de contre-sens. « J'ai vu ces jours derniers, conte Léonard, un ange qui, dans une Annonciation, semblait vouloir chasser Notre-Dame de sa chambre avec des mouvements qui montraient toute la violence du plus brutal ennemi, et Notre-Dame, comme désespérée, semblait vouloir se jeter par la fenêtre (§ 58). » Il faut que par la physionomie, par le geste, le tableau parle clairement, que l'émotion contagieuse se transmette à ceux qui le regardent, « sinon le peintre n'a rien obtenu (§ 188), » l'œuvre n'est pas cette œuvre vive, véritable merveille du génie humain, mais je ne sais quelle vaine image, silencieuse et morte [1].

L'objet de la peinture, ce n'est ni l'imitation de

---

[1]. « Le mouvement approprié à l'état d'âme du personnage doit être rendu avec grande vivacité, montrer en lui grande émotion et ardeur ; sinon une telle figure sera deux fois morte, d'abord parce qu'elle est seulement feinte, et morte une seconde fois parce qu'elle ne montre mouvement ni d'âme ni de corps (§ 297). »

ce qui est, ni l'invention de formes curieuses, mais vides de sens, l'objet de la peinture, c'est l'âme même, la vie aux nuances sans nombre qui sans cesse en rayonne, c'est l'émotion, la sympathie, l'amour qui nous met en communion avec tout ce qui est humain et nous enrichit des sentiments que nous partageons [1].

Ainsi, loin de subordonner l'art à la science, le Vinci fait de la science un moyen pour l'art. Certes, le savant reste présent à l'artiste, je le retrouve à chaque page du *Traité de la peinture*. La vie du peintre est une observation perpétuelle de la nature et de ses formes. Son esprit doit être « à l'image du miroir qui sans cesse se change en l'apparence des choses qui lui font face (§ 56) ». Il est bon que dans son lit, au sein des ténèbres, « il repasse en imagination et suive, comme par

---

1. Je ne prête rien à Léonard. Il revient sans cesse sur cette idée que la fin de la peinture est de faire l'émotion visible et qu'à cette fin tout doit être subordonné : « La première chose dont il faut juger pour connaître une bonne peinture, c'est que le mouvement soit approprié à l'âme de celui qui agit (§ 409)... L'attitude est la première et la plus noble partie de la figure : non seulement la bonne figure peinte en triste attitude a mauvaise grâce, mais la figure vivante, excellente par la beauté, perd de sa réputation quand ses actes ne sont pas appropriés à l'office qu'ils ont à faire. Certes, sans aucun doute, cette attitude est de plus grande spéculation que n'est en soi la bonté de la figure peinte : parce que telle bonté de figure se peut faire par imitation de la figure vivante, mais le mouvement doit naître de grande délicatesse d'esprit (*discrezione d'ingegno*) ; la seconde partie en noblesse est l'art de montrer le relief ; la troisième, le bon dessin ; la quatrième, le beau coloris (§ 403). »

un dessin intérieur, les lignes des formes qu'il a étudiées pendant le jour, pour en enrichir sa mémoire (§ 67) ». S'amusant à diviser des lignes, à mesurer ou comparer des distances, jusque dans ses jeux « il doit travailler à se faire un bon jugement de l'œil ». Il faut qu'il vive les yeux ouverts, avec la perpétuelle préoccupation de son art, qu'il regarde les gens qui causent ou se disputent, qu'il s'arrête aux scènes de la rue, « qu'il cherche la justesse (*prontitudine*) des mouvements dans les actes faits par les hommes, spontanément, sous le coup d'une émotion puissante, » toujours le crayon à la main pour fixer et garder ces images éloquentes et précises. Le savant, je le retrouve plus encore dans l'idée très nette des sciences que suppose la peinture, dans leur étude approfondie, dans l'horreur de la routine, du procédé mécanique, dans la volonté de faire l'artiste toujours maître de ses moyens, en lui en donnant l'intelligence ; dans le mépris enfin de l'à peu près, dans le goût de la vérité, du détail exact, de l'imitation précise, des images qui par le relief donnent à l'œil l'illusion de la réalité même.

Mais c'est pour l'art que tout est fait, c'est par lui seul que tout le reste s'entend. Le langage n'a de sens que par la pensée, la forme que par ce qu'elle exprime. Léonard n'abuse pas des phrases sur la beauté, il en garde le sentiment profond. En analysant les formes, il ne perd pas le sens « de cette qualité qui fait l'ornement et la beauté du monde ». C'est « la divine beauté qui console l'âme de sa prison corporelle (§ 24)... Qui perd les yeux perd la beauté de l'univers et reste semblable à un homme qui serait enfermé vivant dans une sépulture où il aurait mouvement et vie (§ 28). » L'œil est « le seigneur des sens », c'est à lui que nous devons de saisir la beauté des choses créées, surtout de celles qui conduisent à l'amour (§ 16)... « O chose excellente par-dessus toutes les autres choses créées par Dieu, quelles louanges pourraient exprimer ta noblesse (§ 28) »! L'âme ne peut résister au charme que la nature a répandu dans ses œuvres. « Qui t'entraîne, ô homme, à abandonner ta demeure à la ville, à laisser parents et amis, et à aller dans les lieux champêtres, par les monts et vallées, sinon la beauté naturelle du monde dont tu jouis par le sens de la vue (§ 23) ? » Plus parfaite encore est la beauté de la forme humaine, et plus persuasive d'amour : en sa présence, tous les sens ravis vont comme au-devant d'elle et la voudraient posséder (§ 23).

La science est au service de cette beauté divine. Elle nous donne la puissance de la créer, d'en multiplier les manifestations ici bas. Sans elle nous pourrions peut-être redire ce qui est, par elle nous sommes les maîtres de créer un monde qui, né de nos émotions, nous fait jouir de notre âme. Par elle, nous savons selon quelles lois les objets nous apparaissent, et, en observant ces lois, nous projetons sur la toile des images qui pour les yeux sont des objets véritables. Par elle, nous savons représenter un corps dans toutes ses attitudes possibles, multiplier les formes en respectant les lois de leur construction, dans la fantaisie même rester vraisemblables. Par elle, nous apprenons quels mouvements visibles répondent aux mouvements invisibles de l'âme et les traduisent, nous créons des corps et nous leur donnons pour âmes nos sentiments. Dans une image nette, par une sorte de magie, nous faisons apparaître les esprits. La science nous donne tout excepté ce qui fait tout son prix, l'invention. Elle reste subordonnée à l'art, au sentiment; elle est un moyen, l'ensemble des procédés réfléchis qui nous permettent d'exercer le privilège humain d'ajouter aux beautés naturelles créées par Dieu celles que nous rêvons.

CHAPITRE III

LE SAVANT ET L'ARTISTE : LA SCIENCE DANS L'ART. — LES PROCÉDÉS ET LES ŒUVRES

Que le Vinci ait pratiqué les préceptes qu'il donne dans le *Traité de la peinture*, la lecture de ses manuscrits suffit à le prouver. Ses études sur la perspective, sa théorie de la lumière et des ombres, ses mesures et proportions du corps humain, son anatomie de l'homme, son anatomie du cheval, sa botanique du peintre, nous montrent l'observateur et le savant au service du peintre. Quelques documents trop rares sur la manière dont il travaillait, que confirment ses œuvres, achèveront de nous montrer comment la science et l'art se pénètrent et se fondent en ce rare esprit.

I

« Pour acquérir le don d'émouvoir en rendant les mouvements de l'âme, dit Lomazzo, il faut étudier surtout et avant tous Léonard de Vinci. On raconte qu'il ne faisait jamais un mouvement dans une figure, sans l'avoir d'abord étudié trait par trait sur le vif. Par ces croquis, il obtenait l'accent de la nature auquel ajoutant l'effet de l'art, il faisait voir les hommes peints mieux que les vivants [1]. » Il se plaisait à cette recherche de l'expression. Un jour, il s'entend avec des amis,

1. Lomazzo fut l'ami de Melzi et l'élève de Gaudenzio Ferrari, l'un des plus remarquables disciples du Vinci. Devenu aveugle, il écrivit un *Traité de la peinture* et un livre d'une composition bizarre intitulé: *Idea del tempio della pittura.*

réunit des paysans, les invite à souper et, en leur contant les plus folles histoires, les fait rire aux larmes. Cependant il observait et fixait en sa mémoire leurs gestes, les contorsions de leur visage. Les paysans partis, il passe dans son atelier et fait un dessin si exact de la scène que les assistants le trouvent aussi comique que ses anecdotes (Lomazzo). Lomazzo nous dit encore « qu'il prenait grand intérêt à aller voir les gestes des condamnés alors qu'ils étaient conduits au supplice, pour noter les contractions de leurs sourcils, les mouvements de leurs yeux et les dernières secousses de la vie ».

Giovambatista Giraldi nous apprend aussi la patience et les scrupules de ce grand observateur. Dans son traité sur l'art de composer des romans, des tragédies et des comédies, il dit « que le poète dramatique doit faire ce qu'avait coutume de faire Léonard de Vinci, très excellent peintre. Quand il avait à introduire quelque personnage dans un de ses tableaux, il considérait d'abord sa qualité et sa nature, s'il devait être de la noblesse ou du peuple, d'humeur joyeuse ou triste, troublé ou serein, vieux ou jeune, bon ou méchant. Quand il avait reconnu ce qu'il devait être, il allait dans les lieux où il savait que se réunissent d'ordinaire les gens de caractère analogue. Il observait attentivement leur physionomie, leurs manières, les habitudes et les mouvements de leur corps, et toutes les fois qu'il trouvait le moindre trait qui pût servir à son objet, il le notait en un croquis sur le petit carnet qu'il portait toujours à la ceinture. Cela fait maintes et maintes fois, quand il avait recueilli tout ce qui lui paraissait suffire à l'image qu'il voulait peindre, il se mettait à la composer (*formarla*) et la rendait à merveille. Mon père, homme fort curieux de ces sortes de détails, m'a raconté mille fois qu'il employa surtout cette méthode pour son fameux tableau de Milan ».

Suit la célèbre anecdote sur *la Cène*. Les moines se plaignent à Ludovic le More que Léonard n'achève pas son tableau. Le duc porte au peintre leurs plaintes. « Votre Excellence saura, répond Léonard, qu'il ne me reste plus à peindre que la tête de Judas, lequel a été cet insigne coquin que tout le monde sait. Il convient donc de lui donner une physionomie qui réponde à tant de scélératesse : pour cela, il y a un an, et peut-être plus, que tous les jours, soir et matin, je vais au Borghetto, où Votre Altesse sait bien qu'habite toute la canaille de sa capitale ; mais je n'ai pu encore trouver un visage de scélérat qui satisfasse à ce que j'ai dans l'idée. Une fois ce visage trouvé, en un jour je finis le tableau. Si cependant mes recherches sont vaines, je prendrai les traits du frère prieur, qui vient se plaindre de moi à Votre

Seigneurie, et qui d'ailleurs remplit parfaitement mon objet, mais j'hésitais depuis longtemps à le tourner en ridicule dans son propre couvent. »

S'il prépare son œuvre avec lenteur, s'il recueille dans la réalité, avec la patience du savant, les images qui peuvent la faire plus vraie, est-ce dire qu'il sacrifie la spontanéité à la réflexion? qu'il compose un tableau de morceaux, de pièces rapportées? N'en croyez rien. D'abord ce qui détermine son choix dans les images sans nombre qui s'offrent à lui, c'est déjà l'obscur sentiment de l'œuvre qu'il entrevoit dans son unité. Il cherche ce qui répond « à son idée ». Ajoutez que, mêlée à la vie intérieure par une attention spontanée, l'idée descend dans ces profondeurs de l'esprit où le travail inconscient continue le travail réfléchi et prépare les trouvailles soudaines qui surprennent la conscience de l'artiste. Il n'ignore pas les hasards heureux de l'inspiration. Il veut que le peintre s'attarde à regarder « les vieux murs sillonnés de crevasses ou dont les pierres juxtaposées paraissent[1] » : dans ces arabesques

---

1. « Je ne puis m'empêcher de mentionner parmi ces préceptes un nouveau moyen d'études (una nova inventione di speculatione) qui, bien qu'il puisse sembler médiocre et ridicule, est néanmoins d'une grande utilité pour élever l'esprit à des inventions variées. Et c'est quand tu regardes un mur sillonné de crevasses ou dont les pierres juxtaposées paraissent : si tu as à composer quelque scène, tu peux y découvrir l'image de divers paysages, ornés de montagnes, de fleuves, de rochers,

confuses il lui arrivera de découvrir le dessin d'une composition longtemps cherchée. Ce précepte est une expérience faite par Léonard sur son propre génie. C'est, dans le silence de la réflexion, comme un appel à l'inconscient. Ce qu'il découvre dans ces vagues contours, c'est ce qu'il a dans l'esprit, ce sont les images qui peu à peu, sans même qu'il le soupçonne, s'y sont combinées et n'attendent que l'occasion de surgir à la conscience.

Loin de vouloir tout faire par règle et compas, il veut que les esquisses soient enlevées de verve, sans retouche ni remords (§ 60). La peinture n'est pas une froide combinaison d'images. C'est le sentiment qui commence l'œuvre, qui lui donne avec l'unité la chaleur et la vie. On ne fait pas un tableau par calcul, il apparaît soudain. L'esquisse est cette première image qui agite la main, la conduit et mêle aux lignes qu'elle trace le frémissement de l'émotion intérieure. « Si tu veux appliquer les règles au moment où tu composes (*adoperare le regole nel comporre*), tu n'en viendras jamais à bout et tu mettras la confusion

d'arbres, de larges vallées et de collines ; ou encore tu peux y voir des batailles, des figures en action, des visages et des costumes étranges, une infinie variété d'objets que tu peux ramener à des formes distinctes et bien dessinées. Et toutes ces choses apparaissent sur ces murs, *comme dans le son d'une cloche tu crois entendre le nom ou le mot que tu imagines* » (Ash. 13.)

dans tes œuvres ı. » Pour que l'esprit ne se perde pas dans les détails, il faut qu'il voie d'abord l'œuvre dans l'unité de l'émotion même qui la suggère. La peinture est un art expressif, fait pour émouvoir; c'est l'expression qui doit être le premier souci du peintre, c'est dans le sentiment qu'il doit chercher le principe même de la forme. On ne saurait trop blâmer ces peintres « qui veulent que le moindre trait de charbon soit définitif. Ils peuvent bien acquérir des richesses, non la gloire de leur art, parce que maintes fois l'être représenté n'a pas les mouvements des membres appropriés au mouvement mental. Mais ayant fait une figure belle, agréable et bien finie, ils croiraient se faire trop de tort en changeant rien (§ 189) ». L'art n'est pas cette fabrication à coup sûr de tableaux sur commande. Il veut la recherche, l'attente des idées heureuses, leur expression prompte, éloquente et sommaire. « O peintre, dessine donc grossièrement les membres de tes figures, et cherche avant tout les mouvements appropriés aux états d'âme de tes personnages. » Léonard sait qu'il n'y a pas de procédés qui donnent l'invention; il laisse la science au service du génie. Loin de prétendre qu'elle dispense de tout, il sait qu'elle ne suffit à rien, et « que les règles

1. C. A. 218 v°, 648 r° ; J.-P. R., I, § 18.

ne peuvent servir que pour corriger les figures [1] ».

Le nouvelliste Bandello (58e nouvelle) nous donne sur la manière dont il travaillait à *la Cène* quelques détails qui montrent qu'il savait le prix des heures heureuses, où par un mystérieux accord l'esprit et la main collaborent spontanément. « Il venait souvent de grand matin au couvent des Grâces ; et cela, je l'ai vu moi-même. Il montait en courant sur son échafaudage. Là, oubliant jusqu'au soin de se nourrir, il ne quittait pas les pinceaux depuis le lever du soleil jusqu'à ce que la nuit tout à fait noire le mît dans l'absolue impossibilité de continuer. D'autres fois, il était trois ou quatre jours sans y toucher, seulement il venait passer une heure ou deux, les bras croisés, à contempler ses figures et apparemment à les critiquer en lui-même. » Je crois plutôt qu'il venait rafraîchir et ranimer en son esprit l'image de l'œuvre, pour l'emporter avec lui et l'enrichir par ce travail secret qui ne se distingue pas de la vie et que nous ne sentons pas plus qu'elle. Voyait-il tout à coup ce qu'il devait faire, sentait-il l'instant favorable où l'image se précise et sollicite la main, il accourait. « Je l'ai encore vu en plein midi, quand le soleil de la canicule rend les rues désertes, par-

1. C. A. 218 v°, 648 r° ; J.-P. R., I, § 18.

tir de la citadelle, où il modelait en terre son cheval de grandeur colossale, venir en courant, sans chercher l'ombre, et par le chemin le plus court, là donner en hâte un ou deux coups de pinceau et s'en aller sur-le-champ. » Le Vinci prépare en savant les œuvres qu'il exécute en artiste.

II

Ces œuvres confirment ce que nous savons de la manière dont elles furent conçues et réalisées. Nous ne connaissons le sculpteur, le musicien, le poète que par la légende. Le peintre a laissé de nombreux dessins, de rares peintures qui suffisent à sa gloire. Ce qui en fait le charme exquis, n'est-ce pas que son âme leur est présente ? qu'elles en ont la richesse et la complexité ? que le savant et l'artiste intimement s'y pénètrent ? Nul n'a mis plus d'intelligence dans le sentiment, plus de curiosité dans la tendresse, plus d'esprit dans des images faites pour la joie des yeux. Nul n'a plus rapproché la rêverie de la pensée. Cette plénitude d'humanité est sa manière d'être individuel, unique, de mettre dans ses œuvres une âme inoubliable et sans pareille.

En étudiant les grandes œuvres, qui marquent comme les étapes de sa vie laborieuse, déjà nous avons relevé les caractères de son génie pittoresque. Il exécute le carton d'*Adam et Ève* avec une patience de primitif : il s'attache à chaque fleur, à chaque brin d'herbe; il étudie avec des scrupules de botaniste la structure du palmier pour en rendre la svelte élégance. L'anecdote de la rondache montre le lien subtil qui unit en lui l'imitation de la nature à l'invention de formes nouvelles et la précision des détails à l'intensité de l'expression. Modelé par leur âme, le visage de ses madones a le charme d'une beauté toute spirituelle. Qu'il s'agisse de *l'Adoration des mages*, de *la Cène*, de *la Bataille d'Anghiari*, c'est en ce merveilleux esprit la même vision d'images nettes, la même volonté de créer des êtres réels et vivants, mais avec la conviction que la vie venant de l'âme, que le corps étant son œuvre et son image, l'art consiste à faire apparaître l'âme par le corps. Il est inquiet de vérité, il emprunte à la nature tous les éléments de son œuvre ; mais il combine ces éléments selon les caprices de sa fantaisie, et il a l'invention hardie. La lucidité de son intelligence ne se distingue pas de ses sensations exquises, de ses émotions subtiles et raffinées. Ses sentiments sans cesse passent par son esprit et ses idées par son cœur. La rêverie des autres hommes est faite de formes vagues, d'images flottantes ; sa rêverie est comme une richesse de pensées claires qu'il posséderait toutes à la fois. Le génie, à coup sûr, n'a rien en lui de commun avec la folie, il est la santé même d'un puissant esprit, la rencontre heureuse et l'équilibre de toutes les facultés humaines. Le secret de ses œuvres est dans ce subtil mélange d'observation et de fantaisie, d'analyse et d'émotion, de naturel et de spiritualité, dans ce réalisme psychologique d'un homme qui pense que l'esprit est partout présent et doit partout apparaître.

Voyez dans les manuscrits de Windsor la description du *Déluge* qu'illustrent de curieux dessins. Toute sa vie, Léonard avait étudié l'eau en savant, ses courants, ses tourbillons, comment ses vagues se forment, se déroulent, se brisent ; par une de ces transitions insensibles qui rejoignent en lui le sentiment à la pensée, il l'aimait en artiste, pour y retrouver la ligne du sourire, les ondes des longues chevelures bouclées. La tentation lui vient de représenter l'épopée de l'eau, la grande bataille qu'elle livra jadis à la terre. Il n'imagine pas un vague symbole ; il évoque des images nettes ; il fait agir l'élément selon ses lois ; il semble qu'il assiste à la scène qu'il crée ; il la voit dans tous ses détails ; il l'observe comme un phénomène réel. Au verso du feuillet qui porte la description, une longue note, d'un caractère tout scientifique, est consacrée à déduire les effets des lois du mouvement de l'eau dans l'hypothèse de l'effroyable tourmente. En marge, de petits dessins à la plume, véritables schèmes de ces lois, marquent comme le passage de l'idée à l'image [1].

Prenez maintenant la description : tous les traits sont précis, toutes les images successivement évoquées sont distinctes, empruntées à des phénomènes réels : l'effet de terreur est obtenu par leur combinaison et leur grossissement. Sur ce fond fait de toutes les horreurs de l'orage, de la tempête et de l'inondation, se détachent les épisodes de la détresse humaine. C'est la même lucidité d'intuition, la même accumulation de détails précis [2]. « Vous auriez pu voir quelques troupes d'hommes défendant à main armée les petits asiles qui leur restaient contre les lions, les loups et autres fauves qui y cherchaient leur salut. Que vous en auriez vu de leurs propres mains se boucher les

---

1. « Si les pesantes masses des montagnes ruinées ou d'autres grands édifices tombent dans le vaste gouffre des eaux, alors jaillit en l'air une grande quantité d'eau, dont le mouvement est de direction opposée à celui du corps qui la frappe, c'est-à-dire que l'angle d'incidence est égal à l'angle de réflexion... Des choses entraînées par le courant, les plus lourdes et celles du plus grand volume se tiendront à une plus grande distance des deux rives... Dans les tourbillons l'eau est d'autan plus rapide qu'elle est plus voisine de son centre. » (W. 158 vᵉ; J.-P. R., I, § 609.)

2. W. 158 rᵒ ; J.-P. R., I, § 608.

oreilles pour étouffer les immenses rumeurs faites à travers l'air ténébreux par la fureur des
vents mêlés à la pluie, aux éclats du tonnerre, à
la furie des éclairs. D'autres ne se contentent pas
de fermer les yeux, mais de leurs propres mains,
placées l'une sur l'autre, ils se les couvrent pour
ne pas voir le cruel massacre du genre humain
fait par la colère de Dieu. Ah! quelles lamenta-
tions! Combien, épouvantés, se précipitent des
rochers! On voit les grands rameaux des grands
chênes, chargés d'hommes, être emportés à travers les airs par la fureur des vents impétueux. »
Beaucoup avec des mouvements désespérés se
tuent; les uns s'étranglent de leurs mains, d'autres se frappent de leurs armes, quelques-uns
tuent leurs enfants, d'autres se recommandent à
Dieu. « Que de mères pleurent leurs fils noyés,
les tenant sur leurs genoux, levant les bras ouverts vers le ciel, et, avec des cris faits de tous
les gémissements, accusent la colère des Dieux. »
Consultez maintenant les dessins qui illustrent
cette description, l'effet obtenu est celui d'une
scène fantastique. Le plus curieux de tous est un
dessin à l'encre de chine, invraisemblable pour
vouloir être trop vrai [1]. En haut, des anges, dont
les formes se fondent avec celles des nuages,

---

1. Windsor. Jean-Paul Richter, t. I⁰ʳ, planche XXXIV.

soufflent la tempête. Mêlées à la pluie, les nuées tourbillonnent, s'enroulent et se déroulent, comme d'immenses chevelures secouées; çà et là des écroulements, les débris des cités humaines emportés dans la tourmente; à droite, en bas, des chevaux affolés, renversés avec leurs cavaliers, roulés sur le sol; des hommes jetés bas, cramponnés à la terre; les cheveux, les draperies, les corps mêmes dans le sens du vent en marquent l'irrésistible furie; en avant, un petit arbre courbé jusqu'à terre est embrassé par des hommes désespérément; en arrière, un grand chêne plié comme un roseau, les racines arrachées, ses branches de toutes parts envolées; plus loin un tronc brisé, chargé d'hommes, fend l'espace. Tel est Léonard. Il emprunte à la nature ses images, mais pour donner à ses fictions l'intensité d'une réalité plus expressive. Il ne recule pas devant l'idée de peindre un cyclone, de rendre le mouvement fou des nuées, des eaux, des choses et des hommes dans cette course à l'abîme. Pour y réussir, il accumule les détails réels, mais il en compose une scène formidable qui, faite d'éléments vrais, semble par là même le cauchemar d'un poète dantesque.

Aller dans le sens de la nature plus loin que la nature même, voilà son rêve. C'est l'ambition d'un Prométhée de sang-froid qui, au lieu d'in-

sulter Jupiter, étudie ses œuvres pour lui en
dérober le secret. Artiste, il ne demande à la
science que la puissance de créer, de donner la
vie. Si vous voulez savoir tout ce que l'exécution
savante de l'impeccable ouvrier cache de verve,
d'émotion, regardez ses croquis. La science, dans
ce premier jet, ne sert qu'à faire le mouvement
juste. Résumé en quelques traits, le corps est
une machine agissante, d'un ressort extraordinaire. Les croquis des chevaux et des soldats
combattants, pour *la Bataille d'Anghiàri*, font
des hommes et des bêtes des armes vivantes,
chargées de passion et de furie. Quand les bras
au-dessus des épaules se lèvent pour frapper, la
tête, la poitrine, les reins. les jambes, tout frappe,
tout l'être est lancé d'un même élan au même
but. Chaque fois que, dans les manuscrits, d'une
indication sommaire, il dessine des hommes en
action, travailleurs se servant des machines
qu'il invente, forgerons, brandissant au-dessus de
leur tête le lourd marteau, terrassiers, soldats,
cavaliers, il ne laisse pour ainsi dire du corps
que l'esprit qui l'anime, de la forme que le mouvement qui la transfigure. Un dessin de Windsor
représente la cour d'un arsenal. Des deux côtés
d'un haut palan, des équipes de travailleurs
nus, pendus à de longues barres, tirant des
mains, s'arcboutant des pieds. multipliant leur

poids par l'effort, manœuvrent un treuil relié
aux câbles d'une moufle qui soulève un formidable engin, un canon se chargeant par la culasse,
tandis que d'autres, d'un mouvement calculé,
poussent un essieu monté sur deux roues sous
l'énorme masse lentement ébranlée. Les corps en
grappes sont pris dans l'unité du même effort, les
lignes remuent, s'agitent, les articulations jouent,
les muscles se gonflent; tout ce que cette scène
concentre de vérité, de science, d'observations
justes, est inouï; mais de tout ce réalisme, ce qui
se dégage, c'est l'impression d'une vie surnaturelle, la vision d'une forge d'enfer.

III

Ce qui fait la beauté des dessins du Vinci, dont
le nombre peut atténuer le regret de ses tableaux
trop rares, c'est avec le même goût de vérité, le
même art de donner la vie. Son dessin n'est pas une
calligraphie, une transcription des images réelles
dans un langage à demi abstrait; il ne découpe
pas une silhouette, il ne réduit pas un visage à de
secs contours qui, n'étant que les limites de la
forme, en eux-mêmes n'existent pas. Par le clair-

obscur il fait sentir le relief. Il ne se sert pas de hachures, procédé encore artificiel, mais de traits parallèles, qu'il éloigne ou rapproche pour en forcer ou en atténuer l'effet. Il modèle ses têtes, comme nous les voyons, par les jeux de la lumière et de l'ombre, par leurs dégradations savantes, qu'il compare lui-même à l'évanouissement d'une fumée dans les airs. Ses dessins sont des peintures sans couleur. Mais ce qui, plus que tout, en fait des œuvres achevées, c'est ce qu'il sait y enfermer de sentiment et de pensée. Poète, dans la précision de la forme il met l'infini de la vie. Il donne un sens à tous les traits, au regard, au sourire, à l'enchâssement de l'œil, à la chevelure qui, tantôt modeste, court en ondes légères, tantôt se déroule en vagues qui débordent de toutes parts, coulent sur les joues, le col, les épaules et, revenant sur elles-mêmes, font au front un royal diadème (*Offices*) ; et dans cette apparence de tout dire, sans une négligence, sans un sous-entendu, c'est son secret de donner l'impression que l'âme est sans limites, qu'elle s'ignore elle-même et les idées sans nombre qui s'agitent ou sommeillent en elle.

Ses têtes de madones sont exquises : leurs paupières baissées semblent l'écran où transparaît la lumière intérieure, la bouche prête à sourire répond aux pensées lointaines, toute l'âme semble affleurer au visage, mais leurs yeux voilés regardent ce que nous ne voyons pas, une divine pudeur semble les séparer de nous. Comme l'infini d'une âme, d'où ne montent à la conscience que des pensées calmes et des sentiments chastes, il sait, dans la précision des traits, sans sortir de la beauté, mettre le mystère d'une âme étrange inquiète, faite pour se tourmenter et les autres. « C'est la gloire du peintre de créer des êtres qui conduisent à l'amour. » Bien faites pour l'amour sont ces femmes qui mêlent singulièrement l'ironie et la grâce, arrêtent d'abord les curiosités de l'esprit et descendent, sans même que nous y songions, de notre imagination dans notre cœur pour y allumer une passion qui se nourrit de ses propres angoisses, des perpétuels problèmes qu'elle agite sans les résoudre. Voyez, à l'Ambroisienne, l'être charmant et impérieux qui semble avoir servi de type aux Hérodiades de l'École milanaise. Dans son visage tout est ferme, précis et dur : la ligne du front et du nez, l'accent de l'arcade sourcilière, le menton petit et volontaire, les paupières qui sertissent les yeux dont l'iris a l'éclat de l'acier. La narine frémit, l'œil est d'une inquiétante fixité, la bouche d'un dessin exquis est impérieuse jusqu'à la cruauté. Un double rang de perles orne son col, et ses cheveux tombent en ondes sur ses épaules, comme secoués d'un vent de colère. Sans en altérer la délicatesse, une contraction légère raidit les muscles du visage. Elle n'a rien à donner, et elle ne veut rien recevoir. Quels rêves, quels caprices, quelles douleurs ou quels crimes ont fait cette étrange beauté, exilée du bonheur.

Les maîtres florentins sont des décoratifs, Léonard est un expressif. Il ne se contente pas de réjouir les yeux et d'amuser l'esprit par des images ; il a l'ambition d'évoquer des âmes qui, détachées de lui, vivent de leur vie propre et dont le secret ignoré d'elles-mêmes le dépasse. La plupart des caricatures qu'on lui attribue sont apocryphes, d'un dessin mou, sans caractère. Ses caricatures originales me paraissent des études d'expression. Il avance la lèvre inférieure, descend le nez, fend la bouche, rentre le front, le bombe, allonge le crâne, aplatit la face ou la jette en avant. Il exagère les traits qu'il a surpris sur un visage, et par ce grossissement il en force le sens. Toutes différences faites, je comparerais ces caricatures aux expériences de Duchenne de Boulogne analysant les éléments de la physionomie en faisant jouer tour à tour les divers muscles qui concourent à l'expression. Voyez ce front rejeté en arrière, fuyant, le crâne prolongé en bonnet persan, les yeux petits, tout ce qu'il y a d'humain atrophié, et les mâchoires saillantes, le nez gros, les lèvres épaisses, toute la bête dehors. Méchanceté, ruse, cruauté, luxure, imbécillité, tout ce qu'il y a de grotesque et de bestial dans l'homme sort de ces déformations du visage humain.

Parfois sans aller jusqu'à la caricature, Léonard se plaît à composer des figures singulières, êtres de rêve, nés de son caprice, auxquels il donne la précision d'une étude sur nature. Voyez au Louvre la petite tête au crayon rouge qui s'enlève lumineuse dans l'encadrement de la chevelure fantastique. Le front est trop haut, les yeux trop grands, le nez trop long; le bas du visage est comme écourté; la bouche est petite, bien dessinée, avec une moue de dédain, mais la lèvre inférieure est forte, et la ligne de la mâchoire se prolonge élargissant à l'excès le visage; tout autour un débordement de cheveux lancés en tous sens, dont les boucles frémissantes font à cette tête une coiffure de serpents aux replis vivants. L'étrange personne, de quel sexe? par quel mystère se fondent l'indifférence et l'ardeur en cette subtile beauté? de quelles voluptés ce grand œil garde-t-il la lassitude? Quelles vagues pensées, quelles images, quels désirs, quelles attentes y flottent?

Je trouve à Windsor une figure non moins singulière, le buste d'une façon d'athlète. Le front très haut est large avec deux bosses dont on sent les os durs sous la peau; le nez busqué se recourbe et descend sur la bouche pincée dont la lèvre inférieure avance fortement ; le menton proéminent fait saillie ; l'œil est défiant sous le sourcil froncé ; un cou de taureau, des épaules de géant, des pectoraux massifs entre lesquels croît une broussaille de poils, le visage et le cou sillonnés de rides, une chevelure en longues boucles jetées en arrière et dressées comme par l'ardeur de la vie, la puissance et les meurtrissures d'un vieux chêne ; c'est le Titan, dans la bête l'homme possible, l'impression bizarre d'un Gœthe engaîné dans une brute. Avec quelques modifications je retrouve cette tête devenue celle d'un vieux méditatif ; diminuée, réduite, tous les traits comme aplatis, c'est la tête de Judas.

On ne sait pas assez à quel point l'artiste se révèle par ses dessins. Comparez ceux du Vinci à ceux de Raphaël et de Michel-Ange. Raphaël y met la grâce de son génie heureux, sans remords, qui profite de tout et garde son originalité dans ses emprunts. Comparées à celles de Léonard, ses madones sont silencieuses, elles disent dans le premier regard ce qu'elles ont à dire : c'est le charme rassurant d'une belle matinée de printemps. Michel-Ange allonge les lignes, les agite, les gonfle, pour montrer en tout ses sentiments de colère, de force et d'héroïsme, pour faire les êtres surhumains dont il peuple ses rêves vengeurs.

Son éloquence grandiose n'a pas de sous-entendu. Installés sur les hauteurs idéales, où n'arrivent pas les bruits du monde, les prophètes s'entêtent dans leur sublimité solitaire. Le charme du Vinci, c'est de mettre dans un visage individuel l'infini d'un être en qui tous les bruits de l'univers ont leur écho. Il ne fait pas des images, il ajoute des vivants à ceux que fit la nature. Il a son monde, ses créatures, et il les varie, exquises ou brutales, délicates ou perverses; mais, en toutes, au delà de la vie superficielle de la conscience, il laisse entrevoir l'infini des sensations confuses, les profondeurs de la vie qui s'ignore, cet inconnu qui sollicite le regard et prolonge la rêverie. Je ne suis pas surpris qu'un exalté ait aimé l'une de ses madones jusqu'à la passion : il a aimé cette femme parce qu'il a vu quelque chose de son âme et qu'il a rêvé le reste.

IV

Léonard a le sentiment des beautés naturelles. Il aime à placer ses personnages dans un milieu qui semble, comme animé des mêmes pensées, les traduire en un autre langage. Il n'était pas homme « à dire avec Botticelli qu'il suffit de jeter une éponge pleine de couleurs diverses contre un mur pour qu'elle y laisse une tache où l'on voit un beau paysage ». (§ 60.) Paysagiste, il reste lui-même, il mêle les curiosités du savant à la recherche des sensations rares, à l'invention pittoresque. Réaliste épris de vérité, il ne demande à l'étude attentive de la nature que la puissance d'un langage égal aux audaces et aux complexités de son rêve intérieur.

Il dessine des herbes, des fleurs, des églantines, des cyclamens, avec un scrupule où la tendresse ne se distingue pas de l'exactitude scientifique. Cherchant dans leurs conditions d'existence la raison de leur structure, il analyse les arbres en botaniste ; il relève les divers aspects des montagnes à l'horizon (V^e P^{ie}) ; il étudie les nuages (VIIe P^{ie}) ; les eaux, leur cours, leurs reflets ; l'éclairement des herbes et des feuillages selon leur distance de l'œil et la position du soleil. Il accumule une incroyable richesse d'observations précises ; mais s'il analyse ainsi le spectacle des choses en ses éléments, c'est pour être maître de les combiner à son gré. Un instant il songe à peindre le déluge, en donnant pour âme à cette scène la terreur, dont il aime à faire passer le frisson. A l'extrême opposé, il se plaît à détacher ses madones sur des fonds accordés à leur âme, à répandre en ses paysages la grâce subtile des êtres qui y vivent et y respirent.

Le paysage de *la Vierge aux Rochers* semble le caprice d'un poète qui évoque le pays du rêve. Une source aux bords fleuris, un petit asile de fraîcheur et de verdure, sous un dais de rocs suspendus que supporte un puissant pilier de pierres superposées. Par la brèche ouverte, jusqu'à l'horizon, des massifs encore de rocs dénudés, des massifs sombres d'abord, puis bleus sur le ciel bleu, au travers desquels court et bondit l'eau bleue de quelque lac mystérieux. Décomposez maintenant cette fantaisie, étudiez ces fleurs, ces plantes poussées dans les fentes du roc, comptez-en les feuilles et les pétales; regardez les assises de pierres, mesurez les dégradations de la lumière jusqu'à l'horizon, les adoucissements de la perspective aérienne, vous ne trouverez rien qui n'ait été vu, observé, pris sur le fait. L'analyse de ce rêve vous conduit à des images réelles, empruntées directement à la nature, saisies par un œil sain, notées par un esprit de savant, interprétées et combinées par une âme d'artiste, rendues par la main la plus ferme et la plus sûre [1]. L'audace du rêve est faite des précisions de la science.

1. N'est-ce pas là ce qui faisait dire à Corot, devant ces paysages, que plus d'un serait tenté de trouver invraisemblables: « Voilà le créateur du paysage moderne. »

Dans *la Joconde*, dans *la Sainte-Anne*, c'est le même paysage étrange et réel, créé par sa fantaisie pour les êtres de son rêve. C'est la nature, mais surprise en ses aspects les plus rares, par un œil délicat qui fait provision de sensations exquises : les lacs du nord de l'Italie dans l'éveil des matins, les cimes des hauts monts sur les cieux apaisés des soirs les plus purs, les détours des fleuves dans les vallées, les transparences de l'air, les bleus les plus doux des lointains et des eaux. Comme la pensée curieuse dans les âmes qui se perdent en leurs propres profondeurs, l'œil s'enfonce en ces paysages aux plans successifs et reculés, courant aux bleus lointains sur les eaux bleues, dont les ondes et les détours rappellent les boucles des chevelures et la sinuosité des sourires et semblent apporter jusqu'à nous dans la brise la caresse d'une musique légère.

Des peintures de Léonard qui nous restent, *la Joconde* est l'image la plus pure de son génie. Elle a perdu son premier éclat, elle n'a plus, avec les couleurs de la vie, cette réalité poussée jusqu'à l'illusion dont parle Vasari et qu'aimait le Vinci. Et cependant, de toutes les figures peintes, il n'en est point de plus vivantes. Elle n'est pas une image, elle est une personne ; on la connaît, on en parle ; elle a ses ennemis et ses dévots. Par un unique privilège, à force d'être individuelle,

elle est symbolique. Les jeunes hommes vont la consulter, comme les filles les somnambules, lui demander avec son secret celui de celle qu'ils vont aimer et qu'ils sentent vivante en elle. Elle ne ramasse plus les déclarations des poètes. Parler d'elle est si banal que je ne m'en sentirais pas le courage.

Laissons donc les phrases sur l'éternel féminin, sur le mystère de son incarnation en cette femme, dont la conscience n'est que la surface aux mobiles reflets de la mer sans rivages qui s'enfonce en elle à l'infini. De fait, il n'est pas un tableau, dont l'image en l'esprit se prolonge en une plus longue rêverie. Regardez maintenant cette œuvre, comme vous feriez le bijou d'un rare ciseleur. Notre rêverie est faite d'images aux contours flottants, d'idées vagues, nuées qui passent et que l'émotion colore. Vous attendriez ici des sous-entendus, des sacrifices dans l'exécution, quelque chose d'indécis, d'atténué. Rien de pareil. La rêverie de Léonard est une rêverie intellectuelle, une richesse d'images nettes, d'idées claires, dont la complexité le charme sans l'aliéner de lui-même. Il analyse ses émotions sans les affaiblir. Dans *la Joconde* pas un sacrifice, pas un oubli; rien qui ne soit dit avec une clarté parfaite, c'est l'exécution d'un peintre jaloux d'égaler la nature, en poursuivant la réalité jusqu'en ses derniers détails.

Je ne parle pas des mains longues et fines, sans lesquelles elle ne serait plus elle-même, pas même des ondes légères de cheveux qui descendent sur le cou, mais regardez les draperies, les plis des manches sur les bras, jusqu'aux fines broderies du corsage ; elle est devant vous telle que Léonard la vit dans son atelier de Florence.

Ce n'est pas que tout soit au même plan, il faut un effort d'attention pour apercevoir ces détails et leur rendu ; le peintre simplifie, sans rien sacrifier, à la façon de la nature, par les jeux de la lumière et de l'ombre, en portant l'esprit et les yeux où il veut qu'ils se fixent. L'effet prodigieux de cette œuvre ne vient-il pas du contraste de l'infini de l'âme avec la précision des signes qui la font visible ? Le plus souvent le peintre ne voit d'un visage qu'un aspect auquel il s'efforce de se tenir. Sans perdre la concordance des traits, sans altérer la forme et ses accords, Léonard volontiers combine des expressions contraires qu'il fond dans l'unité de l'expression générale. Étudiez de ce point de vue le portrait de la femme cruelle et charmante, qu'on croit être Lucrezia Crivelli (la belle Ferronnière du Louvre), la maîtresse de Ludovic le More. Ce n'est pas par une galanterie de peintre gentilhomme que, pendant la pose, Léonard voulait dans son atelier des musiciens, des lecteurs habiles (*T. d. P.*, § 39) : l'âme du modèle, bercée par la musique légère, s'apaisait, et peu à peu, les expressions momentanées s'effaçant, l'esprit plus clairement apparaissait sur le visage détendu, où, dans une sorte d'équilibre, se trahissaient les habitudes de la physionomie. *La Joconde* n'est pas seulement un chef-d'œuvre de sentiment et de vie, mais de sang-froid et de volonté ; le peintre et l'analyste y rivalisent ; son mystère est celui du génie même en qui la connaissance nourrit l'amour et la curiosité ne sert qu'à faire la beauté plus exquise.

V

Qui observe tout ce que *la Joconde* concentre de réflexion et de sentiment, ce qu'une telle exécution, sans surcharge, sans lourdeur, suppose de lenteurs calculées, d'attentes et de précision, sera moins tenté de s'étonner du petit nombre des œuvres du Vinci. C'est la grande plainte, l'accusation qui revient sans cesse. « Tandis qu'il s'attardait avec trop de scrupule (*morosius vacaret*), dit Paul Jove, à chercher les ressources d'un art subtil, par mobilité d'esprit (*levitate ingenii*) et aussi par un dégoût naturel, laissant là sans cesse les choses commencées, il acheva très peu d'œuvres. » Le poète florentin, Agolina Vérino, écrit :

> ... Forma superat Leonardus Vincius omnes;
> Tollere de tabula dextram sed nescit, et instar
> Protogenis multis vix unam perficit annis.

D'autres lui reprochent son goût pour la science, le temps qu'il perd à la géométrie, à la mécanique ; quelques-uns parlent de pauvreté. Je l'avoue, rien ne peut nous consoler des œuvres qu'il n'a point faites, vraiment *cela* est perdu. La nature ne répète pas un tel homme. Quelque autre, tôt ou tard, se serait chargé de la besogne scientifique. Je l'avoue encore, cet esprit d'analyse, cette curiosité toujours inquiète a dû faire plus rares les heures de fécondité et d'inspiration. Il a trop obligé son génie à rendre des comptes à son intelligence. Mais mutilerait-on impunément ce grand esprit? C'est la richesse d'observations dont il dispose, quand il est en verve, qui donne à ses œuvres leur intensité; c'est son insistance sur ses émotions qui en fait la profondeur; c'est à sa volonté curieuse, à sa lucide intelligence qu'elles doivent leur raffinement, leur délicatesse exquise. Supprimez de Léonard le savant, que restera-t-il? un Bernardino Luini. Le principe de ses œuvres en dernière analyse est dans sa sensibilité, et ce qui fait unique sa sensibilité,

c'est qu'elle ne se distingue pas de son intelligence.
« Plus on connaît, plus on aime. » De là dans ses
œuvres ce double caractère de réalisme et de spiritualité; cette précision dans le langage, cet infini dans la pensée. Il recule l'idée de l'art ; à
la lettre, il ajoute quelque chose à la nature, il
l'enrichit de formes nouvelles, qui semblent plus
parlantes, plus expressives, plus riches de vie intérieure. Sa haute ambition méprise l'à peu près,
il laisse là l'œuvre qu'il ne pourrait porter à la
perfection qu'il rêve. « Quant il s'asseyait pour
travailler à une peinture, dit Lomazzo, il semblait qu'il fût maîtrisé par la peur. Aussi il ne
pouvait rien finir de ce qu'il avait commencé,
son âme étant pleine de la sublimité de l'art, ce
qui faisait qu'il était capable de voir des défauts
dans des peintures que d'autres saluaient comme
des créations miraculeuses. » Léonard lui-même
nous a laissé le secret de ses lenteurs et de ses
dégoûts dans cette pensée : « Quand l'œuvre est
égale au jugement, c'est un triste signe pour ce
jugement ; et quand l'œuvre surpasse le jugement,
c'est ce qu'il y a de pis, comme il arrive à qui
s'émerveille d'avoir si bien travaillé, et quand le
jugement surpasse l'œuvre, c'est là un très bon
signe, et, si l'homme en telle disposition est jeune,
sans doute il deviendra un excellent artiste (ope-
ratore). Il ne composera que peu d'œuvres, mais

telles qu'elles arrêtent les hommes à contempler avec admiration leurs perfections. »

Aussi bien, quand on parle de la fécondité d'un artiste, il ne faut pas tenir compte seulement de ce qu'il a fait par lui-même, mais de ce qu'il a fait par les autres. Peu nombreuses, les œuvres de Léonard se sont multipliées en fécondant l'esprit de ses disciples et de ses rivaux. D'abord en appliquant sa haute intelligence à la technique pittoresque, il en a révélé toutes les ressources. Ses œuvres ont été des modèles. Regardez les tableaux de chevalet de Sandro Botticelli : un peu sommaire, le langage de ce grand charmeur garde l'accent de la fresque. Après Léonard, le langage de la peinture est fixé; il en a marqué les limites [1]. Il a montré en même temps tout ce qu'on peut traduire par lui de l'âme humaine, de ses émotions, de leurs nuances ; on n'ira pas plus loin dans l'expression. Il est par là le maître de tous ses contemporains. Tous, à des degrés divers, ont subi son influence, les uns par un acquies-

---

1. Sans sacrifier l'harmonie, Léonard veut d'abord dans le langage pittoresque la précision et la clarté. Par la perspective linéaire, par le clair obscur, par la perspective aérienne, par la science des formes et de leurs éléments, il veut donner à l'image peinte le relief de l'objet réel. La peinture reste pour lui un art d'imitation. Il sait être profond sans être jamais vague ou incorrect. Ceux qui rapprochent la peinture de la musique trouveront ce souci de l'exactitude un peu puéril. Mais les arts se distinguent pour se constituer, en admettant qu'ils doivent se confondre pour se renouveler.

cement volontaire, par le charme subi; les autres, sans le savoir peut-être, par cela seul qu'ils profitaient de son exemple. Verocchio, son maître, prend quelque chose de sa tendresse et de sa grâce; Lorenzo di Credi, son camarade d'atelier, se fait son élève. A Florence fra Bartolommeo, le Pontormo, Ridolfo Ghirlandajo, le sculpteur Baccio Bandinelli, Francesco Rustici sont ses disciples ou ses imitateurs. Raphaël étudie ses œuvres : il apprend de lui tout ce qu'enveloppe d'humain la légende de la Vierge, et l'art de la transposer dans des scènes d'une familiarité charmante. Pour le haïr, Michel-Ange n'est pas moins son obligé. Quand il commence à peindre, il ne connaît pas le Vinci qui est à Milan. Voyez ses premières peintures : il a déjà dans la forme la noblesse et la grandeur, mais quelque chose de sec, de dur, de tendu, avec un coloris heurté. Quand il peint la Sixtine, il a vu Léonard travailler à Florence. Mesurez la distance parcourue. Sans rien perdre de sa puissance, il s'est comme attendri. Souple et harmonieux, son langage a pris des accents nouveaux. Il a regardé les œuvres de son grand rival en homme de génie, et il dit bien ce qu'il disait mal : la secrète douceur qui tempère sa mélancolie héroïque (*Création de la femme*).

Léonard n'apprend pas seulement à tous par l'exemple de ses œuvres jusqu'où peut aller l'art de peindre dans l'imitation de la nature et dans l'expression des émotions humaines, il se continue par l'École milanaise. Le charme de sa personne et l'autorité de son génie groupent autour de lui des jeunes hommes qu'il anime de sa propre pensée. Ce qui d'un artiste fait vraiment un maître, c'est dans l'individualité même de son génie je ne sais quoi d'universel, d'humain qui se propage en d'autres âmes. Il semble qu'il découvre à tous une nuance de la sensibilité humaine ignorée avant lui : surpris, émus par ce charme de nouveauté, les disciples se hâtent d'en varier l'expression. Le Vinci, Michel-Ange, Rubens engendrent par l'esprit, comme d'autres par le corps. Leur génie a quelque chose de contagieux ; il éveille en d'autres âmes un écho de lui-même ; il est présent à des œuvres qui n'existeraient pas sans lui et qui vivent par elles-mêmes. Avant l'arrivée de Léonard, Milan avait ses peintres, Vincenzo Foppa, Zenale, Borgognone (Musée Bréra, Chartreuse de Pavie), des maîtres graves, sérieux, un peu lourds. Dès qu'il apparaît, il les vieillit, il semble les reculer dans le passé. Les jeunes gens viennent à lui. Sauf pour les érudits, il n'y a désormais qu'une école milanaise, celle qu'il a fondée. Comme Raphaël, il a autour de lui quelques élèves qui vivent sous son toit. Salaï, « jeune homme remarquable par sa grâce et sa beauté (Vasari), » que relève une chevelure aux boucles abondantes, est à la fois son disciple et son serviteur. Il met à l'épreuve la bonté du maître, lui emprunte de l'argent pour satisfaire à ses fantaisies élégantes, pour doter sa sœur, oublie de le rendre et reçoit par testament la moitié de la vigne donnée par Ludovic à Léonard. Les disciples sont pour ce maître incomparable pleins d'amour et d'enthousiasme. Ils copient ses œuvres, il retouche les leurs. A peine *la Cène* est-elle achevée qu'ils la répètent, comme *la Sainte-Anne*, comme *la Joconde*. Beltraffio, Marco d'Oggione, Francesco Melzi, Cesare da Sesto, Andrea Solario, Lorenzo Lotto, pour la plupart, nous sont mal connus. Leur personnalité semble se perdre un peu dans celle du maître [1]. Quelques-unes des œuvres les plus remarquables de l'école sont anonymes : par une erreur, qui est vérité en un sens, on les a longtemps données à celui qui les inspira. En toutes vous retrouvez, plus ou moins atténué, l'esprit du Vinci, le souci du modelé par le clair obscur, le réalisme et la morbidesse, plus d'âme et moins d'apparat qu'à Florence, une grâce morale, l'insistance sur l'expression, quelque chose, dans les meilleures, de

---

1. Il serait curieux, par l'étude attentive des œuvres, dont l'attribution n'est pas douteuse, de chercher ce que chacun a surtout compris et imité du génie complexe du maître.

ce mystère qui donne aux images comme l'infini de la vie spirituelle. Bernardino Luini et Gaudenzio Ferrari se détachent du groupe des disciples. Gaudenzio Ferrari est un homme universel qui n'imite pas seulement les œuvres mais la vie du maître. (Lomazzo.) Son *Concert d'anges* de la coupole de Saronno est un chef-d'œuvre de verve et de vie. Ses fresques plus qu'à demi effacées de San Ambrogio (Milan, *Descente de croix*) montrent ce que, selon les préceptes du Vinci, il sait mettre de tendresse, de douleur et de grâce dans le mouvement des corps. Bernardino Luini n'est ni un savant ni un philosophe, il se contente d'être un peintre ému et charmant. Il donne à la sensibilité léonardesque le charme d'une naïveté inattendue. Il ignore les raffinements et les tourments du maître, il ne garde que ce qui convient à son âme plus simple : la grâce et l'émotion. Les fresques de Saronno, de Lugano, les décorations de l'église San Maurizio sont les chefs-d'œuvre de l'école milanaise. Les choses de l'esprit ne s'évaluent pas par poids et mesures. Quand nous sommes tentés de nous plaindre du petit nombre des œuvres de Léonard, rappelons-nous celles qui n'existeraient pas sans lui, qui, par là, indirectement lui appartiennent.

Le génie du Vinci est fait d'une intime pénétration de la science et de l'art. Le savant et l'artiste

ne sont pas en lui deux étrangers qui vivent côte
à côte et s'ignorent; quoi qu'il fasse, ils sont présents tous deux et collaborent à son œuvre. Analyse et synthèse, art et science, sentiment et pensée, imitation et invention, quelle que soit l'antithèse, il la résout en en embrassant les deux
termes. Où les uns disent : réalité, les autres
répondent : idéal; il ne connaît pas ces appauvris-
sements volontaires; comme l'enfant et Platon,
il refuse de choisir et prend tout. Réaliste, il l'est
à coup sûr. Nul plus que lui n'a observé ce qui
est, nul n'a fixé sur les choses un œil plus clairvoyant. La peinture est un art d'imitation, il veut
qu'elle aille jusqu'à produire l'illusion du réel.
Mais en quoi vraiment consiste l'imitation? à
répéter les choses qu'on a sous les yeux? La pauvre ambition ! Il s'agit « de se convertir en la
nature », à force d'étudier les procédés selon lesquels elle fait apparaître et construit les corps.
Vivantes dans l'esprit, les observations du savant
deviennent les habitudes de l'artiste. Le peintre
peut alors projeter sur la toile les images qu'il lui
plaît. Est-ce à dire qu'il va se perdre dans la fantaisie, dans les vaines fictions? Non, car les formes qu'il imagine sont toujours composées d'éléments réels combinés selon des lois nécessaires.
Le peintre est plus que le disciple de la nature,

son génie est la nature même qui continue son
œuvre par l'esprit.

Pour l'art, le corps n'est que l'image d'un sentiment. Le vrai réalisme, c'est la puissance de
créer des êtres réels, des corps vivants qui, nés
d'une émotion, l'expriment et la propagent. Imiter
la nature, ce n'est pas la copier servilement, c'est
faire comme elle, c'est ajouter, selon ses procédés
mêmes, aux formes qu'elle a créées celles qui
répondent aux sentiments de l'âme humaine. Une
madone n'est réelle qu'à la condition d'être vraie,
d'exprimer par son visage et son attitude l'exquise tendresse de son cœur. Par nos émotions
c'est la nature encore qui suscite en nous l'image
de ces formes, mais elle ne peut les créer qu'en
devenant le génie de l'artiste. Ainsi il n'y a pas
de saut brusque entre la nature et l'art, le passage
de l'une à l'autre est insensible. L'imitation conduit à l'invention, l'idéal continue le réel, nous
nous élevons au-dessus de ce qui est sans nous
en séparer. Le réalisme du Vinci est, à dire vrai,
la plus étonnante foi dans l'esprit. L'artiste construit le corps sur l'idée de l'âme qu'il est destiné
à rendre visible. Il en est de la nature comme de
l'art : c'est notre âme qui crée notre corps et s'y
manifeste. En toutes choses, le Vinci reconnaît
cette présence réelle, cette primauté de l'esprit.
Derrière l'apparence, qu'il fixe de son œil clair-

voyant, il aperçoit ce qu'elle révèle et ce qu'elle cache : la force spirituelle, l'âme et son mystère; dans les lois nécessaires l'universelle raison; dans « cette qualité de la forme qui fait l'ornement du monde », cette obscure sensibilité qui met en tout ce qui est l'effort et la vie. Sa curiosité est une sympathie : le rocher, le brin d'herbe, la fleur, rien n'est indifférent, rien n'est mort. Tout mérite d'être observé jusqu'en son dernier détail, parce que tout vaut d'être aimé. L'artiste est celui qui entend ce langage des choses et le précise en lui donnant comme l'accent de la parole humaine. Il ne dédaigne pas le monde, ses lignes, ses couleurs et ses formes, il y entre comme dans une société fraternelle, en conférant aux choses mêmes la dignité de la pensée.

La nature est le précurseur, l'esprit est le Verbe. *Saint-Jean* (Louvre) émerge des ombres transparentes, lumière obscure plutôt que ténèbres, qui peu à peu vont s'atténuant jusqu'aux clartés de la poitrine, du bras, du visage, de ce qui pense et parle. Il est jeune, charmant, plein de l'ardeur de vivre. Sa surprise de ce qu'il aperçoit de lui-même fait sa curiosité de ce qu'il en ignore. Sa beauté est celle de la nature, infinie, complexe, inquiétante. Ses yeux attirent, semblent se creuser sous le regard; son sourire, où se croisent l'ironie et la tendresse, la douceur et la cruauté, re-

fuse ce qu'il promet. Cet être mêle la grâce de la
bête innocente à l'anxiété de la conscience qui
s'éveille. Il enveloppe ce qui fut et ce qui sera ; il
n'a pas le mot de sa propre énigme : seul, ce qu'il
commence, ce qu'il n'achève pas l'explique. De sa
droite levée, le doigt étendu, il montre le chemin
ouvert, ce qui n'est pas, ce qui peut être, l'idéal
incertain qu'il pressent et qu'il annonce. Ainsi la
nature, lentement, d'harmonies en harmonies,
s'élève vers la conscience par la beauté ; elle est
la grande tentatrice, elle semble s'offrir et tous
les biens de la vie, mais d'un mouvement comme
involontaire, elle montre le vrai chemin, celui
qui monte, et elle ne se donne qu'à l'esprit qui lui
révèle ses propres secrets et par l'effort vers
l'idéal lui apprend ce qu'elle cherche, la continue
en la dépassant.

CHAPITRE IV

LÉONARD DE VINCI. — SON - ESPRIT ET SON CARACTÈRE

Léonard de Vinci a étonné les contemporains de Michel-Ange et de Raphaël. De nos jours encore, on ne passe point indifférent auprès de lui. Il y a dans son caractère, comme dans son œuvre, un mystère qui attire. Il tente la curiosité et semble fait pour la décourager : non qu'il fasse effort pour nous dérouter, il est ce qu'il est avec gran-

deur et simplicité. La seule richesse de sa nature
fait la difficulté de l'entendre. La ligne de sa vie
n'est pas la ligne droite, mais la ligne onduleuse,
serpentine, cette ligne de beauté qu'il aimait entre
toutes. C'est par un sentiment, par une sorte de
contact qu'on saisit l'unité de cet esprit complexe
et puissant : on l'éprouve, comme celle d'une
œuvre d'art. L'analyse en peut donner seulement
les éléments, elle risque d'en altérer la beauté,
en détruisant l'équilibre merveilleux des dons
contraires. Nul plus que Léonard ne nous révèle
ce qu'il y a d'individuel et d'irréductible dans le
génie; le moindre changement dans la combinaison de ces facultés diverses, dans leur nuance et
dans leur degré; quelque chose de plus et quelque
chose de moins, un rapport interverti, la résultante était changée, tout était compromis.

I

Il semble que par lui la nature ait pris plaisir
à montrer en un homme l'homme même. Dans un
siècle, épris des belles lignes et des belles formes,
il est célèbre par sa beauté qui paraît non moins
divine que son génie (Vasari). Son corps, comme

son esprit, est un paradoxe. Il unit la force à l'adresse, l'élégance à la majesté. Cent ans plus tôt, il eût pu être, si cette fantaisie eût suffi à son ambition, le fondateur de quelque maison princière, le plus fort, le plus impassible et le plus beau des condottières de l'Italie. A la beauté il ajoute tous les dons qui la peuvent mettre en lumière : il tient tout ce qu'elle promet. Selon sa propre pensée, son corps semble le premier chef-d'œuvre de son esprit. Merveilleux causeur, il possède tous les secrets de cet art délicat. Tour à tour raisonneur subtil et éloquent; relevant l'entretien d'anecdotes comiques, de rapprochements imprévus; capable d'amener le sourire sur les lèvres des grandes dames de Florence et de Milan et de faire éclater le gros rire des paysans qu'il observe (Lomazzo), lisant sa pensée sur le visage de ceux qui l'écoutent (G 49 r°), il mène où il lui plaît les âmes prédisposées à le suivre. Musicien et poète, il est le plus brillant des improvisateurs, quand il chante en s'accompagnant sur la lyre (Vasari). Sa grâce et son génie renouvellent le miracle de la bonté infinie de François d'Assise, les animaux subissent le charme qui vient de lui. Il les aime et ils lui obéissent. Cavalier incomparable, il dompte les chevaux les plus rebelles par la persuasion, si j'ose dire, autant que par la force. Avant d'être un grand artiste et un grand savant, Léonard est le gentilhomme le plus accompli de la Renaissance.

Par ces dons mêmes, il semble condamné à la vie inutile et brillante. Les princes le recherchent, l'appellent, le caressent. Il organise les fêtes, les pompes et les spectacles. Mais il n'est pas dupe de l'égoïsme des gens qu'il distrait. Plus d'une fois il se prend à regretter le temps qu'il perd à ce métier d'artiste de cour. Il écrit un jour : « *salvatico é quel che si salva* (sauvage est celui-là qui se sauve) [1]. » Écoutez aussi cette fable : « Une pierre récemment découverte par les eaux se tenait sur une hauteur, à la limite d'un bosquet charmant, parmi les herbes et les fleurs, au-dessus d'une route. Elle se dit : que fais-je parmi ces herbes, je veux aller vivre avec ces pierres, mes sœurs ; et elle se laissa tomber sur la route. Et dès lors elle vécut dans une perpétuelle souffrance, foulée par les roues des voitures, par les pieds ferrés des chevaux, couverte d'excréments et de boue, et vainement regardait-elle vers le lieu d'où elle était venue, lieu de paix solitaire et tranquille. Ainsi arrive à ceux qui quittent la vie solitaire et contemplative pour habiter dans les villes parmi des gens pleins de maux infinis [2]. » Léonard a besoin des princes, des ressources dont

1. Triv. 2; J.-P. R., II, ₴ 1189.
2. C. A. 172 v°, 516 v° ; J.-P. R., II, § 1272.

seuls ils disposent. S'il quitte Florence pour Milan, c'est que Ludovic le More est condamné à faire de grandes choses, d'abord pour préparer, plus tard pour justifier son usurpation. Ludovic le More tombe, César Borgia s'élève; il va à César Borgia dont le génie audacieux éveille ses espérances. César trompe son attente par une chute imprévue, il se tourne vers les rois de France. Aussi bien je ne nie pas l'affinité des sens délicats de l'artiste à tout ce qui peut les charmer. Léonard de Vinci dut aimer la vie brillante qui, à l'esclavage du besoin, semble substituer la liberté du plaisir, ce luxe du décor qui des choses ne laissant venir à nous que des caresses, comme l'art même, par l'ivresse des sens, prépare l'illusion de l'esprit.

Mais le mouvement spontané de son génie le portait vers une vie plus haute. Sa clairvoyance lui imposait la vérité. Il ne pouvait s'arrêter qu'à ce qui ne peut ni passer ni mentir. Supérieure en lui, l'humanité allait d'elle-même vers ce qui seul l'achève, vers le divin.

Jamais une telle curiosité du vrai ne s'allia à un aussi ardent amour de la beauté. Comme son corps, son esprit nous montre les dons les plus opposés en une âme qui les concilie dans l'aisance d'un génie universel. Les éléments que l'analyse isole, loin de se contrarier, s'enveloppent, se pé-

nètrent, se fondent en une harmonie singulièrement complexe qui donne le timbre et la résonnance unique de son génie.

Il est un savant et un penseur, en même temps
qu'un artiste. Il a l'attention patiente de l'observateur, la pénétration de l'analyste, mais aussi,
par un retour de l'artiste dans le savant, l'intuition soudaine des rapports cachés qui fait de la découverte scientifique une vraie création de l'esprit.
Il ne se donne pas tout entier à l'apparence, à ce
jeu de lignes et de nuances, de lumières et d'ombres qui réjouit son œil d'artiste. L'art même de
la nature éveille en lui les curiosités du savant. Il
y a là une question de métier, si j'ose dire, qui
l'intéresse. Il décompose le tout en ses parties, il
va aux éléments, il cherche leurs rapports. Dans
la complexité des phénomènes, il entrevoit la ré-
gularité des lois simples qu'ils combinent. N'imaginez pas toutefois Léonard sur le modèle d'un
savant contemporain. Nos savants sont des spé-
cialistes. Ils limitent volontairement les facultés
dont ils font usage pour en exagérer la puissance.
De l'esprit humain la division du travail fait
des esprits multiples qui s'opposent dans les individus et ne se complètent l'un par l'autre que
dans l'organisme social. Par un privilège de son
génie et de son temps, Léonard ne sacrifie rien
de l'homme en lui : il vit la plénitude de la vie

intérieure. Il analyse pour recomposer, il étudie
le réel pour le dépasser. La nature n'est pas seulement une maîtresse qu'il écoute; elle est une
rivale qu'il prétend égaler et vaincre. Ce qu'il
veut avant tout par l'analyse, c'est surprendre le
secret de la création.

Est-ce à dire qu'il faille évoquer, en parlant de
lui, l'image des alchimistes, des chercheurs d'or,
des mages, des impatients de toute sorte qui es-
pèrent par un coup d'audace ravir à la nature sa
puissance comme ramassée ou une formule irrésistible [1]. Rien de plus contraire à sa nature
que cette ambition irréfléchie et sans mesure.
Il n'a pas assez de dédain pour ceux dont on
prétend le rapprocher malgré lui. Il est à la lettre
le précurseur de la science moderne. Le problème de l'univers se divise pour lui en problèmes multiples et définis. Je ne sais pas d'esprit
plus net, plus lucide, plus pénétrant. Tout ce
qui est démesuré choque son goût aussi bien
que son intelligence. La confusion d'une question sans limites, sans données précises, lui serait
douloureuse. Sa préoccupation constante est d'é-
viter les chimères : « la recherche de l'impos-

---

1. La couverture de cuir rouge du *Codex Atlanticus* porte en
lettres d'or : *Disegni di macchine e dell'arte secreti*, dessins de
machines et secrets d'art; sous l'empire du préjugé qui fait de
Léonard de Vinci un adepte des sciences occultes, plus d'un biographe a lu *secrete* au lieu de *secreti*, et traduit : *arts secrets*.

sible a pour châtiment la mélancolie et le désespoir. » Il y a dans l'occultisme une obscurité qui
répugne à sa raison lumineuse. Il découvre la
vraie méthode scientifique sans effort, en se mettant en face des choses, en constatant les procédés naturels d'une intelligence qui va vers la
vérité et ne se repose qu'en elle. C'est de l'analyse
des lois de la nature, c'est de la combinaison de
ces lois régularisées dans leurs effets, dirigées
dans leur résultante qu'il attend l'empire du
monde. La puissance par la science : voilà son
ambition toute positive.

Michelet l'appelle « le frère italien de Faust ».
Mot trompeur ! Faust, c'est l'Allemand qui a
besoin de toutes les épreuves d'une vie surnaturelle pour saisir enfin le rapport de la spéculation
à la pratique, de la pensée à l'action. Cette découverte tardive sonne l'heure de sa délivrance.
Le Vinci n'a pas un instant hésité. Il a trouvé
la solution du problème de la vie, sans la chercher, dans l'équilibre de son âme, dans l'unité
harmonieuse de ses facultés multiples : la pensée
pour l'action ! Il apporte aux princes son élégance, la magie de son art, tout son génie ; il
ne leur demande en retour que leur puissance au
service de sa pensée. C'est que la pensée n'est
pas, pour lui, la nature arrêtée, se présentant un
étrange miroir qui décompose sa beauté en froi-

des abstractions. La nature, dans l'esprit, doit continuer son œuvre, se juger pour se dépasser elle-même. Si elle n'était puissance, la science ne vaudrait pas une heure de peine. La pensée commence l'action qu'elle rend possible. La nature fait sortir incessamment la vie de la mort, elle ne dissout que pour récomposer, elle ne détruit que pour la joie de reproduire [1]. Comprendre pour créer : telle est la devise de Léonard de Vinci « disciple de l'expérience » et rival de la nature. Cette création elle-même est double. Elle ne consiste pas seulement à emprunter au monde ses forces, à les combiner en vue de fins pratiques. L'industrie est un premier art sans doute, mais où ne s'expriment encore que nos besoins et qui témoigne de notre servitude, alors même qu'il nous en affranchit. L'homme est surtout l'homme, quand libre, désintéressé, il travaille pour la pure joie de l'esprit qui contemple. Seul, l'artiste dépasse vraiment la nature en l'imitant, parce qu'aux formes « qui font la beauté et l'ornement du monde » il ajoute des formes nouvelles, où s'exprime une âme plus clairement consciente des divines harmonies.

1. Br. M. 156 v°; J.-P. R., II, § 1219.

II

Ainsi comprise, l'intelligence ne s'oppose pas à la sensibilité : elle l'implique et l'enveloppe. Vivante, féconde, intimement liée à l'action, elle n'est pas l'analyse stérile, qui ne laisse rien de réel à aimer. Deux passions d'abord dominent toute la vie de Léonard : une curiosité sans bornes, éprise de toute vérité, l'ardent désir d'une beauté qu'il poursuit à travers les images réelles, qui le charme et qui le désespère. C'est son amour de la vérité qui lui donne la patience de l'observation minutieuse, qui lui suggère ses continuelles expériences, qui, maintenant son attention sur les phénomènes, lui en découvre soudain les rapports ; c'est son amour de la beauté qui le tient tremblant devant sa toile (Lomazzo), lui fait sentir les imperfections d'une œuvre que tous admirent et que trop souvent il abandonne pour s'y être trop attardé.

A tous ces dons, tout à la fois peut-être comme leur principe et leur effet, il joignait une incomparable grandeur d'âme. « Dans toutes ses actions apparaissait sa générosité » (Vasari). Sa bonté est célèbre. Il ignore la haine comme l'envie. Parce qu'il est riche, il est libéral. Tout ce dont on a besoin, on en est l'esclave ; on ne possède vraiment que ce qu'on donne. Il n'a rien à lui. Sa douceur s'étend jusqu'aux animaux : il éprouve le charme de cette vie qui s'ignore. Il en a autour de lui, « il les dresse avec grand amour et patience, » il les soumet au charme de sa grâce. Les oiseaux entre tous, êtres ailés, auxquels il rêvera toute sa vie de ravir le privilège du vol, attirent son attention et sont l'objet de ses soins. Quand il passe devant les boutiques où on les enferme dans des cages pour les vendre, il choisit les plus beaux, les achète et se donne la joie de les voir s'élever dans l'espace reconquis [1]. Il se donne et tout ce qui lui appartient. Sa bourse, comme sa maison, est ouverte à ses amis ; il les laisse y puiser avec le désintéressement d'un homme qui a de plus hauts soucis. Ses disciples l'adorent ; il retouche leurs portraits et leurs tableaux : sa générosité s'épanche comme son génie.

Mais ici encore je retrouve la complexité mys-

---

[1]. Si connu était cet amour de Léonard pour les animaux qu'un voyageur Florentin, Andrea Corsali, écrivait en 1515 à Julien de Médicis. « Entre Goa et Rasigut, il y a une terre, appelée Cambaia, où le fleuve Indus entre dans la mer. Elle est habitée par des païens appelés Guzzarates qui sont très grands marchands... Ils ne se nourrissent d'aucune chose animée et, comme notre Léonard, ils ne permettent pas qu'on nuise à aucun être vivant. »

térieuse d'une âme dont l'unité enveloppe des
éléments que l'analyse oppose : loin de se séparer ou de se combattre, l'intelligence et le sentiment, en elle, se pénètrent, se fondent en nuances délicates dont la transition est insensible. Ses
affections n'ont rien de l'entraînement fatal qu'on
subit sans le discuter. Il n'est pas une de ses émotions qui ne passe par son entendement; il ne
conçoit même pas qu'on aime sans savoir pourquoi. « Rien, dit-il, ne peut être aimé ou haï, si
l'on n'en a d'abord la connaissance [1]. » Et ailleurs :
« Les abbréviateurs d'ouvrages font injure à la
connaissance et à l'amour, parce que l'amour d'une
chose est fils de sa connaissance. L'amour est
d'autant plus ardent que la connaissance est plus
certaine, et cette certitude naît de la connaissance
intégrale de toutes les parties qui, unies ensemble, constituent le tout de la chose qui doit être
aimée [2]. » De telles maximes n'éclairent-elles pas
d'un jour singulier l'âme de celui qui les formule?
L'amour est identifié avec l'intelligence. Il ne se
nourrit pas d'illusions et d'ignorance. C'est l'optimisme serein d'un esprit qui ne doute pas de
l'harmonie universelle ; c'est le rationalisme d'un
savant doublé d'un artiste, qui conçoit la nature
à son image et par-delà les procédés qu'il observe

1. C. A. 223 v°, 671 v° ; J.-P. R., II, § 1172.
2. W. An. III, 241; J.-P. R., II, § 1210.

aperçoit d'une claire intuition la pensée vivante qu'ils servent à traduire. Je songe à Pascal. « Le cœur a ses raisons que la raison ne connaît point, on le sait en mille choses. Est-ce par raison que vous aimez ? Dieu sensible au cœur, non à la raison [1]. » Le sentiment et l'idée confondus, toute la chaleur de l'émotion dans la lumière de l'intelligence, telle est la sensibilité de Léonard. Sa bonté n'est ni ignorance, ni faiblesse : elle est la condescendance d'un esprit supérieur qui s'associe à la vie d'autrui par l'intelligence qu'il en prend, plus encore elle est le bien se multipliant lui-même, « comme s'exhale une substance odorante » (Plotin), la libéralité fille de la vraie richesse, le mouvement naturel d'une âme qui, comme l'urne inclinée, s'épanche.

Trompé par cette sérénité un peu hautaine, on a accusé Léonard d'indifférence, de sécheresse de cœur. « Dans ses volumineux écrits, dit un biographe (Ch. Clément), on ne trouvera qu'un ob-

---

1. A une autre heure de sa vie, Pascal avait donné le plus beau commentaire de la pensée du Vinci : « La netteté d'esprit cause aussi la netteté de la passion ; c'est pourquoi un esprit grand et net aime avec ardeur, et il voit distinctement ce qu'il aime. » Et encore : « L'on a ôté mal à propos le nom de raison à l'amour et on les a opposés sans un bon fondement, car l'amour et la raison n'est qu'une même chose. C'est une précipitation de pensées qui se porte d'un côté sans bien examiner tout, mais c'est toujours une raison... » (*Disc. sur les passions de l'Amour.*) Dans ce dernier passage, Pascal fait plus que commenter, il donne son complément nécessaire à la pensée de Léonard.

servateur prodigieux de la nature, une merveilleuse intelligence dont la sagacité s'élève jusqu'au
génie ; jamais un mot sorti du cœur, jamais un
sentiment qui dépasse la réalité. » La vue des
œuvres de Léonard devrait retenir les paroles trop
promptes. Son réalisme n'a-t-il pas l'étrange originalité de satisfaire surtout les amoureux d'idéal?
Certes il ne faut pas lui demander le charme des
cœurs simples. Il n'est pas de ceux qui se perdent en autrui : ce n'est point le chêne qui se suspend au lierre. Il se donne à ce qui vraiment le
mérite ; il ne trahit pas l'objet naturel de son
amour, et sans manquer aux hommes, sans leur
rien refuser de lui-même, il suit son penchant
vers l'éternel et le divin : ce sont des passions
encore, mais qui donnent la sérénité dont on lui
veut faire un crime.

Je ne nie pas qu'il assiste impassible à bien des
spectacles dont la seule image, en nous évoquée,
nous émeut et nous trouble. Il reste indifférent
aux luttes politiques de son temps. Savonarole,
que Michel-Ange aima, dont la mort tragique
laissa tant de ses amis inconsolables, ne lui parut
qu'un moine exalté, qu'un rêveur chimérique et
dangereux. La discipline du couvent de Saint-
Marc allait contre l'infinie diversité de l'œuvre
divine. La vertu de ce réformateur naïf, qui brû-
lait les tableaux et les livres, ne valait pas, pour

lui, le sacrifice de l'art, de la science, des hautes
ambitions qui donnent à l'esprit, avec le sentiment de sa liberté, l'espérance de conquérir l'infini. Il servit Ludovic le More qui livra l'Italie à
Charles VIII, et sans aimer le crime, savait s'y
résigner. Il fut le grand ingénieur militaire
de César Borgia. Il put causer avec les condottières du Valentinois, quelques jours avant le
guet-apens de Sinigaglia, où ils furent tous égor-
gés. Perfidie, mensonge, trahisons d'une impudence à tuer la confiance humaine, empoisonne-
ments soudains ou lents, c'est la politique du
temps. Le trahi, presque toujours, est un traître ;
le crime prend une apparence de justice, à ne
considérer que la victime. La pauvre philosophie
du Prince était tout ce qu'il y avait à dégager pour
l'esprit de cette politique incohérente. Ce chaos
de passions individuelles déchaînées, heurtées au
hasard d'une apparente habileté, n'était pas matière pour la haute et lucide intelligence de Léonard. « Quelle action plus scélérate pourrais-je
dire que l'action de ceux qui élèvent au ciel par
leurs louanges ceux qui avec le plus d'ardeur ont
nui à la patrie et à l'espèce humaine. »

Une fois pour toutes, sans doute, il a pris son
parti des mœurs de son temps et de la méchanceté
des hommes. Il ne s'inquiète guère des troubles
de l'Italie, livrée à l'étranger. Ce sont des acci-

dents qui se passent au-dessous du monde qu'habite son esprit. Il est le client des rois de France, l'ami, le protégé de Louis XII et de François Iᵉʳ. Peut-être n'a-t-il découvert le sens du mot patrie, quels liens secrets unissent l'homme et la terre natale que bien tard, au château du Cloux. Sa patrie est où il peut espérer les moyens de faire de grandes choses. Il regarde les phénomènes de la politique à la façon d'un Spinoza, *sub specie æterni*, du point de vue de l'Éternel. Le mal que font les autres l'occupe moins que le bien qu'il peut faire. Que la Lombardie soit au fils de Ludovic le More ou au roi de France, peu lui importe! Mais régulariser le cours du Pô et de ses affluents, par de grands travaux d'irrigation accroître le bien-être de tout un peuple, faire du Milanais une plaine si riche que les hommes ne réussiront plus à la ruiner, voilà qui ne lui est point indifférent.

La souffrance inutile lui est odieuse. Faire le mal pour le mal est absurde. Sa sympathie descend jusqu'aux êtres les plus humbles. Toute vie lui est précieuse, il sait ce qu'elle vaut, quel chef-d'œuvre, entre tous, est le corps de l'homme. « Et toi, homme, qui considères dans mon travail l'œuvre admirable de la nature, si tu juges que c'est chose criminelle de la détruire, songe alors combien c'est chose plus criminelle que d'enlever

la vie à l'homme : si la construction de son corps
te paraît de merveilleux artifice, réfléchis qu'elle
n'est rien auprès de l'âme qui habite dans cette
architecture (*in tale architettura*), et vraiment,
quelle qu'elle soit, elle est chose divine. Donc
laisse-la habiter dans ce corps qui est son œuvre
à son bon plaisir (*lascia la habitare nella sua
opera a suo ben placito*), et garde que ta colère
ou ta malignité ne détruise une vie si belle qu'en
vérité qui ne l'estime à son prix ne la mérite
pas [1]. » Vous saisissez sur le vif l'union de la
pensée et du sentiment dans l'âme de Léonard.
L'étude de l'anatomie lui devient une raison d'aimer les hommes. Son indifférence apparente n'est,
à dire vrai, que le subtil mélange de son dédain
pour la sottise des hommes qui ne travaillent
qu'à se nuire, de l'amour aussi qu'il leur porte et
des passions plus hautes qui, par la science et
par l'art, l'élèvent vers la contemplation et la
création des choses divines.

III

Il ne s'indigne pas, il ne s'emporte pas, on ne
sent pas gronder en lui les tempêtes dont on

---

1. W. XXIX ; J.-P. R., II, § 1140. Ce texte se trouve au re-
vers d'un feuillet détaché qui contient des dessins d'anatomie.

imagine le tumulte dans le cœur de Michel-Ange. Sa main, sans se hâter ni s'appesantir, cherche sur la toile les effets subtils, l'expression de la vie délicate et frémissante. Tout ce qui est excessif, déclamatoire, est hors de sa nature, lui répugne comme une faute de goût, plus encore peut-être comme une erreur de l'intelligence. Il y a dans la violence quelque chose de démesuré, de brutal, en même temps qu'une vision trop simple des choses. Comprendre est un apaisement. L'ironie au contraire est une des nuances que composent, en se pénétrant, son intelligence clairvoyante et sa sensibilité délicate. La laideur même intéresse sa curiosité. Le sens très fin des harmonies lui montre comment elles se transposent en se déformant. Par le défaut dominant il met en relief le caractère. L'observateur patient de la nature et l'artiste curieux de l'expression morale se retrouvent dans ses caricatures. Il aime la gaieté pour elle-même, il a l'invention comique : on sait ses farces d'atelier. Mais souvent aussi ses anecdotes, ses fables, ses prophéties, sous la fantaisie de l'expression cachent les jugements hardis de son libre esprit.

Son ironie n'est pas amère, irritée ; elle n'est pas davantage l'ironie de nos réalistes qui font douter des sentiments élevés, en n'en montrant que le mensonge et la caricature dans des âmes

vulgaires et basses. J'y retrouve la tendance à
regarder les choses d'un peu haut et d'un peu
loin, comme du dehors. Le plus souvent il se
contente de constater les faits, mais par un tour
imprévu il en renouvelle et en rafraîchit l'impression. D'une sensibilité plus exquise, d'un esprit
plus pénétrant, il voit ce que les autres ne voient
plus à force de le voir, et il le leur découvre brusquement. Il les contraint de regarder sous leur
vrai jour des choses dont l'habitude dissimule le
ridicule et l'énormité. Il annonce dans ses *prophéties* des événements étranges que nous voyons
chaque jour sans en être surpris. Les désordres
de l'Église, les abus du clergé ne lui arrachent pas
des cris de colère, il se contente d'annoncer qu'ils
seront possibles. « Il y aura beaucoup d'hommes
qui laisseront les travaux, les fatigues, la pauvreté de vie et de biens, et qui iront habiter dans
les richesses et dans des édifices triomphants en
démontrant que c'est le moyen de se rendre agréable à Dieu. » C'est l'ironie tout intellectuelle qui
sera le génie de Voltaire.

Une sorte de résignation philosophique l'arrête
sur la pente de la colère. N'est-ce pas un trait de
sa propre vie que cette anecdote qu'il conte : « Un
homme cessa de voir un ami qui avait coutume de
dire du mal de ses amis. L'ami abandonné le pria
un jour, après bien des plaintes, de lui dire pour

quelle cause il avait oublié une si grande amitié.
A quoi l'autre répondit: je ne veux plus te fré-
quenter, parce que je te veux du bien; je crains
qu'en disant aux autres du mal de moi, ton ami,
tu ne leur donnes une triste opinion de toi; n'ayant
plus de rapports ensemble, on croira que nous
sommes devenus ennemis et, quand tu diras du
mal de moi, selon ton habitude, tu n'auras pas à
être blâmé autant que si nous continuions nos relations. » Vous saisissez ce qui se mêle dans cette
ironie de bonté, de délicatesse, de sang-froid aussi
et de hauteur sereine. Il est entre ceux qui se
fâchent et ceux qui veulent rire de tout. Dans la
cruauté même de l'homme qui blesse si vivement
sa douceur naturelle. il voit une stupidité, une
espèce de folie furieuse qui donne à son indignation un accent particulier. « On verra des animaux
sur la terre qui sans cesse se combattront les uns
les autres, avec les plus grands dommages et souvent avec la mort de l'une et l'autre partie. Ils ne
mettront aucun terme à leur malignité ; par leurs
membres robustes on verra renversée une grande
partie des arbres des grandes forêts de l'univers;
et, quand ils seront repus, l'aliment de leurs désirs (*il nutrimento di loro desiderii*) sera de
donner mort, douleurs, fatigues, guerre et furie
à toute chose animée;... aucune chose sur la terre,
sous la terre ou sous l'eau n'échappera à leur

persécution et à leur violence, et leur corps se fera la sépulture et le lieu de passage de tous ceux qu'ils auront tués. O monde! comment ne t'ouvres-tu pas pour précipiter par les fissures profondes de tes abîmes et de tes cavernes et pour ne plus montrer à la face du ciel un si cruel et si horrible monstre. » Son ironie s'en va finir ainsi au sourire mélancolique de l'homme supérieur qui se résigne et se venge de la façon la plus innocente, sans ajouter au mal celui de la colère et de la violence.

Tel m'apparaît le Vinci dans la beauté de son corps et de son esprit. Étrange succès de la nature, son génie est l'équilibre des dons les plus opposés. Il aime ce qu'il connaît, il connaît ce qu'il aime. L'intelligence et le sentiment, par leur mutuelle pénétration, font de lui le premier des savants et des artistes de son temps. La mesure est le privilège nécessaire de sa nature faite de contraires en accord. Pour emprunter une comparaison à ces vagues qu'il aimait à suivre dans leurs mouvements onduleux dont la souplesse dissimule la force, des courants multiples sortent des profondeurs de son âme, se croisent, se grossissent l'un par l'autre, se fondent en larges nappes, miroirs magiques où se réfléchissent et la terre et les cieux et les âmes des hommes qui les contemplent. Je songe encore à ces entrelacs dont sa fantaisie de géomètre et d'artiste tourne et retourne en tous sens la ligne qui nulle part ne commence, nulle part ne finit, mais, sans se briser jamais, dans son cours capricieux et continu dessine les formes régulières qu'elle groupe et combine dans l'unité de l'arabesque inextricable et savante.

Nous aimons les grands hommes dans la mesure où ils sont des hommes par la colère, par la douleur, par les larmes, par tout ce qui les fait de pauvres êtres semblables à nous. Léonard n'est pas familier : déjà ses contemporains disaient de lui : « Protée. » Ceux qui l'ont approché n'ont guère résisté au charme de sa grâce infinie. De loin le mystère de sa nature inquiète ceux qu'il ne passionne pas. On le simplifie, on le diminue pour le comprendre. C'est de lui surtout qu'il est vrai de dire qu'on n'apprend à l'aimer qu'en apprenant à le connaître. L'auteur de *la Joconde* est de la race des grands intellectuels, des Descartes, des Spinoza, des Leibniz. Prenons-en notre parti. Le désintéressement de l'homme qui contemple ne s'achève-t-il pas en lui par le goût de l'action, par l'effort pratique, plus encore par l'amour de la rare beauté qu'il créa.

On se plaint de la variété de ses dons. Habitué à considérer l'homme comme une machine qui doit allier la rapidité de la fabrication à l'excellence d'un produit spécial, on lui en veut de n'avoir rien sacrifié de l'homme en lui, de n'avoir pas fait son choix une fois pour toutes entre la science et l'art, entre la vérité et la beauté. Ses œuvres sont en trop petit nombre ; trop souvent on le voit commencer un tableau qu'il n'achève pas. On l'accuse de caprice, de mobilité, d'incertitude. Celui qui entre dans son intimité par la lecture de ses manuscrits voit la vanité d'un tel reproche. Léonard ne se limite pas de parti pris; pour épuiser son génie, il n'eût pas eu trop de plusieurs existences. Mais l'unité de la vie trop courte qu'il a vécue est dans la poursuite constante des fins désintéressées. Ce n'est point sa faute, s'il ne peut regarder sans voir, si les idées fécondes naissent en son esprit au spectacle des choses, si de toutes parts la vérité entrevue le sollicite et l'appelle. Aussi bien ce qui fait l'originalité de Léonard comme artiste, ce qui le met auprès de Michel-Ange et de Raphaël au premier rang, n'est-ce pas précisément l'union en lui du double esprit qui fait ses œuvres uniques. Simplifier sa nature, ce ne serait pas multiplier ses œuvres exquises, ce serait les supprimer, les détruire dans leur principe même, dans cette combinaison merveilleuse de toutes les facultés humaines en équilibre qui a été le génie du Vinci en son irréductible individualité.

CONCLUSION

I

La vie de Léonard de Vinci montre que la réflexion et l'imagination ne s'excluent pas nécessairement, qu'un grand artiste peut être un grand savant, et que ces facultés contraires, par leur concours, peuvent élever tout à la fois le savant et l'artiste à une hauteur extraordinaire. Mais peut-être le Vinci n'est-il pas, comme nous le pensons, un homme *représentatif* (Emerson), en qui, par un rare privilège, l'humanité révèle sa vie complète par l'harmonie de ses diverses puissances ? Peut-être, loin d'être un idéal, n'est-il qu'une exception ? Né sur les confins de deux mondes, au milieu du xv⁰ siècle, à la fin de ce moyen âge qui prolonge avec l'antiquité la jeunesse du monde, aux premiers jours de cette ère nouvelle qui est celle de la réflexion, il appartient tout à la fois à l'âge qui finit et à celui qui commence, tourné vers le passé par l'art, vers l'avenir par la science.

Ainsi se précise le problème que pose cette vie divine et qu'elle semblait résoudre. L'avènement de la science marque-t-il un nouvel état de l'humanité ? L'art est-il désormais chose morte ? l'imagination poétique, un organe sans fonction qui s'atrophie ? Est-il vrai que l'esprit n'ait plus d'autre office que la science positive, c'est-à-dire la résolution des phénomènes complexes dans les phénomènes plus simples qui les constituent et la réduction de tout ce qui semblait unité, harmonie aux rapports de ces faits élémentaires ? Plus d'un le pense. « Il y aura un temps, écrit M. Renan, où le grand artiste sera une chose vieillie, presque inutile ; le savant, au contraire, vaudra toujours de plus en plus. » Bien des faits semblent confirmer cette condamnation de la poésie. Pour l'homme primitif il n'y a pas de choses extérieures, si j'ose dire, il y a des émotions, des images qui ne sont pas distinguées de la réalité qui les évoque. Au grondement du tonnerre, la peur suscite l'image de l'être redoutable qui lance la foudre, ce trait de feu d'un arc tendu par le bras d'un Dieu : la légende est née avant même que celui qui la crée le soupçonne. L'homme est poète, sans le vouloir, sans le savoir, parce qu'il est tout imagination et tout sentiment, parce que sa pensée est une perpétuelle métaphore. Pour nous, la foudre n'est plus que le choc de deux nuages chargés d'électricités contraires qui se combinent brusquement : de la sensation nous n'allons plus au sentiment, à l'image, c'est-à-dire à la poésie, mais à l'idée abstraite, c'est-à-dire à la science. Au lieu de se précipiter en avant, l'esprit se modère, s'arrête, et l'expression de cette pensée qui revient sur elle-même se décompose, n'est plus le chant que rythme la passion, mais la phrase calme, lente, dont les membres se relient selon les rapports logiques des idées entre elles. Ainsi la poésie, chez les premiers hommes, n'est ni une exception, ni un artifice ; elle est dans le langage, parce qu'elle est dans la pensée ; elle est un produit naturel, un effet nécessaire ; elle résulte tout à la fois et des éléments qui s'agitent dans l'esprit, sensations, images, et du principe qui les combine, l'émotion et son rythme. Mais la fin de toute poésie est un effet non moins naturel, non moins nécessaire du progrès de l'esprit. A mesure que l'homme vieillit, le monde sensible n'est plus pour lui qu'une apparence dont il ne saurait être la dupe : lumière, couleurs, sons, tout ce décor mobile et vivant se résout dans le silence abstrait , géométrique des mouvements ondulatoires qui se déroulent dans l'espace. A la sensation se substitue l'idée, à l'unité du sentiment la succession logique, à la poésie la science.　.

Ce n'est pas seulement la poésie qui est condamnée, c'est l'art sous toutes ses formes qui semble de plus en plus devoir disparaître par une fatalité qui est celle du progrès même. Comme la poésie est l'état normal, la pensée de l'homme qui s'éveille à la vie, l'art se mêle à tout ce qu'il fait. Il n'est pas, comme l'animal, enfermé dans les limites précises d'un instinct qui fixe tout à la fois et ses besoins et les moyens de les satisfaire. Il n'a pas de machines qui travaillent pour lui ; il n'a que ce qu'il se doit à lui-même. Son industrie ne se distingue pas de l'art : il fait son lit, sa maison, ses armes. Quand Ulysse, de retour à Ithaque, veut se faire reconnaître de la défiante Pénélope, il lui raconte comment autour d'un antique olivier, au large feuillage, il bâtit lui-même sa chambre nuptiale « avec de lourdes pierres », et comment, sur le tronc poli de l'arbre « plus épais qu'une colonne », il dressa le lit que de ses propres mains il orna d'or, d'argent et d'ivoire. Plus tard l'ouvrier reste présent à son œuvre : c'est lui qui la conçoit et qui l'exécute. Le vase de terre garde l'empreinte de la main du potier. L'homme est présent à ce qu'il fait : visibles dans son œuvre, son adresse, ses hésitations, ses naïvetés lui donnent quelque chose d'humain. L'œuvre n'est pas uniforme, toujours la même, elle est animée, vivante, avec un je ne sais quoi d'individuel qui dans la vieille chose laisse apparaître le vieil homme. La science substitue à l'art l'industrie ; elle élimine de l'œuvre la main de l'ouvrier qui n'intervient plus que pour diriger la machine qui le remplace. Il sait à peine ce qu'elle fait, moins encore comment elle le fait ; il est l'un de ses rouages, l'un des ressorts qui la mettent en jeu. Comme le savant, dans ses observations, cherche à se substituer des instruments qui ne mêlent rien d'eux-mêmes aux phénomènes qu'ils enregistrent, le progrès industriel est de substituer à l'homme, ce pauvre instrument de production, lent, irrégulier, personnel, la machine sans âme qui fait ce qu'on lui demande d'un mouvement sûr et continu. L'homme, c'est l'art avec ses incertitudes, ses variétés individuelles ; la machine, c'est la science avec son uniformité, sa certitude inflexible. Quand l'intervention de l'ouvrier ne peut être évitée, l'art n'y gagne rien. L'ouvrier n'est plus que le manœuvre ; il ne conçoit pas l'objet d'ensemble, il exécute une de ses parties toujours la même, et l'objet n'est que la juxtaposition et l'ajustement de ces parties. La division du travail rapproche de plus en plus l'homme de la vitesse, de la précision et de l'impersonnalité de la machine.

Le progrès est-il d'ailleurs autre chose, et par

définition même, qu'une suppression graduelle de l'invention et de la spontanéité ? Au début, tout est à trouver, et cela sans éléments, sans découvertes antérieures, sans méthode ; le problème redoutable est d'aller de l'inconnu à l'inconnu. Il faut, pour le résoudre, les divinations du génie. Ce qui est fait n'est plus à faire. La découverte de l'individu devient le patrimoine de tous : du domaine du génie, où elle n'est demeurée qu'un instant, elle passe dans celui de l'habitude ou de la réflexion. Il était vraiment inspiré, dans l'enthousiasme, fils des dieux, celui qui le premier, par l'intuition soudaine d'une analogie jusqu'alors inaperçue, eut l'idée d'ouvrir la terre et de confier à son sein l'espérance des moissons futures ; aujourd'hui le paysan le plus abruti, sans y songer, laboure, sème et récolte.

Pour lancer la terre autour du soleil, il fallait les hautes facultés poétiques d'un Copernic ; le mouvement de la terre n'est plus qu'une conclusion logique d'arguments catalogués et classés. La civilisation n'est rien que l'amas des inventions du génie figées en raisonnements ou en habitudes, elle nous enferme dans un cercle de fatalités bienfaisantes. A mesure que l'homme sait davantage, il a moins besoin de deviner. Le génie, sorte d'instinct merveilleux qui voit la vérité avant ses preuves, de plus en plus doit faire place à l'analyse et à la réflexion qui vont du connu à l'inconnu par le raisonnement et le calcul. Nos pères, sans y songer, par le seul besoin d'exprimer leur pensée, créaient les langues, ces chefs-d'œuvre de la pensée spontanée, nous apprenons la grammaire; ils inventaient les légendes religieuses, mettant dans ces poèmes sacrés une telle ardeur de sentiment que le rayonnement en vient jusqu'à nous, nos enfants récitent le catéchisme. Les jeux de l'enfance et les exaltations de la jeunesse ne conviennent pas à l'âge mûr; on ne concilie pas l'inconciliable, l'art disparaîtra devant la science.

II

Je me défie des prophéties. Quand ils annoncent l'avenir, les prophètes le plus souvent ne font que constater le présent, à moins qu'ils n'imposent à l'histoire la logique de leurs théories ou de leurs passions. A. Comte avait proclamé que la religion et la métaphysique étaient mortes; l'art restait à tuer; M. Renan s'est chargé de l'exécution, tout en prolongeant dans ses œuvres, avec une pitié attendrie, la vie de la beauté mourante. Mais voici qu'aujourd'hui de nouveaux prophètes déclarent que l'art n'est point né encore, qu'il va naître, que les peintres viennent de découvrir la lumière, les musiciens l'expression musicale, les poètes le pur langage de l'émotion. Les artistes ne veulent pas mourir, c'est la première condition pour vivre.

Au vrai, quel que doive être l'art de demain, jamais peut-être le sens de la beauté ne fut plus délicat ni plus répandu. L'art a fait l'éducation esthétique de l'humanité; il nous a appris à voir, à sentir, à aimer la nature. En donnant toute leur valeur expressive aux mille bruits des choses, à l'arabesque des lignes, à l'harmonie des couleurs, au contraste de la lumière et de l'ombre, à la pénétration du clair et de l'obscur, il a fait de la nature entière un vivant langage. Il n'est plus enfermé dans les musées et dans les livres; présent à notre esprit même, il transfigure tout ce qui pénètre en lui, il se mêle à toute notre vie, il ajoute à toute réalité le charme d'une secrète sympathie qui l'unit à nous. A force d'être regardé par des yeux humains, le monde s'est humanisé. Léonard, Botticelli, Michel-Ange, Rembrandt, les grands poètes, les grands musiciens nous ont révélé les mystérieuses correspondances qui relient les sens au cœur et à la pensée. De plus en plus les sensations éveillent en nous des sentiments qui, semblant venir des choses, en font les symboles de nos émotions. La nature ne nous est plus étrangère, elle est un langage que nous entendons, de ses mille aspects elle compose en nous des paysages, des poèmes, des chants intérieurs que varient les nuances mobiles de la sensibilité individuelle. A mesure que l'intelligence ne laisse de l'univers qu'un mécanisme aveugle et sourd, la sensibilité lui rend la grâce et la vie. L'anthropomorphisme renaît sous une forme nouvelle : nous ne peuplons plus un monde mort d'hommes divins, faunes, nymphes ou satyres, c'est le monde même qui prend je ne sais quoi d'un visage où se reflètent nos pensées et frémit quelque chose de notre vie intérieure. Quand, dans la forêt solitaire, nous voyons, au détour d'une gorge profonde, un cerf surpris dresser la tête, un instant hésiter, puis s'élancer, nous ne détournons plus la tête, anxieux, de la forme divine de la Diane antique ; mais le divin n'a pas déserté les grands bois, il est devenu l'âme des choses que trahissent leur attitude et leurs mouvements, âme mystérieuse, source intarissable de vie, dont la sérénité nous apaise.

Sans doute, ce qui est fait n'est plus à faire ; la science et l'industrie par leurs progrès limitent le domaine de l'invention, ou mieux elles le déplacent. Si la grosse besogne se fait sans nous, il nous reste le loisir des tâches délicates que nul ne

saurait accomplir pour nous. Sans l'habitude, qui
fixe en un automatisme inconscient les actes
d'abord voulus et réfléchis, nous serions condamnés à répéter toujours les mêmes choses ; sans la
science et l'industrie, ces habitudes sociales, nous
resterions absorbés par les besoins de la vie animale. L'imagination ne disparaîtra jamais, parce
que jamais elle ne sera un organe superflu. La
science, aussi bien que l'art, la suppose : c'est elle
qui suggère les idées fécondes sans lesquelles
l'observation est sans objet et les expériences
sans direction, c'est elle qui par l'hypothèse va
comme au devant de la vérité. Léonard de Vinci
nous a montré comment les facultés du savant se
relient à celles de l'artiste. Si l'on suppose qu'il
n'y ait plus rien à découvrir, il est clair qu'on n'a
que faire du génie, de la pensée spontanée, principe de toute découverte. Mais ainsi arrêtée, réduite
à des théories toutes faites, ne remettant jamais en
question ses principes, catéchisme d'un nouveau
genre, la science ne serait que la plus odieuse des
scolastiques, une scolastique sans les problèmes
passionnants de la métaphysique et de la théologie, sans le charme des légendes puériles et
charmantes, sans musique et sans cathédrales.

Même la curiosité et l'invention scientifiques
disparaîtraient avec l'imagination. Mais la science
n'est point l'œuvre unique de l'esprit. La science

est l'analyse, la décomposition des harmonies réalisées, l'effort pour retrouver dans un tout complexe avec ses éléments leurs rapports nécessaires. La nature, s'il faut en croire Léonard de Vinci, ne décompose que pour recomposer, ne détruit ses propres œuvres que pour satisfaire sa passion créatrice. Dans l'esprit vit la puissance spontanée qui se plut aux harmonies cosmiques : il n'est pas seulement un instrument d'analyse; sa fonction n'est pas seulement de décomposer tout ce qui le précède et le prépare, de détruire ainsi pour la comprendre l'œuvre qu'il n'a pas faite; sa fonction la plus haute est de continuer la vie, non de la suspendre; d'ajouter au monde de la nature le monde de la pensée, de prendre par cet effort même la véritable intelligence des choses en les achevant; par l'art, plus encore par la morale, de se donner le sens de cet univers qu'il ne saisit vraiment qu'en y intervenant, qu'en y jouant le rôle qui lui est départi. Ce n'est pas en restant en dehors des choses qu'on les pénètre; l'ironie est une pauvre sagesse qui nous laisse au seuil de la vie, on ne le franchit qu'en vivant, par l'effort et par l'amour. L'homme n'est vraiment lui-même que quand il fait œuvre humaine, que quand il agit, que quand il crée dans l'ordre du beau et du bien: par là seulement il prend conscience et de ce qui l'unit à la nature et de ce qui l'élève au-dessus d'elle. L'art ne peut pas plus disparaître que la vie dont il est la libre expansion, que le sentiment dont il est l'expression et dont les incessantes métamorphoses créeront pour s'exprimer des formes toujours nouvelles.

Réduisez la vie humaine à la science, elle est sans direction, sans lois. En mettant à notre discrétion les forces naturelles, la science nous donne les plus puissants moyens d'action. Mais de ces moyens quel usage convient-il de faire ? quelles sont les fins que nous devons poursuivre? Demanderai-je l'idéal à la science qui n'est que la constatation du réel? Le réel ne révèle l'idéal qu'à celui qui d'abord l'y projette. Appliquée aux sentiments moraux, précieux héritage de la vie antérieure, l'analyse scientifique les étudiera comme des faits donnés qu'il s'agit de résoudre en éléments simples; elle les détruira, elle n'en créera point de nouveaux. Au terme, contrainte de s'arrêter où la vie commence, elle laissera l'animal et ses besoins, la bête avec ses désirs anarchiques. En admettant que la science puisse survivre à cette dégradation de l'humanité, qu'elle n'ait pas besoin pour durer de ce désintéressement et de ces vertus qui l'ont fait naître, son prétendu triomphe ne sera que la force au service de la bête humaine, une barbarie dont les tours de Babel verront plus que la confusion des langues, la bataille des instincts déchaînés.

L'œuvre de l'homme, c'est l'homme même; voilà l'idéal à créer, à recréer sans cesse. Par lui la poésie, au sens le plus large de ce mot, reste dans la vie humaine et n'en peut sortir. Tout ce que nous avons ajouté en nous à la nature première par l'effort des meilleurs continué et transmis durant des siècles est singulièrement fragile. Dès que l'individu par la maladie tombe au-dessous de lui-même, c'est ce qui d'abord s'efface et disparaît. Qu'on imagine une génération sans vertu, le malheur serait irréparable peut-être. Notre loi est le perpétuel effort : nous sommes sur une pente abrupte où l'on ne se maintient que par l'élan pour monter plus haut. Ceux qui demandent à la science positive de suppléer à la poésie, à l'art, à la morale, ne savent pas ce qu'ils demandent. La vie n'est pas une chose toute faite, dont il n'y ait qu'à jouir; elle n'est pas même un objet à connaître; elle ne nous est donnée que dans ses conditions matérielles, c'est à nous d'édifier sur ces assises premières la vie humaine. Il ne faut pas dire du mal de la science ni la négliger, elle est désormais unie à la morale même; elle est la condition de la puissance, par elle seule le rêve s'achève en action. Mais elle n'a tout son prix que si elle est à son rang, subordonnée à l'invention artistique et morale, à ce perpétuel effort pour faire l'homme plus humain et la nature plus spirituelle. En nous donnant la connaissance du possible, elle nous permet de relier l'idée au réel; par elle, la morale n'est pas une aspiration vaine, la joie du sacrifice stérile, mais l'action efficace qui profite à tous. Toute la vie de Léonard de Vinci se résume dans cet effort pour mettre la pensée au service de l'action, et l'action même au service de l'idée. La science est un des moments nécessaires du progrès, une des grandes œuvres sociales, mais elle n'existe que par des vertus qu'elle ne doit pas détruire, que par des facultés d'invention qu'elle ne doit pas stériliser, que pour des fins qu'elle ne doit pas faire oublier : ne permettons pas que, subordonnant l'esprit qui la crée, elle introduise dans la vie humaine les grossièretés d'une servante maîtresse.

APPENDICES

APPENDICES

APPENDICE I

Hypothèse d'un voyage en Orient.

Le *Codex Atlanticus* (C. A. 143 v°, 426 v°; J.-P. R.,
II, § 1336) contient les brouillons d'une lettre adressée
par Léonard « au (*diodario*) devâtdâr de Syrie, lieute-
nant du sacré sultan de Babylone ». Au moyen-âge, le
nom de Babylone est souvent donné à la ville du Caire.
Ce devâtdâr serait donc un gouverneur de la Syrie, au
service d'un de ces sultans mameloucks qui de 1382 à
1517 régnèrent sur l'Égypte. Dans ces pages, mêlées de
croquis, Léonard parle de lui-même comme ayant résidé
dans les montagnes d'Arménie : « Le récent désastre survenu dans nos contrées septentrionales qui, j'en suis
certain, terrifiera non seulement toi, mais tout l'univers,
te sera raconté avec ordre, te montrant d'abord l'effet et
puis la cause... Me trouvant dans cette partie de l'Arménie pour remplir avec amour et sollicitude l'office pour

lequel tu m'as envoyé... » De ces textes et de ce fait que nous n'avons pas de documents sur la vie de Léonard de 1482 à 1486, M. J.-P. Richter a conclu qu'il a fait un voyage en Orient et rempli en Syrie les fonctions d'ingénieur. « Au retour il aura gardé le silence sur un épisode de sa vie qui aurait fini par un échec. »

Il y a pour rejeter l'hypothèse de M. J.-P. Richter plus d'une raison. La première est le silence de tous les contemporains sur ce prétendu voyage. La seconde peut être tirée du contenu même des textes invoqués. Il s'agit d'un fait extraordinaire, d'un événement dramatique : une montagne s'écroule, arrête le cours des eaux, les précipite sur une ville qu'elles submergent. La description des lieux où se passe cette scène de destruction me paraît faite surtout comme la scène elle-même pour frapper fortement les esprits. Il m'est impossible d'y retrouver cette précision et cette justesse qui caractérisent Léonard, toutes les fois qu'il observe la réalité. « Les pics du grand mont Taurus sont d'une telle hauteur qu'ils semblent toucher le ciel et dans tout le monde il n'y a pas une partie de la terre plus haute que sa cime; et toujours quatre heures avant le jour elle est frappée des rayons du soleil à l'Orient, et, comme elle est de pierre très blanche, elle resplendit et pour ces Arméniens tient lieu d'un brillant clair de lune au milieu des ténèbres... Cette cime est vue de maintes places vers l'Ouest illuminée par le soleil après qu'il est couché jusqu'au tiers de la nuit. » Voici qui nous jette dans la fantaisie pure : « L'ombre de cette chaîne du Taurus est de telle hauteur que, quand au milieu de juin le soleil est au méridien, son ombre s'étend jusqu'aux frontières de la Sarmatie, qui sont à 12 journées et au milieu de déc. elle s'étend jusqu'aux monts hyperboréens qui sont à un mois vers le nord. »

M. Richter attribue ces renseignements aux habitants du pays dont il vient d'être parlé, mais le texte ne le dit pas. Enfin le premier brouillon de la lettre au devâtdàr est accompagné du plan suivant : « Division du livre. La prédication et (*persuasione*) confession de la foi. L'inondation soudaine jusqu'à sa fin; la ruine de la cité; la mort du peuple et son désespoir; la recherche du prédicateur, sa délivrance et sa bonté; description de la cause de la chute de la montagne; le mal qu'elle cause; chute de neige; le prophète trouvé; sa prophétie; inondation des parties basses de l'Arménie Occidentale, dont l'écoulement était par la coupure du mont Taurus; comment le nouveau prophète montre que cette chute est arrivée selon ses prédications; description du mont Taurus et du fleuve Euphrate; pourquoi le mont resplendit à sa cime la moitié ou le tiers de la nuit et paraît une comète à ceux de l'Occident après le coucher du soleil et avant le jour à ceux de l'Orient? » Ce plan ne semble-t-il pas celui d'une sorte de roman géographique?

C'est la conclusion de M. Govi : « Quant aux notes sur le mont Taurus, l'Arménie et l'Asie-Mineure, elles ont été prises de quelque géographe ou voyageur contemporain. Du plan imparfait qui accompagne ces fragments, on pourrait conclure que Léonard eut l'idée de faire un livre qu'il n'acheva pas. De toute façon il est impossible de trouver là la preuve d'un voyage de Léonard en Orient, ni de sa conversion à la religion mahométane, comme on l'a prétendu. Léonard aimait avec passion les études géographiques, et dans ses écrits on rencontre souvent des itinéraires, des descriptions de lieux, des esquisses de cartes, des dessins topographiques de diverses régions; il n'y a rien d'extraordinaire à ce que, très habile conteur, il se fût proposé d'écrire une espèce de roman sous forme épistolaire, dont l'intrigue se développât en Asie Mineure, sur laquelle un livre paru ou peut-être quelque voyageur de ses amis lui avait fourni des renseignements plus ou moins fantastiques. » Cette hypothèse est d'autant plus vraisemblable que Léonard aime à conter : il a écrit des fables et tel passage sur la mort d'un géant semble bien le fragment de quelque conte oriental : « Cher Benedetto de' Pertarti, quand le fier géant tomba en glissant sur la terre sanglante et fangeuse, on eût dit que tombait une montagne. » Le peuple s'élance, le couvre de coups : « le géant réveillé et se sentant comme couvert de cette multitude éprouva la douleur des blessures, il poussa un mugissement terrible comme l'éclat du tonnerre et, les mains posées à terre, il souleva sa terrible face ; portant ses mains à sa tête il la trouva pleine d'hommes, qui s'y attachaient à la façon des petits animaux qui chez ceux-ci ont coutume d'y naître ; alors mouvant sa tête, il les lança en l'air, comme la grêle chassée par le vent... Nouvelles des choses de l'Orient ; sache que dans le mois de juin est apparu un géant qui vient des déserts de la Lybie... » Je ne crois pas possible de soutenir l'hypothèse d'un voyage en Orient.

Le Biographe anonyme du xvie siècle dit que Léonard vint en France avant d'y suivre François Ier. M. Ravaisson pense que ce voyage, s'il a eu lieu, pourrait se placer à la date de 1509 (Mts G et K). Nous n'avons d'ailleurs aucun renseignement sur ce premier séjour du Vinci en France.

APPENDICE II

Les manuscrits de Léonard de Vinci.

Par son testament, Léonard avait laissé ses livres, ses instruments, ses dessins et ses notes à Francesco Melzi. Melzi les rapporta en Italie, dans cette villa de Vaprio que son maître avait aimée. Pendant toute sa vie, il en prit un soin religieux, les montrant à ses visiteurs (Vasari, Lomazzo), en faisant des extraits, préparant sans doute quelques-unes de ces anciennes copies qui sont ce qu'on en avait connu jusqu'à nos jours. Francesco Melzi mourut vers 1570. Son fils, le seigneur Horatio, avait l'âme officielle. Il fit monter au grenier ces papiers d'un certain Léonard, mort depuis plus de cinquante ans. Une relation, écrite au xvııᵉ siècle, vers 1635, par Giov. Ambrosio Mazzenta, nous aide à reconstituer en partie l'histoire des précieux manuscrits [1].

« Il y a environ 50 ans, raconte Mazzenta, que vinrent en mes mains 13 liv. de L. de V., quelques-uns

---

[1]. Cette relation a été mise à profit par Raphaël Trichet du Fresne dans la 1ʳᵉ édition du *Traité de la peinture* (1651); elle a été résumée en partie par Venturi (1797) et traduite intégralement en 1861 par E. Piot. Dans le 2ᵉ volume de ses *Ricerche*, etc., M. Uzielli a donné une histoire très complète des manuscrits et de leurs vicissitudes, avec tous les documents qui s'y rapportent.

écrits in-f°, d'autres in-4°, à l'envers, selon l'usage des Hébreux, avec de bons caractères, assez facilement lisibles, au moyen d'un grand miroir. Je les eus par aventure et le hasard me les mit dans les mains de la manière suivante. » Comme il étudiait le droit à Pise, il s'y rencontra avec un certain Lelio Gavardi d'Isola. Précepteur chez Melzi, ce Lelio Gavardi avait trouvé à Vaprio « beaucoup de dessins, de livres et d'instruments, œuvres de Léonard de Vinci, abandonnés dans de vieilles caisses. » Il obtint du naïf Melzi de prendre et d'emporter tout ce qu'il voulut. Il partit pour Florence avec treize manuscrits Il. comptait les donner au grand-duc François, qui ne manquerait pas de le récompenser généreusement. Mais il était à peine à Florence que le grand-duc tomba malade et mourut. Il vint alors à Pise pour étudier le droit sous la direction de son parent, Alde Manuce. Mazzenta, avec lequel il se lia, lui fit honte de s'être approprié un bien dont il n'ignorait pas le prix. Lelio Gavardi, pris de repentir, chargea Mazzenta, qui retournait à Milan, ses études achevées, de rendre aux Melzi tout ce qu'il leur avait enlevé. « Je remplis l'office qui m'avait été confié en conscience, remettant le tout au sieur Horatio Melzi. Il s'étonna que j'eusse pris cette peine et me fit don des manuscrits, me disant qu'il avait beaucoup d'autres dessins du même auteur, déjà depuis nombre d'années, dans les chambres de sa villa, sous des toits en mauvais état. »

Les manuscrits restèrent dans les mains de Mazzenta et de ses frères. « Mais ceux-ci en firent montre trop pompeusement et racontèrent comment et avec quelle facilité ils les avaient eus. Beaucoup en demandèrent au Dr Melzi et lui arrachèrent des dessins, des modèles, des planches d'anatomie, avec d'autres précieux restes des études de Léonard. Parmi ces pêcheurs (*pescatori*) se trouva Pompeo Arettino, fils d'un ancien élève de Buonarrotti, le cavalier Leone, et lui-même familier du roi d'Espagne Philippe II, pour qui il avait fait tous les bronzes de l'Escurial. » Pompeo Leone promit au docteur Melzi un siège au sénat de Milan, s'il recouvrait les 13 manuscrits et les lui confiait pour en faire don au roi Philippe II. L'innocent Melzi vint se jeter aux pieds du frère de Mazzenta. « Sept manuscrits lui furent rendus ; six restèrent dans la maison des Mazzenta. De ces six manuscrits, l'un fut donné au sieur cardinal Frédéric Borromée ; il est aujourd'hui conservé dans la Bibliothèque Ambroisienne, il traite de l'ombre et de la lumière d'une façon très philosophique et très utile pour les peintres. Un deuxième fut donné au peintre Ambrosio Figgini. Sur la demande du duc Emmanuel de Savoie, j'obtins de mon frère qu'il fît à Son Altesse le plaisir de lui en céder un troisième. Le reste (3), à la mort de mon frère, alors éloigné de Milan, parvint, je ne sais comment, dans les mains de Pompeo Arettino nommé plus haut. Celui-ci en recueillant d'autres les effeuilla et fit un grand livre qu'il laissa à son héritier Cléodoro Calchi. Celui-ci le vendit au sieur Galeazzo Arconati pour 300 écus. Galeazzo Arconati, homme très généreux, le conserva dans ses galeries, riches de mille autres choses précieuses, et plusieurs fois, à la demande de Son Altesse de Savoie et d'autres princes, il en refusa courtoisement plus de 600 écus [1]. » En résumé, des 13 manuscrits possédés un moment par Mazzenta, dix sont passés dans les mainsde

---

1. La relation de Mazzenta (Biblioth. Ambroisienne, H, 227 P. in-f°) a donc été écrite entre 1609, année où le cardinal Frédéric Borromée fit don à l'Ambroisienne de son manuscrit, et 1637, date de la donation Arconati.

Pompeo Leone; celui du duc Emmanuel de Savoie est
aujourd'hui perdu ; on ne sait ce qu'est devenu celui du
peintre Ambrogio Figgino ; celui que le cardinal Frédéric Borromée donna à l'Ambroisienne en 1609 est le
manuscrit C de l'Institut [1].

En 1637, Galeazzo Arconati fit don à la Bibliothèque
Ambroisienne des manuscrits qu'il avait achetés de l'héritier de Pompeo Leone. L'acte de donation comprend
un inventaire. Ce nouveau document complète l'histoire
des manuscrits de Paris et de Milan. Le premier manuscrit décrit est le *Codex Atlanticus* que Pompeo Leone
avait formé, d'après Mazzenta, de feuillets détachés. Il
est haut de o m. 65 c., large de o m. 44 c.; il contient
393 pages et collés sur ces pages environ 1600 feuillets,
dont quelques-uns écrits des deux côtés. Nous trouvons
ensuite décrits les manuscrits A, B, E, F, G, H, I, L,
M de l'Institut. L'acte de donation mentionne en outre
le manuscrit qui est aujourd'hui en la possession du
marquis de Trivulce. On ignore comment ce manuscrit
Trivulce est sorti de l'Ambroisienne et comment on lui
a substitué le manuscrit D de l'Institut. Le manuscrit
K a été donné à l'Ambroisienne par le comte Orazio
Archinti, en 1674.

Par la relation de Mazzenta et la donation Arconati
nous suivons le *Codex Atlanticus*, les manuscrits A à
M (à l'exception de D et de K), le manuscrit Trivulce, des
vieilles caisses d'Horatio Melzi aux rayons de la Bibliothèque Ambroisienne. A la suite de quelles aventures
nouvelles, douze de ces manuscrits sont-ils aujourd'hui
à la Bibliothèque de l'Institut de France et le *Codex At-*

---

1. En 1797, Venturi a désigné les 12 manuscrits de la Bibliothèque
de l'Institut par les lettres A à M, et par N le *Codex Atlanticus*.

lanticus à l'Ambroisienne ? En 1796, après les victoires de Bonaparte, les manuscrits de Léonard de Vinci étaient expédiés à Paris. Le *Codex Atlanticus* fut attribué à la Bibliothèque Nationale, les 12 manuscrits, que Venturi désigna par les lettres A à M, à la Bibliothèque de l'Institut. En 1815, le commissaire autrichien réclama pour Milan les manuscrits du Vinci, que l'on croyait à la Bibliothèque Nationale. On trouva bien le *Codex Atlanticus* qui fut restitué; mais on chercha vainement à la Bibliothèque Nationale les douze volumes qui étaient à l'Institut. C'est à cet accident que nous devons d'avoir gardé les manuscrits dont le grand travail de M. Ch. Ravaisson vient de justifier la possession.

Quels sont maintenant les autres manuscrits de Léonard dispersés en Europe? Les deux volumes de lord Ashburnam étaient composés de feuillets arrachés par Libri aux manuscrits A et B de l'Institut. Grâce à M. Léopold Delisle, ils sont rentrés à la Bibliothèque Nationale. M. Charles Ravaisson les a publiés et traduits [1]. Le comte Giacomo Manzoni possède un petit cahier de 16 feuilles sur le vol des oiseaux : c'est encore un vol fait par Libri au manuscrit B. — Dans la Bibliothèque du comte de Leicester (Holkham Hall Norfolk), un volume relié en peau de 72 pages traite de l'hydraulique. Une note en italien porte : acquistato (con la gran forza dell'oro : mots biffés) da Giuseppe Ghezzi pittore in Roma. En 1876, M. J. Forster a fait don au South Kensington Museum de 3 volumes achetés à Vienne par Lord Lytton. L'un comprend 104 pages et traite surtout de stéréométrie (mesure des volumes), les deux autres

1. La Bibliothèque Nationale a rendu à la Bibliothèque de l'Institut les deux volumes de lord Ashburnam.

(3ı8 p. — ı76 p.) contiennent des notes diverses. Le British Museum possède un manuscrit de 566 pages, marqué : Arundel 263 ; sur le dos de la couverture on lit : mathematical notes by L. d. V. Enfin la Bibliothèque Royale de Windsor renferme de nombreux dessins et feuillets de manuscrits, qui proviennent de la collection Pompeo Leone. M. J.-P. Richter a classé ces feuillets, selon les manuscrits dont ils faisaient partie, en plusieurs groupes : 1° fragment du premier traité sur l'Anatomie (W. An., I, 10 p.) ; 2° Études sur les proportions de la figure humaine, feuilles détachées (W. P., ı9 pages) ; 3° Traité sur l'anatomie du cheval, feuilles détachées (W. H., 80 p.) ; 4° second traité sur l'anatomie, feuilles détachées (W. An., II, 72 p.) ; 5° collection de cartes (W. M., 12 p.) ; 6° troisième traité sur l'Anatomie, feuilles détachées de couleur gris-bleu (W. An., III, 46 p.) ; 7° quatrième traité sur l'Anatomie (W. An., IV, 138 p.) ; 8° collection de feuilles détachées, géographie et hydrographie de l'Italie (W. L. 30 p.) ; 9° feuillets détachés (W.). La collection de Windsor est la plus précieuse pour l'art, elle contient, outre des dessins admirables, ces planches anatomiques qui avaient surtout frappé Vasari, quand il fut admis à voir les manuscrits de Léonard. Les manuscrits du British Museum et de Windsor ont été achetés, dans la première moitié du xvııe siècle, par lord Arundel, ambassadeur d'Angleterre en Espagne, où Pompeo Leone était mort en 1670.

INDEX DES MANUSCRITS[1]

	MARQUES du MANUSCRIT	DESCRIPTION DU MANUSCRIT	BIBLIOTHÈQUE	Total des pages	HAUTEUR et largeur en centimètres	DATE
1	W. An. I	Fragment du 1ᵉʳ traité sur l'anatomie.	Windsor	10	18,7-13,2	1489
2	C	Traité sur l'ombre et la lumière, relié.	Institut de France	56	31-22	1490-1491
3	B	Armes de guerre, architecture.	Institut de France	168	23,5-17	vers 1490
4	Ash. II	Fragment du manuscrit B volé par Libri et vendu à lord Ashburnam.	Institut de France	26	24-17	vers 1490
5	Ash. I	Fragment du traité de la peinture, volé par Libri au Mˢ A et vendu à lord Ashburnam.	Institut de France	68	24-13,5	1492
6	A	Matières diverses, mécanique.	Institut de France	126	21-14	1492
7	S. K. M. III	Carnet de notes marqué III.	Forster Library, South Kensington Museum. Londres.	176	9-6,7	1493
8	H³	Carnet de notes formant la 3ᵉ partie du volume relié, marqué H.	Institut de France	94	10,3-7,2	1493-1494
9	H²	Carnet de notes formant la 2ᵉ partie du volume relié H.	Institut de France	92	10,3-7,2	1494 janv. février.

[1] Cet index est emprunté au premier volume de la publication de M. J.-P. Richter.

MARQUES du MANUSCRIT	DESCRIPTION DU MANUSCRIT	BIBLIOTHÈQUE	Total des pages	HAUTEUR et largeur en centimètres	DATE
H¹	Carnet formant la 1ʳᵉ partie du volume relié H.	Institut de France	96	1¹,3-7,2	1494 mars
S. K. M. II²	Carnet de notes, 2ᵉ partie du volume relié, marqué II.	Forster Library, South Kensington Museum, Londres.	126	9,9-7,2	1493-5
S. K. M. II¹	Carnet de notes, 1ʳᵉ partie du volume relié, marqué II.	Forster Library, South Kensington Museum, Londres.	190	9,9-7,2	1495
I²	Carnet de notes, seconde partie du volume relié I.	Institut de France	182	10-7,2	1497
I¹	Carnet de notes, 1ʳᵉ partie du volume relié I.	Institut de France	96	10-7, 2	1497?
W. P.	Etudes sur les proportions du corps humain, feuilles détachées.	Windsor	19	dimensions diverses	1490-1495?
W. H.	Anatomie du cheval, feuilles détachées.	Windsor	80	dimensions diverses	1490-5?
W. An. II	2ᵉ traité d'anatomie, feuilles détachées.	Windsor	72	19-13,5	1490-1500
L.	Carnet de notes, reliure originale.	Institut de France	188	10-7	1502
W. M.	Collection de cartes.	Windsor	12	dimensions diverses	environ 1502
S. K. M. I¹	Stéréométrie, 1ʳᵉ partie d'un volume relié marqué I.	Forster Library, South Kensington Museum, Londres.	76	14-10,5	1505

MARQUES du MANUSCRIT	DESCRIPTION DU MANUSCRIT	BIBLIOTHÈQUE	Total des pages	HAUTEUR et largeur en centimètres	DATE
S. K. M. I²	Carnet de notes, 2ᵉ partie d'un volume relié, marqué I.	Forster Library, South Kensington Museum, Londres.	28	14-10,5	environ 1505
F.	Carnet de notes, reliure originale.	Institut de France	192	15-10,2	1508
Br. M.	Collection de traités et notes, volume relié, marqué Arundel 263.	British Museum, Londres	566	19-12,5	
W. An III.	3ᵉ traité d'anatomie : feuilles détachées, couleur gris-bleu.	Windsor	46	29-21	1513
E.	Carnet de notes, reliure originale.	Institut de France	160	15,4-9,3	1513et151
G.	Carnet de notes, reliure originale.	Institut de France	186	14-10	environ 1515
M	Carnet de notes, reliure originale.	Institut de France	188	10-7	environ 1515
Tr.	Matières diverses; propriété du marquis G. Trivulzio.	Palais Trivulzio Milan	102	21-14	entre 149 et 1516
Leic.	Volume relié ; hydraulique .	Leicester Library Holkham Hall, Norfolk.	72	30-22	entre 150 et 1519 1510?
Mz	Vol des oiseaux. Enlevé par Libry au Mᵉ B.	Propriété du comte Manzoni Rome.	26	21,3-15,5	1490
D.	Traité sur l'œil, reliure originale.	Institut de France	20	25-16	entre 149 et 1516

	MARQUES du MANUSCRIT	DESCRIPTION DU MANUSCRIT	BIBLIOTHÈQUE	Total des pages	HAUTEUR et largeur en centimètres	DATE
32	K¹	Carnet de notes, 1re partie du volume relié K.	Institut de France	96	10-6,6	après 15
33	K²	Carnet de notes, 2e partie du volume relié K.	Institut de France	62	10-6,6	après 15
34	K³	Carnet de notes, 3e partie du volume relié K.	Institut de France	96	10-6,6	après 15
35	W. An. IV	4e traité sur l'anatomie, feuilles détachées.	Windsor	138	29-22	vers 15
36	W. L.	Collection de feuilles détachées reliées en volumes.	Windsor	30	dimensions variées	1490-15
37	W.	Feuilles détachées.	Windsor	»	dimensions diverses	1490-15
38	C. A.	Volume relié, communément appelé *Codex Atlanticus*, 395 folios, chacun contenant une ou plusieurs feuilles manuscrites.	Bibliothèque ambroisienne Milan.	1222	dimensions diverses	1483-15
39	Trn.	5 feuilles détachées.	Bibl. royale Turin.	10	dimensions diverses	?
40	F. U.	2 feuilles détachées.	Musée des Offices.Florence.	4	dimensions diverses	1473-14
41	V.	5 feuilles détachées.	Académie Venise	10	dimensions diverses	?

1. M. Jean-Paul Richter signale encore 19 feuillets détachés répandus dans diverses galerie Italie, de France, d'Angleterre et d'Allemagne.

APPENDICE IV

De la publication des manuscrits de Léonard de Vinci.

Francesco Melzi fit des extraits des manuscrits de Léonard et prépara une édition du Traité de la peinture. L'ancienne copie manuscrite de ce traité, qui est au Vatican, porte son nom (Jordan). L'existence de copies faites dès le xvie siècle est d'ailleurs hors de doute. Vasari conte qu'un peintre milanais est venu le voir récemment à Florence et lui a montré un ouvrage de Léonard qu'il portait à Rome dans l'intention de le faire imprimer. Lomazzo a lu les extraits qui forment le premier livre du Traité de la peinture; Benvenuto Cellini dit qu'il acheta pour 15 écus d'or à un pauvre gentilhomme une copie d'un livre de Léonard[1]. « Ce livre était digne de l'admirable génie dudit Léonard (et je ne crois pas que plus grand homme jamais vint au monde), il traitait des trois grands arts, sculpture, peinture et architecture. Parmi les belles choses qui étaient dans ce livre, je trouvai un traité sur la perspective, supérieur à tout ce qui fut ja-

---

1. Benvenuto Cellini, I Trattati dell'Orificerie e della Scultura, etc. Firenze, Lemonnier, 1857, in-12, pp. 225–6, cité par Uzielli, Ricerche intorno a L. d. V., t. II, p. 352.

mais écrit sur ce sujet. *Tandis que j'étais au service de François Ier*, Sebastiano Serli étant là, il me pria de lui communiquer cet admirable traité du grand Léonard de Vinci, pour faire des extraits de ses livres de perspective, et il en mit au jour le peu qu'il en put comprendre. »

C'est en 1651 que les extraits qui forment le *Traité de la peinture* furent publiés pour la première fois, sous ce titre : *Trattato della Pittura di L. d. V. nuovamente dato in luce con la vita dell'autore da Raphaël du Fresne. Parigi, 1651 in-F°*. Ce traité, compilation de divers fragments des manuscrits, fut aussitôt traduit en français par Fréart de Chambray. L'édition a été faite d'après deux copies manuscrites, l'une qui est aujourd'hui à la Bibliothèque Ambroisienne et dont copie avait été prise par le cavalier del Pozzo; l'autre, prêtée par Thévenot, et qui est aujourd'hui à la Bibliothèque Barberini.

Il existe à la Bibliothèque du Vatican une copie dont l'écriture paraît du xvie siècle (*Codex Vaticanus*). On l'attribue à Melzi. Cette copie, qui est la plus complète, est faite directement sur les manuscrits de L. d. V., comme le prouve une remarque sur l'écriture de droite à gauche du maître. Cette copie a servi à l'édition du *Traité de la peinture* que l'abbé Manzi, en 1817, dédia au roi Louis XVIII et à la savante édition de Heinrich Ludwig : *das Buch von der Malerei nach dem Codex Vaticanus herausgegeben, etc., Wien, 1882 3 B, in-8°*.

En 1797, Venturi publiait des extraits inédits des manuscrits qu'il avait lui-même déchiffrés et traduits, sous ce titre : *Essai sur les ouvrages physico-mathématiques de L. d. V. lu à la 1re classe de l'Institut national des sciences et des arts par J.-B. Venturi, professeur de* *physique à Modène, de l'Institut de Bologne. Paris, chez Duprat, quai des Augustins an V (1797).* Venturi annonçait « qu'il présenterait bientôt dans trois traités complets tout ce que le Vinci avait fait sur la mécanique, l'hydraulique et l'optique ». Ce projet ne fut pas réalisé.

En 1826 parut le *Traité du mouvement et de la mesure des eaux (Trattato del moto e misure dell' acque)*, publié par Francesco Cardinali dans le 10e volume de la collection des auteurs italiens qui traitent du mouvement des eaux. C'est la reproduction d'un manuscrit petit in-fol. de 157 pages, qui date du xviie siècle, et qui est conservé à la bibliothèque Barberini de Rome. Sur le recto de la 157e page on lit : « Ce sont 9 livres du mouvement et de la mesure des eaux de L. d. V., recueillis dans plusieurs de ses manuscrits et mis en ordre par F. Luigi Maria Arconati, dominicain, maître de théologie sacrée, 1743. » On n'a pas d'autre renseignement sur ce L. M. Arconati.

En 1872, sous le patronage du gouvernement italien, a paru un volume imprimé avec luxe et tiré à 300 exemplaires numérotés : *Saggio dell' Opere di L. d. V.* Ce volume contient en reproductions photolithographiques un choix de 37 des pages les plus remarquables du *Codex Atlanticus* (24 planches).

En 1883, M. Jean-Paul Richter a publié en 2 gros volumes plus de quinze cents extraits choisis dans tous les manuscrits et classés par ordre de matières, sous le titre assez inattendu « d'œuvres littéraires » : *The literary Works of L. d. V., compiled and edited from the original manuscripts by J.-P. Richter, Ph. Dr, in two volumes. London, 1883.*

Enfin, M. Charles Ravaisson, qui avait précédé M. Richter, vient d'achever, après dix années de travail, la publication des manuscrits de la Bibliothèque de l'Institut et des deux volumes de la Bibliothèque Ashburnam restitués à la France : « *Les manuscrits de L. d. V., publiés en fac-similes phototypiques avec transcriptions littérales, traductions françaises, avant-propos et tables méthodiques, 6 volumes in-fol.* » Tous les amis du maître lui doivent leur reconnaissance.

L'impulsion est donnée. M. Luca Beltrami vient de publier, avec 94 fac-similes et leurs transcriptions littérales, le manuscrit du prince Trivulzio : « *Il codice di L. d. V. nella Bibliotheca del Principe Trivulzio in Milano, trascritto ed annotato da Luca Beltrami. Ripr. in-94 tavole heliographische da Angelo della Croce. Milan MDCCCXCI.* » M. le docteur Giovanni Piumati commence la publication intégrale du *Codex Atlanticus* sous les auspices de l'Académie dei Lincei. Déjà un premier fascicule vient de paraître ; il a été présenté à l'Académie dans la séance du 3 juin 1892 : « *Il Codice Atlantico di L. d. V. nella Biblioteca Ambrosiana di Milano riprodotto e publicato dalla R. Academia dei Lincei sotto gli auspici e col sussidio del Re e del Governo. Roma MDCCCXCI*[1]. » Nous n'attendons plus que les manuscrits de l'Angleterre.

1. La publication de M. Ch. Ravaisson est un modèle de clarté ; par quelle aberration, par quelle manie de faire autrement que les Français, les éditeurs du *Codex Atlanticus* séparent-ils les feuillets du manuscrit des feuillets de la transcription, ce qui oblige le lecteur à se reporter sans cesse du commencement à la fin du volume. Il est encore temps peut-être de réparer cette bévue et de mettre chaque feuillet transcrit et imprimé en face du feuillet manuscrit, comme l'a fait avec tant de raison M. Ravaisson.

APPENDICE V

BIBLIOGRAPHIE

Il ne s'agit pas ici de donner une liste complète des ouvrages publiés sur Léonard de Vinci. Je signale seulement les ouvrages que j'ai consultés et qui me paraissent pouvoir l'être avec profit.

Breve vita di Leonardo da Vinci. Scritto da anonimo del 1500, — manuscrit trouvé dans la bibliothèque Magliabechi, à Florence. (Milanesi, Archivio storico italiano, t. XVI, 1872.)

Luca Pacioli di Borgo San Sepolcro: De divinâ proportione. 1509. Venise.

Paul Jove (1483-1559) a laissé des éloges d'hommes célèbres. Il donne en une page une biographie intéressante de L. d. V.

Vasari. — Delle vite de piu eccellenti pittori, etc... 1550. Venise; 1584, Florence.—Ed. Lemonnier, 1845.—Edit. Sansoni, avec des annotations et commentaires de Milanesi, 1878-1885.

Sabba da Castiglione (Ricordi di Mons.). Venise, 1565.

Lomazzo. — Trattato della Pittura, 1584. — Idea del Tempio della Pittura. Milan, 1590. —Lomazzo, peintre milanais, élève de Gaudenzio Ferrari, est né à Milan en 1538, mort vers 1592. Devenu aveugle à l'âge de 33 ans, il étudia la théorie de l'art qu'il avait pratiqué. C'est un homme médiocre et prétentieux; mais ses œuvres sont intéressantes, parce qu'on y trouve les traditions des ateliers de la Renaissance.

Variæ figuræ et probæ a *Wenceslao Hollar* collectæ et aquâ forti æri insculptæ. Antwerpiæ, 1645; Londres, 1666.

Caylus et Mariette. Recueil de têtes de caractères et de charges dessinées par L. d. V., Florentin. 1730.

C. G. Gerli. Disegni di L. d. V. 60 planches. Milan, 1784.

J. B. Venturi. Essai sur les ouvrages physico-mathémati-ques de L. d. V., lu à la première classe de l'Institut National des sciences et des arts par J.-B. Venturi, professeur de phy-sique à Modène, de l'Institut de Bologne, etc. Paris, an V (1797).

Guiseppe Bossi. Del Cenacolo di L. d. V. Milan, 1810. — Le 1er livre de cet ouvrage, qui en comprend 4, est un recueil fort intéressant de textes se rapportant à L. d. V.

De Stendhal (H. Beyle). Hist. de la Peinture en Italie. Pa-ris, 1817.

Amoretti. Memorie Storiche sulla vita, gli studi e le opere di L. d. V. Milan 1804.

Guil. Libri. Histoire des sciences mathématiques en Italie. Paris, 1840.

Gaye. Carteggio inedito d'artisti dei secoli XIV, XV, XVI. Flor., 1839-41.

E. J. Deléclure. L. d. V. Paris, 1841.

Marx. Uber Marc Anton della Torre und L. d. V, die Begründer der bildlichen Anatomie. Göttingen, 1849.

A. F. Rio. L. d. V. et son école. Paris, 1855. — Art chré-tien, 1861.

Carl Brun. L. d. V. und Bernardino Luini. Leeman. Leip-zig.

E. Piot. Le cabinet de l'amateur. Paris, 1861. (Etude sur les manuscrits de L. d. V.)

Arsène Houssaye. Histoire de L. d. V. Paris, 1869.

Girolamo Luigi Calvi. Notizie dei principali professori di belle arti, parte III. Milan, 1869.

Giovanni Dozio. Delli scritti e disegni di L. d. V. (memo-ria postuma). Milan, 1871.

Saggio delle opere di L. d. V. (*Govi. Mongeri. Boito*). Mi-lan, 1872. Très bel ouvrage avec 26 pages du *Codex Atlanticus.*

G. Uzielli. Ricerche intorno a L. d. V. Florence, 1872; Rome, 1884.

Dr Max Jordan. Das Malerbuch des L. d. V. Leipzig, 1873.

Hareau de Villeneuve. L. d. V. aviateur. — *L'Aréonaute,* 7ᵉ année, n° 9, septembre 1874.

Dr Hermann Grothe. L. d. V. als Ingenieur und Philosoph. Berlin, 1874.

Girolamo d'Adda. L. d. V. e la sua libreria. Milan, 1873.

L. Courajod. L. d. V. et la statue de François Sforza. Paris, 1879.

L. Courajod. Conjectures à propos d'un buste en marbre de Béatrix d'Este.

J.-P. Richter. L. d. V. Londres, 1880.

Walter Pater. The Renaissance. Londres. — Article délicat et subtil sur L. d. V.

Ch. Clément. Michel-Ange, L. d. V. et Raphaël. Paris, 1882.

Ch. Ravaisson-Mollien: Les écrits de L. d. V. Paris, 1881.

Fritz-Raab. L. d. V. als Naturforscher. Berlin, 1880.

Prantl. — L. d. V. in philosophischer Beziehung, 1885.

Dr Paul Müller Walde. L. d. V. Lebenskizze und Forschungen, etc. 3 livraisons parues. Münich, 1889-90. Ce travail sera très précieux par les dessins, les textes et leurs commentaires, mais il donnera une idée du singulier pot-pourri que certains Allemands entendent par un livre.

G. Uzielli. L. d. V. e tre gentildonne milanesi del secolo xv.

Maurice Barrès. Trois stations de psychothérapie. Paris, 1891. — Ce petit volume contient quelques pages des plus pénétrantes sur L. d. V.

M. Eugène Müntz prépare sur Léonard de Vinci un travail important.

APPENDICE VI

DESSINS
COLLECTION DE LA MAISON BRAUN

MUSÉE DU LOUVRE

1. — Tête de profil (madone Litta). — N° 168.
2. — Etude pour la tête de l'enfant Jésus de *la Vierge aux Rochers*. — Nᵒˢ 166, 167.
3. — Tête de St-Jean (*Vierge aux Rochers*). — N° 170.
4. — Etudes pour *l'Adoration des mages*. — Nᵒˢ 185, 186.
5. — Tête de femme. — 177.
6. — — 178.
7. — — 174.
8. — Portrait d'Isabelle de Gonzague. — N° 162.

MUSÉE DES OFFICES (FLORENCE).

1. — Tête de Vierge (*Annonciation* du Louvre). — N° 429.
2. — Croquis de madone avec l'enfant. — N° 448.
3. — Etude pour les fonds de *l'Adoration des mages*. — N° 452.
4. — Portrait d'Isabelle de Gonzague. — N° 442.

PALAIS DE WINDSOR

1. — Croquis du dessin de Neptune. — N° 187.
2. — Croquis de la madone et de l'enfant (scènes familières). — N° 186.

3. — Têtes de madones. — N⁰ˢ 222, 227, 230.
4. — Dessin pour la tête de St Philippe. — N° 178.
5. — Etude pour la tête de Judas. — N° 179.
6. — Tête de femme. — N° 228.
7. — Caricatures. — N⁰ˢ 235, 6, 7, 8, 9.
8. — Profil d'homme. — N° 218.
9. — Croquis au crayon rouge, *Bataille d'Anghiari.* — N° 194.
10. — Dessins pour la statue équestre de Francesco Sforza. — N⁰ˢ 182, 3, 4, 5.
11. — Croquis pour le piédestal de la statue. — N° 181.
12. — Croquis d'un arsenal. — N° 189.

OXFORD

1. — Croquis de Raphaël d'après la *Bataille d'Anghiari.*

BRITISH MUSEUM

1. — Chars de guerre. — N° 52.

ACADÉMIE DE VENISE

1. — Croquis au crayon rouge de *la Cène*. — N° 58.
2. — Bacchante. — N° 52.
3. — Tête de Christ couronné d'épines. — N° 54.

MILAN

1. — Musée Bréra. — Etude pour la tête du Christ de *la Cène*. — N° 4.
2. — Biblioth. Ambroisienne. — Tête de femme. — N° 33 [1].

1. Je ne donne ici que quelques indications sur les dessins cités dans ce volume; M. E. Müntz, dans un livre qui doit paraître prochainement, se propose de classer les nombreux dessins de Léonard de Vinci : cette œuvre délicate ne peut être en meilleures mains.

TABLE DES MATIÈRES

PREMIÈRE PARTIE

LÉONARD DE VINCI. — SA VIE ET SES ŒUVRES

DEUXIÈME PARTIE

LA MÉTHODE ET LES THÉORIES SCIENTIFIQUES DE LÉONARD DE VINCI D'APRÈS SES MANUSCRITS

TABLE DES MATIÈRES

TROISIÈME PARTIE

LÉONARD DE VINCI ARTISTE ET SAVANT — CARACTÈRES DE SON GÉNIE

APPENDICES

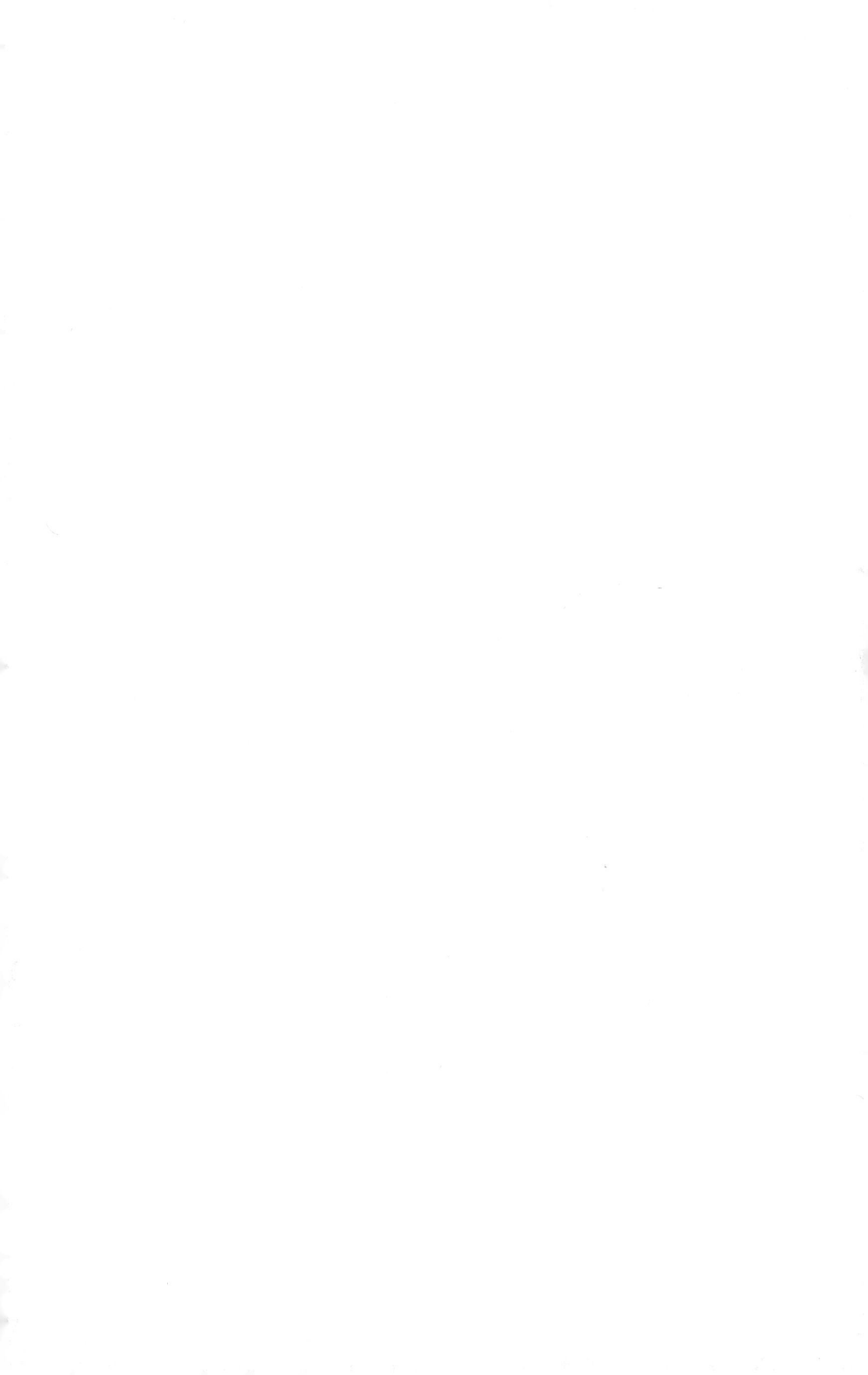